KB117601

〈펜트하우스〉 드라마를 보다가 문득,

내가 지금 살고있는 내집이

얼마나 행복한가를 느끼셨다면.

그걸로 이드라마는 족합니다.

〈펜트하우스〉를 사랑해 주셔서 너무 감사합니다.

덕분에 참 행복한 한해를 보냈습니다.

작가에게 귀한 용기를 주심 또한 감사드립니다.

　　　〈펜트하우스〉 作家

　　　김 순옥　김순옥

　　　　　　2021. 봄

WAR IN LIFE

펜트하우스 1

mood life
펜트하우스 1

지은이 김순옥
펴낸이 임상진
펴낸곳 (주)넥서스

초판1쇄 발행 2021년 5월 10일
초판5쇄 발행 2021년 5월 28일

출판신고 1992년 4월 3일 제311-2002-2호
10880 경기도 파주시 지목로 5
Tel (02)330-5500 Fax (02)330-5555

ISBN 979-11-6683-057-0 14680

가격은 뒤표지에 있습니다.
잘못 만들어진 책은 구입처에서 바꾸어드립니다.

www.nexusbook.com

WAR IN LIFE

펜트하우스 1

✦ 김순옥 대본집 ✦

넥서스BOOKS

용어정리

- **E** 이펙트(Effect)의 약어로 등장인물의 얼굴은 보이지 않고 목소리만 들리는 경우에 주로 사용되며, 휴대폰 소리, 파도 소리 등 모든 효과음이 해당된다.
- **F** 필터(Filter)의 약어로, 전화기 너머의 목소리나 마음속으로 하는 이야기 등을 표현할 때 사용된다.
- **F.I** 페이드 인(Fade in)의 약어로, 어두웠던 화면이 차차 밝아지면서 장면이 전환되는 연출이다.
- **F.O** 페이드 아웃(Fade out)의 약어로, 화면이 차차 어두워지면서 완전히 검정 화면으로 전환되는 연출이다.
- **C.U** 클로즈업(Close up)의 약어로, 대상물이 화면에 가득 차도록 확대해 촬영하는 기법이다.
- **플래시백** 회상을 나타내는 장면. 주로 현재 일어나는 사건의 인과 설명 혹은 주인공의 현재 모습이나 성격에 당위성을 부여하기 위해 사용된다.
- **오버랩** 앞 화면에 뒤의 화면이 포개지는 기법. 대사에서 앞사람의 말을 끊고 대사가 나올 때 사용된다.

차례

어떤 인간의 욕망도 절대 충족되지 않는다.
인간은 더 많은 것을 갖기 위해 끝없이 오르려 하기 때문이다.

'펜트하우스'란 무엇인가?
아파트, 호텔, 주상복합 등 고층건물 상층부의 고급스러운 인테리어를 갖춘 주거
공간으로, 보통 꼭대기 층에 위치한다. 최고층이어서 높은 곳에서 내려다보이는
전망이 일품이다.

특별한 매력으로 아파트 로열층의 판도를 뒤흔든 최상위 층! 그곳엔 과연 누가
살고 있을까?
그들은 무엇으로 돈을 모았고, 그들의 욕망의 끝은 어디까지일까?
끝없이 높은 곳으로... 더 높은 곳으로... 올라가고 싶었던 이유는 무엇이고, 그들
이 꿈꾸던 맨 꼭대기 층에는 무엇이 기다리고 있을까?
꼭대기 층까지 오른 그들은 과연 지금 행복할까?
저마다의 은밀한 비밀이 숨어있지는 않을까?
궁금해졌다.
여기, 한 여자가 있다.
이름은 심수련. 100층 복층 펜트하우스의 주인이다.

아름다운 얼굴에 고급스러운 미소를 지은 채, 태어날 때부터 항상 그랬던 것처럼 움직임에 한 치의 흐트러짐도 용납하지 않는다.

200평은 족히 넘는 복층 펜트하우스가 그녀 앞으로 위풍당당한 자태를 드러낸다. 전면이 탁 트인 커다란 거실 통유리창에 크리스털 조명등이 반사되어 빛나고, 티끌 하나 보이지 않는 대리석 바닥 위에 이태리에서 직수입한 명품 가구들이 각을 잡고 놓여있고, 거실 유리창 앞으로 다가서면 환상적인 한강 뷰가 한눈에 펼쳐진다.

어둠이 내린 한강의 비현실적인 야경이 시선을 사로잡고, 멀리 우뚝 선 서울타워 외에 그녀의 시선을 방해하는 건 아무것도 없다. 한강대교 위에 차들이 소리 없이 어딘가를 향해 천천히 움직일 뿐, 세상은 적막 그 자체다. 어떤 소음도 완벽히 차단되어있는 그곳! 여자의 발이 움직일 때마다 슬리퍼 끄는 소리만 간간이 들릴 뿐이다. 방금 샤워를 마친 듯 하늘하늘한 슬립만을 걸친 그녀는, 대리석 계단을 통해 위층으로 올라간다. 위층 역시 찬란한 조명등이 미친 듯이 거실로 쏟아져 내리고 있었다. 신비한 오일향을 내뿜으며 조용히 거실 창가로 다가가, 세상 누구의 시선에서도 자유로운 듯 슬립의 끈을 내렸다. 강렬한 레드색 슬립이 대리석 위로 물결처럼 흘러내렸다. 그리고, 헬퍼가 미리 준비해 둔, 파티용 환타색 실크드레스를 차려입었다. 거실 창문으로 그녀의 아름다운 모습이 비쳐 보였다. 그녀의 눈동자가 신비스러울 만큼 빛났다. 불쾌한 징조라곤 찾아볼 수 없었다.

그때! 핸드폰이 울렸다. 파티 참석을 재촉하는 남편의 전화다. 그녀는 여전히 서두르지 않는 우아한 걸음으로, 펜트하우스 밖으로 나왔다. 홍채 자동인식으로 열리는 현관문을 통과하여, 펜트하우스 전용 엘리베이터에 몸을 실었다. 미끄러지듯 통유리창의 엘리베이터가 움직이기 시작했다. 그리고... 몇 층쯤이었을까...

엘리베이터 바깥으로부터, 누군가의 눈빛과 정면으로 마주쳤다! 너무도 가녀리고 애절한 소녀의 눈빛... 애타게 뭔가를 붙잡으려는 손길... 허공을 휘젓는 발버둥......

지독한 섬뜩함이 찰나로 스쳐 지나갔다. 그리곤 몇 초 후..... 아파트 모든 주민들이 가장 사랑하고 자랑스러워하는 아파트 분수대의 거대한 헤라상 위로 그 물체가 떨어졌다. 높이만큼 아득한 굉음소리가 한밤의 적막을 깼다! 쿵!!!

강렬한 오색 물줄기를 내뿜던 분수대가, 일순간 붉은빛으로 젖어들기 시작했다. 이제 갓 열여섯 살, 민설아의 죽음이었다!

인물관계도

해리팰리스(해리클럽)　　　　　　　　　　　100층 펜트하우스

배로나

오윤희

심수련

주단태

주석훈

주석경

서진의 가족

의문의 소녀

천명수

서진모

여동생

제부

민설아

천서진

하윤철

하은별

85층

고상이 시댁식구들

왕미자

큰시누이

작은시누이

고상아

이규진

이민혁

55층

강마리

펜트하우스

유동필

유제니

45층

기타 인물들

구호동

조상헌

마두기

권혜미

도비서

조비서

의문을 품은 사람들

로건리

윤태주

양미옥

주혜인

청아예고 친구들

엄장대

안은후

노지아

송예리

허유정

• 심수련 __ 주단태의 아내. 주석훈과 주석경 쌍둥이 엄마.

태어나서 한 번도 가난해본 적 없는 상류층 여자.
헤라팰리스 입주자들 모두 인정하는, 명실상부한 헤라클럽의 퀸!
부유한 가정에서 태어나, 가족들의 아낌없는 사랑을 받으며 곱게 자랐다. 아름다운 외모만큼이나 성품도 온화했지만, 사랑에서만큼은 용감하고 저돌적이다.
아버지의 강요로, 현재의 남편 주단태와 애정 없이 약혼했다. 그러나 약혼 후 유학을 떠난 곳에서 음악을 하는 남자와 진짜 사랑에 빠지고, 그의 아이를 임신하게 된다. 주단태에게 파혼을 통보하고, 미국에서 사랑하는 남자와 새 출발하여 행복한 시간을 보내고 있던 무렵! 집으로 침입한 무장 강도가 난사한 총기로, 사랑하는 남자를 그 자리에서 잃고, 자신은 그 충격으로 8개월 만에 딸을 조산하고 만다.
한국으로 돌아와 인생에서 가장 큰 고통의 시간의 보내고 있는 그때! 수련에게 파혼당했던 주단태가 다시 수련에게 돌아온다. 동거녀에게서 낳은 남녀 쌍둥이와 함께.
주단태는 수련이 조산으로 낳은 수련의 아이가 저산소증으로 병원에서 위급한 상태가 되자, 지극정성으로 돌봐준다. 며칠 밤을 새우며 아이 곁을 지켜준다. 그 모습에 감동한 수련은, 단태와의 결혼을 결심하고, 단태의 쌍둥이 아이들을 자신의 친자식처럼 돌보며 결혼생활을 시작한다.
사람들은, 쌍둥이 아이를 수련이 낳은 친자식으로 알고 있었다. 그만큼 수련은 아이들에게 진심으로 대했다. 단태한테서 받은 사랑을 갚아주겠다는 마음으로, 아이들에게 최선을 다했다.

강박증이 심하고, 매사 완벽함과 최고를 추구하는 단태에게서 숨이 막힐 것 같은 답답함을 느끼고 때론 도망치고 싶지만, 그때마다 식물인간 상태에 빠진 수련의 아이를 돌보는 단태의 모습에, 차마 그를 떠나지 못한다. 하지만 주단태가 수련이 낳은 친딸을 내다버리고, 중병을 앓고 있는 다른 아이를 수련의 딸로 둔갑시켜, 수련에게 평생 남의 자식을 돌보면서 자신을 배신한 벌을 받게 했다는 사실을 깨닫게 되자, 죽을 것 같은 배신감에 치를 떤다.

그날부터 조용히 자신의 친딸을 찾아 헤매는 수련. 남편의 비서인 윤태주로부터, 남편이 딸을 얼어 죽게 하라고 시켰지만, 차마 그럴 수가 없어서 고아원 앞에 몰래 옮겨놨다는 자백을 받아낸다. 딸이 살아있다는 확신을 가지고, 그 근방의 고아원을 전부 뒤지며 미친 듯이 친딸을 찾아나선 수련. 드디어 딸의 행방을 찾게 되고, 미국으로 입양된 딸이 파양되어 한국에 살고 있다는 정보를 입수하게 된다. 딸은 아주 가까이에 살고 있었다. 자신 또한 너무 잘 알고 있는 사람이었다. 아이들의 수학 과외쌤.... 민설아였다!

딸을 찾았다는 기쁨으로 정신없이 딸에게 연락을 취하는 수련. 그날은, 청아예고 합격 축하 파티가 있는 날이었고, 남편은 파티 준비로 정신이 없었다. 남편의 재촉에 할 수 없이 파티장으로 향하는 수련.... 그리고.... 그 엘리베이터 안에서, 추락하는 한 여자아이의 눈동자와 마주친다. 그 아이는 다름 아닌 자신의 딸, 민설아였고, 그렇게 허망하게 수련은 친딸을 영원히 잃고 만다.

• 천서진 __ 하윤철의 부인, 하은별의 엄마.

타고난 금수저. 화려함과 도도함의 결정체.
헤라클럽의 여왕벌을 자처.
스포트라이트는 항상 서진을 비추고 있었다.
청아재단 이사장의 딸이란 타이틀은 늘 그녀를 주목받게 만들기 충분했다.
든든한 부모의 뒷배를 이용하지 않고도 충분히 빛나는 실력으로 청아유치원, 청아초등학교, 청아예중까지 1등은 항상 서진의 차지였다. 하지만 딱 거기까지였다.
청아예고 입학과 동시에 오윤희에게 퀸의 자리를 빼앗긴 건 시작에 불과했다. 이후 실기 시험, 콩쿠르, 발표회마다 줄줄이 윤희에게 1등을 내줬다.
죽을 만큼 노력했지만 몇 번의 경합을 통해서 깨달은 사실은 실력으로는 절대 윤희를 이길 수 없다는 것이었다. 자존심이 무너진 서진은 아빠에게 달려가 오열하며 처음으로 부탁을 했다. 윤희를 이기고 싶다고! 아니 이겨야만 한다고!
그렇게 고3 마지막 콩쿠르의 우승 트로피를 손에 거머쥔 서진에게 심사의 부정함을 폭로하겠다 선언하는 윤희를 보자 쌓여왔던 감정이 폭발했고, 몸싸움을 하던 도중 윤희의 목을 트로피로 그어버렸다.
이후 모든 건 제자리로 돌아왔다. 어디론가 사라져버린 윤희는 원래 없었던 사람처럼 곧 사람들의 기억에서 잊혀졌고, 모든 관심은 서진을 향했고, 실력도 날로 늘어갔다. 게다가 윤희의 남자친구였던 하윤철까지 손에 넣은 서진은, 처음으로 아버지 뜻을 어기면서까지 윤철과 결혼했고, 아직도 유명한 소프라노로 활동하며 청아예고에서 후배 양성에 힘쓰고 있다.

모든 게 자리를 잘 잡고 있었다. 소프라노를 꿈꾸는 딸 은별을 위해서 서진은 뭐든 해줬다. 청아예고 음악부장을 맡은 것도 은별에게 최고의 서포트를 해주기 위해서였고, 은별도 잘 해내고 있다고 믿어왔는데..... 뜻밖의 걸림돌이 생겼다. 배로나의 등장이었다. 배로나는 엄마와 목소리가 똑 닮은, 천서진의 천적, 오윤희의 딸이었다.

악연을 끊어내기 위해 부정한 방법으로 로나를 탈락시켰지만, 운명의 장난처럼 로나는 청아예고에 입학했고, 윤희는 감히 헤라팰리스까지 비집고 들어왔다.

서진은 어떻게든 오윤희를 헤라팰리스에서 내쫓으려 하지만, 남편 윤철까지 윤희에게 흔들리면서 서진의 일상은 무섭게 균열이 생겼다.

• 오윤희 __ 배로나 엄마.

과거엔 청아예고의 실력파 성악 유망주였으나 현재는 자격증 없는 부동산 컨설턴트.
천서진과는 적대적인 관계.

청아예고에서 수석을 놓치지 않은 실력파였다. 대충 입만 뻥긋해도 서울음대는 따논 당상이라고 할 만큼, 교내외에서 압도적으로 우수한 학생이었다.

그러나 청아예고 3학년 때, 서울음대를 가기 위한 가장 큰 스펙인 〈청아콩쿠르〉에 출전했다가 대상을 도둑맞았다. 결과의 부정에 격분해, 라이벌인 천서진과 몸싸움을 벌이다, 대상 트로피에 목을 찔려 성대에 치명적인 신경손상을 입고, 성악을 포기했다. 오랫동안 사랑했던 남자도 천서진에게 뺏겼다.

자포자기 심정으로 서둘러 결혼했다. 결혼 역시 불행의 연장선이었다. 고시생이었던 남편은, 매번 사법시험 최종면접에서 떨어졌고, 그 와중에 쉬지 않고 바람을 피웠다. 허영을 불치병으로 달고 살던 시어머니는 손녀딸 금반지까지 내다팔고도 정신을 못 차리고 돈을 써재꼈다. 돈 쓰는 게 그녀의 유일한 취미였다.

그 덕에 윤희는, 안 해본 알바가 없을 만큼 억척스럽게 살아야 했고, 최근엔 졸부들을 상대로 비밀 아지트를 구해주는 일로 생활비를 벌고 있다.

14년의 암흑기를 거쳐, 드디어 기적적으로 마지막 사법고시에 합격한 남편 덕에 햇빛을 보나 싶었는데, 남편은 하필 그날 축하모임에서 술에 취해 실족사했다. 불운이 꼬리를 물고 이어졌다.

자신의 딸은 절대 음악을 시키지 않겠다는 굳은 결심에도 불구하고, 딸의 고집을 꺾을 수 없었던 윤희는, 딸의 레슨 선생으로 천서진과 20년 만에 조우한다.

천서진의 장식장에서 아직도 빛나고 있는 과거 콩쿠르 트로피를 본 순간, 복수심에 사로잡히고, 딸이 교내 학폭위의 만행으로 부당한 처벌을 당하자, 마음을 바꿔 먹고 딸아이의 성악 공부를 지지하기로 결심한다.

그날부터 딸아이의 청아예고 합격을 향해 달리기 시작하는 오윤희! 지난 삶을 보상받기라도 하듯이, 딸과 자신의 인생의 성공을 향해 폭주한다.

• 주단태 __ 심수련의 남편. 주석훈, 주석경의 아빠.

재일교포 사업가의 아들. 투자회사 대표. 부동산의 귀재.
강박증이 심하고, 완벽주의자. 늘 최고, 최상만을 추구한다.
귀신같이 돈 냄새를 잘 맡아, 투자하는 사업마다 돈을 쓸어 모았다.
사업과 부동산에 천부적 재능을 가졌다. 그의 땅을 밟지 않고는 강남을 돌아다닐 수 없다는 말이 나돌 정도로, 강남 노른자위 땅과 고층 건물들을 소유하고 있다.
헤라팰리스도 그의 작품! 땅을 매입하고, 분양하는 모든 일을 직접 지휘하면서, 그의 능력을 세상에 알렸다.
자신을 배신하는 어떤 것도 용서할 수 없는 남자. 자신의 약혼녀가, 다른 남자를 사랑하고, 그 남자의 아이를 가졌다는 사실을 안 순간! 감추고 있던 소시오패스 본성이 살아났다.
미국 심수련의 집에서 일어난 총기사건도, 주단태와 무관하지 않다. 질투와 배신감에 휩싸인 주단태가 무장 강도를 심수련의 집에 보내, 심수련의 남자를 죽게 한 것. 그 때문에 심수련의 딸은 8개월 만에 생명이 위독한 상태로 태어난다.
심수련이 낳은 진짜 딸을 비서(윤태주)를 통해 하천에 버리고, 다른 아픈 아이를 심수련의 딸로 위장해 키우게 한다.
자신을 배신한 심수련을 기어이 아내로 맞아, 평생 다른 사람의 자식들을 키우며 살게 하는 벌을 가하고, 그것이 자신을 모욕한 죗값이라고 여긴다.
남들에겐 심수련을 쌍둥이들의 친엄마로 알게 하고, 완벽한 가정으로 보여지길 원한다. 한 치의 흐트러짐이나 구설도 용납하지 않는다. 주혜인의 존재 역시 헤라팰리스 주민 누구도 알지 못했다.
겉으로는 젠틀하고, 매너 있고, 완벽한 남자. 속은 냉혈한의 피가 흐른다.

• 주석훈 __ 주단태와 심수련의 아들. 석경의 쌍둥이 오빠.

피아노를 전공한 귀공자 스타일의 외모에 무결점 완벽남.
외모, 두뇌, 실력까지 모든 것이 훌륭한데 거기에 싸움까지 잘한다. 드디어 첫사랑을 시작했다.
티끌만큼의 흐트러짐도 허용하지 않는 주단태의 앞에선 늘 완벽함을 연기하지만, 학교에서는 선생님과 친구들을 장난감처럼 주무르며 일탈을 즐기는 이중적 면모를 갖고 있는 소년.
그런 석훈의 새 장난감으로 배로나가 낙점된다.
그런데 이 타깃 만만치 않다.
어떤 괴롭힘에도 굴복하지 않는 로나에게, 조금씩 흥미 이상의 관심을 가지게 된다.

• 주석경 __ 주단태와 심수련의 딸. 석훈의 쌍둥이 동생.

영혼 없는 얼음공주 퀸카, 청아예고에서 성악 전공.
단 1%의 진심도, 영혼도 없는 차가운 청아예고의 퀸.
전쟁판처럼 피 터지는 예체능계 경쟁 속에서도 늘 온화하고 너그러운 아이.
하지만 발등에도 미치지 못하는 아랫것들을 향한 아량이었을 뿐.
석경의 진로는 처음부터 결정돼있었다. '성악가' 석경은 노래 부르는 것도 공부하는 것도 다
싫었다.
전교 1등인 오빠 석훈에 비해 실력은 턱없이 모자랐고, 주단태는 그런 석경에게 아주 냉정했
다. 항상 성적, 결과 순으로 석훈이와 비교당할 뿐이다.
지옥의 나날이지만 그래도 오빠 석훈만 옆에 있다면 펜트하우스에서 살 수 있다.

• 배로나 __ 오윤희의 무남독녀.

엄마의 유전자를 받아 성악에 남다른 재능을 가졌다.
청아예고에 혜성처럼 나타난 실력자로 많은 이의 견제를 받는다.
당차고 씩씩하다. 아빠 없고, 돈도 없지만, 주눅 들지 않는다. 자신을 무시하는 유제니에게
오히려 한 방 먹여 버렸다. 그게 바로 성악이었다.
음악만은 하지 않길 바랐던 엄마 윤희의 반대를 무릅쓰고 로나는 노래를 불렀다. 엄마의 능
력을 그대로 받아 아름다운 천상의 목소리를 가졌다. 결이 다른 목소리였다.
도저히 노래를 포기할 수 없었다. 결국 윤희가 준 학원비를 들고 유명한 레슨 선생님(천서
진)을 무작정 찾아가 테스트를 봤다. 뒤이어 자신을 끌어내리고 쫓아온 엄마! 이제 끝이구나
생각하던 찰나! 엄마는 로나에게 노래를 하라고 승낙했다. 자신이 죽을힘을 다해 지원을 해
주겠다고. 그때부터 미친 듯이 노래만 불렀다. 남들보다 백 배 천 배로 열심히 했다. 없는 돈
에 레슨비를 대주는 엄마를 위해서라도 쉴 수 없었다.
최선을 다했지만, 결국 예고 실기에 떨어진 로나. 그날 밤 엄마에게 미친 듯이 악다구니를 퍼
부었는데, 뜻밖에도 추가 합격 소식이 들린다. 자신이 청아예고에 들어갈 운명이었던 것처
럼 세상이 움직이는 듯 했다.
하지만 그곳은 꽃길이 아니라 정글이었다.
모든 아이들로부터 왕따를 당했고, 질시와 모욕을 참아야 했다.
믿을 건 실력뿐이었다. 최고가 된다면 누구도 날 무시할 수 없다는 깡다구 하나로 버텨냈다.
성대 결절이 올 정도로 미친 듯이 연습에 매진했다.
"엄마는 패배자지만, 나는 달라!"

• 하윤철 __ 천서진의 남편. 하은별의 아빠.

대형 종합병원 VIP 전담 신경외과 과장. 오윤희의 첫사랑.
의사로서의 능력과 실력보다는 청아의료원 이사장 사위로 유명세를 먼저 탔다. 소프라노
천서진의 남편, 현재 VIP 전담 외과과장, 차기 병원장 유력!
사려 깊음보다는 손익 계산을, 실력보다는 방송 출연을, 지켜보자는 소견보다는 수술을 우
선시한다.
그런 그도 한때는 누군가에게 가슴 뛰던 시절이 있었다.
과학고 시절, 청아예고와의 연합 동아리에서 만난 진짜 성악 천재 윤희. 경쟁심 많던 윤철을
순수하게 만들었던 윤희... 윤철의 첫사랑이었다.
현실에 적당히 타협할 줄 아는 인물. 묘하게 사람 신경을 건드리는 화법으로 상대를 제압한
다. 역시 남자는 돈과 권력을 쥐고 있어야 한다는 야망남. 지금은 병원장 자리를 차지하기 위
해 워커홀릭처럼 일하고 있다.
이런 성공에는 천서진의 내조가 한몫했다는 걸 모르진 않았다. 그러나 지나치게 목표 지향
적인 서진이 차츰 부담스러워졌고, 결혼과 함께 시작된 서진 집안의 냉대가 서러웠다. 가난
한 과수원집 아들이라는 족쇄가 지독한 콤플렉스가 되었다.
아내는 은별의 교육에 한 치의 허점도 용납하지 않는 성격이었다. 그 또한 부부 갈등의 이유
가 되었지만, 인생의 파트너로서 두 사람의 목표는 같았다. 각자 위치에서 최고가 되는 것!
그런데 윤희와의 재회가 그의 삶을 뒤흔들고 있었다.

• 하은별 __ 천서진과 하윤철의 딸.

청아예고에서 성악 전공. 대대로 교육가 집안으로 명망 높은 청아예고 이사장 집안 딸이다.
2인자에 머무르는 실력으로 엄마 천서진을 만족시키지 못해 늘 불안하다.
은별의 인생은 태어날 때부터 정해져있었다.
성악 외에는 단 한 번도 다른 꿈을 꾼 적이 없다.
청아재단은 예술계통 최고의 명문 사학이었고 프리마 돈나였던 엄마 천서진이 청아재단 이
사장이 되면 그 뒤는 은별이 이어받을 것이다.
마치 아침에 일어나면 세수를 하는 것처럼 너무도 당연한 수순이었다.
은별 역시 노래 부르는 게 좋았다. 그러나 타고난 천재는 아니었다.
"난 죽었다 깨어나도 엄마를 뛰어넘을 수 없을 거야."
낮은 자존감이 그녀의 머릿속을 지배하고 있다.
곡을 부르다가 한 소절만 삑사리 나면, 그 자리에서 주저앉아 기어이 전부를 다 망쳐버리고
마는 유리멘탈. 그러던 어느 날 은별의 손에, 천서진의 대상 트로피가 쥐어져있었다. 그리고,
은별은 로나를 향해 트로피를 거침없이 내리쳤다. 은별의 눈은 텅 비어있었다.

✝강마리 가족

• 강마리 __ 유제니의 엄마. 유동필 부인.

금쪽같은 내 새끼 건드리면 무조건 두 쪽 난다!
개처럼 벌어서 정승처럼 쓰자는 게 인생 모토. 졸부.
두바이에 남편을 보내고 독수공방하는 여자.
다혈질인 듯 보이지만 사실 알고 보면 엄청나게 계산적이고 냉철하다.
속으로는 금수저들을 비난하고, 밖으로는 흙수저들을 하대한다.
모든 스트레스를 자신의 집 도우미와 기사에게 갑질로 푸는 삶을 살고 있다.

• 유동필 __ 강마리의 남편. 유제니의 아빠.

건설회사 대표. 두바이에서 사업 중이라고 알려졌으나 실제로는 교도소에서 수감 생활 중.
세상의 중심에서 아내에게 의리, 딸에게 사랑을 외치는 딸바보.
막노동판을 뒹굴며 전전하던 젊은 시절, 마리에게 첫눈에 반해 끝없는 구애 끝에 결혼했다.
뛰어난 사업 수완을 바탕으로 건설회사 기자재 납품 사업을 번듯한 건설회사로 키워냈다.
현재 두바이에서 프로젝트를 진행하고 있어 1년 넘게 한국에 돌아오지 못하는 상황. 매달 아내와 딸 선물을 챙기는 진정한 사랑꾼이자 딸바보.

• 유제니 __ 강마리와 유동필의 외동딸.

청아예고에서 성악 전공. 안하무인, 쌈닭. 실력은 없고 욕심만 있다.
천상천하 유아독존이다. 한마디로 개싸가지.
청아예중 입시에서 뚝 떨어져 일산 화정에 있는 일반중학교를 다녔다. 같이 성악을 시작한 친구 중에 유일하게 혼자 떨어졌다.
기필코, 청아예고만은 포기할 수 없다는 각오로, 일산 화정까지 넘어갔다. 갈수록 내신 비중이 커지는 예고 입시 특성상, 서울 외곽 학교라면 아무래도 내신 따기가 이로울 거라는 계산이었으나, 화정 또한 만만치 않았다. 배로나라는 눈엣가시 같은 아이가 공부면 공부, 노래면 노래, 모든 면에서 제니 앞을 가로막았다. 파출소 피하려다 경찰서 만난 격이었다. 제니 엄마인 강마리가 일산 화정으로 이사한 이유는, 사실 내신 때문만은 아니었다. 남편 유동필 탓이 컸다. 살인죄로 복역 중인 남편의 신상이 털려서 딸 귀에 들어갈까 하는 노파심 때문이었다. 어렵게 얻은 딸이라, 엄마 아빠의 정성이 하늘에 뻗쳤고 덕분에 제니의 싸가지는 날이 갈수록 비례했다. 머리부터 발끝까지 있는 집 자식이요, 콘셉트로 꾸미고 다닌다. 돈 자랑하는 건 취미고, 돈 없는 애들 무시하는 건 특기다.
그런데 그 특기가 요즘 배로나 기집애 때문에 영 발휘가 안 된다. 어떻게 생겨 먹은 건지 놀려도, 무시해도 꿈쩍도 안 하니 오기가 다 생긴다.

아빠도 없는 불쌍한 년 주제에.....

그 말을 하지 말걸, 후회는 이미 늦었다. 로나는 기가 막힌 음색과 노래로 한 방에 자신을 제압했고, 제니 스스로도 느꼈다. 절대 실력으로는 이길 수 없겠다.

실력으로 안 된다는 열등감이 뼛속까지 내재된 인물.

자기가 밟아도 되겠다 싶으면 찍어놓고 지독히 괴롭히지만, 또 뭔가에 감동받아 내 편이라고 생각하면 하루아침에 자기 속 다 내주는 단순하고 쿨한 면도 있다.

로나와 철천지원수에서 로나의 베프가 된다.

♯ 이규진 가족

• 이규진 __ 고상아의 남편. 이민혁의 아빠. 빅토리 로펌 이혼 전문 변호사.

규진이는 엄카보이.

법조인 재벌가의 외아들로 허세뿐인 속 빈 강정에 마마보이. 찌질의 끝판왕.

법조계 집안의 3대 독자로 1남 2녀 중 막내다.

어렸을 때부터 엄마가 시키는 대로 살아왔더니 어느새 변호사가 되어있었다.

당연히 스스로 할 줄 아는 건 없고, 결정 장애에 모든 걸 누나나 엄마에게 컨펌받아야 마음이 편한 마마보이다.

게다가 생활비 대신 엄카를 건네는 찌질의 끝판왕.

상아와의 결혼도 가족회의를 통해 결정됐다.

규진은 언제나 그랬듯 받아들였다.

한 번도 엄마의 결정이 틀린 적은 없었으니까.

규진은 상아가 매일같이 엄마에게 볶여도 방패막이가 돼줄 생각이 없다.

기 센 누나들이 집으로 들이닥쳐 아내를 잡도리해도 모른 척했다.

세상은 등가 교환의 법칙에 의해 돌아가는 것.

개천 이무기를 모두가 부러워하는 법조재벌 며느리로 만들어줬으니 상아가 감당해야 하는 몫이라 생각했다.

손도 까딱 않는 버릇으로 하나부터 열까지 상아에게 다 시키고, 상아가 조금이라도 반기를 들면 쪼르르 누나나 엄마에게 얘기하느라 바쁘다.

• 고상아 __ 이규진의 아내. 이민혁의 엄마.

현대판 코믹 내조의 여왕, 허세 19단. 아나운서 출신의 재벌가 며느리.

남편과 아들 일이라면 어떤 희생이라도 감수하는 소문난 내조의 여왕.

교양 있는 척, 세상 행복한 척, 사랑받는 척하지만, 정작 반쪽짜리 결혼 생활이다.

한때 촉망받던 아나운서에서 지금은 재벌가 며느리로, 남편을 내조하며 살아가고 있다.
남편은 시아버지가 운영하는 '빅토리' 로펌의 허수아비 변호사이고, 상아가 허울뿐인 재벌
며느리 행세를 하고 있는 건, 주변 사람 아무도 모른다.
그녀의 결혼 생활은 한마디로 창살 없는 감옥이었다. 시댁 식구들은 온갖 더럽고 구린 짓은
다하고 호사를 누리면서, 상아에게는 검소, 절제, 청렴을 강요한다.
돈줄을 틀어쥔 시어머니는 생활비를 200만 원으로 동결시키고 그녀의 컨펌 없인 콩나물
100g도 살 수 없었다. 남편의 월급을 단 한 번도 만져본 적 없다.

- 이민혁 __ 고상아와 이규진의 아들.

청아예고에서 성악 전공.
공부로 서울대를 갈 수 없다는 사실에 온 집안을 낙담시켰다.
지금은 부모의 플랜대로 서울대 가기 프로젝트를 수행 중이지만,
합격 가능성은 제로에 가깝다. 성악을 전공하고 있으나 뛰어난 재능은 없다.
성실함과는 거리가 먼 인물로 공부도 늘 하위권이다.

| 비밀을 품은 사람들 |

- 로건 리 __ 구호동과 동일인물.

재미교포계의 성공신화이자, 미국 부동산 갑부이며 유명 극장주인 제임스 리의 아들.
미국에서 급성혈액암으로 투병 중, 극적으로 한국 고아원에 있는 민설아와 골수가 일치해
민설아로부터 골수이식을 받고 완쾌함. 한때는 민설아와 남매지간.
골수이식을 위해 입양됐다, 억울한 누명을 쓰고 파양당한 민설아에게 죄책감에 시달린다.
2년 후, 모든 것을 정리하고 한국행 비행기에 몸을 실었다. 청아예고 계약직 체육교사라는
완전히 다른 사람이 되어 의문으로 가득 찬 민설아의 죽음을 파헤치기 시작한다. 누구와도
타협하지 않는 별종이다. 지금까지 청아예고에 이런 선생은 없었다. 대놓고 청아예고의 커
리큘럼을 비웃었다. 학교가 정해놓은 규칙을 깡그리 무시했다. 석훈, 석경, 은별이 은근히 누
리던 권리도 철폐했다. 석훈을 보기 좋게 제압한 구호동으로 인해, 주단태는 대노한다.

- 민설아 __ 헤라팰리스 아이들 수학 과외쌤.

보육원 출신으로 유기견 설탕이와 단둘이 억척스럽게 사는 소녀.
유기견의 병원비를 구하기 위해 헤라팰리스 고액 수학 과외 선생 자리에 지원했다.
어쩔 수 없이 재학증명서를 위조하고, 가짜 신분증을 만들어서 수학 과외 자리를 얻어냈다.
대학생이라고 거짓말하는 게 맘에 걸렸지만, 선불로 받은 괴외비가 딱 설탕이의 수술비였

고, 돈만큼 열심히 가르쳐주면 된다고 생각했다.
딱 두 달 만이야. 그리고 조용히 빠지면 되는 거야.

• 주혜인 __ 주단태가 만들어놓은, 심수련의 가짜 딸.

심수련이 주단태 곁을 떠나지 못하는 이유가 된 인물.
태어날 때부터 저산소증으로 신생아 중환자실에서 치료를 받았다. 몇 번의 고비 끝에 간신히 살아났으나, 심각한 후유증으로 거의 식물인간 상태로 누워만 있는 인물.
그렇게 16년을 살았다.
주단태가, 심수련의 친딸을 하천에 버리고, 심수련의 딸인 것처럼 위장하여 VIP 병동에 입원시켜 지극정성 돌보는 척 연기를 했다.
가끔 약물 투입을 조절해서 주혜인이 혼수상태를 일으키면, 심수련이 가슴 아파 미치는 모습을 보며, 묘한 희열을 느꼈던 주단태....
어찌 보면 주단태라는 괴물의 또 다른 희생양이다.

• 윤태주 __ 대외적으로 단태의 비서지만, 뒤로는 심수련을 몰래 돕는 사람.

주단태가 가장 믿는 인물.
심수련에게 심수련의 친딸이 다른 곳에 살아있다는 정보를 제공해서 파국을 일으키지만, 끝까지 주단태를 완전히 배신하지 못한다.
주단태에게 은혜를 입었기 때문이다. 고아에 오갈 데 없는 자신을 걷어서 먹고살게 해준 사람이 단태였기 때문이다. 주단태의 악행에 대한 결정적 열쇠를 쥐고 있다.
심수련을 오랫동안 옆에서 지켜보다가, 그녀의 가여운 삶에 마음의 변화를 일으켰다. 단태에게 속아 친딸이 아닌 아이(주혜인)를 가슴 아파하며 키우는 심수련에게 강한 연민의 감정을 느낀다.
16년 전 추운 겨울, 주단태의 명을 받고 민설아를 차디찬 하천에 버렸으나, 다음 날까지 살아있는 아이를 보고 차마 죽이지 못하고, 고아원 앞에 버려두고 도망쳤다.
평생 단태를 옆에서 보좌할 수밖에 없는 처지고, 그를 배신하고는 어디서든 살 수 없다는 것을 잘 알기에 그가 시키는 대로 뭐든 다 했지만, 본질적인 악인은 아니다.

| 그 외 인물들 |

• 조상헌 __ 강남구 국회의원. 자선사업 재단이사장.

연예인과 밀애를 즐기고 평생 돈을 탐닉하는 인생 말종.
민설아를 해외로 골수 입양시킨 파렴치한. 악질 브로커.

잘나가는 국회의원에, 자선사업 재단이사장이라는 허울 좋은 명함을 가졌지만, 사실은 힘없고 부모 없는 고아들을 대상으로 골수 입양을 주도하고 목돈을 챙기는 인간 이하의 인물.

민설아도 그 희생양이었다. 미국 부동산 재벌 제임스 리 집에서 거액을 받고, 제임스 리의 외아들과 골수가 일치하는 민설아를 미국으로 입양 보냈다.

뒤탈이 없기 위해 입양 절차를 밟은 후에, 적당한 누명을 만들어 파양시키도록 일을 꾸미는 일까지도 조상헌의 고객 AS에 속했다. 자신의 죄가 까발려질까 민설아를 협박한다.

양심과 도덕성이 비정상적으로 결여된 인물.

뒤로 벌어들인 돈이 막대하고, 국회의원 3선까지 넘보는 명예욕을 지녔지만, 유명 배우와 비밀 아지트에서 밀애를 즐긴다.

여성 편력이 심하고, 비열하게 모은 돈으로 여자를 유린하는 삶을 산다.

그 비밀 아지트를 얻어준 사람이 오윤희였다.

그리고, 그 비밀 아지트에서 태주에 의해 살해당했다. 복수의 서막이었다.

태주는 조상헌의 머리를 내리쳐서 죽이고 이렇게 말했다.

"난 사람을 죽이지 않았습니다! 짐승 한 마리가 뒈졌을 뿐입니다!"

• 구호동 __ 청아예고 체육 선생님.

창원 출신의 경상도 사나이. 꼬질꼬질한 차림새에 역사를 거스르는 패션스타일.

청아예술고등학교에 어울리지 않는 사람을 한 명 꼽으라면 단연코 이 사람이다.

후줄근한 추리닝 패션에 누렇게 변색된 치아. 패션을 역행하는 잠자리 안경까지.

헤라팰리스 아이들을 두려워하지 않는 유일한 선생님.

• 조호영(조비서) __ 주단태의 충실한 비서.

각종 자질구레한 뒤처리를 담당한다.

• 양미옥(양집사) __ 주단태와 심수련의 펜트하우스 가사 도우미.

말 없고 비밀스러운 여자.

• 마두기 __ 청아예고 음악 선생님.

한 번 보면 뇌리에 훅 박히는 부담스런 비주얼의 성악가.

한 번 보면 절대 잊어버릴 수 없는 강렬한 중세시대 헤어스타일의 소유자.

성악 지식은 만점일지 몰라도 교육자로서는 0점인 남자.

돈과 권력 앞에서 자연스레 무릎 굽히는 전형적인 강약약강 직장인.

헤라팰리스 부모들이 그의 자존심을 긁어도 늘 잡초같이 일어선다.

헤라팰리스 아이들에게 은근히 무시당하는 인물.

1화

헤라의 팔에 안겨 잠들다

1.　　프롤로그 1/펜트하우스(밤)

　　　　100층 복층 펜트하우스의 위풍당당한 자태가 드러나는.

　　　　전면이 탁 트인 널찍한 거실 통유리창에 크리스털 조명등이 반사되어

　　　　빛나고, 유리창 밖으로 환상적인 한강 뷰가 한눈에 펼쳐진.

　　　　아름답고 신비한 얼굴에 고급스러운 미소를 머금은 수련이, 방금 샤워

　　　　를 마친 듯 하늘하늘한 슬립만을 걸친 채 욕실에서 나와, 위층으로 올

　　　　라가고.

　　　　여자의 발이 움직일 때마다 슬리퍼 끄는 소리만 간간이 들릴 뿐, 어떤

　　　　소음도 완벽히 차단되어있는 그곳! 한 치의 흐트러짐도 용납하지 않

　　　　을 듯한 단정한 걸음.

　　　　그때, 창밖으로 화려한 불꽃놀이가 보이고, 세상이 대낮처럼 환해지는데.

　　　　수련, 슬립의 끈을 내리면, 유리창으로 그녀의 완벽한 실루엣이 비쳐

　　　　보이고, 강렬한 붉은색 슬립이 대리석 위로 물결처럼 흘러내리는.

　　　　헬퍼(양씨)가 건네주는 환타색 파티용 실크 드레스를 입은 그녀의 아

　　　　름다운 자태.

　　　　불꽃놀이가 점차 절정으로 치닫고.

2.　　프롤로그 2/헤라팰리스 파티장(밤)

　　　　귀가 찢어질 듯 음악소리 요란하고.

　　　　남자는 멋진 연미복을, 여자는 화려한 드레스를 갖춰 입은 헤라클럽

　　　　부부들이 흥에 겨워 정신없이 춤을 추고 있다. (주요 인물들 모습 확실히

　　　　보이지 않게)

　　　　손에는 칵테일 잔을 든 채로, 적당히 술이 오른 듯 온몸을 흔들면서 음

　　　　악에 맞춰 들썩이고 있는데! 왁자한 웃음소리가 시끄러운 음악에 섞

　　　　여서 요동치는.

3.　　프롤로그 3/펜트하우스 앞(밤)

　　　　수련, 현관문을 통과하여 펜트하우스 밖으로 나오는. 환타색 드레스

차림 그대로고. 손에 클러치 백만 들려있는.

CCTV 의식하는 듯, 우아한 걸음으로 천천히, 펜트하우스 전용 엘리베이터에 올라타는 수련. 파티장이 있는 33층을 누르는.

4.   프롤로그 4 / 엘리베이터 안 (밤)

수련, 파티장이 있는 33층의 버튼을 누르면.

미끄러지듯 통유리창의 엘리베이터가 아래로 내려가기 시작하고.

90층... 80층... 70층... 수련의 초조한 표정...

그때, 47층을 지나는 순간! 엘리베이터 바깥으로부터, 반대편 난간에서 누군가의 손에 의해 밀쳐지는 낯익은 얼굴.

놀라 엘리베이터 앞으로 다가가는 수련, 누군가의 눈빛과 정면으로 마주치는데! 너무도 가녀리고 애절한 소녀의 눈빛... 애타게 뭔가를 붙잡으려는 손길... 허공을 휘젓는 발버둥......

수련, 낯익은 소녀의 눈동자와 마주친 순간! 갑자기 정신 멍해지고 비틀하는. 아는 얼굴이다.

그러다 엘리베이터 벽에 붙어서 열 손가락으로 마구 엘리베이터 벽을 할퀴며, 미친 듯이 비명 내지르는 수련! 아아아아악!!!

5.   프롤로그 5 / 헤라팰리스 내부 (밤)

가녀린 소녀, 손을 휘저으며 자꾸 아래로.. 아래로.. 내려가는.

환상적인 불꽃이 터지고 있는 헤라팰리스 허공 위도 지나고.

헤라클럽 부부들이 정신없이 웃고, 떠들고, 춤추고 있는 파티장 층도 지나고. (주요 인물들의 모습 보이지 않게)

헤라팰리스 아이들이 신나게 수영하고, 장난치고, 러닝머신을 뛰고 있는 커뮤니티 층도 지나고.

그렇게 바닥을 향해 추락해가는데.

팡! 하늘을 수놓는 오색 불꽃. 입주민들, 정원에 모여 아름다운 불꽃놀이를 보며 환호성을 내지르는데. 연이어 퍼지는 불꽃들. 팡! 팡!!

그와 동시에, 돔 모양의 분수대 유리천장이 깨지면서 "쿵!!!!" 아파트 분수대 안 헤라상 위로 그대로 내리꽂히는 어린 소녀! 높이만큼 아득한 굉음소리가 비현실적으로 들리고.

분수대에 차 있던 물이, 일순간 붉은 빛으로 젖어드는데.

그녀의 시야에서 아득하게 솟아있는 헤라팰리스 건물...

웅장한 헤라상의 팔에 안겨 있는 소녀, 슬픈 눈을 뜬 채로 죽어있는.

그 위로, 〈3개월 전〉 자막 뜨고.

6.   현재/조상헌 세컨하우스 화장실 (낮)

큰 눈을 부릅뜨고 거울을 보고 있는 윤희. 목에 머플러를 두르는.

그때, 밖에서 들려오는 오디오 소리. 모차르트 아리아 "밤의 여왕"의 클라이맥스 부분이다. (천서진의 목소리)

굳어지는 윤희의 표정. 밖을 매섭게 쳐다보는데.

7.   조상헌 세컨하우스 (낮)

윤희, 밖으로 걸어 나오면, 거실 오디오장에서 흘러나오는 음악. 오디오 옆에 놓인 CD 케이스에 천서진의 사진이 크게 박혀있다.

윤희, 무표정하게 서진의 사진을 응시하는데.

깔끔한 정장 차림의 조상헌이 다가서고.

상헌 캬~ 예술이지? 천상의 목소리라니까. 우리 오 실장도 알지? 소프라노 천서진!

윤희 (CD 케이스 뒤집어 내려놓고는, 표정 바꿔서 환하게 웃으며 돌아보는) 전 트로트만 들어요. 음악은 뽕짝이 진리죠. (오디오 볼륨 줄이며, 상냥하게) 집은 어떻게? 맘에 드세요, 의원님?

상헌 뭐, 괜찮네. 사이즈도 적당하고. 한갓져서 눈에 띄는 일도 없겠고.

윤희 (의중 눈치채고) 보안은 걱정 안 하셔도 됩니다, 의원님! (문 열어서 비밀

공간 보여주며, 싹싹하고 엽렵하게) 비상시엔 이 비밀공간을 이용하세
요. 일종의 방공호랄까요? (은밀하게) 밖으로 바로 통한다는 것도 큰 장
점이구요.

상헌 쓸 만하네. (그러면서 윤희의 바스트를 야릇한 시선으로 보다가, 윤희에게
바짝 다가서며 능글맞게) 접때부터 묻고 싶었는데, 날도 더운데 왜 맨날
스카프를 해? 답답하지 않아?

윤희 (긴장해 물러서고) 네에? 아, 괜찮아요. 패션에 계절 가리나요. (시선 피
하며 억지웃음 짓는데. 스카프를 더 단단히 매면)

상헌 사람이 너무 빡빡하면 질려. 또 알아? 내가 뭐 도움 줄 게 있을지? (갑자
기 윤희를 와락 안으면. 그 바람에 윤희의 머플러가 풀어져 바닥에 떨어지
는데)

윤희 (이때, 드러나는 목의 상처! 상헌을 밀치며, 큰소리로 버럭) 왜 이러세요!
괜찮다니까요! (급히 머플러 주워서 목에 두르면)

상헌 (움찔하고. 철벽 치는 윤희가 불쾌한) 강아지 새끼도 주인을 보면 꼬리를
흔드는 법인데. 배가 쳐불렀나..

윤희 (가방 주워들며, 정색하며) 전 그만 가보겠습니다. 중계수수료는...

상헌 (표정 싹 바꾸며) 중계수수료? 오 실장 참 뻔뻔해! 자격증도 없이 불법
으로 이 짓 하는 거, 내가 모를 줄 알았어?! 내 전화 한 통이면 완전 매장
시켜줄 수 있는데! 알아들었으면 가봐!

윤희 (당황하지만 애절하게) 3개월 동안 발품 팔아 보여드린 집이 수십 집이
에요. 저도 나름 애썼는데, 수고비는 챙겨주셔야죠, 의원님!

상헌 (지갑에서 오만 원권 서너 장 던지며) 그만 꺼져. 더 귀찮게 할 생각 말고!

윤희 의원님!! 그래도 이건... (기막힌데)

상헌 (그때, 조상헌의 핸드폰 걸려오면. 얼른 핸드폰 받는. 여자 목소리 흘러나오
고) 응, 왔어? (꺼지란 듯 노려보며) 얼른 올라와. 자기만 기다리고 있었지.

윤희 (돈을 주워 돌아서는데, 비참한 심정이고)

28

8.   조상헌 세컨하우스 앞(낮)
        윤희, 씩씩대며 밖으로 걸어 나오는.

윤희   미친 새끼! 잘나가는 국회의원이라더니, 개자식이지 저게! 저걸 그냥
        확! 절구통에 넣고 뽀샤버릴까부다. (그때, 택시에서 내려 세컨하우스로
        들어가는 40대 여자 보이면) 대체 어떤 여자가 저런 쓰레기 같은 놈이랑
        바람을 펴?! 머리가 아주 꽃밭이네. (그러다 모자를 눌러쓴 여자의 얼굴
        을 보는 순간 멈칫하고. 아는 얼굴이다) 저 여잔..!!

9.   화영중학교 성악부 연습실(낮)
        마두기 레슨교사와 함께 레슨 중인 제니.
        베네딕트의 〈라 카피네라(La Capinera)〉를 부르는데. 고음에서 제대로
        삑사리를 내면.

두기   (답답한 듯) 제니야. 그게 아니라니까! 횡격막에 힘을 주고, 소리는 앞
        으로!! 마스께라를 울려서 소리를 내라고!! 마스께라를 울려서! 안 되
        니, 그게?!
제니   그게 되면, 제가 쌤한테 왜 배워요?
두기   (어이없고) 너 솔직하게 말해봐, 어제 노래방 갔지?!
제니   (삐딱하게) 그럼 기말고사 끝났는데, 것도 안 해요?
두기   콩쿠르 앞두고 목 막 쓰면 어떡해!! 대중가요는 절대 안 된다고 했잖아!!

        그때, 탁! 하고 밖에서 뭔가 소리 들리고. 제니, 후다닥 뛰어가 문을 확
        여는데.

10.   화영중학교 성악부 연습실 앞(낮)
        아무도 없는 복도. 제니, 복도 여기저기 두리번거리고 있으면.

두기(E)	유제니!!! 뭐해?!! 빨리 안 와?!!
제니	(뭔가 단단히 벼르는 듯) 쥐새끼! 잡히면 가만 안 둬!!

11. 화영중학교 전경 (저녁)

12. 화영중학교 성악부 연습실 (저녁)
비어있는 연습실. 어두운 실내.
몰래 문을 열고 들어오는 누군가의 발걸음. 핸드폰 조명을 빛 삼아 조
심스레 피아노 앞에 앉고, 심호흡한 다음 피아노 연주를 시작한다.
11신 제니가 연습하던, 〈라 카피네라(La Capinera)〉 곡이고.

로나	횡격막에 힘을 주고, 소리는 앞으로!! 마스께라를 울려서!!

11신 레슨 교사의 말을 떠올리며, 막 노래를 부르려는 순간!
그때! 갑자기 켜지는 불. 놀란 로나. 뒤를 돌아보면 제니가 서있고.

제니	내가 이럴 줄 알았어! 배로나! 아까 너였지? 누가 내 연습실 쓰라고 했어?
로나	(잠시 당황했다, 일어나서 당당하게) 학교 연습실이 왜 니 꺼야?
제니	몰랐어? 이거 울 엄마 아빠가 나 쓰라고 만들어준 연습실이야. 나 위해서 사준 피아노고! 너도 그거 아니까 도둑 연습한 거 아냐?
로나	(차분하면서도 힘 있게) 누가 만들어줬든 학교 연습실이야. 너네 집도 아닌데, 내가 못 들어올 이유 없다고 생각하는데.
제니	(말 채서) 당연히 못 들어오지! 여긴, 청아예고 들어갈 내가, 집 오갈 시간 줄이려고 학교 안에 만든 내 연습실이라고!! 내 말 못 알아 쳐드셔?
로나	청아예고! 나도 갈 건데? (기습적으로 선언하면)
제니	(잠시 병 쪘다가, 기막혀 비웃으며) 뭐? 청아예고? 니가 청아예고를 무슨 수로 가? 너 돈 있어?
로나	(순간 멈칫)

제니	(세상 얄밉게) 니네 엄마가 우리 부모처럼 써포트 빵빵하게 해줄 수 있
	냐고! 청아예고에서 일반중 학생을 두 명이나 뽑아줄 리도 없고... 분명
	히 말하는데, 거긴 내 자리야! 꿈도 꾸지 마!!
로나	(그런 제니를 빤히 바라보다, 당당하게) 난, 내 목소리 하나면 충분해! 이
	번 콩쿠르에서 너 이겨서 학교장 추천서 내가 꼭 받을 거야! 너처럼 엄
	마, 아빠 도움 없이! 두고 봐! (제니 밀치고 휙 나가버리면)
제니	쟤.. 지금 뭐라는 거야? 야!! 너 거기 안 서!! 야, 배로나!! (짜증 나 욱하고)

13.   화영중학교 앞(저녁)
       교문 앞에 특이한 색상의 고급 세단 한 대 세워져있고.
       씩씩대며 걸어 나오는 제니를 기다렸다가 두 팔 벌려 반기는 마리.

마리	(과장되게) 우리 따알~ 연습 잘 끝냈어? 배 안 고파? 목이 휑하니 이게
	뭐야? 목이 악기인 애가. (가방에서 스카프 꺼내 둘러주며) 목에 꼭 두르
	라니까! (방정스레 제니를 챙기는데)
제니	(갑자기 버럭 하고) 짜증 나 죽겠어, 엄마!! (울기 시작하는데)
마리	(놀라서) 무슨 일이야? 뭔데?! 엄마한테 다 얘기해! 우리 공주 왜 울
	어?!
제니	(흥분해서) 우리 학교에 배로나라고 드럽게 못생긴 애 하나 있거든. 근
	데 걔가, 실력도 없는 주제에 이번 콩쿠르에서 나 이기겠다고 감히 선
	전포고를 한 거 있지? 거기다 내 연습실에서 도둑 연습까지 했다고! 내
	가 이걸 참아야 돼?!
마리	미친! 우리 공주가 왜 참아? 우리 딸은 아무것도 참지 마. 엄마가 있잖아!
제니	나 그 기집애한테 제대로 내 실력 보여줄 거야! (주먹 불끈 쥐면)
마리	일단 드레스부터 기를 팍 죽여버리자. 그 애 부모, 뭐하는 사람이래?
제니	(기사가 문 열어주면, 차에 올라타며) 아빠 없어. 죽었대.
마리	죽어? 엄마는? 엄마는 뭐하는 여잔데? (따라 타는)

14.   주택가 일각(저녁)
       끝도 없이 올라가는 계단집. 하이힐을 신고, 땀 흘리며 올라가는 윤희.
       고객에게 방을 보여주는. 개가 미친 듯이 짖으면 개도 잡아주고, 어질
       러진 집도 치워주고, 물도 틀어주고, 채광 설명하고, 애써 친절하게 미
       소로 응대하는데.

15.   지하철역 일각/윤희의 차 안(저녁)
       뽕짝이 요란하게 틀어져있는 윤희의 차. 와서 멈춰 서는데. 뒷자리에
       고객들 앉아있고.

고객1   (시큰둥해) 집들이 다 별루야. 아까 부동산 물건이 훨 낫지 않았어?
고객2   좀 괜찮은 거 없어요? 괜히 시간만 버렸잖아.
윤희   (굽실대는, 비위 맞추며) 죄송합니다, 사모님. 딱 하루만 더 시간 주시면
       제가 사모님 입맛에 딱 맞는 매물로 찾아드릴게요.
고객1   (마시던 커피를 차에 두며) 됐고! 이것 좀 버려줘요. (휙 내리는데. 고객2
       도 아무렇게나 커피 놓고 내리면. 남은 커피가 뒷좌석에 왈칵 쏟아지고)
윤희   아 뭐야 진짜!! (순간 욱하고. 얼른 몸 돌려 시트 닦는데. 화 올라오지만 애
       써 참고) 그래! 참자, 참어, 오윤희! 누군 자판기 커피도 아까워서 못 마
       시는데, 오천 원짜리 커피를 남기냐. (그때, 또 걸려오는 전화. "로나 수학
       학원"이라고 뜨고. 얼른 받는) 네, 선생님. 안녕하세요? (멈칫) 네? 우리
       로나가요?! (놀라는 윤희)

16.   윤희 집 거실(저녁)
       평범한 25평 정도 빌라. 제대로 꾸미지 않은 실내. 오래된 볼품없는 가
       구들.
       로나, 기분 좋게 들어서는데. 윤희, 소파에 꼿꼿하게 앉아있는.
       테이블 위에 놓여있는 성악 관련 책과 악보들. 보고 굳어지는 로나.

윤희	(로나를 올려다보는) 수학학원에서 전화 왔더라. 학원 안 간 지 몇 달 됐다면서?! 엄마가 피 토해가며 벌어온 돈으로 이딴 거 산 거야?!! 언제부터야!! 엄마 속인 게!!
로나	엄마, 그게...
윤희	말했지! 노래는 안 된다고!!

윤희, 책과 악보를 집어 들어 찢는데. 로나, 기겁해서 달려들어 책을 뺏고.

로나	나, 노래할 거야!! 성악 하고 싶다고!! 왜 안 되는데!! 왜 못 하게 하는 건데, 왜!!! (강하게 대들면)
윤희	그 좋은 머리로 그냥 공부해. 학원 별로면 엄마가 과외시켜줄게. 판검사, 의사 할 머리로 왜 자꾸 노래를 할라 그래, 왜!! 엄마 사는 거 보고도 몰라? 자격증 있어야 먹고살아!! 노래는... (심호흡하고) 절대 아냐!!
로나	한 번도 안 들어봤잖아, 내 노래!!
윤희	그거 아무나 하는 거 아니라니까!!
로나	(맞서는) 나 잘한다니까!! 자신 있다구!! 대체 왜 그렇게 반대하는 거야? 딸이 하고 싶어 죽겠다는데, 노래 부르고 싶어 미치겠다는데, 이렇게까지 말리는 이유가 뭐냔 말야!!!
윤희	(순간 멈칫하는데. 차마 더 얘기 못 하고. 로나 품에서 악보와 책들 뺏어서 마구 찢어버리는데)
로나	상관없어!! 다 외웠으니까.
윤희	(멈칫) 뭐?
로나	(윤희 손에 들린 또 다른 악보 가리키며) 모차르트 〈마술피리〉, "밤의 여왕" 아리아! (심호흡하고 노래를 부르기 시작하는데. 목소리 빛깔이 너무도 아름답고. 미친 듯한 고음이 이어지는 난이도 높은 곡을 완벽히 소화해내는)

윤희, 로나의 정확한 음정과 실력에 내심 놀라고. 어려운 고음 스케일

을 거침없이 해내는 로나의 모습에서 자신의 어릴 때 모습이 오버랩되
는데...

17. 회상/청아예고 예술관 무대 위/25년 전(밤)
〈제25회 청아콩쿠르〉 플래카드 걸려있는.
무대 위 핀조명이 한군데를 비추고 있으면. 정적이 집어삼킨 공연장.
단아한 드레스 차림의 고3 윤희, 모차르트 "밤의 여왕" 아리아의 가장
난이도 높은 클라이맥스 부분을 미친 듯이 소화해내고 있다.
끝날 줄 모르고 정신없이 고음이 이어지면서, 현란하게 스케일 기교를
완벽히 성공시키는 윤희!
절정의 긴 호흡에서 곡이 끝나면. 무대 위 환히 켜지는 조명들. 터져 나
오는 박수소리. 환호하는 관중들 소리...
만족스러운 표정의 윤희, 거친 숨을 토해내며 활짝 웃는데. 벅차오르
는 감정에 만감이 교차하며 눈물 그렁해지는.

18. 현재/윤희 집 거실(저녁)
윤희, 지난 일 떠오르면. 마음 다잡으려는 듯, 악보책을 빡빡 찢어버리고.

윤희   (로나 보며, 엄포 놓듯 냉정하게) 니가 또 노래하겠단 말을 지껄이면, 그
       땐 엄마가 먼저 니 앞에서 죽을 거야!! 엄마 죽으면, 그때 해! 그전에는
       절대 안돼!! (서슬 퍼렇게 내뱉고, 방으로 들어가 버리면)
로나   (윤희의 비장함에 놀란 듯, 더는 아무 말 못하는데. 그대로 꼿꼿이 서있는)

19. 윤희의 집 거실(아침)
윤희, 거실 테이블에 놓인 메모를 보고 있는.

로나(E) 엄마가 뭐래도 난 노래할 거야!
        윤희, 머리가 지끈거리는. 미치겠고.

전날 밤 자신이 흥분해서 찢어놓은 악보들로 난장판이 된 거실을 치우
는데. 괴롭고 마음 복잡한데. 애써 눈물 참는.
그때, TV 뉴스 화면에 멋진 헤라팰리스 전경이 뜨는데. 자신의 좁고 낡
은 집과 너무도 대비되고. 홀린 듯 헤라팰리스를 보는 윤희.

앵커(E)　　강남 최고층 주상복합아파트 헤라팰리스가 입주 1년 만에 공시지가가
　　　　　평균 9% 상승했습니다. (상승폭만 놓고 볼 때, 14년째 전국 표준공시지가
　　　　　1위를 차지한 명동의 공룡타워보다 두 배가량 높은 수칩니다.)
윤희　　　진짜 멋지네... 죽기 전에 저런 곳에서 한번 살아볼 수 있을까?

뉴스 속 화면, 그대로 헤라팰리스 실물 전경으로 연결되는데.

20.　　헤라팰리스 전경/입구(낮)
　　　　뉴스 멘트와 함께 소개되는 헤라팰리스의 럭셔리하고도 거대한 전경.
　　　　줄지어 주차되어있는 최고급 외제차들.
　　　　호텔 수준의 최고급 사우나와 피트니스 센터, 골프연습장, 영화상영
　　　　관, 피부미용실, 수영장, Rock Climbing, 테니스장, 볼링장, 북카페,
　　　　레스토랑 등의 커뮤니티 공간 보여주고.

앵커(E)　　올해 평당 가격이 국내 최초로 1억 원을 넘을 것으로 전해지면서, 전문
　　　　　가들은 당분간 헤라팰리스의 상승가는 계속 갱신될 것이라 예상하는
　　　　　가운데, 매물 품귀 현상이 이어지고...

21.　　헤라팰리스 로비(낮)
　　　　삼엄한 경비원들 사이로 걸어가는 부유층 입주민들.
　　　　그 선두에 코발트색 정장 차림의 천서진이 당당하게 걸어가고 있고.
　　　　여왕벌 포스의 천서진에게 입주민들의 시선 쏠리는.

22.   헤라팰리스 서진 레슨실(낮)
　　　　모던하고 고급스럽게 꾸며진 레슨실 안. 한쪽 면엔 대형거울이 놓여있고.
　　　　그랜드 피아노 옆으로 장식장에 서진의 사진, 상패들, 앨범들 줄을 맞
　　　　춰 진열돼있다. 그중 "청아예술제 대상" 트로피가 가장 중앙에 보이는
　　　　데. (독특한 모양의 트로피)
　　　　그 위로 흐르는 민혁의 노랫소리.
　　　　피아노 반주자에 맞춰서 민혁, 노래를 하고 있고. 그런 민혁을 핸드폰
　　　　으로 영상촬영 중인 상아. 표정 진지하고. 상아 듣기엔 너무도 감미로
　　　　운데.

서진(E)　　(단호하고 매섭게) 그만!!

　　　　노래 멈추는 민혁. 덩달아 상아도 긴장한 채 보면.
　　　　도도한 표정의 서진, 악보를 치켜든 채 민혁을 차갑게 보는.

서진　　　(날카롭게) 이민혁! 너 성악 진짜 하고 싶니?
민혁　　　(긴장해) 네? 네!
서진　　　그냥, 애들이 다 성악 한다니까 따라 하는 거 아니고? 너 이따위로 하면
　　　　서울음대는커녕 청아예고도 못 들어가, 알아?! (독설 내뱉으면)
상아　　　(쿵... 걱정돼 미치겠고, 안절부절못하는)
서진　　　(냉정한 말투) 너 한 번만 더 연습 제대로 안 하고 레슨 들어오면 그땐 아
　　　　웃이야! 능력도 없으면서 노력까지 안 하는 애, 제자로 안 두는 건, 내 레
　　　　슨 철학이야! 알겠어? (쭈뼛대는 민혁에게) 뭐해?! 연습실로 안 가고!!

　　　　민혁, 씩씩거리며 나가고. 상아, 그런 민혁에게 얼굴 풀라는 듯 신호하는.
　　　　서진, 악보 정리를 하면. 상아, 눈치 보며 서진에게 다가가는.

상아　　　애가 요즘 사춘긴지 영 맘을 못 잡네요. 제가 따끔하게 혼낼게요, 쌤.

서진	(시선도 안 주고) 부모들끼리 친하다고 꼭 애들 레슨 맡는 건 아니라고 생각해요, 전. 민혁이도 실력 안 되면 가차 없이 내보낼 거예요! (한쪽에 쌓여있는 서류들 눈짓하며) 아시죠? 지금 레슨 대기자만 해도 저렇게 쌓여있는 거.
상아	(살살 웃으며) 그러~~엄요. 우리 천 쌤 수업이야 하늘에 별 따기라는 거 다 알죠. 진짜 약속!! 우리 민혁이 제가 꼭 잡아놓을게요. 아, 제 선배 장윤경 아나운서 아시죠?
서진	(상아 보면)
상아	거기 시댁이 미풍기업이잖아요. 특별히 부탁해서 미풍아트홀 대관 허락받았는데, 거기서 이번 청아재단 연주회 하는 거 어떠세요?
서진	(나쁘지 않고) 뭐, 아버지께 말씀드려 볼게요.
마리(E)	어머!! 거긴 너무 스케일이 아니지이~~

서진과 상아, 돌아보면. 마리, 손 인사하며 화려한 비주얼로 등장하는데.

마리	청아재단이 급이 있지, 거긴 이미 한물 갔잖아요. 그죠, 천 쌤!
서진	(흥미롭다는 듯) 제니 엄마가 큰소리치시는 데는 다 이유가 있겠죠?
마리	해연 예술 음악전당!! 어떠세요~?
상아	(발끈해서, 믿을 수 없단 듯) 말도 안 돼... 제니 엄마가 무슨 재주로요?!
마리	(빡! 하지만 참고) 원래는 안 되는 건데, 거기 사모님이랑 내가 좀 친하거든. (뻐기듯) 힘 좀 써주셨어요. 내 이름만 얘기하면 그냥 바로 대관예약 잡아주기로 했으니까, 콜 해요~
서진	(솔깃하고) 이렇게 신세를 져서 어떡해요.
마리	(웃으며) 이번에 레슨 TO 하나 났다면서요, 쌤~ 거기 우리 제니 자리 맞죠?
서진	(미소로 화답) 그럼요, 이미 비워뒀죠. (한쪽에 쌓여있는 레슨 신청 서류들 한쪽으로 밀어버리는)
상아	(두 사람의 짝짜꿍에 욱하는데)

마리	쌤한테 레슨만 받으면 서울음대는 따논 당상인 거 맞죠? 전 이제 우리 제니 실기든 내신이든 전 과목 싹 다 쌤게 맡길게요. 저한텐 천 쌤이 하늘 천이에요, 하늘 천! (서진에게 눈 찡긋하는데, 문득 장식장 안의 청아예술제 대상 트로피를 발견하고는 홀린 듯 다가가며) 근데, 저 트로핀 뭐예요? 못 보던 건데.
상아	(신기한 듯 트로피 보며) 어머나! 이거 청아예술제 대상 트로피 맞죠? 드디어 그 유명한 전설의 트로피를 영접하네요.
마리	전설이라뇨?
상아	모르세요? 선생님 재능을 질투한 동급생이 지 목을 스스로 확! 그어버린 엽기적인 사건. 성악 하는 사람은 전부 아는 얘긴데.
서진	(순간 멈칫하는 손. 의미심장한 눈빛)
마리	세상에! 끔찍해라.. 질투를 해서 자해를 했단 말예요?! 어떤 미친 게..!
상아	1인자는 항상 주변의 시기 질투를 받는 법이잖아요. 살리에르의 질투를 받은 모차르트처럼. 그래서 그 동급생은 어떻게 됐어요?
서진	(의미심장하게) 넘보지 말아야 할 것에 손을 댔으니, 스스로 벌을 받고 이 바닥을 영영 떠났겠죠? 그 후로, 이 상도 없어져버렸지만.
마리	그렇게 전설적인 트로피라면... 한번 만져봐도 될까요? (덥석 만지려)
서진	(마리의 손을 막고, 자랑스럽게 눈 반짝이며) 서울음대 프리패스권이었죠. 이 트로피가! 성악 부문 1등만 받을 수 있었으니까! (특별히 아끼듯 이 손으로 쓰다듬다가, 생각난 듯) 아, 오늘 저녁에 우리 집에서 헤라클럽 모임 있는 거 아시죠? 빈손으로 오셔야 대환영이에요. (미소)

23. 헤라팰리스 분수대 (낮)

서진, 상아, 마리, 분수대를 거쳐 엘리베이터 앞으로 향하고.
각각 저층부(41층~69층)와 고층부(70층~99층)로 나뉘는데.
엘리베이터 앞, 화면에 카드키를 찍고, 층을 누르자, 열리는 각각의 엘리베이터.
저층부에 올라타는 마리와 상아. 고층부 엘리베이터에 올라타는 서진.

24.   마리의 집(저층/45층/낮)
       호들갑을 떨며 들어서는 마리. 급하게 옷을 벗어재끼고 가방을 집어던
       지면, 뒤에서 가방과 옷을 받아주고 있는 도우미.
       화려하고 으리번쩍한 가구들로, 나 부자다, 느낌으로 꾸며놓은 집안.
       마리, 갑자기 짜증 난다는 듯 휙 하고 위쪽을 올려다보는.

마리   (상아 흉내 내며) 제니 엄마가 무슨 재주로요? 하!! 이 강마리를 물로
       봐?! 고상아? 법조 재벌 며느리면 다야? 이름부터 밥맛없어!

25.   상아의 집(저층/55층/낮)
       고풍스런 한옥 느낌의 실내 디자인. 좋게 말하면 고전적 미, 나쁘게 말
       하면 고리타분한 노인네 취향. 최대한 돈을 안 쓰고 물려받은 느낌의
       상아의 집.
       오래된 부라더미싱과 절구, 약장, 소반, 뒤주, 항아리가 곳곳에 놓여있다.
       상아, 집으로 들어오면. 현관 앞으로 남편 규진이 쓱 나오고.

규진   (괜히 큰소리치는) 어딜 그렇게 싸돌아다녀? 허구한 날 집 비우고?! 어
       떻게 나보다 더 바빠?
상아   자기 벌써 왔어? 재판 없었어? (하는데, 그 뒤로 쓱 규진모가 모습 드러내고)
규진모   (불만스러운 표정) 이제 오니?
상아   (놀라서, 얼른 싹싹하게) 어머님! 언제 오셨어요? 연락도 없이..
규진모   뭘 그렇게 놀래? 내가 아들 집에 오는데 연락하고 와야 돼? 과일 좀 내
       와 봐. 샤인 머스캣 사놨지?
상아   (욱하지만) 네, 잠시만요. (거실로 급히 가는데, 소파에 널브러진 채 TV 리
       모컨 돌리고 있는 큰형님 보이고) 어머, 큰형님도 오셨어요?
첫째   꼴 보기 싫어 죽겠단 얼굴이네?
상아   무슨... 그럴 리가요. 과일 내올게요. (급히 주방으로 들어가면. 식탁에 앉
       아서 밥을 먹고 있는 둘째형님) 어머, 작은형님도 오셨어요?

둘째	(보자마자 반찬 타박하는) 어떻게 올케는 15년 넘게 살림만 하면서 시 댁식구들 입맛 하나를 딱딱 못 맞춰? 아무리 시집오기 전에 아나운서 로 고상만 떨었다지만, 요리는 기본인데.
규진모	(부엌으로 들어오며) 왜, 간이 안 맞아? (상아 타박하듯, 세게) 이러니 내 가 살림을 넘기고 싶겠니? 당최 잘하는 게 없어, 잘하는 게!
상아	(이 악물며) 그러게요. 어머님이 좀 알려주세요, 요리. 전 영 안 늘어서.
규진모	어머! 하루 종일 밖에서 입에 단내 나게 떠드는데, 집에까지 와서 며느리 가르쳐야 돼? 쿠킹 클래스에, 방송에, 책까지 쓰느라 머리가 터져나가는 데? 이번 주말도 김치 일곱 종류를 5백 포기 담았어, 내가! 이 손 좀 봐!
규진	(부엌으로 들어오며) 엄마! 오늘 헤라클럽 모임날인데 뭘 입지?
규진모	(목소리 톤 바뀌고) 울 아드님은 얼굴이 뽀얘서 그린색이 잘 어울리지.
규진	(어리광 부리듯) 그린 슈트? 오케이~ 그럼 타이는?
규진모	무겁지 않은 자리니까 노타이도 괜찮지. 아니다. 엄마가 직접 골라줄 게. 가자, 우리 아드님~~ (규진 데리고 나가면)
둘째	(숟가락 탁 놓으며, 짜증 내는) 그만 먹을래! 과일, 내 것도 같이 내와! (거 실로 나가는데, 반찬들 죄다 싹싹 긁어먹었고)
상아	(깊은 심호흡) 후...... 나도 큰소리 뻥뻥 치면서 살고 싶다, 진짜! (그러다 위 쳐다보면)

땡!!

26.   서진의 집 (고층/85층/낮)
엘리베이터 멈추는 소리 들리고, 현관문 열리면 안으로 들어서는 서진.
도우미들, 현관 앞에서 대기 중인데.
서진, 거실로 걸어가면. 하늘하늘 커튼이 쳐있는 실내.
모던하면서도 세련된 가구와 인테리어. 서진의 고급스런 분위기를 보
여주는 다양한 소품들. 서진의 집 곳곳을 훑는 카메라.
서진, 드레스룸에서 과감하게 시스루 실크 블라우스와 블랙 가죽치마

에, 화려한 구두와 빨간색 립스틱으로 마무리하는. 모든 게 완벽한 느낌 들고. 미소 짓는데.
그때, 서진의 뒤로 와서 서는 윤철. 세미 정장 느낌으로 편하게 입은.

서진 (인상 살짝 구기며) 다른 거 입어. 그거 칙칙하다고 몇 번을 말해? 호스트면 좀 세련되게... (하는데)

윤철 (말 끊으며 거울만 응시하고, 삐딱한 말투) 옷 고를 안목 정도는 있어, 나도! (돌아서다가, 서진의 옷차림이 마음에 안 드는) 당신이야말로, 좀 과하지 않나? 매일 보는 사람들끼리 식사 자리에? 하여간 유난을 떨어.

서진 (어이없는 웃음) 이제 내 스타일까지 지적하는 거야? 와이프가 예뻐 보이는 게 그렇게 싫어?

윤철 부담스러운 게 싫은 거야! (조소) 아직도 예쁘길 기대해? (휙 나가면)

서진 왜 저래, 진짜?! (자존심 상하는데)

27. **헤라팰리스 외경** (저녁)

28. **서진의 집 다이닝룸** (저녁)
테이블 위 다양한 고급 음식들이 배달돼있고. 도우미, 접시 내놓고 있으면.
서진, 부엌으로 들어가 배달된 음식들을 체크하는.

서진 플레이팅은 내가 하죠.

긴 테이블에 앉아있는 서진과 윤철 부부, 상아와 규진 부부, 마리, 얘기를 나누고 있으면.
서진, 상냥하게 웃으면서 음식을 덜어서 윤철 접시에 놓아주며 내조하는 모습. 윤철, 그런 서진의 모습이 가식적인데.

규진   (넉살 좋게) 베이징덕 요리가 아주 근사한데요, 천 선생님.

서진   (웃으며) 우리끼리 있을 땐 편하게 서진 씨라고 부르세요. 학교도 아니구.

마리   (아부하듯) 그래도 하늘 같은 선생님한테 그건 아니죠.

윤철   (서진 향해) 막상 이름 부르면 또 함부로 한다고 기분 상할 거잖아.

서진   (당황, 표정 관리하며) 설마요. (규진 향해) 편하게 하세요, 암튼.

마리   근데, 우리 하 박사님 얼굴이 아주 번쩍번쩍, 광이 나시네요.

윤철   그럴 리가요. 매일 수술하느라, 피곤에 절어있는데요.

규진   (음식 먹으며) 죽는 소리 하기는. VIP 수술만 골라서 한다던데, 뭘.

윤철   (표정 굳는)

규진   (아랑곳없이 쳐다보지도 않고) 멀쩡한 허리도 그 병원에서는 일단 부러
        뜨려놓고 본다던데, 그 소문 들어봤죠?

상아   (놀라) 여보!!!

규진   (그제야 싸한 분위기 느끼며) 하하하. 농담입니다. 농담!! 큰일 하는 분이
        뭐 그만한 일로 정색하시긴. (E) 쫌스럽게. 뭘 봐? 처가 덕에 기름기 번
        지르르해서.

윤철   이 변 유머는 참 웃기가 힘들어요. (E) 재수 없는 놈! 지 아버지 로펌 아
        니면, 어디 가서 밥벌이도 못 할 자식이! (애써 누르며 규진과 가볍게 잔
        부딪히는)

마리   근데, 왜 또 늦는데, 펜트하우스는?!!

윤철   (코웃음) 여기 주인이라고 생각하나 보죠. 매너 참 없어, 암튼.

규진   부지 사들여서, 시행, 분양까지 했으면, 주인이나 마찬가지 아닌가?

상아   오늘은 수련 씨도 오시려나?

서진   (관심 없다는 듯) 오겠어요? 워낙에 바쁘신 몸이라. (와인 마시는데)

단태(E)   저희가 좀 늦었죠?!

        사람들 와인 마시다가 멈칫하고, 일제히 돌아보면.
        완벽한 슈트 핏의 단태와, 세련된 원피스 차림의 수련이 서있다.
        오랜만의 수련의 등장에 다들 놀란 듯 일어나 반가워하고.

42

규진	수련 씨! 오랜만입니다.
윤철	(윤철도 손 들어 인사하고) 반가워요, 수련 씨!
마리/상아	(자리에 앉는 수련을 스캔하기 바쁜 눈동자, 경계하는 눈빛이고)
단태	(남자들에게 악수를 하고 자리로 가 앉는데) 초대해주셔서 감사합니다.
서진	우리끼리 먼저 시작했는데, 괜찮으시죠?
수련	늦게 온 저희가 죄송하죠. 잘들 지내셨죠?
마리	자주 좀 봐요. 한 건물 사는데도 도통 얼굴 보기가 힘들다니까. 우리 헤라클럽이 어디 보통 인연이에요? 애들 초딩 때 성악 시키면서 만났으니까... 벌써 5년이나 됐네요.
상아	그니까요. 우리 아트 스터디 모임도 나오시구, 운동도 같이 해야 친해지죠.
수련	그게...
단태	(다정하게 수련 어깨 감싸며) 이 사람은 늘 나가고 싶어 하는데, 제가 잡아두는 거예요. 저 혼자 보려고.
마리	어머! 뭔데요~~ 뭐야, 뭐야~~ 독수공방하는 나는 어쩔 거야~~ (설레발치면)
단태	(웃고, 마리 보며) 유 대표는 두바이에서 잘 지내고 계시죠?
마리	그럼요~ 건설현장이 워낙 호황이라 잠깐도 짬을 못 내서 들어오지도 못하고. (둘러보며) 모두한테 안부 꼬옥 전해달라고 했어요. 우리 그이가~
수련	(식탁 보며) 어머! 너무 맛있어 보이네요. 준비하시느라 엄청 힘드셨겠다.
서진	아무렇게나 대접할 수 있나요. 그래도 신경을 좀 썼는데.. (하는데)
윤철	사실 손 가는 건 없어요. 사온 음식이 다 그렇죠 뭐.
서진	(표정 굳고)
사람들	(당황해 분위기 살피는데)
마리	(규진에게 슬쩍) 둘이 한 판 했나본데요?
규진	(동의의 끄덕임)
단태	바깥일 하시는 분인데, 이렇게 신경 쓰시는 것만으로도 대단한 거죠. 우리 애들을 책임져주는 최고의 성악 쌤 아닙니까. 그래서 헤라팰리스

분양할 때, 제가 제일 먼저 챙긴 거고요. 잘 먹겠습니다, 서진 씨.

서진　(웃는) 알아주시니 감사하네요. 많이들 드세요. (윤철 땜에 기분 좋지 않고)

수련　빈손으로 오기 좀 그래서... (디저트 상자를 꺼내는) 피칸파이에요. 이따 다 같이 먹어요.

상아　(작게) 오늘 컨셉은 빈손이었는데... (서진 눈치 보며, 나직이) 쌤이 준비 한 디저트도 피칸파이죠?

서진　(대답 않는데. 열 받고. 수련을 보는 싸늘한 눈빛)

마리　설마... 이거 직접 만든 건 아니죠?

수련　아, 애들한테 한 번씩 해주는 거라.. 맛은 장담 못 해요. (웃는데)

규진　이야~~ 솜씨가 아주 끝내주시네요. 지금 먹어봐도 되죠? (한 조각 덜어 가고)

윤철　암튼 재주꾼이셔. (먹어보더니) 당장 팔아도 되겠는데요? 산 거하고는 맛이 비교가 안 되네요! (은근히 서진 씹으면)

서진　(미리 준비해뒀던 피칸파이를 눈에 안 띄게 딴 곳으로 빼내고, 애써 태연하 게) 디저트에 어울리는 게 있죠. (윤철에게) 여보, 와인창고에서 보르도 와인 좀 가져와요. (웃으며) 좋은 거 같이 마시게. 얼른요.

29.　**서진 집 일각(저녁)**
양손에 와인 병을 들고 걸어오는 윤철. 그 앞을 가로막아 서는 서진.

윤철　뭐해? 비켜! (지나가려는데)

서진　(팔 잡으며) 사람들 앞에서 자기 와이프 망신 주니 재밌니? 속이 시원해?

윤철　그러게 적당히 좀 해. 뭘 그렇게 있는 척! 아닌 척! 안 피곤하니?

서진　(답답한) 자긴 와이프가 수준 떨어지는 여자였음 좋겠어? 나도 다 당신 체면 생각해서.. (하는데)

윤철　(비웃는) 좀 솔직해져. 당신은 자기밖에 모르잖아. 나도 당신 꾸며주는 액세서리고! 진짜 내조는 수련 씨처럼 하는 거야. 주 회장 사업 잘되는 거 봐.

서진	(열 받아 윤철 손의 와인병 잡아 던져버리는데, 와장창 깨지는 와인병)
윤철	(눈에 힘주고) 뭐하는 거야!!!
서진	남의 여자 칭찬하는 꼴은 뭐 대단한 줄 알아?! (휙 하고 돌아서는데)

그 앞에 서있는 수련. 어쩔 줄 모르는 표정으로 서있고.

수련	(당황해) 화장실을 못 찾아서....
윤철	(수련에게 꾸벅 목례하고, 급히 돌아서서 가는데)
서진	(하필 수련에게 들켜 짜증 나는데)
수련	걱정 마세요. 저 아무것도 못 봤어요. (그러면서도 이해한다는 듯) 남자들... 다 그래요. (서진의 팔을 한번 꽉 잡아주고 가는데)
서진	(어이없는 웃음. 가는 수련 노려보는데. 모욕감과 수치심에 미치겠는!)

30.   서진의 집 다이닝 룸(밤)
       (시간 경과) 다들 얼큰하게 취한 상황. 윤철과 규진, 상아, 마리까지 한
       통속으로 마시고 있는데.
       서진, 열 받아 와인을 들이키면. 맞은편의 단태와 수련이 가깝게 앉아
       사이좋게 마시고 있는 모습이 보이는데. 신경 쓰이고.
       단태, 수련에게 음식도 덜어주고, 수련과 재밌는 얘기하는 듯 웃고 다
       정한데.
       그때, 취한 마리가 화장실 가려고 일어나면. 수련, 휘청이는 마리를 보고,

수련	여보, 잠시만요. (마리를 부축하며) 저 잡으세요.

       서진, 단태를 빤히 보다가, 와인을 원샷하고는 블라우스 단추 두 개를
       푸는.
       몸을 일으켜 테이블을 짚고, 맞은편 단태 앞에 놓여있는 치즈 카나페
       를 집어 드는데. 단태의 시선으로, 블라우스 사이로 야릇하게 보이는

서진의 속살.
단태, 멈칫해 서진을 보는데.

서진   (미소 지으며) 제가 한잔 드릴게요, 주 회장님. (와인병을 들어 따라주며 단태에게 시선 떼지 않는. 유혹적인 눈빛이면)

단태   저도 한잔 드리죠. (와인병을 들고 서진에게 따라주는데, 단태의 묘한 시선 역시 서진에게 고정돼있는)

서진   (와인잔을 테이블에 올려놓는 척 떨어뜨리는데, 와인에 옷이 젖고)

상아   어머! 괜찮아요?

윤철/규진 (취해서 정신없는)

서진   (손 들어 보이며) 괜찮아요. 옷 좀 갈아입고 올게요. (일어서서 가다가, 뒤쪽 단태에게 시선 한번 주면)

단태   (그런 서진을 주시하며, 와인을 마시는데)

31.   **서진의 드레스룸(밤)**
새 옷으로 갈아입은 서진, 립스틱도 다시 진하게 바르는.
거울에 드레스를 비춰보는데, 드레스 뒤쪽 지퍼가 반쯤 열려있고.

서진   좀, 도와주실래요? (거울 속으로, 문 앞에 서있는 단태가 보이고)

단태, 고민 없이 안으로 들어와 서진 뒤에 서는데.
서진, 긴 머리칼을 손으로 잡아 들어올리자, 드러나는 매끈한 목선과 뽀얀 등.
단태의 시선, 목선에 잠시 머물다가, 천천히 서진의 드레스 지퍼를 올리는 단태의 손. 힘이 들어가는데.
서진과 단태, 서로 묘한 감정과 숨결을 느끼고 있는. 가쁜 호흡.. 눈빛...
서진, 살짝 고개들 돌려 단태 얼굴 가까이 다가가고.

서진	고마워요. (입술을 스치듯 귓가에 속삭이는데)
수련(E)	여보! 여보~

32. 서진의 집 거실(밤)

단태, 거실로 걸어 나오면.

수련	(반갑게) 어딨었어요, 여보! 이제 그만 가야겠어요. 다들 취하셨어요.
단태	그래. (수련의 허리를 감아서 다정하게 걸어가는 단태)
서진	(그런 두 사람을 보는 시선)

33. 화영중학교 운동장(다음 날 이른아침)

로나, 아무도 등교하지 않은 학교 교문을 열고, 가장 먼저 등교한.
가방 내려놓고, 심호흡하더니 운동장을 뛰기 시작하는. 계단을 빠르게
오르내리고, 목소리를 가다듬으며 목을 푸는 모습.

34. 화영중학교 성악부 연습실 앞(아침)

제니, 악보 들고 걸어오고 있는데. 연습실에서 들려오는 로나의 목소리.

제니	(인상 확 쓰며) 저게 진짜! 전세 냈나? 이제 아주 대놓고 쓰네?!

35. 화영중학교 성악부 연습실 안(아침)

문 확 열고 들어서는 제니. 로나, 신경도 안 쓰고 연습에 몰두해있는데.
제니가 불렀던 〈라 카피네라(La Capinera)〉 곡이고!

제니	야!!!

제니, 달려가 마구 쏘아붙이려는 순간! 생각보다 너무 잘하는 로나의
실력에 표정 굳어지고. 자기가 삑사리 낸 부분을 완벽히 소화하면. 긴

장하는.

꾀꼬리처럼 맑고 편안한 목소리로, 고음 또한 깨끗한데.

로나, 노래하다가 제니를 발견하고 노래 멈추는.

로나   10분만 더 쓸게. 그 담엔 니가 연습해. (다시 노래 연습을 하는데)

제니, 불안한 표정으로 로나를 지켜보고 있고. 의미심장한 표정.

로나, 노래 부르다가 문득 조용하다 싶어 뒤를 돌아보면, 제니 나가고
없는.

한쪽에 제니의 악보책과 텀블러, 가방이 놓여있다.

로나, 다시 노래를 하며 핸드폰으로 자신의 노래를 녹음하고 있는.

36.   화영중학교 성악부 연습실 앞(아침)

　　　로나, 연습실에서 나오며, 어디론가 전화하며 걸어가는.

로나   (최대한 정중하게) 배로나라고 하는데요. 노래 샘플, 톡으로 보냈습니
다. 꼭 레슨받고 싶어요, 선생님. 부탁드려요! (걸어가면)

그때 제니, 가는 로나를 보며 다가오는데, 손에 쥔 물감이 보인다. 클로
즈업.

37.   청아예중 전경(아침)

　　　"청아예중"이라고 새겨진 교문이 보이고. 예술적이고 전통 깊은 학교
모습.

38.   청아예중 음악부 교실(아침)

　　　고급스런 교복을 입은 성악과 학생들이 수학 시험을 치르고 있고.

　　　석훈, 석경, 은별, 민혁, 긴장한 채 열심히 시험에 집중해있는데.

석경, 시험지에 낙서만 하고 있고, 답안지마저 깨끗하다. 그러다 창밖을 보는.
석경 앞자리의 석훈, 빠르게 문제를 풀고 있는. 마지막 문제까지 다 풀고, 서둘러 OMR 카드에 답안을 마킹하는데.
긴장한 채 열심히 문제를 풀고 있던 은별, 문제가 잘 안 풀리는 듯 답답해하며 칠판 위쪽 시계를 보다, 옆자리 석경에게 시선 고정되는.
창밖을 보고 있는 석경이 의아한 은별, 유심히 석경을 보는데.

민혁(E)   쌤!

은별   (민혁 쪽을 보는)

민혁   잘못 마킹했어요. OMR 카드 새로 주세요.

감독관, OMR 카드를 챙겨 민혁에게 건네주는 그때,
석훈, 자신이 작성한 답안지를 뒷자리 석경에게 넘기고. 석경의 빈 답안지를 받는. 민혁과 눈빛 주고받는 석훈.
석훈, 시험지를 보며 빠르게 답안지를 똑같이 체크하고.
석경, 익숙한 듯 석훈의 답안지에 자신의 이름(주석경)을 기입하는.

39.   **화영중학교 운동장 (낮)**
질주하는 윤희의 차, 경비아저씨를 칠 듯이 안으로 몰고 들어가는데.
운동장을 가로질러 멈춰 서고.
허겁지겁 내리는 윤희, 학교 안으로 뛰어 들어가는데.

40.   **화영중학교 교장실 (낮)**
윤희, 문 열고 들어서면. 교장과 몇몇 교사들 심각한 표정으로 서있고.
마스크를 끼고 있는 제니. 마리, 흥분한 상태로 로나를 잡고 있는.

마리   (로나의 몸을 마구 잡아 흔들며) 잘못했다고 빨리 말하라니까!! 입에 본

드칠을 했나? 너 묵비권 써봤자 말짱 황이야. 알아?!!

윤희 (달려가서 마리의 손을 뿌리치며) 지금 뭐하시는 거예요?

마리 (윤희에게 다가서고) 애 엄마예요? 뻔뻔하기는! 대체 애 교육을 어떻게 했길래!! 애가 얼마나 사악하면 친구 음료수에 약을 탈 생각을 해요?!! 네?!! 우리 애 지금 목소리도 안 나온다고! 앞길이 구만리 같은 애, 인생 어떻게 책임질 거야?!! 앞으로 대성악가가 될 앤데!!! (흥분하면)

로나 (억울한 듯) 엄마!! 나 그런 적 없어!! 절대 아냐!!

교장 CCTV에 증거가 다 있는데 발뺌할 거야? 성악부 연습실에 들어간 건, 너랑 제니밖에 없잖아!! 제니가 텀블러에 들어있던 음료수를 먹고 목에서 피까지 토한 거 우리가 다 봤다구!!

마리 새파랗게 어린 게 어디서 꼼수부터 배워갖고!! (윽박지르면)

로나 난 진짜 아니라구요!! 이건 분명히 유제니 자작극이에요! 콩쿠르에 나갈 자신 없으니까, 저한테 뒤집어씌우려고 지금 쇼하는 거예요! (마두기 레슨교사 보며) 선생님도 그러셨잖아요. 제니가 노래방 가서 목소리 다 상해왔다고! 말씀해보세요, 선생님!! 분명 그러셨잖아요!!

두기 (아무 말 못하고, 시선 피하면)

마리 (로나 머리채 휘어잡고) 이게 미쳤나? 어디서 아픈 애한테 모함까지 해!! 아주 콩밥 먹을 계집이네!! 내가 교육청에 신고할 거야. (머리채 마구 흔들면)

윤희 (막아서며 말리고) 그만해요!! 우리 딸이 아니라잖아요!! 정확한 증거도 없잖아요!! 왜 저 아이 말만 믿고, 우리 딸 말은 안 믿어주시는데요?!!

교장 답답하시네. 확실한 증거가 있다니까요. CCTV에...

윤희 (교장 말 막고) CCTV에 우리 딸이 약 타는 거라도 찍혔어요?! 아니잖아요!! 확실해지기 전까진 교장선생님도 우리 딸 가해자 취급하지 말아주세요!!

교장 (기막혀) 뭐예요?!! 뭐 이런 막가파... (하는데)

그때, 마리 갑자기 윤희의 뺨을 내리치면. 다들 놀라고.

마리	우리 딸, 목 못 쓰게 되면, 당신 딸도 내가 가만 안 둬!! 각오해!! 당장 학
	폭위 열어서, 강제전학 시키고 말 거야!!
윤희	(순간 놀라고) 강제전학이요?!
로나	(갑자기 제니에게 달려들어, 제니의 마스크를 벗기고. 악에 받쳐서 매섭게)
	유제니!! 말해!! 너 거짓말하는 거 다 알아!! 너 목소리 나오잖아!! 비겁
	하게 이딴 식으로 나올 거야?!! 그렇게 자신이 없었어?!! 그래서 니 텀
	블러에 약까지 탄 거야?!! 니 짓이라고 얼른 말해!!
제니	(마리 뒤에 숨어서, 입 꼭 닫고 고개 흔들며 눈물만 찔끔찔끔 흘리는데)

흥분한 로나, 제니를 밀치며 난리치고.
마리, 그런 로나 밀어내고 머리채 잡아서 내동댕이치고 한바탕 난린데.
윤희도 필사적으로 로나를 말리다가 마리한테 밀려 바닥으로 넘어지
고. 쓰러진 채로 난리치는 사람들을 바라보다가, 문득 지난 일이 오버
랩되는.

41.   회상/청아예고 일각/25년 전(낮)
        목에 밴드를 붙인 채, 기막힌 표정으로 공고문을 보고 있는 어린 윤희.
        "3학년 5반 오윤희. 유기정학. 청아예고 징계위원회"라고 써있고.
        뒤에서 학생들 수군거리는 소리, 윤희에게 들리는.

학생1	쟤가 천서진을 대기실에 감금하고 폭행했다며?
학생2	서진이 꺼 트로피 뺏으려다가 지가 지 목을 그었대.
학생1	어쩌냐. 불쌍해서. 쟤 이제 노래 못 하겠네.
학생2	3년 내내 일등만 하더니, 한순간에 꼴찌 됐네. 대학도 물 건너 간 거야?

학생들, 경쟁자의 퇴출에 안도한 듯 조소하면. 부들부들 떨고 있는 어
린 윤희.
윤희, 공고문 확 뜯어내고 돌아서는데. 휠체어에 앉아있는 서진이 보

이고. 그 뒤로 서진부와 서진모가 휠체어를 밀어주고 있는.
윤희, 공고문을 손에 꽉 구겨 쥔 채 서진을 마주 보고 있으면.

서진부   걱정 마, 서진아. 징계위원회에서 깔끔하게 처리했으니까.

서진   감사해요, 아빠. (그러다, 윤희를 향해 옅은 미소 지어 보이면)

순간, 눈이 확 돌아가는 윤희.
그대로 서진에게 달려들어 휠체어에 앉아있는 서진을 일으켜 세우며
난리치는.

윤희   일어나!! 너 걸을 수 있잖아!! 거짓말하는 거 다 알아!! 내가 왜 정학을
당해야 돼?!! 말해!! 니가 한 짓이라고!!! 말하란 말야!!!

서진   (불쌍한 척, 아픈 듯 비명을 내지르면)

놀란 학생들과, 서진부, 서진모, 달려와서 윤희를 밀치고, 머리를 내동
댕이치고, 쥐어박고, 난장판 되는데. 바닥으로 쓰러져 짓밟히는 윤희...
윤희, 분해서 온몸을 비틀며 미칠 듯이 절규하면. 아아아아악!!! 목에
봉합한 실밥이 투두둑!! 터지면서 목에서 피가 솟구치고. 클로즈업되
는 뜯어진 실밥...

42.   현재/중학교 교장실(낮)

윤희   그만해!!! (버럭 소리치면)

다들 놀라서, 윤희를 돌아보고. 로나도 멍해져서 윤희를 보면.
윤희, 순간 목의 상처가 따끔거리고. 흔들리는 눈빛... 마리 앞에 무릎
꿇는데.

로나   (놀라서) 엄마!!

윤희	다 제 잘못입니다. 제가 돈 몇 푼 벌어보겠다고 밖으로만 도느라, 애 단
	속을 제대로 못한 탓이에요. 책임지고 따끔하게 혼을 낼 테니까, 제발
	학폭위 없이 넘어가게 해주세요. 죄송합니다. (고개 숙여 용서를 비는데)
로나	(억울하고 속상해 미칠 거 같고. 눈물 그렁해) 뭐하는 거야, 엄마!! 당장 일
	어나!! (윤희를 잡아 일으키려면)
윤희	너도 꿇어!! 친구한테 사과해!!
로나	뭘 사과해? 내가 한 짓 아닌데!! 저딴 비겁한 기집애한테 절대 안 져!!
	(울면서 뛰쳐나가면)
윤희	로나야!! 로나야!! (따라 나가고)
마리	저.. 저 망할 년!! 어딜 도망쳐!! 니들 모녀, 내가 아주 끝장을 보고 말 거
	야!! 다신 그 주둥이로 노래 못 부르게 할 거라고!! 알겠어?!! (멀뚱하게
	서있는 교장에게 화풀이하듯) 내가 이런 꼴을 보려고 교장선생님이랑
	선생님들한테 때마다 대접하는 줄 알아요? 성악부에 사준 피아노가 얼
	마짜린 줄 아시냐구요!!
교장	(쩔쩔 매며) 제가 교장의 명예를 걸고, 학폭위에서 엄중 처벌하겠습니다.
제니	(로나가 아웃하면, 그제야 안도의 숨 내쉬는데)

43. 화영중학교 일각(낮)
윤희, 따라가서 로나를 붙잡아 세우면. 로나, 울고 있는.

윤희	그냥 가면 어떡해!! 해결을 해야 될 거 아냐!! 학폭위 열리면?!! 우리가
	저 사람들 이길 거 같아!! 죄가 있든 없든!! 니 인생 끝이야!!
로나	죄가 없는데, 왜 용서를 빌어야 돼!! 차라리 나가서 동냥질을 하라고
	해. 엄마라는 사람이 어떻게 딸한테 그런 짓을 시켜!!
윤희	그러게 성악부는 왜 들어갔어!! 엄마가 노래하지 말랬지!! 다신 노래
	안 하겠다고 약속해!! 그럼 저 사람들도 더는 문제 삼지 않을 거야!!
로나	(순간 싸늘하게 윤희 보며) 엄만, 죽은 아빠보다도 못 해!!
윤희	뭐?!

로나	적어도 아빤, 내 노래 좋아했어!! 아빠라면, 내 편 들어줬을 거야! 엄마, 진짜 싫어!! (뛰어가면)
윤희	로나야!! (다시 목의 상처가 따끔거리고. 아프게 침을 삼키는 윤희고)

44. 마리의 차 안/도로 일각(낮)

기사가 운전하고 있고. 뒷좌석에 마리와 제니가 앉아있는.
마스크 낀 제니, 핸드폰으로 문자 쳐서 마리를 보여주고 있는.

제니(E)	절대 합의해주지 마!! 걔 강제전학 꼭 시켜!! 내 눈에 사라지게 만들어!!
마리	(핸드폰 툭 밀치며) 그냥 말해!
제니	(놀라서 마리 보면)
마리	너 목소리 나오는 거 아니까 걍 말하라고!
제니	(마스크 벗으며) 엄마, 어떻게 알았어?
마리	연기를 하려면 제대로 하든가! 아까 배로난가 메로난가 선생한테 따질 때, 미친! 이라고 한 거 다 들렸어, 기집애야.
제니	(놀라며) 진짜? 걔도 들었을까?
마리	엄마가 일부러 소리 크게 안 냈음 바로 들켰지! 아까 피 토했다는 건 뭐야?
제니	당근 빨간 물감이지. 그래서 뭐!! 걔 용서라도 해줄 거야?
마리	감히 내 딸한테 바락바락 대드는 앨 어떻게 가만둬? 걱정 마! 다신 노래 못 하게 해줄 테니까. 학폭위 날짜 잡았잖아!
제니	진짜지? 나 이번에 청아예고 떨어지면, 콱 죽어버릴 거야!
마리	엄마가, 큰 쌤 작은 쌤 새끼 쌤 다 붙여서 레슨시켜준다니까!! 아빠가 두바이에서 돈 얼마나 잘 버는 줄 알지?! 우리 딸 하고 싶은 거 다 하라고 연락 왔어!
제니	아빤 와보지도 않고 맨날 말로만! 암튼, 나 민혁이랑 꼭 같은 학교 갈 거야!!
마리	넌 자존심도 없니? 민혁이 걔 뭐 볼 게 있다고! 두바이 왕자를 만난대도 시원치 않을 판에, 모양 빠지게 짝사랑이 뭐야!

제니	짝사랑으로 안 끝내! 꼭 내 걸로 만들 거야, 이민혁!
마리	그딴 놈 신경 쓰지 말고, 넌 헤라팰리스 애들이랑 잘 지낼 생각이나 해. 천 쌤이 소수정예반으로 묶어서 집중관리한대.
제니	(입 비쭉이고) 걔네들, 나 빼고 다 청아예중이잖아. 은별이 그 기집애, 은근 나 왕따시킨다고.
마리	은별이 걔는 필요 없어! 넌 석훈이, 석경이만 잡아! 그 쌍둥이들이 진짜 골드라인이니까!

45. 헤라팰리스 영화관 (낮)

프라이빗한 영화관 안. 침대 좌석에 편안하게 누워서 영화 보는 석훈과 석경.

영화를 보고 있는 두 사람 외엔 아무도 없다.

영화 속 남녀 주인공이 키스를 나누는 장면 나오면.

석경은 설레는 표정인데. 석훈은 영화에 관심 없는 듯 핸드폰만 하고 있고.

석경, 그런 석훈의 관심을 끌려는 듯, 갑자기 옆에 있는 석훈의 팔을 잡아당겨 영화 장면처럼 키스를 할 듯 다가가면.

석훈	(놀라) 뭐하는 거야. (휙 고개 돌리는데)
석경	(그런 석훈을 보며 재밌다는 듯 크게 웃으며) 뭘 그렇게 놀라? 주인공 따라 해본 건데. 오빠가 영화 안 보고 딴짓하니까.
석훈	(일어서고) 가자! 시험 안 끝났어.
석경	어차피 공부는 오빠만 하면 되잖아. 난 OMR 카드에 이름만 쓰면 되구.
석훈	(문득 심각한) 조심해. 아버지가 아시는 날엔...
석경	(표정 싸늘하게 굳어지며) 언젠가 알게 될 텐데 뭐. 나, 공부 꼴통인 거. 겁나면 지금이라도 그만둬! (벌떡 일어나 나가려면)
석훈	(급히 따라가서 석경 붙잡고) 너 걱정돼서 그래!
석경	(금세 풀어져 생글거리며) 겁쟁이! 쫄보! 우리, 애들 불러서 놀까, 오빠?

(석훈의 팔짱을 끼는)

46.　헤라팰리스 서진 레슨실 (낮)
　　　서진, 책상에 앉아 이력서를 꼼꼼하게 읽고 있으면.
　　　그때 노크와 함께 들어오는 민설아. 화장을 하고 염색한 가발을 쓴 대
　　　학생의 모습이고.
　　　설아의 보풀이 인 스웨터와 낡고 해진 하얀색 운동화, 눈에 띄게 볼품
　　　없다.

설아　(정중하게 꾸벅 인사하고) 안녕하세요. 수학 과외 면접 보러 왔는데요.
서진　아! 그래요. 기다리고 있었어요. (빠르게 설아 모습을 위아래로 훑으며 스
　　　캔하고. 미소 지으며) 앉아요. (이력서에 다시 시선 주고) 안나 리… 맞죠?
설아　네. 편하게 안나라고 부르세요.
서진　(유학생이라는 게 믿기지 않는 듯) UCLA대학 수학과… 휴학 중이라고요?
설아　네. 1학년까지 마치고, 집에 일이 있어서 휴학했어요. 이건 재학증명섭
　　　니다. (준비해온 서류 내밀면)
서진　(의심스럽게 재학증명서를 보다가, 테스트하듯 영어로) 나도 거기서 대학
　　　원 나왔는데. 가을에 교정이 참 예쁘죠?
설아　(유창하게 영어로 답하는) 저희 대학 교정은 4계절이 다 예쁘죠. 전 특히
　　　낙엽이 쌓인 법대 건물 앞을 좋아했어요.
서진　(거침없는 대답에 멈칫하고, 또다시 떠보듯 질문하는) 학교 앞에 유명한
　　　디저트 가게, 이름이 뭐였죠? 퍼넬 케이크 진짜 좋아했는데.
설아　(바로 답하는) 풀스위츠요.
서진　(맞다, 멈칫하고. 한국말) 아! 풀스위츠..
설아　(한국말) 당연히 카라멜애플로 드셨겠죠? 아침 10시만 돼도 벌써 줄이
　　　길어서 먹기 힘들잖아요. (목에 걸린 목걸이 보여주며) 그 가게에서 파는
　　　애플 목걸인데, 기억나세요?
서진　(순간 의심이 완전히 풀린 듯 표정 바뀌고, 미소 지으며. 한국말) 기억나요.

먹고 싶네요. 오랜만에. 자! 그럼 안나 쌤이 준비한 수업 커리큘럼 좀 들
어볼까요?

설아 (자신 있는 말투로, 서류철 내밀고) 여기 정리해서 가져왔습니다. 일단,
학생들을 만나보고 싶은데요. 레벨테스트를 하는 게 우선이라서요!

47.   아이들 커뮤니티(낮)
석훈, 석경, 은별, 민혁, 제니, 수다 떨고 있으면. 문 열고 들어서는 설아.
아이들 각자 자리에 앉는데. 은별, 얼른 석훈의 옆자리에 앉고.
모두들, 설아를 주시하는데. 굳어진 표정들이고.

설아 (자연스럽게 자기소개하는) 너희들 수학 과외를 맡게 된 안나 리야. 반가워.

석훈 (시니컬하게 팔짱 끼고) 갑자기 왜 모이라고 했어요? 시험기간이라 과
외 스케줄은 없는데..

설아 온 김에 레벨테스트부터 하려고. 각자 실력을 체크해야 그에 맞게 수업
준비를 해올 수 있으니까.

석경 웃긴다. 자기 시간 된다고, 아무 날, 아무 시간이나 잡아서 사람을 오라
가라 한다? 어쩌죠. 우린 오늘 과외받을 준비가 전혀 안 돼있는데. (일
어서면)

설아 (나가려는 석경의 앞을 가로막고, 지지 않고) 10분이면 돼! 그 정도는 시
간 낼 수 있지? 앉아!

석경 (순간 당황했다가, 더 당돌하게) 아뇨! 1분도 어려운데요. 선생님을 고용
한 건 우리 부모님이에요. 돈 받은 만큼 가르치기나 하면 되지, 그쪽이
뭐라고 우릴 테스트한다는 거야?

석훈 (귀찮은 표정으로) 우린 그딴 거 안 하니까, 쓸데없는 시간 허비하지 않
는 게 좋겠네요.

석경 (나가려다 문득 설아의 옷에 시선 꽂히고. 금방 짝퉁이라는 거 알아차린 듯.
갑자기 자신의 재킷을 벗으면, 설아의 옷과 같은 옷이고) 그 옷, 짝퉁이죠?
애들 가르치러 왔으면 선생답게 진실 되게 좀 사세요! (어이없단 듯 웃

고, 석훈 돌아보며) 오빠, 안 가?

석훈 (말없이 일어나서 따라 나가면)

제니 (역시 일어서고) 저 옷이 리미티드 에디션이라 우리나라에 딱 세 벌 들어왔거든요. 그나저나 쌤 어떡해요? 첫날부터 과외 잘린 거 같은데. (민혁 팔짱 끼려면)

민혁 (제니 팔짱 밀어내며) 난 빈티 나는 스타일엔, 천년의 사랑도 식는 편이라. 이 수업 영 안 땡기네요. (비웃듯 픽, 설아를 한번 보고 나가면)

설아 (그런 애들 모습 황당하게 보면)

은별 석훈이 석경이, 우리 학교 전교 1등이에요. 여기선, 개네들 말이 법이에요. 조심하시는 게 좋을 거예요.

설아 (은별을 보는) 넌? 안 나가니?

은별 전, 쌤이 맘에 들어요.

설아 뭐?

은별 석경이 표정 봤어요? 선생님이 앉으라니까 잠깐 쫄았잖아요. (재밌다는 듯 웃으며) 레벨테스트 할게요. 하은별이에요!

48.   서진의 파우더룸(밤)
       정성을 들여 화장하는 서진. 과감하게 볼터치 하고 있는.

윤철(E) (퉁명스럽게) 오늘 펜트하우스 모임, 갈 거야? 주 회장 또 뭘 잘난 척을 하고 싶어서 여자들까지 부른 거야? 뭘 해도 재수 없어!
         서진, 윤철 말 떠올리면서, 단태와 있었던 일 생각하는데.
         천천히 지퍼를 올려주던 단태의 손길, 닿을 뻔했던 입술... 입김... 뜨거운 눈빛.. 호흡 들이 컷컷컷 교차되며 떠오르는데!
         상기된 서진의 얼굴.

49.   펜트하우스 드레스룸(밤)
       단태, 드레스룸의 옷장 문을 열면. 고급 슈트들이 조금의 흐트러짐도

없이 줄지어 걸려있고. 칼주름이 잡힌 바지들이 행거에 각 잡혀 걸려
있는.

서랍을 열면, 고급 시계들과 타이, 벨트, 액세서리들이 질서 있게 정리
되어있고.

칸막이로 짜인 가구에는 수련의 명품가방들과 색색의 슈즈들이 새것
처럼 빛나고 있는 럭셔리의 결정판.

단태, 옷장에서 잘 다려진 블루 셔츠를 꺼내서 입고, 옷매무새 다듬는데.

50.　　펜트하우스 단태 서재(밤)
　　　　근사한 테이블 위에 놓여있는 명품 가방 3개. 하나씩 가져가는 손. 윤
　　　　철, 규진이다.

　　　　가방을 열어보면, 그 안에 가득한 5만 원짜리 현금들. 각자의 표정들
　　　　보이는데.

　　　　단태, 소파 상석에 앉아서 여유롭게 위스키를 마시고 있는.

단태　　이번 건물도 아주 깔끔하게 처리했습니다. 두 분 덕분에. (위스키 잔 들
　　　　어 보이면)

남자들　　(단태를 따라서 들고) 치얼스!! (잔을 부딪치고는, 원샷하는 세 남자)

규진　　(신나서 포효하는) 헤라클럽의 번영을 위하여!!! 브라보!!!!

윤철　　암튼 이 변 돈 참 좋아해. (비꼬듯) 부잣집 외동아들치곤?

규진　　(빠직) 어디 하 박사만 하겠어요. 없이 자란 사람들이 돈 욕심은 더 있지.

윤철　　(순간 욱해 벌떡 일어나며) 뭐야?!

규진　　(지지 않고, 일어나 배 내밀며) 뭐가?!!!

단태　　(미동 없이 술 마시며) 또또 좋은 날 왜들 이러십니까.

윤철/규진　　(사실 딱히 싸울 마음이 없었다. 슬쩍 자리에 앉는데)

규진　　(머쓱해서 옷매무새 잡고 단태 향해) 다음 건은 또 언제 합니까, 주 회장님?

단태　　(명쾌한) 바로 시작하시죠!

단태, 리모컨으로 빔 화면을 켜면. 낡은 건물 사진이 뜨고, 다들 화면에 집중하는데.

윤철 (실망한 듯) 작업할 건물이 저겁니까? (단태 향해) 주 회장님, 이번 거는 좀... 아닌 거 같은데.

규진 아이템 선정은 전적으로 우리 주 회장님이 맡는 건데, 토를 달고 그러세요?!

윤철 아, 오늘 진짜 해보자는 거야?! (인상 팍 쓰는데)

규진 (금세 말 자르며, 꼬리 내리고) 근데, 하 박사 말에 전적으로 동감하고 싶은 날이네? 주 회장님, 저거 되겠어요? 후져도 너무 후졌는데.

단태 (말 자르며) 본 건물 150m 거리에 3년 뒤에 지하철역이 들어올 겁니다. (정보력에 놀라는 세 사람) 건물 밀고, 용적률 800%로 상가 건물 올리면, 투자금액 대비 250% 수익 보장합니다!

윤철/규진 (서로 눈짓하다가) 콜!! (부딪치는 위스키 잔)

51. **펜트하우스 거실(밤)**
펜트하우스의 웅장한 복층 모습.
통유리창으로 아름다운 야경이 반짝이며 빛나고 있고. 탁 트인 아름다운 한강뷰가 시원하게 펼쳐져있는.
다른 집들과 비교할 수 없을 정도로 고급스럽고 세련된 인테리어를 뽐내는데.
벽에 걸린 유명 화가의 멋진 그림들, 이젤 위에 놓인 풍경화도 보이고.
바쁘게 술과 안주를 들고 움직이는 도우미들.
샴페인을 마시며 얘기 중인, 수련, 마리, 상아. 내심 부러운 여자들 표정.

마리 (야경 보면서) 펜트하우스는 뷰가 끝내주네요. 한강을 아주 통째로 먹었어! (벽에 걸린 그림들과 이젤 보면서) 인테리어는 또 어쩜 이렇게 아트적이에요? 역시 미대 출신이라 다르네요. 아직도 그림 그리나 봐요~

상아	집이 갤러리 같아요 진짜. 근데, 애들은 어디 갔어요?
수련	(안주 챙겨주며) 커뮤니티실에 공부하러 갔어요.
상아	석훈이 석경이, 오늘 시험 잘 봤대요? 이번 시험도 당연히 쌍둥이들이 1등이겠죠?
서진(E)	결과야, 나와 봐야 알죠.

수련, 마리, 상아, 돌아보면. 과감하게 가슴이 확 파인 원피스에 올림머리를 한 서진이 서있고.

마리	(놀라서) 천 쌤~ 완전 딴 사람 같아요. 우리 쌤 목선이 이렇게 아름다웠나?
서진	기분 전환 좀 해봤어요. (수련 보며) 어때요?
수련	너무 잘 어울려요. 옷도 너무 예쁘고요. (칭찬하는데)
서진	펜트하우스 와본 지 너무 오랜만인데요. 늘 남자들만 오가고. 앞으로 여자들도 자주 불러주세요~ (샴페인을 들어 입에 대는데, 2층 계단에 서 있는 단태와 눈 마주치는. 순간 쿵! 하고)

그때, 수련의 핸드폰 울리는. 발신번호를 보고 굳어지는 수련.

52. 펜트하우스 현관 앞(밤)
얼굴 하얗게 변해서 급하게 나서는 수련을 안심시키는 단태.

단태	일시적 쇼크일 거야. 윤 실장 대기시켜뒀어. 여긴 걱정 말고 얼른 가봐.
수련	고마워요, 여보. 연락할게요. (급히 뛰어나가면)
규진	(달큰하게 취해서 단태 옆으로 다가서며) 어?! 수련 씨 어디가요?
단태	(그런 규진을 돌려세우며) 이제 부부들끼리 합쳐서 마실까요, 이 변?
규진	(단태에게 뽀뽀하며 안기고) 주 회장, 내가 많이 좋아해!! 알지?!!
단태	(규진을 귀찮은 듯 거칠게 끌고 가는)

53.   혜인의 병실(밤)
       급히 뛰어 들어서는 수련. 통유리 안으로 무균병실 속의 혜인 보이고.
       의료진들의 집중치료를 받고 있는 혜인을 가슴 쥐어뜯으며 걱정스레
       보는 수련.

수련   괜찮아, 혜인아? 엄마 왔어. 견뎌야 해! 꼭. 혜인아...!!

       애타는 수련의 모습을, 한쪽에서 찍고 있는 태주.
       태주, 단태에게 수련의 동영상을 전송하는데.

54.   펜트하우스 거실 일각(밤)
       수련의 동영상을 보는 단태, 표정 묘하게 변하는데.
       그때 화장실에서 나오는 서진, 단태 보고는 날카롭게 인사를 하고 가
       려는데.
       서진의 팔을 확 잡아끄는 단태. 서진, 놀라 보는.

55.   펜트하우스 위층 일각(밤)
       단태의 손에 이끌려 온 서진, 단태의 손을 뿌리치며

서진   미쳤어요? 여기서 뭘 어쩌자고...
단태   우리가 이러지 말아야 될 이유가 있나?

       단태, 서진을 뒤로 돌려세우며 아래쪽을 보게 하면. 위에서 내려다보
       이는 거실.
       유리 난간 너머로, 취한 윤철, 규진, 상아, 마리의 신난 모습들 보이고.

단태   우린 저들을 볼 수 있지만, 저들은 우리를 못 봐요. 당신도 이런 걸 좋아
       하는 줄 알았는데? (도발하듯 서진을 보면)

서진	주단태, 당신 이런 사람이었어? (재밌다는 듯, 미소 지으면)
단태	(굳어지는) 나 이제, 못 멈출 거 같은데? (서진에게 뜨겁게 키스를 하는데)
서진	(그런 단태의 머리를 움켜잡으며 키스에 응하는)

단태, 서진을 벽으로 밀어붙이고. 서진의 원피스 지퍼를 단숨에 확 내려버리는!

서로에게 미칠 듯한 끌림... 키스하는 두 사람의 모습이 거실 유리창과, 빛나는 크리스털 조각들에 비춰 보이는데. 거칠게 서로를 탐하는...

그때, 윤철이 두리번거리며 서진을 찾는. 서진이 없으면 집안 둘러보다 위층으로 올라가고. 점점, 단태와 서진이 서로를 탐하고 있는 곳으로 다가서는데.

윤철이 막 단태와 서진을 맞닥뜨리려던 순간! 술에 취한 규진이 와인 잔을 깨서 손을 베고.

규진	으아악!! 피, 피!! (설레발치면)
상아	(놀라서) 하 박사님! 어디 계세요? 빨리 좀 와보세요!
윤철	다쳤어요? (서둘러 계단 내려가고)

계단을 내려가는 윤철의 뒷모습을 보는. 희미하게 웃는 단태.

56. 윤희 집 거실(아침)

윤희, 초조한 듯 거실에서 서성이고 있으면. 교복 입고 방에서 나오는 로나.

로나	다녀오겠습니다. (윤희와 반대로 기분 좋은데, 콧노래까지 흥얼거리면)
윤희	(그런 로나를 붙잡아 세우고, 간절하게) 너 오늘, 학폭위 열리는 거 알지? 제니 부모님 앞에서 무조건 성악 포기하겠다고 해! 아님 바로 강제전학이야!
로나	알았다니까! 백 번 채울 거야? (휙 하니 나가버리면)

윤희	배로나!! 진짜 대답 잘해야 돼! 3시에 교문 앞에서 봐. 엄마가 전화할 게. (그래도 걱정돼 미치겠고. 계속해서 따끔거리는 목을 만지는)

57. 화영중학교 앞(낮)

아이들 하교 중이고. 윤희, 로나에게 전화를 거는데 받지 않는. 미칠 지 경인데.

윤희	얘가 왜 전활 안 받아? (그러다 로나 친구 발견하고, 얼른 달려가) 우리 로 나는? 아직 교실에 있어?
친구	로나 오늘 성악 레슨 있다고 조퇴하고 갔는데요?
윤희	조퇴? 걔가 무슨 레슨을 받아?! (눈 뒤집히고) 너 거기 어딘지 알아?

58. 헤라팰리스 전경(낮)

59. 헤라팰리스 서진 레슨실(낮)

서진이 피아노 앞에 앉아있으면. 단태에게 문자메시지 받는.

단태(E)	샤인호텔. 6시. 벌써 떨리는군.

서진, 단태의 문자에 기분 좋아지고. 뭔가 다 가진 기분인데.
그때, 노크와 함께 들어오는 로나.

로나	(꾸벅 절하고) 안녕하세요. 전화 드렸던, 배로나라고 합니다.
서진	배로나? 아!
로나	(준비해온 듯 빠르게 말하는) 저 선생님 팬이에요. 공연하신 거 하나도 안 빼놓고 다 봤어요. 좋아하는 곡은 백 번도 더 들었어요. 선생님께 꼭 레슨받고 싶어요. 꼭 선생님 제자 되고 싶습니다!
서진	어쩌지. 사실 지금 학생들이 꽉 차서 더 이상 레슨을 받을 수가 없어. 하

도 여러 번 레슨 신청을 해서, 직접 얼굴 보고 말해야겠다 생각해서 부른 거야.

로나   (다급하게) 저 노래 잘해요. 아니! 선생님께 레슨받으면, 앞으로 더 잘 할 수 있어요. 꼭, 최고가 될 거예요!!

서진   성악은 열정 하나로만 되는 게 아냐. 타고난 음정과 목소리 빛깔이 중요해.

로나   (울부짖듯) 저 절대 포기 못해요! 이대로는 못 돌아가요!! 저 지금 목숨 걸었다고요!! 제발 한 번만 다시 생각해주세요, 선생님!! (필사적인데)

서진   (어이없단 듯) 근데, 왜 혼자 왔지? 부모님은?

로나   (쭈뼛하다) 사실 엄마가... 성악 하는 걸 반대하세요.

서진   (얼굴 일그러지고, 냉정하게) 반대해? 그럼 레슨은 더 안 되겠는데? 성악은 부모님 서포트가 필수야. 진짜 노래하고 싶으면 부모님부터 먼저 설득하는 게 좋겠네. 그만 가봐. (일어서서 돌아서는데)

그때 로나, 갑자기 노래 부르기 시작하는. 모차르트 〈마술피리〉 중에서 "밤의 여왕" 아리아고. 목소리 빛깔이며 음정 너무도 아름답고 완벽한데.
서진, 순간 걸음 멈추고, 그런 로나를 빤히 바라보는. 놀라는 표정이고.
순간, 25년 전 "청아예술제" 마지막 무대에서 "밤의 여왕"을 부르던 윤희 모습이 떠오르고. 오버랩되는. (1화 17신)

서진   설마....

로나   (완벽하게 고음을 소화하면서 노래 마치고, 서진을 마주보는데)

서진   (굳은 표정으로) 배로나... 라고 했나? 엄마가, 누구시지?

그 순간! 벌컥 문이 열리고. 안으로 들어서는 윤희!

윤희   배로나!! 어딨어?!! 배로나!! (소리치며 들어서는데, 정신없이 뛰어온 탓

65

인지 머리고 옷이고 엉망이고)

로나 (놀라서) 엄마!! (당황해 윤희를 보면)

윤희 (흥분해서 로나에게 달려들어 마구 어깨 때리며) 너 진짜 엄마 죽는 꼴 보려고 그래?!! 지금 여깄으면 어떡해!! 왜 이렇게 말을 안 들어?!! 학폭위에서 징계 먹으면 니 인생 진짜 끝이야!!

서진(E) 오윤희?

   윤희, 멈칫해서 돌아보면. 서진이 서있고. 기함하는.

서진 (기막힌 인연에 헛웃음 나오고) 정말.. 너니? 오윤희? (그러다 엉망인 윤희의 행색을 위아래로 훑어보는데)

윤희 (순간 얼굴 하얗게 질려서, 얼른 고개 돌리고) 가자! (데리고 나가려는데)

로나 엄마! 천서진 선생님 알아? 어떻게 아는데?

윤희 몰라! (잡아떼고 가려면)

서진 이상하다 했어, 저 아이! 어디서 많이 들어본 목소리였거든. 세상에.. 그 잘나신 오윤희 딸이라니!

윤희 (서진을 보지 않고) 난 너 몰라! 아니, 다 잊었어. 그러니까, 다신 엮이지 말자!! (로나 보고, 강하게) 뭐해? 가자니까!

로나 (혼란스러운 듯 서진을 보며) 우리 엄마 아세요, 선생님?

서진 당연히 알지. 청아예고 동기동창인데.

로나 (놀라고) 청아예고요? (윤희에게) 엄마, 청아예고 나왔어? 근데 왜 말 안 했어? 근데 왜 나 노래 못하게 해?!!

윤희 그만 가!! 집에 가서 얘기해! (더 세게 잡아끄는데)

서진 하긴... 부끄러운 과거니까. 딸이 모르는 게 낫겠다. 사람 욕심이 뭔지... 억지로 가려다 벌을 받은 거지. 지금 니 모습을 보니... 아직도 벌을 받고 있는 거 같은데. 내가 잘못 본 거니? (남루한 윤희의 행색을 비웃으면)

윤희 (얼굴 벌게져서 그제야 휙 돌아보고. 서진을 똑바로 쳐다보며 매섭게) 닥쳐!! 니가 어떻게 그딴 말을 해?! 내가 누구 때문에 이렇게 사는데!!!

서진   나 때문이라는 거니? (재밌다는 듯 웃고, 조롱하듯) 너, 하나도 안 변했구
        나? 남 탓하는 거! 니 실력이 모자라서 도망친 주제에 누굴 원망하니?

윤희   (버럭) 얼른 가자니까!!! (무섭게 로나 팔 잡아끄는데)

로나   (있는 힘껏 뿌리치며) 싫어!! 이거 놔!! 난 꼭 청아예고 들어갈 거야!! 천
        서진 선생님한테 꼭 레슨받을 거라고!! 엄마가 뭔데 반대해!!

서진   그래! 니 딸 데려가. 너처럼 되느니 시작도 안 하는 게 낫지. 안 그래?

        윤희, 모욕감에 부들부들 떠는데. 그때! 장식장 안에서 날카롭게 반짝
        이는 무언가가 윤희 눈에 들어오고. 청아예술제 대상 트로피다!

윤희   저건.....!!!

        순간, 25년 전 그날이 충격적으로 떠오르는데!!

사회자(E) 제25회 청아예술제의 하이라이트. 하늘이 내린 최고의 음색에게 주어
        지는 성악부분 대상! 영예의 벨라보체상은! 청아예고 3학년, 천서진!!

60.   회상/청아예고 예술관 대기실/25년 전(밤)
        독기에 찬 윤희, 서진의 팔을 꺾을 듯이 매섭게 잡아끌어 대기실 안으
        로 밀어 넣고, 문을 잠그는데.
        서진, 휘청하면서도 손에서 트로피만은 놓지 않고. 윤희, 그런 모습이
        기막힌데.

윤희   뭐? 대상? 음정 불안에 삑싸리까지 낸 니가 무슨 대상이야?!! 양심에
        안 찔려?! 당장 그 트로피 내놔!!

서진   (표정 하나 안 바뀌며) 1등은 무조건 니 껀 줄 알았어? (트로피 더 꽉 쥐
        며) 이건 내 꺼야! 청아예술제 대상! 이거 하나면 돼! 서울음대 프리패
        스권!

윤희	너네 아빠 짓인 거 사람들이 모를 거 같아? 이사장이란 사람이 실력도 안 되는 딸을 비리로 대상 만든 거, 내가 다 말할 거야!!
서진	말해! 누가 니 얘기 들어줄 거 같아?
윤희	(표정 굳어지고)
서진	(그런 윤희를 비웃듯) 세상은 힘 있는 사람 얘기만 들어줘. 너같이 가진 거 하나 없는 것들한테 누가 신경을 쓴다고! 자신 있으면 한번 해보시든지!

윤희, 욱해서 서진을 있는 힘껏 확 밀어버리는데.
서진, 역시 지지 않고 윤희를 세게 밀치고. 그 바람에 테이블 위에 놓인 꽃병이 깨지고, 드레스 행거가 넘어지며 두 사람의 아슬아슬한 육탄전이 시작되는데.
트로피를 뺏으려는 윤희와, 막으려는 서진의 몸싸움 계속되다가 트로피가 한쪽으로 툭 떨어지면.
윤희, 급하게 트로피를 쥐려고 손을 뻗어보는데.

서진	(뛰어가 확 낚아채며, 쌓인 감정 격하게 토해내듯) 안 돼! 절대 이건 너한테 안 뺏겨!! 그동안 너 때문에 내가 당한 모욕! 이걸로 다 갚아준 거야. 봤지? 청아예고 탑은 나야! 없는 게 주제넘게 음악은 왜 해?!
윤희	(싸늘하고 여유 있는 미소) 불쌍한 년!!
서진	뭐?!
윤희	(서진을 조소하며) 불쌍하다고, 너!! 언제까지 아빠 바짓자락 붙잡고 노래 부를래? 아빠 없으면 할 줄 아는 게 뭐야?!
서진	(어이없어 표정 관리 안 되는데, 부들거리며) 니깟 게 어떻게 그딴 말을 해?!! 감히 나한테!! 너 같은 게?!
윤희	(의기양양하게) 3년 내내 실력으로 한 번도 나 못 꺾었잖아. 그러니 열받았겠지. 그래서 아빠 찬스 써서 점수 조작한 거잖아! 그래, 좋아! 그렇게라도 일!등! 한번 해봐! 죽을 만큼 소원이면! 그깟 대상, 너 줄게!

(미소 보이면)

밖에서 빨리 문 열라고 소리치는 서진 부모의 격한 목소리와 흔들리는 문고리!

서진부(E) 서진아! 괜찮아?! 아빠야!! 너 안에 있어?! (쾅쾅쾅)

서진 (순간 울컥하는데)

윤희 (매섭게 서진 노려보며) 근데 넌, 죽었다 깨나도 나 못 이겨. 가짜일등 천 서진! (말에 힘줘서) 도.둑.년!

서진 (이 악물고, 눈물 참으며) 오윤희! 한마디만 더하면 죽여버릴 거야!!

윤희 (서진 앞으로 얼굴 가깝게 다가서며) 왜? 쪽팔려? 그럼 지금이라도 내 트로피 내놔! 마지막 자존심이라도 있으면!

윤희, 서진의 손에 들린 트로피를 뺏으려는데.
바들바들 떨리는 서진의 손! 갑자기 트로피 든 손을 휙 들어 윤희의 목으로 내리치는데!
꺄악!!!! 윤희의 비명소리와 함께 거울에 튄 핏자국!!!
놀란 윤희, 목을 감싸 쥔 손가락 사이로 새어나오는 핏줄기.

윤희 너.... 너.... (그대로 쓰러지는)

서진, 눈빛 반쯤 돌아버린 상태로 돌아보면. 윤희가 도와달라는 듯 손을 뻗는데.
서진, 그런 윤희에게 천천히 다가서다가, 문이 덜컥 열리는 소리 들리면.
갑자기 윤희의 피를 손으로 더듬어 자신의 얼굴에 마구 묻히고, 쓰러지는 서진!
동시에, 문 확 열리고 들어서는 서진 부모와 경비원, 사람들.
서진 부모와 사람들, 기겁해서 서진에게 달려들고.

69

서진모	(쓰러진 서진을 안고) 서진아, 왜 이래?! 누가 이랬어? 누가!!!!
서진부	빨리 구급차 불러!!! 구급차!!!
경비원	네, 이사장님!

서진, 기절한 척 쓰러져있으면. 사람들한테 다급히 업혀나가고.
윤희, 피가 흐르는 목을 두 손으로 필사적으로 감싸 쥔 채 아무 말도 못하고, 그런 서진의 뒷모습을 원망 어린 눈으로 보는데. 죽을 만큼 통증이 엄습해오는

61.   현재/헤라펠리스 서진 레슨실 (낮)
윤희, 그날의 사고를 떠올리면, 다시 목이 참을 수 없을 만큼 아파오고.
장식장 안의 트로피를 뚫어지게 보는데.
자신의 성대를 망가뜨린 그 물건이, 아직도 천서진의 장식장 안에서
교활하게 빛나고 있다는 사실에 죽을 듯한 모멸감을 느끼는 윤희고.
그때, 경비들 들이닥치는.

경비	죄송합니다, 사모님! 그냥 막무가내로 밀치고 들어가서... (윤희를 신경질적으로 끌어내며) 여기가 어디라고 막 들어와요! 가세요, 아줌마. 아, 얼른요!
윤희	(트로피에 시선 고정한 채, 끌려 나가며) 천서진! 어떻게 저걸!! 니가 어떻게!!! 무슨 염치로!!!
서진	(끌려 나가는 윤희를 바라보며, 눈 하나 깜짝 않고, 냉정하게) 서둘러주세요. 곧 레슨 시작해야돼서요.

윤희와 로나, 경비들의 손에 끌려 나가고. 아우성치는 소리. 문이 닫히면.

서진	(온몸 떨리는) 오윤희!!! 니 딸이었어? 목소리가 귀신같이 닮았어....

62.   화영중학교 외경 (낮)

63.   화영중학교 회의실 (낮)
       학폭위가 열리고 있는. 윤희와 로나, 어떤 표정도 읽을 수 없게 무표정
       하고.
       가해자(로나)와 피해자(제니)가 양쪽으로 서있는.
       교장과 교감, 학생부 교사들이 줄지어 서서, 가해자를 가차 없이 공격
       하는데.
       흥분한 마리까지 가세해서, 더 로나를 위협하고.
       로나, 멍하니 선 채로, 어른들의 언어폭력을 고스란히 당하고 있는.

마리   (종이에 적어온 것 비장하게 읽는) 전, 피해자 엄마로서, 신성한 학교에
       서 일어난 이 무시무시한 테러행위를 결코 용서할 수 없습니다. 인재를
       양성해야 할 학교에서 범죄자를 키우다뇨. 끝까지 잡아떼는 파렴치한
       저 학생을 강력 처벌하길 원합니다.

교장   (마리 눈치 보면서, 매섭게 로나를 다그치는) 앞으로 너 같은 애들이 커서
       이 나라를 좀먹는 사회악이 되는 거야!! 쪼그만 게 겁대가리 없이 음료
       수에 약이나 타고 말야!! 너한텐 미래가 없어! 미래가!!

마리   우리애가 밤마다 악몽에 시달리고 있어요. 무조건 강제전학 시켜야 합
       니다!! 가해자랑 절대 한 학교에 둘 수 없어요!!

교장   (점점 더 심하게 악다구니 퍼붓는) 남 망가뜨려서 니가 예고에 잘도 합격하
       겠다! 너 같은 애는 내가 반드시 싹을 잘라놓고 말 거야! 쓰레기 같은 것!

       로나, 눈물 그렁해서 입술 꼭 깨문 채 버티고 서있는데.
       순간 윤희, 로나를 향해 언어폭력을 퍼붓는 어른들의 입술이 확대돼
       보이고.
       25년 전, 윤희를 거칠게 밀치면서 악다구니를 퍼붓던 서진부와 서진모
       의 모습이 떠오르는데(1화 43신의 상황). 사나운 입 모양만 보여주는.

서진모(E) 사실대로 말해! 우리 서진이 해치려고 한 거지?!

서진부(E) 구제불능. 어리디 어린 것이 못돼 먹은 것만 배워가지고! 저런 애는 정학이 아니라 퇴학을 시켜야돼. 퇴학!!

25년 전, 자신에게 손가락질하고 비난을 퍼붓던 서진부 서진모의 입 모양과, 지금 교장의 입 모양이 겹쳐 보이면서 온몸이 파르르 떨려오는 윤희.

과거의 그날이 살아나는 순간! 참을 수 없는 기분이 되면서 눈이 뒤집히고.

윤희, 한걸음에 테이블로 뛰어올라가 교장의 나불대는 주둥이를 향해 정확하게 이단옆차기를 날리는데! "닥쳐!!!!"

모여있던 사람들 기함하고. 교장, 그대로 나가떨어지면.

윤희 (울분 토해내는) 진짜 폭력은 당신들이 쓰고 있어!! 무책임한 말로 남의 애 인생을 짓밟고 있다고!!! (로나의 손을 덥석 잡고) 우리 애 절대 전학 안가! 이 학교에서, 졸업장 꼭 받아낼 거야! 쓰레기 같은 것들!!

슬로우로, 로나의 손을 잡고, 학폭위가 열리는 회의실 문을 박차고 뛰어나오는 윤희! 환한 햇살이 가슴 벅차게 밀려오는데!

윤희, 스카프를 벗어서 내던지고, 로나를 데리고 거침없이 복도와 운동장을 뛰어서 학교를 빠져나오는!!

64. 헤라팰리스 서진 레슨실 (낮)

서진, 피아노 앞에 앉아 은별에게 성악 레슨을 시키고 있는. 정신은 딴 데 간 듯,

그때! 갑자기 벌컥 문 열리고 들어서는 윤희와 로나!

서진, 놀라서 일어서는데.

서진   (애써 침착하게) 무슨 일이야?!

윤희   (장식장 안에서 대상 트로피를 꺼내 들고, 보란 듯이) 배로나! 너 노래해!

서진/로나 (놀란 듯 멈칫하면)

윤희   (로나의 양어깨를 붙잡아 세우고) 성악하라고!! 청아예고 가! 엄마가 너
       꼭, 청아예고 보내줄게!! (서진 앞으로 뚜벅뚜벅 걸어가) 천서진! 이젠
       나, 아무 데도 도망 안 가!

서진   (매섭게) 당장 내 방에서 나가!!

윤희   (갑자기 날카로운 트로피로 찌를 듯 정확히 서진의 목을 겨냥하면)

로나/은별 (놀라서 비명 내지르는)

윤희   (서진 귀에 대고 나직이) 넌 죽었다 깨나도 나 못 이겨. 가짜일등 천서진!
       (힘줘서) 도, 둑, 년!

       당황하는 서진, 25년 전의 과거가 살아나는 것 같은데.
       그런 서진을 매섭게 위협하는 윤희에서 엔딩!!

2화

거짓과 속임수

65.   헤라펠리스 서진 레슨실(낮)
        서진, 피아노 앞에 앉아 은별에게 성악 레슨을 시키고 있는. 정신은 딴
        데 간 듯,
        그때! 갑자기 벌컥 문 열리고 들어서는 윤희와 로나!
        서진, 놀라서 일어서는데.

서진   (애써 침착하게) 무슨 일이야?!

윤희   (장식장 안에서 대상 트로피를 꺼내 들고, 보란 듯이) 배로나! 너 노래해!

서진/로나 (놀란 듯 멈칫하면)

윤희   (로나의 양어깨를 붙잡아 세우고) 성악하라고!! 청아예고 가! 엄마가 너
        꼭, 청아예고 보내줄게!! (서진 앞으로 뚜벅뚜벅 걸어가) 천서진! 이젠
        나, 아무데도 도망 안 가!

서진   (매섭게) 당장 내 방에서 나가!!

윤희   (갑자기 날카로운 트로피로 찌를 듯 정확히 서진의 목을 겨냥하면)

로나/은별 (놀라서 비명 내지르는)

윤희   (서진 귀에 대고 나직이) 넌 죽었다 깨나도 나 못 이겨. 가짜일등 천서진!
        (힘줘서) 도.둑.년! (서진을 매섭게 위협하면)

은별   엄마! 경비 불러올게! (나가려는데)

서진   (정신 다잡고) 그럴 거 없어! (매섭게 윤희를 확 밀치고) 미쳤어? 애들 보
        는 데서 뭐하는 짓이야? 트로피 갖고 장난치는 건 여전하네. 예나 지금
        이나!

윤희   내가 지금 장난치는 걸로 보여? 이걸 보고도!! (목의 상처를 내보이면)

서진   (뜨끔하지만, 태연히) 니 딸, 나한테 레슨받고 싶어 이러는 모양인데, 이미
        애들은 다 찼어. 너랑 다시 엮일 생각도 없고. 답이 됐으면 그만 가줄래?

윤희   (코웃음) 누가 너한테 레슨받게 한대? 내 귀한 딸한테 뭔 짓을 할 줄 알고!

로나   엄마! 왜 이래? (말리면)

윤희   니가 아무리 레슨 실력이 뛰어나다고 해도, 나한테 넌! 그냥 아무것도
        아니야. 우리 로나는 실력으로 당당히 들어갈 거야. 니가 훼방 놓지만

않는다면.

서진   (어이없단 듯) 과대망상, 피해의식에 쩔었구나, 너? 당장 나가! 업무방
         해로 신고하기 전에!

윤희   (트로피를 테이블 위에 탁 내려놓고) 되찾으러 올게. 이 트로피! 그 말 하
         러 왔어! (로나의 손을 잡아끌고 당당하게 휙 나가버리면)

서진   (부들부들 떨고 서있는데)

은별   (서진 모습에 당황해서) 엄마, 저 아줌마 누구야?! 누군데, 저렇게 막 나가?

서진   (애써 심호흡하고, 침착하게) 같이 고등학교 다녔어. 자기 딸 레슨을 봐
         달라는데, 거절하니까 심통을 부리네. 학교 때도 그러더니, 살기 팍팍
         하니까 더 삐딱해졌어. 괜찮아. 이런 일 다반사야.

은별   그래도 그렇지, 어쩜 저렇게 무식하게 굴어?! 감히 엄마한테! 트로피로
         찌를 것처럼 협박했잖아! 저 아줌마 딸도 청아예고 오려는 거야?

서진   (갑자기 큰소리로 날카롭게) 그럴 일 없다니까!!! (그러다 은별이 움찔하
         면, 다시 목소리 낮춰, 속내 숨기고) 이미 실력부터 안 돼. 괜히 허세 부리
         는 거야. (그러다) 은별이 너.. 청아예고에 수석으로 입학할 자신 있지?

은별   (멈칫) 수석?

서진   입학식에서 독창을 하려면, 수석을 해야 돼! 할아버지도 입학식에 참
         석하실 거고, 해외 유명 성악가들까지 초대했어. 널 위해서!! 석경이 당
         연히 기말고사 잘 봤을 텐데, 실기라도 제대로 해야 석경이 이길 거 아
         냐?! (다그치면)

은별   이길 거야! 나도 이기고 싶어 미칠 거 같다구!!

서진   엄만 널 최고로 만들기 위해 최선을 다했어. 서포트 못 받는 애들이 이
         세상에 얼마나 많은 줄 알아? 넌, 청아예고 이사장 손녀야!! 금수저보
         다 더 어려운 대학 합격 왕관을 쓰고 태어났다고!! 그게 얼마나 큰 혜택
         인 줄 알아?!

은별   알아.

서진   연습밖에 없어! 부르고 또 부르고, 안 되는 건 될 때까지 불러. 악보를
         통째로 니 머릿속에 심으라고! 눈떠서 잘 때까지 부르고, 꿈에서도 불

러! 석경이가 백 번 연습하면, 넌 이백 번 해!! 그래야 이겨!! (피아노 앞에 앉으면)

은별   (긴장해서 노래 부를 준비하는데)

66.   헤라펠리스 앞(낮)
        로나, 걸어가는 윤희를 돌려세우고.

로나   진짜야, 그 말? 나 청아예고 가도 돼? 성악, 허락하는 거야?

윤희   (보는) 당연하지. 우리 딸, 노래해! 소원이라며. 시간 얼마 안 남았지만, 엄마가 최선을 다해 서포트할게.

로나   (윤희의 목을 와락 끌어안으며) 나, 진짜 잘할게. 꼭 청아예고 합격할 거야. 아니, 수석이라도 할 수 있어! 내가 잘못 선택하지 않았단 거, 엄마한테 꼭 증명해 보일게.

윤희   (뭉클하고, 도닥이며) 그래, 그러자. 우리 딸. 로나 넌 태어날 때부터 울음소리도 달랐어. 누구도 방해 못 하게 실력으로 승부 봐야 해. 자신 있지?

로나   (윤희 보며) 응, 자신 있어! 근데 천서진 쌤한테 왜 그랬어? 싹싹 빌어도 모자랄 판에, 죽이자고 왜 달려들어?!

윤희   사정이 있었어. 천서진하고 엄만... (하다가, 말 돌리고) 다른 선생 찾으면 돼. 레슨 선생 얼마든지 있어. 엄마가 최고 선생으로 붙여줄 거니까 아무 걱정 마. 학교 징계도 무슨 수를 써서라도 막을 거구. (자신 있게 말하면)

로나   그게 쉽겠어? 교장 쌤을 발차기로 날렸는데.... 우리 집이 제니네 집처럼 돈이 있어, 뭐가 있어..

윤희   엄마만 믿어. 니 인생, 절대 안 망쳐. (뭔가 결심한 듯한 표정인데)

67.   교장실(낮)
        마스크 쓰고 있는 교장 앞에 고개 숙여 사과하는 윤희.
        그 옆으로 마리가 지키고 있고.

마리	뻔뻔하게 여기가 어디라고 와요, 지금! 폭력적이고 공격적인 게, 모녀가 붕어빵처럼 아주 쏘옥 뺐다니까!
윤희	(정중하게 사과하는) 정말 죄송합니다, 교장선생님. 제가 그때는 잠깐 미쳤었나 봐요. 제 잘못이니, 어떤 벌이든 제가 받겠습니다. 치료비도 전액 지불하겠습니다. 그러니 제발 로나는 용서해주세요. 우리 로나, 꼭 졸업장 있어야 됩니다.
교장	지금 이게, 용서받을 수 있는 범쥡니까? (마스크 벗고 이 보여주는데, 앞니 빠져있고) 이건 명백히 교권침해예요. 이번 일 절대 좌시할 수 없습니다!
마리	멀쩡한 앞니를 두 대나 날려먹었으면, 거의 살인미수죠! 부모건 자식이건 제대로 책임을 물어서 아주 싹을 잘라내야 된다고요! 당신 딸 인생은 당신이 망친 거야. (손가락으로 윤희 가슴 누르며) 당신이! 알아?
윤희	(뒤로 밀려났다가, 단호한 말투) 난 지금, 교장선생님께 사과하러 온 거예요. 제니 엄마한테 사과하러 온 게 아니고.
마리	뭐, 뭐라고?! 이 여편네가 돌았나?
윤희	당신 딸이 쇼하는 거, 내가 모를 줄 알고? 그래, 당신은 당신 딸 지켜! 난, 내 딸 지킬 거니까! (뒤돌아서 휙 나가버리면)
교장	(은근 쫄고) 로나 어머니가 눈치챈 거 아닐까요? 저리 당당한 거 보면.
마리	교장쌤! 지금껏 저한테 받은 거, 다 토해내실 자신 있어요? 안 그럼 정신 똑바로 차리세요!! 네?!! (으름장 놓는데)

68. **조상헌 세컨하우스 (저녁)**
조심스레 거실로 들어서는 윤희, 주위 둘러보다가 조형물 쪽에 초소형 카메라를 설치하는데.
그때, 현관에서 누군가 들어오는 소리 들리고. 다급하게 비밀공간 쪽으로 사라지는 윤희. 상헌, 통화하면서 들어오는.

| 상헌 | 어디야? 나 도착했는데. (그러다 멈칫. 윤희가 들어간 비밀공간 쪽을 흘끗 |

보는. 그러다 다시 통화에 집중하고)

69.   **조상헌 세컨하우스 앞/윤희의 차 안**(저녁)
          차 한 대 와서 멈춰 서고. 차에서 내리는 여자. 1화 9신의 여자, 마스크
          를 낀 채 안으로 들어가는데.
          차 안에서 그 모습을 지켜보고 있는 윤희.

윤희   니가 살아온 대로 거두는 거니까 나 원망하지 마, 조상헌! 난 이제 우리
          딸 위해서는 뭐든지 할 거니까!

70.   **편의점 앞**(저녁)
          빵과 우유로 저녁 때우며 통화를 하고 있는 윤희. 수첩에 유명하다는
          레슨실 번호가 적혀있는데, 거의 다 X자 표시가 되어있는.

윤희   (초조하게) 청아예고 입시반이요. 네네. (표정 밝아지며) 레슨 자리 있
          어요? 네, 감사합니다. 화영중학교 3학년 배로나구요. 내일 바로 데려
          갈게요. (그러다 갑자기 굳어지는) 안 된다니, 그게 무슨 소리예요? 금
          방까지 자리 있다면서요. 여보세요?! 여보세요!!! (미치겠고) 설마......

71.   **헤라팰리스 서진 레슨실**(저녁)
          서진, 비서로부터 보고받고 있는.

비서   탑클래스 레슨 선생님들에게 배로나 학생 인적사항 전부 전달했습니
          다. 최근에, 동급생한테 해를 끼쳐 학폭위까지 열린 전력이 있어서 생
          각보다 일이 쉬웠습니다.
서진   학폭위? 큰소리치더니, 딸자식 한번 잘 키웠네? (비웃으면)
비서   아마 레슨 선생 구하기 쉽지 않을 겁니다.
서진   배로나 학교 성적은 알아봤어?

비서	네, 여기. (서류 내밀면)
서진	(받아서 보는, 놀라는) 내신 1등급?
비서	콩쿠르에는 참여한 적이 없지만, 생기부 내용도 좋고, 워낙 내신 성적이 압도적으로 뛰어난 학생입니다.
서진	계속 상황 체크해서 보고해.

72.　편의점 앞(저녁)
　　　윤희, 분해서 미칠 지경인.

윤희	천서진!! 이런 파렴치한 짓 할 사람, 너밖에 없어! (열 받은 윤희. 로나가 걱정되고) 어떡하지.... 레슨 쌤 못 구하면... (다시 목이 따끔거려오는데)

　　　윤희, 급하게 자리 떠나면. 편의점 유리창으로 알바생(설아) 모습 보이고.

73.　편의점 안(저녁)
　　　익숙하게 물건들을 채워 넣는 손. 유통기한 지난 음식들을 빼고 새 걸로 채우는.
　　　그러다 손님이 오면, 카운터에서 능숙하게 계산을 하는 사람. 민설아(안나 리)다. 염색 가발도 벗고, 화장도 다 지운 앳된 얼굴인데.
　　　편의점 조끼에, "민설아"라고 적혀있는.
　　　그때, 문 열고 들어서는 다음 타임 알바생.

알바생	미안! (카운터 쪽으로 들어와 설아와 교대하는데)
설아	수고해요. (조끼 벗고 나가려다가, 한쪽에 쌓아둔 유통기한 지난 음식들을 봉투에 담으면)
알바생	너 또 갖고 가? 사장님이 뭐라 할 텐데...
설아	어차피 유통기한 지난 거예요. (그러다, 카운터 위에 강아지 간식 올리며) 이건 계산요.

74.　펜트하우스 석경의 방(저녁)
　　　석훈과 석경, 나란히 앉아서 과외받는. 그 앞에 앉은 설아, 1화처럼 염
　　　색 가발 쓰고, 화장한 모습인데.
　　　설아, 석훈과 석경에게 수학 진도에 대해 설명하면. 석경, 계속 핸드폰
　　　으로 카톡만 하는.

설아　석경이, 핸드폰 좀 그만할래?

석경　(들은 척도 안 하고. 계속 카톡만 하고 있으면)

설아　(책꽂이에 꽂힌 석경의 문제집을 빼서 펼쳐보는데. 거의 깨끗하고) 문제집
　　　이 왜 이렇게 깨끗해? 전교 1, 2등 한다고 안 했어?

석경　(순간 신경질적으로 문제집을 빼앗아, 던져버리고) 무례가 컨셉이에요?

설아　(기에 눌리지 않고) 난, 널 가르치러 왔어. 지금부터 내 시간이야. 문제집
　　　을 본 건, 레벨테스트를 거부해서 네 실력체크를 하려고 했던 거뿐이야!

석경　돈값을 하고 싶다? 그럼 그냥 대충 시간 때우고 가세요. 다른 선생들처
　　　럼. (그때 전화 걸려오면, 바로 받는) 어, 은별아. 아, 진짜?! (전화 받으며,
　　　밖으로 나가면)

석훈　잠깐 쉬죠? (일어나서 나가는데)

설아　(난감한. 욱 하고)

75.　펜트하우스 거실(저녁)
　　　석경, 전화하고 끊으면. 지켜보고 있던 수련과 마주치고.

수련　(부드럽지만 분명하게) 시험 끝났다고 너무 풀린 거 아냐? 쌤 모셔놓고
　　　너무 버릇없게 굴면 안 되지. 전화 꺼놓고, 수업에 집중해.

석경　내가 알아서 해요. (날 세우고 가면)

수련　석경아! (속상한데. 그때 지나가는 석훈을 붙잡고) 석훈아. 요즘 석경이
　　　무슨 일 있니?

석훈　(의미심장하게) 한번 생각해보세요! 석경이가 왜 저러는지. (들어가고)

수련　　(걱정스러운데)

76.　　헤라팰리스 커뮤니티 헬스장(저녁)
　　　　섹시한 운동복을 입고, 땀을 흘리며 미친 듯이 운동을 하고 있는 서진.
　　　　오늘의 끔찍한 일들이 떠오르는.

윤희　　(갑자기 날카로운 트로피로 찌를 듯 정확히 서진의 목을 겨냥하고)
윤희　　(서진 귀에 대고 나직이) 넌 죽었다 깨나도 나 못 이겨. 가짜일등 천서진!
　　　　(힘줘서) 도.둑.년!

　　　　서진, 짜증 나 미칠 지경이고, 열 받아 부르르 쥔 손으로, 운동기구를 더
　　　　힘 있게 확 잡아끄는데.
　　　　그때, 서진 옆의 운동기구에 올라앉는 단태, 능숙하게 근육운동을 시
　　　　작하면.
　　　　서진, 단태를 확인하고 멈칫하는.

단태　　(앞만 보고) 메시지, 못 받았나요? 샤인호텔에서 보자고 했는데.
서진　　(대답 안 하면)
단태　　(문득 멈추고. 그런 서진을 보는. 서진 쪽으로 돌아서며 천천히 다가가는데)
서진　　(그런 단태 행동을 저지하듯, 단태에게 시선 주지 않고, 더 빠르게 기구를 움
　　　　직이며) 주 회장님도 저도, 잃을 게 많은 사람들 아닌가요? 그렇게 사람
　　　　들 눈이 들끓는 곳에서는 곤란할 거 같은데... (헬스장 안의 CCTV를 슬쩍
　　　　보면)
단태　　(만족스럽단 듯) 다행입니다. 저랑 생각이 같아서. (그러다 주머니에서
　　　　뭔가 꺼내더니, 서진의 앞쪽에 일부러 떨어뜨리고, 주워서 서진에게 내미
　　　　는) 이거, 떨어뜨리셨는데요? (옅은 미소 지어 보이면)
서진　　(뭔가 싶어 받는데)
단태　　(나직이) 헤라팰리스 마스터키야. 헤라팰리스 어디든 출입할 수 있는.

아무래도.. 아는 곳이 안전하겠지? (서진을 스치듯 지나가면)

서진   (손에 쥔 마스터키를 내려다보다가, 수건으로 목덜미의 땀을 닦아내는)

양씨(E) 회장님 들어오십니다.

77. **펜트하우스 현관 입구 (저녁)**
     기분 좋게 들어서는 단태. 현관에 들어서다 멈칫하고.
     현관에 놓여있는 낡은 설아의 운동화를 보고 인상 팍 구기는데.

단태   (양씨에게) 양 집사. 대체, 누구 신발입니까.

양씨   과외선생님이 오셔서...

단태   현관이 엉망이 됐잖아요! 당장 갖다 버려요! (들어서는데)

     난감한 표정으로 서있는 설아와 마주치는. 그 옆으로 재밌다는 듯 웃
     고 있는 석경과 석훈이 서있고.
     수련, 난감한 표정인데.

수련   (단태에게) 새로 오신 애들 수학 선생님이세요.

단태   (눈도 안마주치고, 형식적으로) 아, 네. 잘 부탁합니다. (쌩하니 돌아서면)

설아   (무안하고) 그럼 가보겠습니다. (급히 운동화 신고 나가는데)

단태   (화나서) 꼭 과외를 집에서 해야 되나? 알잖아! 나 외부 사람이랑 부딪
     히는 거 싫어하는 거. 밖에서 뭘 밟은지 모르는 신발에, 뭘 만진지 모르
     는 손으로 이것저것 건드리고 다닌다고 생각하면... (그러다 방금 설아가
     벗어놓은 실내화를 불결한 듯 발로 확 차버리고, 끔찍한 듯 양씨에게) 양 집
     사. 오염된 것들 싹 다 치워요! 마시던 컵도 당장 버리고! 화장실 청소
     새로 하세요!

수련   (아직 설아 나가지 않은 거 보고 놀라서) 여보! 이따 얘기해요. (급히 나가
     는 설아를 보면, 마음 쓰이고)

78.   헤라팰리스 일각(저녁)
       엘리베이터 앞에서 버튼을 누르는 설아, 모욕감이 올라오는데.

수련(E)   선생님!!
설아   (돌아보면, 수련이 따라와 있고)
수련   마음 상하셨죠? 애들 아빠가 결벽증이 있어서.. 제가 대신 사과할게요.
설아   아니에요. 어머님이 왜...
수련   오늘 고생 많으셨어요. 우리 애들 쉽지 않죠?
설아   (난감한 듯 미소 지으며) 괜찮습니다. 제 일인걸요.
수련   애들이 요즘 사춘기라, 저도 좀 힘들거든요. 필요한 거 있음 언제든 말
            씀하세요, 선생님. (다정하게 말하면)
설아   네. 그러겠습니다. (따뜻한 수련의 말에 마음 좀 풀리고. 수련을 빤히 보는)

79.   펜트하우스 단태 수련의 침실(저녁)
       샤워를 끝내고 나오는 단태. 핸드폰 울려서 보면 "청아예중 교장"이라
       고 뜨고.

단태   (기분 좋게 전화 받는) 교장선생님께서 어쩐 일이십니까... 애들 맡겨놓고
            제가 너무 무심했나요? 학교는 별일 없죠? (하다가 표정 굳어지는) 석경
            이가요? 알겠습니다. (말투 관리하며) 전화 주셔서 감사합니다.

80.   펜트하우스 거실(저녁)
       단태, 거실로 나가면. 수련이 다가서고.

수련   식사 준비 다 됐어요.
단태   (걱정스러운 눈빛) 그보다. 혜인이한테 먼저 다녀와야겠어.
수련   (놀라고) 왜요? 또 안 좋아졌대요?
단태   홍 박사한테 방금 연락 왔는데, 지금 병원으로 좀 들어오라고. 염증수

86

치 때문에 의논할 게 있나봐. 나도 같이 가지. 혜인이도 보고 싶고, 지난
번에도 같이 못 가서 맘에 걸렸어.

수련 아니요. 저 혼자 갈게요. 애들도 집에 있고... 얼른 다녀올게요. (급히
방으로 가면)

단태 (표정 싸늘해지는) 양 집사! 석훈이 석경이 지금 어딨습니까!

81. **펜트하우스 단태 서재 (저녁)**
불안한 표정의 석경과 석훈.
그때 문 열리고 들어오는 단태, 문을 잠그면.
석경, 석훈의 손을 꽉 잡는데.

단태 (애써 부드럽게) 주석경! 내가 방금 매우 언빌리버블한 얘기를 들었는
데 말이에요. 오늘 시험에서 빈 답안지를 냈다던데, 사실입니까?

석훈 (놀라서 석경을 보는) 석경아, 무슨 말이야, 그게? 아버지! 아닐 거예요...

단태 난, 주석훈에게 물은 게 아닙니다! 대답하세요, 주석경! 어제까진 만점을
받아 1등이었는데, 오늘은 백지라니... 아니죠? 내가 잘못 안 거죠?

석경 (멈칫, 눈 질끈 감고) 사실이에요! 저, 청아예고 가기 싫어요! 그래서 그
랬어요!!

단태 (애써 침착하게) 뭐라고요?

석훈 석경아!! 너 왜 이래?! (말리지만)

석경 성악하기 싫다구요!! 아버지가 시켜서 하는 노래, 하기 싫어요!

단태 (점점 싸늘해지는) 난, 우리 집안에, 유명한 성악가 하나쯤은 배출해야
된다고 생각하는데... 그게 아주 오래전부터 내 목표였어요!!

석경 (단태 말 채서) 그렇다고 왜 내가 성악을 해야 되는데요! 한 번도 안 물
어보셨잖아요. 내가 뭘 하고 싶은지! 무대 위에서 노래하는 거 싫어요!
죽기보다 싫어요. 안 할래요. 학교도 싫고, 노래도 싫고, 이 집도 다 싫어
요!! 숨 막혀 미쳐버릴 거 같다고요!! (폭발하듯 소리치면)

단태 (천천히 석경에게 걸어가는) 그럼 뭘 하고 싶을까요, 우리 따님께서는.

석경	오빠랑 같이 유학 보내줘요. (애써 침착한 척해보지만 겁먹고. 석훈의 손을 더 꽉 쥐는데)
단태	유학? 유학이라고 하셨어요? (피식 웃고) 요즘 너무 뜸했죠? 저랑 시간을 좀 가져야겠네요.

갑자기 석경의 팔을 확 잡아당겨서 서재 한쪽 비밀의 문으로 끌고 가는 단태.

석훈	(달려가, 필사적으로 단태 말리는) 제가 잘못했어요, 아버지! 제가 석경이를 더 챙겼어야 했는데... 다신 이런 일 없도록 야단칠게요! 그러니 제발...
단태	(석훈 보며) 쉿... 너무 시끄럽네요. 아시잖아요. 남자가 울고불고하는 거, 딱 질색인 거.
석훈	제가 석경이 맘 돌릴게요. 한 번만 용서해주세요, 제발!!
단태	(갑자기 석훈의 빰을 거칠게 후려치면. 석훈 나가떨어지고) 내가 경고했죠. 시끄러운 거 질색이라고. 여러분들은 내가 정한 룰 속에서 살아야 된다는 거 잊었어요? 그 룰을 벗어나면 어떻게 되는지 잘 알고 있을 텐데...
석훈	(쓰러졌다가, 바로 다시 일어서고, 석경을 온몸으로 감싸 안고, 큰소리로) 안 때린다고 약속했잖아요!! 차라리 날 때리라고요!!! (울분 토하면)
단태	(그런 석훈을 빤히 보다가) 그게 소원이라면, 그렇게 해야죠! 쌍둥이 동생이 잘못을 했으면, 오빠가 벌을 받는 것도 아름다울 수 있으니.
석경	안 돼요... 안 돼... (단호한 단태의 말투에 온몸 얼어버리는데)

단태, 지문 인식하면. 열리는 서재의 비밀공간. 석훈을 끌고 들어가는 단태, 문을 잠그는데. 철컥!
석경, 불안해서 손을 꽉 움켜쥐는데. 안에서 음악이 켜지고.

82. 단태의 차 안/거리(저녁)
수련, 태주가 모는 차를 타고 가고 있는. 그러다 문득 석훈의 말 떠오르고.

석훈(E)   한번 생각해보세요! 석경이가 왜 저러는지.

수련, 뭔가 안 좋은 예감 들고. 석훈에게 전화하는데, 받지 않고. 다시
석경에게 전화하는데. 역시 받지 않는. 뭔가 불길한 생각에 사로잡히
는 수련.
그 위로 울려 퍼지는 클래식 곡. 점점 커지며,

83.   **단태의 서재(저녁)**
문 밖으로 나오는 클래식 음악소리. 어항의 물고기가 공포에 차서 튀
어 오르는.
석경, 핸드폰 울리지만 듣지 못하고.

석경   (미친 듯이 문을 두드리며) 오빠!! 괜찮아?!! 대답해 오빠!!! (비명소리인
지 음악소리인지 모를 소리들 계속 커지는데) 아빠!!! 제가 잘못했어요. 제
발 그만해요. 그만하라구요!!!! (그러다 서재 안에 골프채가 눈에 띄면, 골
프채를 꺼내서 비밀공간 문을 내리치는데. 강철로 된 문, 꿈쩍도 하지 않고)

84.   **단태의 차 안/거리(저녁)**
수련, 점점 마음 불안해지고.

수련   (핸드폰 끊고, 운전하는 태주에게) 안 되겠어요. 무슨 일이 있나 봐요. 집
으로 돌아가요.

태주   네?

수련   집으로 돌아가라고요! 어서요! (단호한데)

태주   (어쩔 수 없이 핸들을 돌리는. 그리고 한손으로 은밀하게 단태에게 문자 보
내는), (E) 사모님, 댁으로 돌아가십니다.

85.   펜트하우스 거실(밤)
       수련, 급하게 거실로 들어서면. 양씨가 맞고.
       그 뒤로 석훈을 부축하며 걸어오는 석경이 보이는.

수련   (놀라서) 왜 그래, 석훈아. 어디 아파?
석경   (그런 수련을 원망스레 보며) 또 어디 갔다 오는 거예요? 늘, 절묘하게 자
       리를 비켜주네요. 다 알고 있는 것처럼!
수련   그게 무슨 말이야? 무슨 일 있어? 엄마한테 얘기해봐. (석훈을 잡으려는데)
석훈   (차갑게 수련의 손을 쳐내고) 우리한테 관심이 있기는 해요?!! (석경을
       데리고 방으로 가는데)
수련   (영문 모르겠고, 양씨에게) 애들한테 무슨 일 있었어요?
양씨   (표정 없이) 잘 모르겠는데요, 저는.
수련   애들 아빠 어딨어요?! (의심스러운 눈빛, 위층을 보는)

86.   펜트하우스 위층/단태의 서재 앞(밤)
       급히 계단 올라가는 수련. 그때 서재에서 나오는 단태.

수련   여보! 혹시 애들이랑 무슨 일 있었어요?
단태   (아무렇지 않게) 애들이 싸우길래 한 소리 했어.
수련   (의심스러운) 애들이 싸워요? 석훈 석경인 싸우는 애들이 아니잖아요!
단태   그러니 나무랐지. 진짜 사춘긴가 봐. 혹시 당신한테도 애들이 힘들게
       하는 거 아냐? (다정하게 수련을 감싸 안으며 말하면)
수련   아뇨. 그런 거 없어요. 오늘은 혜인이한테 가지 않는 게 좋겠어요.
단태   그래, 당신 편한 대로 해. (이마에 키스하고, 아래층으로 내려가면)
수련   (그런 단태 뒷모습을 보는. 이상한 예감 들고. 방금 단태가 나온 서재방으로
       들어가는데)

87.   단태의 서재(밤)
       수련, 조심히 방으로 들어가면. 뭔가 괴기스러운 분위기 느껴지고.
       주위 둘러보다가 나가려면. 커튼 아래에 뭔가 보이고. 꺼내서 보면, 휘
       어진 골프 드라이브가 나오는데. 섬뜩한 기분에 휩싸이는 수련.

88.   석훈의 방(밤)
       침대에 앉아있는 석훈의 옆을 지키고 앉아있는 석경.

석경   괜찮아? 미안해, 나 때문에... 많이 아팠어?
석훈   (미소) 괜찮아. 걱정 마.
석경   (석훈에게 기대며) 알지? 나한테는 오빠밖에 없어. 유일한 내 편은 오빠야.
석훈   내가 너 꼭 지켜줄게. 너 아무도 못 건드리게. (석경을 한 어깨로 품어주
        는 석훈, 결심의 눈빛이고)

89.   동물병원(밤)
       동물병원 의사와 마주 앉아있는 설아. 링거 꽂은 설탕이를 안쓰럽게
       안고 있는.

의사   점점 종양이 커져서 그냥 두면 위험해. 유선종양이 진행도 빠르고...
설아   (가방에서 돈 봉투 꺼내 내밀며) 돈 준비했어요. 수술 바로 해주세요. 2백
        이라고 하셨죠?
의사   (보는) 돈은 어디서 구했어? 어른들 안 계신다 안 했나? 중학생이랬지?
설아   (멈칫하다) 수술, 잘 부탁합니다. (꾸벅 인사하면)
의사   (돈 봉투 꺼내서 보면, 욕심 나는) 흠.. 뭔가 착각한 모양인데, 수술비만 2
        백이고, 입원비랑 재활비랑 다 합치면 6백 정도 되는데. 사정 딱한 거
        같으니까 5백에 맞춰줄게. 대신, 현금으로 가져와야 돼.
설아   (놀라고) 5백이요? 그렇게나 많이요?
의사   워낙 까다로운 수술이라 그래. 시기 놓치면 생명을 잃을 수도 있어. 그

래도 상관없으면 뭐...

설아　(간절한) 안 돼요! 꼭 살려주세요. 돈은 어떻게든 준비할게요. (설탕이를 꼭 끌어안고, 눈물 그렁해서) 오늘은, 설탕이 데리고 집에 가면 안 될까요? 오랜만에 설탕이랑 같이 자고 싶은데..

90.　　**설아 아파트(밤)**
10평 정도의 낡고 비좁은 아파트. 쌓여있는 라면박스들. 그 안에 삐져나와 있는 구차한 짐들.. 금 간 유리창에 붙여둔 청테이프.. 멀쩡한 살림살이는 하나도 없는. 설아 상황을 보여주는 세팅들 보이고.
가방에서 개 간식을 꺼내서 그릇에 놔주는 설아. 맛있게 간식을 먹는 설탕이.

설아　(그런 설탕이를 사랑스럽게 보며) 맛있어? 설탕아?
설탕　멍! (뭐라 말하듯이 설아를 보고 짖으면)
설아　알았어. 언니두 먹을 거야. (봉투에서 유통기한 지난 음식들 꺼내서 먹는데. 그제야 설탕이도 사료 먹고)
　　　　자매처럼 다정해 보이는 설아와 설탕이.

낡은 벽지에는 평화롭고 아름다운 언덕 위의 예쁜 집과, 행복한 가족의 얼굴, 한쪽에 태양처럼 떠있는 인상적인 눈동자가 그려진 그림 액자 걸려있고.
액자 아래, "〈금상〉 영란초등학교 4학년 민설아"라고 쓰여있는.

설아　집에 오니까 좋지, 설탕아? 언니 오늘 헤라팰리스라고 우리나라에서 젤 부자아파트에 갔었다? 현관이 막 으리번쩍하고, 분수대도 엄청 크고, 신분증 맡겨야 들어갈 수 있어. 디따 신기하지? 근데, 거기 사는 애들이 나랑 동갑인데... (잠시 표정 어두웠다가, 씩 웃고) 언니한테 꼼짝 못해. 내가 걔들 선생이거든.

92

설탕	멍!
설아	(설탕이를 품에 안고) 그러니까 언니 걱정은 안 해도 돼. 설탕이는 수술 받고 빨리 나을 생각만 해. 언니가 우리 설탕이 꼭 지켜줄 거야..

그러다, 벽에 걸린 설아가 어릴 때 그린 그림 속, 아름다운 배경으로 그대로 들어가는 설아와 설탕이. 행복하게 그곳에서 환하게 뛰노는데. 둘 다 힘들지 않는 모습이고.

현실로 돌아오면, 설탕이를 안은 채, 그림이 걸려있는 벽에 기대서 미소 띠며 잠이 든 설아.

설탕, 입으로 담요 끌어다가 설아를 조심스럽게 덮어주는.. 불 꺼지고.

91. 서진의 집 거실(밤)

은별, 지친 표정으로 거실로 들어서면. 서진, 소파에 앉아 기다리고 있다가

서진	이태리어 쌤 오실 거야. 준비해.
은별	(놀라 시계 보고) 지금? 11시도 넘었는데? (그러다 서진의 차가운 눈빛에 꼬리 내리고) 준비할게. (들어가는데)

윤철이 와인잔 들고, 다가서고.

윤철	(서진에게 불만 섞인) 애를 너무 잡는 거 아냐?
서진	실기시험 얼마 안 남았어. (그러다 못마땅한 듯 윤철 보며) 석경이 이기라고 매일 쪼는 사람은 당신이잖아?!
윤철	그거야... 주단태 그 자식이 밥맛없으니 그렇지! 아닌 척하면서 말끝마다 잘난 척하는 거, 꼴 보기 싫어 미치겠어! 돈이 있음 얼마나 있다고. 얻다 대고 맨날 명령이야, 명령은! 나도 청아의료원 과장이야!
서진	주 회장 덕분에 자기 병원 VIP 고객 많이 늘었다며?!

윤철	것 때문에 참는 거야. 아직 써먹을 데가 있으니까. (마시던 와인잔 들어서 보며) 이게 주 회장이 좋아하는 보르도 와인이랬지? 맛탱이도 없고만! 맨날 왜 이것만 마시는 거야?
서진	(기막힌) 그럼 마시지 마! 왜 욕하면서 따라 하는데? 주 회장 사는 아파트에, 주 회장 마시는 와인에, 주 회장 입는 티셔츠까지 따라 입으면서 왜 뒷담화냐고!! 당신 그거, 열등감이야!!
윤철	(갑자기 와인잔을 테이블에 탁 내려놓고) 한 번만 더 그딴 소리 지껄이면, 그땐 이혼이야! (휙 뒤돌아가다가 문득) 우리 은별이, 석경이 이길 실력은 돼?
서진	(코웃음) 석경이 말고도 은별이 경쟁자는 많아.
윤철	쌍둥이 말고, 또 누구?
서진	(의미심장한 눈빛. 아무 말 못하는데)

92.   윤희 집 로나의 방 (밤)
자고 있는 로나의 이불을 제대로 덮어주는 윤희. 미니 가습기에 물을 다시 채워주고는 나가려다 멈칫하고.
책상 위에 놓인 로나의 악보를 보는데. 1화에서 윤희가 찢어버린 악보를 테이프로 다 붙여놓은. "포기하지 마! 청아예고 합격! 화이팅 배로나!!" 스스로 마음을 다잡은 멘트들 적어놓은.
순간 울컥하는 윤희.

윤희	미안해 로나야.... 자격도 없이 엄마가 너 막아서 미안해. 어떻게든 이 상황 엄마가 수습할 거야. (눈물 닦으며 다짐하고, 돌아서는데)
로나	(언제 깼는지, 윤희 뒤에 대고 나직이) 죽은 아빠보다 못하다는 말, 미안해. 엄마... (화해의 말 던지면)
윤희	(멈춰 서는. 마음 뭉클하고. 입술 깨물며 눈물 참고 서있다가 그냥 나가는)

93.   윤희의 집 거실(밤)
        윤희, 거실로 나오면. TV에 나오는 여배우가 보이고. 윤희의 표정.

94.   외곽 카페(다음 날 낮)
        TV에 나오던 여배우와 조상헌의 밀회 장면이 영상으로 나오고.
        그 영상을 보고 있는 조상헌, 하얗게 질려있는데.
        윤희, 조상헌과 카페에 마주 앉아있는.

상헌   오 실장이 찍은 거야? 당신 미쳤어?! (소리 커지면)

윤희   (주위 둘러보고, 차분하게) 여기, 보는 눈 많아요. 괜찮으시겠어요?

상헌   (주변 사람들 눈치 보는데. 목소리 낮춰) 감히 날 협박해?! 너 이러고도 이
        바닥에서 계속 일할 수 있을 것 같아?! (매섭게 윤희 노려보면)

윤희   상관없어요, 이제 이딴 더러운 일 안 할 거니까.

상헌   뭐?!

윤희   (다부지게) 나 지금 눈에 뵈는 거 없는 년이에요. 심플하게 말할게요. 다
        음 선거에서 3선 의원 하고 싶으면, 돈으로 내 입 막으세요. 조상헌 의
        원님! 명색이 상간녀가 배운데, 이번엔 돈 좀 쓰셔야죠.

상헌   이년이!! 세상 무서운 걸 몰라서 까불어? 너 같은 거, 전화 한 통이면 소
        리 소문 없이 사라질 수도 있어. 알아? (강하게 몰아붙이면)

윤희   (눈 하나 깜짝 안 하고) 그만한 대비책도 없이 여길 왔겠어요? 만약 저한
        테 허튼 짓하시면, 그 영상 바로 방송국이랑 기자들한테 쏠 테니까 그
        런 줄 아세요! 바람피우고, 수수료 떼먹고, 성추행까지 하시고, 인간 말
        종으로 잘 사셨으면, 돈 몇 푼으로 막을 수 있는 걸 천운으로 아셔야죠!
        안 그런가요?

상헌   야!!! (흥분해서, 테이블에 꽃병을 집어 들고 버럭 하다가, 사람들이 쳐다보
        면 분해서 부들거리는데)

95.　　윤희 차 안/도로 일각(낮)

　　　윤희, 조수석에 종이가방 던지며 운전석에 올라타고. 떨리는 마음을
　　　진정시키는.
　　　심호흡하고는 조수석의 종이가방을 열어보면. 5만 원권이 가득 들어
　　　있다.
　　　눈 반짝하는 윤희!

96.　　화영중학교 교장실(낮)

　　　에너지 음료 박스를, 교장 책상 위에 올려놓는 윤희.

교장　　(어이없다는 듯 쳐다보며, 이 빠진 입으로) 고작, 이깟 음료수 들고 와서
　　　　　사정 봐달라 이겁니까? 로나 어머님도 참 답답할 정도로 세상을 모르
　　　　　시네요.

윤희　　일단 열어보고 말씀하시죠.

교장　　(손가락으로 대충 팍 여는데. 상자 안에 가득 채워진 5만 원권. 놀라서 윤희
　　　　　를 보면)

윤희　　(능숙하게) 많이 받아보셨으니까 대충 얼만지 아시죠?

교장　　(얼른 상자를 닫으며) 큰일 날 소리를 하고 계십니다. 제가 또 언제 이런
　　　　　걸 받아봤다고!!

윤희　　제니네 부모한테 받은 것들, 아니 그 외에도 여러 가지가 있겠죠. 근데
　　　　　요, 저 모른 척할 거예요. 우리 로나만 제대로 졸업시켜 주심, 저 눈 있
　　　　　어도 못 본 거고, 귀 있어도 못 들은 거예요. 부탁드립니다, 교장선생님.
　　　　　(깍듯하게 고개 숙여 인사하는데. 예전과 다른 윤희 모습인데)

97.　　청아예중 회의실(낮)

　　　단태, 청아예중 회의실에서 학생들에게 장학금을 수여하고 있는.
　　　수상자 안에 석훈과 석경, 은별도 있다.
　　　아이들, 교사 안내받으며 퇴장하면. 단태와 교장만 남는데.

교장	늘 학교 발전에 지대한 도움을 주셔서 감사드립니다, 주 회장님.
단태	장학생 명단에 저희 애들은 빼달라고 부탁드렸는데...
교장	당연히 넣어야죠. 전교 1등인 아이들인데 받을 자격 충분하죠. (그러다 나직이) 하긴 뭐, 교내상은 우리 쌍둥이들이 거의 휩쓸다시피 받아서 스펙이 넘쳐나지만요.
단태	(미소, 서류봉투 내밀고) 이번 여름에 전교생 에어컨을 교체해줄 생각입니다. 체육관 건축도 제가 초안을 좀 만들어봤는데, 한번 보시죠.
교장	아이고, 체육관까지요? 비용이 꽤 들어갈 텐데요.
단태	돈은 걱정하지 마시고요. 우리 아이들이 뛰노는 곳인데, 아까울 게 있겠습니까. 졸업한 후에도 발전기금은 지속적으로 기부하도록 하겠습니다.
교장	정말 감사합니다, 회장님. (나직이) 석경이 백지 사건은, 잘 마무리 지었습니다. 다행히 시험 감독이었던 선생과 얘기가 잘 됐습니다.
단태	(눈빛) 그래요? 그 선생님하고 식사 자리 한번 만들어주시죠!

98. 단태의 차 안/건물 앞(낮)

미끄러지듯 대로변 갓길에 멈춰 선 단태의 차.

단태, 차 뒷좌석에서 태블릿 PC로 건물 확인하고.

뒷좌석 창문 내려서, 바깥에 늘어선 험악하게 생긴 어깨들 쪽에 눈짓하면.

어깨들, 연장으로 건물의 유리창부터 깨부수기 시작하는.

간판 떨어지고, 유령건물처럼 폐허 상태로 변하는데. (간단하게)

단태	(윤철에게 전화 걸고) 1차 작업 들어갔으니까, 이어서 시작하시죠! 하 박사!

99. VIP 입원실(낮)

윤철, 신경외과 스태프들과 함께 입원실로 회진 돌면서 단태 전화 받고 있는.

윤철   오케이! (전화 끊고)

허리 수술하고 누워있는 언론사 대표 앞으로 바짝 다가서는 윤철.

윤철   (깍듯하게 인사하고) 좀 어떠십니까, 추 사장님! 허리 수술은 아주 퍼펙트하게 잘됐습니다. 앞으로 오십 년은 거뜬하실 겁니다. 하하... 그건 그렇고, 제가 언론사에 제보할 게 좀 있는데요... 명원동에 시내길 아시죠? 젠트리피케이션 때문에 요즘 몸살을 앓고 있는 곳이요! 거기 세입자가 하도 사정이 딱해서 말예요. (눈치 살피는)

100.   로펌 빅토리 사무실 (낮)
단태, 윤철, 규진, 모두 모여있고.
규진, 사무실 의자에 거만한 포즈로 다리 꼬고 앉아서 거드름 피우며 얘기하는.

윤철   언론사에서 판을 깔아놨으니, 나머진 이 변이 정리하시죠.

규진   결국은 법이 꼭대기에 있는 거 아니겠습니꽈! (벌떡 일어서더니, 서류를 하나씩 돌리고) 건물주한테 개망나니 아들이 하나 있어요. 폭행치상으로 재판 중인데, 합의금이 꽤나 나올 겁니다. 피해자 쪽 변호사가 우리 아버지 연수원 동기라서 합의금 최대치로 부르라고 펌프질 좀 해놨어요.

단태   (서류 보면서) 이틈에, 민원 제기해서 세무 조사 들어가면 얼마 못 버티겠군요. 근저당액이 절반이고, 은행 쪽 대출도 막힌 상태니.

규진   빙고! 길어야 한 달 봅니다.

윤철   이 변은 진짜 아버지께 효도해야겠어요. 가만있어도 다 떠먹여주니 얼마나 좋아요. (서류 보며, 비꼬듯) 아버지가 아주 자세하게도 적어주셨네.

규진   떠먹여주는 거 꿀떡꿀떡 잘 받아먹는 것도 내 능력 아니겠어요? (단태

보며) 이번엔 얼마 정도씩 돌아가나요? 수익금이?

단태 적어도 열다섯 장? (다들 놀라면. 준비해온 서류가방을 각각에게 하나씩 던지고) 용산 건물 추가 보증금은 골드바로 준비했습니다. 금만큼 정직한 게 없으니까!

윤철/규진 (서류가방 열어보면, 골드바가 준비되어있고. 만족스런 미소)

단태 (자신만만한 어조로) 이번 건 빨리 마무리시키고, 곧바로 다음 건 착수해야죠! 다음 물건은, 판이 꽤 큽니다!

다들 서류가방 들고 급하게 일어서는.

101. 커피숍(낮)

홍분한 채로 들어서는 마리, 윤희 앞에 다가와 앉는.

마리 대체 뭔 꼼수를 부렸길래, 교장이 저렇게 나오는 거야? 이런다고 우리 애한테 해코지한 게, 없던 일 될 줄 알아?! 꿈도 꾸지 마! 지옥 끝까지라도 갈 거니까!

윤희 그러시죠. 지금 제니 데리고 병원 가요!

마리 뭐야?

윤희 진짜 목에 이상 있는지, 정밀 검사하자고요. 목에서 피가 날 정도였다면, 대체 뭔 성분으로 그렇게 된 건지, 제대로 따져봐야 우리도 보상을 하든, 사과를 하든, 아니면 사과를 받든! 할 거 아니에요?!

마리 갑자기 이 여자가 왜 이래?! 지금 우리 제니가 사과할 짓이라도 했단 거야, 뭐야?!

윤희 그건 그쪽이 더 잘 알겠죠! 제니 어머니!

마리 (멈칫, 찔리고)

윤희 남의 집 가정교육에 나설 생각 없어요. 하지만 자식, 그딴 식으로 키우는 거 아닙니다! 남의 자식 눈에 피눈물 나게 해서, 자기 자식 잘되는 법 없으니까요! 이번 일, 문제 삼으면 누가 더 손핸지 잘 따져보세요. (일어

서서 가면)

마리　(기막히고 열 받아) 야아!! 거기 안서!! 내 말 듣고 가!!! 아악! (소리치는)

102.　화영중학교 운동장 일각(낮)

악보를 들고, 핸드폰으로 음악반주 틀어놓고 노래 연습을 하고 있는 로나.

윤희, 그런 로나를 얼마큼 떨어진 곳에서 안타까운 시선으로 바라보다가 돌아서는데. 윤희 앞에 서있는 사람, 마두기 레슨 선생이고.

두기　로나 어머니시죠? 저, 기억하세요?

윤희　(알아보고) 아... 네... 제니 레슨 선생님이시죠?

두기　(멋쩍게 웃으며) 지금은 짤렸어요. 소프라노 천서진 쌤한테 배운대요. 그동안 거기 웨이팅 하느라 저한테 배웠거든요. (노래하는 로나를 보며) 소리가 정말 좋네요. 제니가 질투할 만해요.

윤희　네... (맘 아프게 로나를 보는데)

두기　로나도 입시 준비하는 거예요? 레슨 시작했어요?

윤희　아뇨. 아직은 혼자하고 있어요.

두기　왜요?

윤희　레슨해주겠다는 선생님이 없어서요. 아마.. 소문이 난 모양이에요. 제니 일로 학폭위 열린 거. 근데, 우리 로나 절대 나쁜 짓 하지 않았어요. 정말이에요!

두기　저야 잘 알죠. 억울하게 당한 거. 그땐 정말 죄송했어요. 제가 나설 처지가 아니라서 어쩔 수 없었어요.

윤희　괜찮아요. 괜히 나섰다가 봉변당하셨을 거예요.

두기　(안타까운 표정) 로나처럼 잘하는 애는 조금만 잡아주면 바로 합격할 텐데. (하다가) 혹시 로나.. 저한테 맡겨보실래요?

윤희　(놀라) 네? 정말이세요?

두기　로나는 제니보다 훨씬 가능성 있어요. 목소리 빛깔도 곱고, 음정도 분

명하고. 한번 만들어보고 싶어요! 물론, 어머님이 오케이한다면. 천서
진 쌤만큼 인지도 있는 선생을 찾는다면 할 수 없지만...

윤희 아니에요, 선생님. 감사합니다. 우리 로나 진짜 열심히 할 거예요! 감사
합니다. 정말 정말 감사합니다, 선생님!! (넙죽 인사하며 좋아하는데. 그
러다 로나와 눈 마주치면 환하게 웃는)

103. 개인 연습실(저녁)
로나를 가르치고 있는 마두기 레슨 교사, 로나 실력에 만족하는 듯.

두기 역시 잘하네. 이탈리아 가곡은 이 정도면 될 것 같고... 독일 가곡은 뭐야?

로나 (놀라며) 독일 가곡이라뇨? 이탈리아 가곡으로 두 곡 아닌가요?

두기 청아예고 공고문 못 봤어? 이번 해에 입시요강 바뀐 거? (공고문 서류 보
여주며) 이번 해부터 독일 가곡이 추가됐어.

로나 (걱정하는) 어떡하죠. 저 독일어 하나도 못 하는데.

두기 그래? 제니는 벌써부터 소문 듣고, 독일어 준비 많이 했는데. 안 되겠
다. 오늘부터 독일 가곡만 집중적으로 연습하자. 일단 곡 해석부터 시
작할까?

로나 지금부터 시작해도 늦지 않을까요? (불안한데)

두기 넌 머리가 좋으니까, 금방 따라잡을 거야. 대신! 연습 빡세게 하고, 선생
님이 하란 대로 잘 따라와야 돼!

로나 (눈 반짝이는) 네, 선생님! 진짜 진짜 열심히 할게요. (구벅 절하며 간절한)

104. 헤라펠리스 서진 레슨실(저녁)
은별, 반주에 맞춰 노래 부르고 있는데.
서진, 은별의 목소리 위로 로나의 노랫소리가 겹쳐지면.
순간! 신경질적으로 피아노 건반을 반복해서 누르는.

서진 (날카롭게) 그게 아니잖아, 그게! 음이 자꾸 플랫 되잖아! 마스께라를

울려서 소리를 앞으로 내보내라니까! 음을 붙이지 말고, 하나씩 다 떼서!! 왜 그렇게 같은 실수를 반복하는 거야!

은별   (생수 마시고, 볼 두드리며) 다시 할게. 잘할 수 있어. 이번엔 실수 안 해. (다시 노래하는데, 고음에서 삑사리 내고)

서진   (반주 멈추고) 은별이 너, 아침에 뭐 먹었어?

은별   샐러드랑 밀크티.

서진   절대 목에 무리 가는 거 먹음 안 돼. 김치도 안 되고, 매운 것도 안 돼. 엄마가 준 캔디는?

은별   (주머니에서 꺼내면)

서진   아끼지 말고 먹어. 실기시험 때까지 목 관리 철저히 해야 돼. 좀 쉴까?

은별   아니, 바로 할 수 있어. (다시 심호흡하고 노래하는데)

서진   (그런 은별이 만족스러운데. 그때, 단태의 문자 오는)

단태(E)   헤라. 35층. 가든.

서진   (짧은 미소 띠고는, 다시 반주 넣으면서 은별 지도하는)

105.   인서트/인스타 화면
        상아, 화장품을 들고 찍은 여러 컷들의 사진들. 그대로 인스타로 저장되며
        #고상아의 원픽 #주름이 어디 갔지? #피부는 온에어
        상아, 부엌에서 만든 요리들을 찍은 여러 컷들의 사진들. 역시 그대로 인스타에 저장되고.
        #요리연구가 왕미자 며느리 #대장금 고상아 #상아네 반찬
        그 밑으로 실시간 댓글 달리고. 보고 싶어요, 고아나/8시 뉴스 그리워요/복귀는 안 하나요?/요리왕 며느리?/이 사람 직업 뭐임? 인스타팔이?

규진(E)   밥 줘!!!

102

106.   상아네 집 거실(저녁)
　　　　상아, 놀라 얼른 핸드폰을 끄는데.
　　　　규진, 들어서면서 가방 휘릭~ 옷도 휘릭~ 벗어던지면.
　　　　상아, 놀라서 받고.

상아　　민혁이 과외 중이야. 여기서 옷 벗으면 안돼.

규진　　그래? (옷 벗다 멈추면)

상아　　오늘 재판 준비 때문에 늦는다 안 했어?

규진　　(큭큭 대며) 아빠가 급하게 약속 생겨서 퇴근했길래, 눈치 보다가 잽싸
　　　　게 도망쳤지. 어차피 아빠 없이 재판 준비 못해.

상아　　(한심하게 보며) 이제 자기도 스스로 하는 모습을 보여야, 아버님이 당
　　　　신을 믿고 로펌을 맡길 거 아냐? 언제까지 아버님 밑에서 월급쟁이 변
　　　　호사만 할 건데?!

규진　　어차피 내 건데 뭐. 누나들은 로펌에 관심도 없잖아.

상아　　관심 없긴!! 둘째 형님 요즘, 나한테 자기네 로펌 박변 소개시켜달라고
　　　　난린데.

규진　　뭐어?! 이혼한 지 얼마나 됐다고?!

상아　　뻔한 거 아냐? 어떻게든 아버님 로펌에 숟가락 얹겠다는 심보지. 자긴
　　　　진짜 아무것도 모른다니까.

규진　　(듣다보니, 빡!) 근데 자기 지금 우리 누나 욕하는 거야? 내 누난데!

상아　　(금세 알아채고, 살살거리는) 아니~~~ 그게 아니라~~ 난 자기가 너무
　　　　누나들을 순수하게만 보니까 그런 거지. (규진을 살살 달래며) 울 애기,
　　　　삐졌어? (애기 다루듯 달래주면)

규진　　나 삐졌어. 얼른 풀어줘. (상아에게 뽀뽀해 달라는 듯 입술을 쭉 내미는)
　　　　아, 얼른. 안 그럼 엄마한테 이를 거야.

상아　　(짜증 나지만, 어쩔 수 없이 뽀뽀하려는데)

설아(E)　저....

　　　　설아, 과외 끝나고 나오고.

103

설아   그만 가보겠습니다. (인사하고 나가면)

상아   아, 네, 쌤! (규진을 툭 치고) 못 살아, 내가 진짜! (설아를 따라 나가는데)

규진   아, 왜~~ (다시 입술을 쭈욱 내밀고 상아 쫓아다니는)

107.   헤라펠리스 B클래스 복도 (밤)

걸어가는 설아. 그때 석경의 문자 오는.

석경(E)   쌤. 석경인데요. 과외 30분만 늦춰도 될까요?

설아   (시계 보고) 일찍 연락할 것이지...

"알겠어", 답 문자 보내는 설아.

배에서 꼬르륵 소리가 나고. 설아, 주변을 둘러보는데.

108.   헤라펠리스 일각 (밤)

구석진 곳에 자리 잡은 설아, 가방에서 삼각김밥을 꺼내 먹는데.

통유리 밖으로 보이는 서울의 야경에 비해 설아의 모습은 초라한데.

그때, 누군가의 또각또각 구두소리가 들리고. 보면, 걸어오는 사람 서진이고.

설아, 당황해서 어쩔 줄 몰라 하다가 급히 기둥 뒤로 몸을 숨기는데.

이어서 문이 열리고 들어오는 사람 단태고.

단태와 서진, 격정적인 키스를 하면서, 카드키로 문을 열고 안으로 들어서는.

두 사람이 서로를 탐하는 모습, 통유리창에 비치는데.

설아, 기겁해서 그 모습을 보는! 그러다 자신도 모르게 핸드폰을 들어서 그 모습을 찍는 설아고.

109.   헤라펠리스 가든 (밤)

단태와 서진, 환상적인 풍경을 배경으로 밀회를 즐기고 있는.

서진	헤라팰리스에 내가 모르는 이런 곳이 있었다니. 놀랍네요.
단태	내가 설계에 참여했거든. 힘들 땐 언제든 와서 쉬어도 돼. 우리 애들 레슨을 맡고 있으니, 자격은 충분하지!
서진	뇌물인가요?
단태	뇌물을 바칠 만큼 우리 애들 실력이 한심하진 않을 텐데. 청아예고 수석은 누가 하는 거지? 우리 석경인가, 은별인가? 어차피 내정되어있을 텐데.
서진	그거야 시험날에 결정되겠죠. 공정하게.
단태	(비웃듯 픽 웃고) 공정? 신선하네. (그러다 서진의 목걸이를 확 뜯어버리고, 목에 키스를 하는데)
서진	(놀라, 확 밀치고) 뭐하는 거예요?
단태	(미리 준비한 목걸이를 새로 꺼내서 목에 걸어주며) 당신한테 어울릴 거 같아서. 그 멍청한 당신 남편이 사다준 거, 별로지 않아?
서진	이 목걸이, 무슨 뜻이죠? 설마... 날 가지겠다는 건 아니겠죠?
단태	그럴 리가.
서진	난, 심플한 만남을 원해요. 서로 구속하지 않고, 질척대지 않고, 누구 한쪽이 끝나면 같이 끝나는 관계. 어때요?
단태	(동의하는 듯한 미소) 방금 우리의 규칙이 정해진 거 같군!

두 사람, 다시 뜨겁게 서로를 부둥켜안고, 과감하게 키스하는데.

110.   펜트하우스 석경의 방(밤)
석훈, 문제 풀고 있고. 석경은 자리 비운 상황.
책상 위에, 수련이가 가져다준 간식이 먹음직스럽게 쟁반 가득 담겨있고.
설아, 아까의 잔상 때문에 딴생각에 빠져있는. 그러다 무심히 간식을
먹는데, 너무 맛있고. 석훈 눈치 보다가, 초콜릿과 쿠키 몇 개를 가방에
챙겨 넣는데.
그때, 방으로 들어오려던 석경, 뒤에서 그런 설아를 보고 있는. 표정에

미소.

석경 (책상 위에 보란 듯이 청아예고 원서를 탁 놓고) 오늘 일찍 좀 끝내주죠?

설아 (석경의 원서를 보는) 늦게 시작한 거 잊었어?

석경 (원서 쓰면서) 일찍 끝내서 과외 한탕 더 뛰든지! 쌤 돈 좋아하잖아요.

설아 제대로 봤어. 나 돈 좋아해. 돈 벌어야 되고. 그래서 이 수업, 꼭 해야 돼. 계약 위반하면 위약금 물어야 되니까. 답이 됐니? (원서 뺏고, 석경의 문제집 펼치면서) 어서 풀어!

석경 내가 풀기 싫다는데 왜 이래요?

설아 못 푸는 건 아니고?

석경 (순간 얼굴 벌게지면)

설아 니가 어떻게 청아예중에서 전교 1, 2등을 하는지 모르겠는데, 내가 봤을 때 솔직히 넌, 그 정돈 아니야.

석경 (이 악물고) 당장 내 방에서 나가요, 당장!!

석훈 (나서고) 오늘은 일찍 끝내는 게 좋을 거 같은데요? 청아예고 원서를 써야 되거든요. 엄마한테도 허락받았어요.

설아 (그런 석훈과 석경을 빤히 바라보다가, 어쩔 수 없이 일어서고) 좋아. 대신, 오늘뿐이야. 숙제는 꼭 해. (가방 챙기고 옷 입는데)

석경, 설아가 옷 입는 사이에, 자신의 물건을 설아의 가방에 몰래 넣는. 석훈, 그런 석경을 보면. 석경, 윙크하며 조용히 하라는 신호 보내고. 설아가 가방 메고 방에서 나가면.

석훈 뭐한 거야, 너!

석경 (독한 눈빛) 밟아줘야 돼. 저런 인간은. 그래야 멋모르고 까불지 않지!

111. 펜트하우스 거실 (밤)
       설아, 거실로 나오면. 수련이 쇼핑백 들고 다가서고.

106

수련	고생 많으셨어요, 선생님. 저 이거 조그만 선물인데... (쇼핑백을 건네려는데)
석경	(누구 하나 죽일 듯이 달려오며) 내 키링이 없어졌어! 아빠가 생일선물로 사준 한정판 명품인데! 혹시, 쌤이 가져가신 거 아니에요? 방금까지 책상 위에 분명히 있었거든요!
설아	(기막히고) 그런 적 없는데! 다시 찾아봐.
석경	오해받기 싫으면, 가방을 보여주면 되겠네요. 괜찮죠? (가방 뺏어서 그대로 털어버리는데. 가방 안에서 초콜릿과 쿠키 등 디저트들이 떨어지는. 그리고, 명품 키링도 나오면. 흥분해서) 이래도 아니에요?! 도둑 맞잖아!! 내 키링에, 우리 집 간식까지 훔쳤네!
설아	(순간 당황하면)
수련	(석경을 저지시키며) 그만해, 석경아.
석경	뭘 그만해. 선생이 도둑질했는데, 흥분 안 하게 생겼어? 엄마 눈으로 직접 보고도 그딴 소릴 해?!
수련	(바닥에 떨어진 설아 물건들을 가방에 넣어주며) 죄송해요, 선생님. 맘에 두지 마세요. 애는 제가 단단히 야단칠게요.
석경	엄만 지금 누구 편을 드는 건데! 딸 말은 안 믿고, 도둑 편을 드는 거야?!! 엄마라는 사람이?! (수련에게 대들면)
단태(E)	주석경!!

단태, 거실로 들어서고.

단태	엄마한테 그렇게 말하라고 누가 가르쳤어?! (엄하게 야단치면)
석경	(억울하단 듯) 엄마가, 물건을 훔친 과외 쌤 편을 들잖아요.
설아	전 아니에요! 절대 가져간 게 아니라고요! 훔칠 이유가 없잖아요, 제가!
단태	(설아 행색을 위아래로 훑어본 다음) 이유는 많을 거 같은데... (설아가 무슨 말인가 하려면, 말 막고) 선생님은 그만 가시는 게 좋을 거 같네요. 여기서부터는 제 집안일이니. (설아를 외면하고 서면)

설아	(그런 단태를 좋지 않은 감정으로 보다가, 이 악물고 돌아서서 가는데)
수련	(설아 보면 맘 아프고) 여보. 제가 설명할게요.
단태	(말 막고) 먼저, 석경이 얘기부터 들어보지. 애가 많이 흥분한 거 같은데.
석경	(긴장하는데)

112.   헤라펠리스 분수대(밤)

설아, 엘리베이터에서 내려 걸어가면. 기막히고 억울한 맘에 순간 울컥하는데.
그때, 앞을 가로막는 청원경찰!

경찰	안나 리 선생님?
설아	네?
경찰	신고가 있어서 잠시 대기하시죠.
설아	(긴장하고) 무슨 말씀이세요?
경찰	펜트하우스에서 절도사건에 관련돼있다는 신고가 있었습니다.
설아	(기막힌데) 다시 확인해보세요. 전 아니에요! 제가 훔치지 않았다고요!!

설아, 억울함을 호소하는데.

단태(E)	그건 경찰이 확인할 문제 같은데요?

설아, 돌아보면. 단태와 석경이 당당한 모습으로 서있고.

단태	원래 값진 물건을 보면 갖고 싶은 게 사람 심리죠. 이해합니다. 물건도 찾았고, 사과를 하면 조용히 넘어가죠.
설아	(단호한) 제가 하지 않은 일로, 사과하고 싶지 않습니다!
단태	(무서운 눈빛) 그럼, 큰일 날 텐데요. 이상하지 않나요? 우리 딸 물건이 발이 달려서 선생님 가방으로 들어간 것도 아닐 테고.

108

설아	(순간 욱하고, 석경 보며) 석경이가 넣어놨을 수도 있잖아요!
석경	(발끈하며) 뭐라는 거야!! 내가 왜 그런 짓을 해!!
단태	(석경을 막으며) 말이 아주 심하시네요. 우리 가문을 뭘로 보고 그런 억측을... (표정 일그러지며) 사과하시죠!
설아	(멈칫)
단태	(매서운 눈빛) 내 딸을 그런 수준 낮은 애로 몬 것에 대해, 그리고 선생님 가방에서 나온 석경의 물건에 대해, 사과를 하시라고요!! (다그치는데)
설아	(아무 말 안 하고 버티면)
단태	(청원경찰에게) 강남경찰서 서장님께 연락 넣어주시죠. 여기서 한 발짝 이라도 움직이면 도주죄까지 추가됩니다.

순간, 굳어지는 설아, 그 위로

113. 회상/미국 제임스 리 저택/2년 전(밤)
양쪽에서 설아를 결박하는 미국 경찰들. 설아를 끌고 가고.
설아, 억울해하며 울음 터진.

설아	(영어로) 난 안 훔쳤어요!! 난 도둑 아니라구요! (뒤돌아보며, 간절히 한 국말로) 오빠!! 오빠!!!! 뭐라고 말 좀 해줘. 오빠!!!

그런 설아를 말없이 보고 있는 누군가의 뒷모습.

114. 현재/헤라팰리스 분수대(밤)
경찰	알겠습니다, 회장님. (경찰서에 전화를 걸려는데)
설아	잠깐만요!!
단태/석경	(그런 설아를 보면)
설아	(당장이라도 울음 터질 것 같은 불쌍한 얼굴로) 할게요, 사과. 하겠다고 요! (이를 악무는)

석경   (미소 짓는데)

115.   헤라펠리스 수영장(밤)
        마주 서있는 석경과 설아.
        그때, 문 열리고 들어서는 제니와 민혁.

제니   도둑질을 했다고? 수학 쌤이?! (아이들 재밌단 듯 지켜보고 있으면)

석경   (보란 듯이 더 세게) 해봐요, 사과!

설아   (죽을 만큼 싫지만. 주먹 꽉 쥐고, 얼굴 벌게져) 미안해, 널.... 그런 애로 얘
        기한 거.

석경   그리고요? 훔친 거에 대해서도 사과해야죠!

설아   (입술 피나도록 꽉 깨물고) 미안...해. 다신... 니 물건에 손 안 댈게.

석경   (픽 웃고) 그래요. 받아줄게요. 뭐 썩 내키지는 않지만.

설아   (굴욕적으로 밖으로 나가려는데)

석경   아! 근데요. (갑자기 설아 쪽으로 오더니, 풀 쪽으로 확 밀어버리는 석경. 설
        아, 그대로 풀장에 빠지는데) 쌤 되게 냄새나는 거 알아요? 토할 거 같아.
        (비웃듯 돌아서면)

        설아, 가방까지 멘 채로 뒤로 나자빠져서, 물속으로 빠져드는데.
        처참한 심정으로 안으로.. 안으로.. 더욱 깊이 빠져 들어가는 설아.

양부(E)   저런 도둑년을 입양하다니!

양모(E)   넌 미국에서 강제추방될 거야!

        설아, 미국에서 들었던 말들을 떠올리며, 나락에 떨어지듯 물속으로
        더 깊이 잠기는데.
        그러다 어푸! 어푸! 허우적대며, 간신히 헤엄쳐서 물 밖으로 기어 나오면.
        석경, 제니, 민혁이 그런 설아를 보고 큰소리로 웃고 있는.

석경	(팔짱 낀 채 보며, 가증스러운 말투로) 배고프셨음 말씀을 하시지, 쌤... 간식까지 훔친 건 너무 없어 보이지 않아? 수입과자 좋아하시나 봐요.
제니	(소리 내서 웃고) 진짜야? 그지도 아니고 웬일이야... 우리 집에 오실 땐 간식 넉넉하게 준비해야겠네.
민혁	(설아 보며 깐족대는) 수영장 물로 이미 물배 채우신 거 같은데.
석경	어머, 수영장 물 갈아야겠다. 냄새 너무 날 거 같은데? (지갑에서 10만 원짜리 수표 건네며) 세탁비 하세요. 괜찮아요, 받아도! 엄마 아빠한텐 얘기 안 할게요. 가자! (애들 데리고 나가면)

더욱 비참한 설아, 독한 눈빛으로 그들을 보면. 눈물이 주르륵 흐르는...

116.   도로 일각(밤)
물에 젖은 꼴로 걸어가는 설아.
사람들, 그런 설아를 비껴서 지나가고, 이상하단 듯 흘끔대는데.
설아, 순간 이를 악무는. 뭔가 결심한 듯한 표정으로 멈춰 서서, 멀리 헤라팰리스를 바라보는데.

117.   펜트하우스 단태 수련의 방(밤)
수련, 종이가방 속 새 운동화를 꺼내보는. 낡았던 설아의 운동화 떠오르고. 전해주지 못한 게 안타까운데.
그때, 단태가 방으로 들어오고.

단태	과외 선생님은 오늘로 해고야. 도둑질을 했든, 안 했든, 처음부터 기분 나쁜 애였어!
수련	(한쪽에 종이가방을 두고, 굳은 표정으로 일어서는)

118.   석경의 방(밤)
석경, 웃으면서 금이 박힌 명품 키링을 흔들어보는.

그때, 노크와 함께 들어오는 수련.

수련   (전과 다르게 엄한 목소리) 왜 그랬니, 석경아.

석경   (보는) 뭘?

수련   그거.. 니가 선생님 가방에 넣은 거잖아.

석경   (발끈) 무슨 소리를 하는 거야?

수련   엄마 아까 다 봤어. 니 방, 문 앞에서!

석경   (순간, 표정 확 변하면서, 키링을 쓰레기통에 처박아버리는데)

수련   (진심으로 화내는) 주석경! 왜 그랬냐고 엄마가 묻잖아! 엄마 딸이 이 정도밖에 안 되는 애야? 이렇게 나쁜 애였어? 남한테 상처 줄 만큼?!

석경   (노려보며) 그래서, 뭐 어쩌라고?!

수련   (석경 붙잡고, 강하게) 안나 쌤한테 제대로 사과해! 끌고라도 가서 사과시킬 거야!

석경   (표독하게) 싫어! 당신이 뭔데! 무슨 자격으로!!

수련   (놀라는) 엄마한테 그게 무슨 말버릇이야?!

석경   (비웃는) 엄마? 친엄마도 아니면서! (무섭게 눈빛 바뀌면)

수련   (기겁하는데) 뭐어? 석경이 너... 그게 무슨...

석경   (눈물 그렁해서) 내가 모를 줄 알았어? 엄마가 내 친엄마 아니라는 거! 나랑 오빠 낳아준 사람은 따로 있다는 거!!

수련   (그런 석경을 붙잡아 세우고) 니가 누구한테 무슨 얘길 들었는지 모르지만, 난 니 엄마야! 배 아파 낳지 않았어도 핏덩이 때부터 널 키웠고, 다른 엄마들처럼 똑같이 널 사랑했어. 하루도 진심 아닌 적 없었어!!

석경   진심? 초등학교 졸업식 때도, 내 연주회 때도, 작년 내 생일 때도, 내가 필요할 때마다, 내 옆에 한 번도 있어준 적 없었어!! 그건.... 다 걔 때문이었겠지. 병원에 누워있는 당신 친딸!! (울먹이는데)

수련   그걸 어떻게?!!! (충격 받아, 비틀하면)

석경   내가 얼마나 당신을 좋아했었는데... 날 속였어!!! 당신 친딸 때문에, 매번 날 버린 거잖아!!

112

수련	(가슴 아파서 와락 끌어안고) 그게 아니야! 엄만 너 사랑해. 절대 버린 게 아
	냐!! 단 한 번도 니가 내 친딸이 아니라고 생각한 적 없었어!! 진심이야!!

석경, 그런 수련을 확 밀치면. 수련, 휘청하는데.
그때, 방으로 들어오는 석훈, 수련을 보는. 이미 석훈도 다 알고 있는 눈
빛이고.

석경	우리 앞에서 엄마인 척하지 마. 역겹고 구역질 나! (휙 나가버리면)
수련	(나가려는 석훈을 붙들고) 석훈아... 엄마는...
석훈	(차갑게 보며) 우리 일에 간섭 마세요. 앞으로.
수련	(철렁하는데. 책상 잡고 간신히 버티는. 정신없고. 눈물 터지는..)

119. 펜트하우스 단태 수련의 방 (밤)
수련, 단태 앞에서 울고 있는.

수련	애들이 그래서 예민하게 굴었던 건데... 난 것도 모르고.. (울면)
단태	(다정하게 달래주는) 언젠가 알아야 할 일이었잖아. 자책하지 마. 애들
	도 이해할 날이 올 거야. 내가 잘 얘기해볼게.
수련	당신한테도 너무 미안해요. 16년이나 아픈 아이 돌보느라 그렇게 애썼
	는데... 아무 차도도 없고...
단태	혜인이 듣는 데서 행여라도 그딴 소리하지 마! 말은 못하지만, 예민
	한 아이야. 다 듣고 느끼고 있을 거야. 내가 부족해서 아직도 못 일어나
	나... 미안한 마음뿐인데...
수련	그런 말이 어딨어요. 친자식이어도 당신처럼은 못해요.
단태	혜인이는 누가 뭐래도 내 자식이야. 당신 자식이면 내 자식인 거 아냐?
	석훈이, 석경이, 혜인이.. 다 똑같은 우리 자식이야. 그러니까 이겨내자
	고! (안아서 다독이면)
수련	(문득) 애들이 대체 어떻게 안 걸까요.

단태   글쎄... 나도 그게 이상하단 말이지... (골똘히 생각하는 표정이고)

120.   **펜트하우스 주방**(밤)
         양씨, 야채 다듬고 있으면. 그 옆으로 다가서는 석경.

석경   아줌마 말이 다 맞았어요.
양씨   (칼질하던 손 멈추고)
석경   (양씨에게 사진 내미는데. 사진 속에 수련, 임신한 배를 만지면서 설아 아빠
         와 다정하게 찍은 사진인데) 더러워. 피 한 방울 안 섞인 사람을 엄마라고
         알고 있었던 거잖아!! 버려요, 그 사진. (돌아서서 가면)
양씨   (사진을 찬찬히 보는. 앞치마에 사진을 챙겨두고, 다시 무표정하게 채소를
         써는)

121.   **혜인의 병실**(밤)
         무균병실 앞으로 다가와 서는 누군가의 구두. 단태다.
         단태, 통유리 안으로 무균병실 안의 혜인을 매섭게 지켜보는데.

단태   (뭔가 결심한 듯) 이제 연극을 끝낼 때가 된 거 같은데... 딸 노릇 하느라,
         애썼다, 주혜인. (그러다, 뒤에 와서 서는 태주에게) 벌써 16년인가?
태주   네, 회장님.
단태   죽은 애 대신해서 잘 버텨냈어. 완벽하게! (희미하게 웃는 웃음, 섬뜩하고)
태주   (무균병실 안의 혜인을 보는데. 표정)

122.   **택배 물류창고**(아침)
         설아, 택배차에 물건들을 싣는데, 톡 소리 나고. 목장갑을 입으로 당겨
         서 벗고 톡 확인하는데.

은별(E) 쌤 덕에 수학 성적 엄청 올랐어요. 나중에 제가 뮤지컬 쏠게요~ 은별.

114

설아   (웃으며 다시 택배상자를 상차하고, 머리에 묻은 먼지를 털며 직원들에게 인사하는) 수고하셨습니다! 수고하셨습니다! (밝은 목소린데)

123. 서진의 집 다이닝룸(아침)
윤철과 서진, 밥을 먹고 있으면. 은별이 가방 들고 들어오고.

윤철   (헬퍼에게) 육개장같이 얼큰한 거 없어요? 은별아, 너도 당기지?
서진   (들어오고) 제정신이야? 은별인 입시 때까지 고춧가루 들어간 건 못 먹어.
윤철   아니, 왜 애 좋아하는 거까지 못 먹게 해?!
은별   내가 안 먹는다 했어. 청아예고 수석 입학해야 돼. (다급하게 가방 메면서) 엄마! 레슨 가야지! 배부르면 노래 안 나와.

124. 헤라팰리스 서진 레슨실(몽타주/아침)
은별, 목 관리하면서 진지하게 노래 연습하는 모습.

서진   (레슨 시키는) 후두를 내리고!! 성대를 잘 비벼서!! 호흡을 받치라니까!! 이래서 석경이 이길 수 있겠어?! 수석 입학하겠냐고?!!
은별   (더 긴장해서 열심히 노래 부르는)

은별 아웃하고.
석훈이 피아노 치고, 석경이 노래 부르고 있는.
석경, 장난치는 모습이고. 갑자기 아이돌처럼 춤추고 가요 부르고 있는.
서진, 문 앞에서 그 모습 지켜보는데.

125. 로나 개인 레슨실(몽타주/아침)
로나, 악보에 독어 해석 달아놓고, 감정 표현 중시하며 노래 연습하고 있는. 최선을 다하는 모습인데. (마두기 레슨 쌤이 레슨시키는, 독일 가곡 〈숭어〉)

창문 너머로 윤희, 로나가 노래 부르는 모습을 눈물 그렁해서 보는.

윤희(E) 우리 로나, 정말 잘한다... 엄마가 이루지 못 한 꿈, 꼭 이뤄줘...

126. **청아예고 전경 (며칠 뒤, 낮)**

127. **청아예고 주차장 (낮)**
〈2021년 청아예고 입학 실기시험〉 현수막 걸려있고.
외제차들 줄지어 들어오고, 차에서 내리는 교복 차림의 아이들. (학교 별로)
엄마들, 아이들의 목을 보호하려고, 목도리, 마스크에 휴대용 가습기를 아이 얼굴에 대어주고, 캔디를 입에 넣어주는 각양의 모습들 풍경.
그 안에 상아와 민혁, 마리와 제니도 보이는.
그 뒤로, 윤희의 중고차 들어오는. 사람들, 힐끔거리는데. 내리는 윤희와 로나, 모습만은 당당하고.
마리와 제니, 로나와 윤희를 죽일 듯 노려보는데.
수련의 차 와서 멈춰 서고. 내리는 수련과 뒷좌석의 석훈과 석경.
수련, 물을 챙겨주려는데, 휑하니 수련 무시한 채 가버리는 석훈과 석경 남매.
수련, 머리가 지끈하지만 이내 따라가고.

128. **청아예고 대기실 (낮)**
윤희, 생수 들고 대기실로 들어서면. 로나, 당황해서 파리하게 질려있고.

윤희 왜 그래? 로나야!!
로나 엄마!! 어떡해!! (당장이라도 울음 터트리기 직전이고)
윤희 왜? 무슨 일이야?!!!

129.   청아예고 복도 일각 (낮)
        레슨 선생에게 다급히 전화를 거는 윤희, 없는 번호라고 나오고.
        옆에서 안절부절못하는 로나.

로나   뭐야? 쌤 전화 안 받아? (절망스러운데)
윤희   (전화 끊고, 속았다는 확신 드는) 엄마가 방심했어! 속은 거야. 독일 가곡
        은 원래부터 없었대!! 이탈리아 가곡 두 곡만 부를 수 있어!
로나   나 어떡해 엄마.... (눈물 터지는데)

        그때, 복도 끝편에서 윤희와 로나를 보고 있는 서진.

서진   (옆에 있는 비서에게) 레슨 선생은 뒤탈 없이 처리했겠지?
비서   네, 연락 안 되게 조치해뒀습니다.
서진   (미소) 그럼, 심사하러 가볼까? (로나의 갈색 구두를 한번 쳐다본 다음, 시
        험장으로 향하는데)

        윤희, 가는 서진의 뒷모습을 보면 감이 오지만, 뒤쫓아 가려다 일단 이
        악물고 로나를 진정시키는.

윤희   (울고 있는 로나의 어깨를 잡고, 양쪽 볼을 두드리며, 강한 어조로) 배로나! 정
        신 차려! 정신 차려야돼!! 울지 마! 울면 성대 좁아져서 목소리 안 나와!!
로나   다 망쳤는데, 뭘!! 아무것도 생각 안 나. 이미 끝났다고!!
윤희   (강하게) 아니!! 아직 안 끝났어!! 나머지 노래 하나, 니가 좋아하는 곡
        이잖아. 엄마 몰래, 수도 없이 불렀고, 수도 없이 들었던 곡이야!! 기억
        안 나?
로나   그래도.. 연습도 제대로 못 했잖아. 자신 없어... 못 하겠어...
윤희   할 수 있어!! 여기서 포기할 거야? 너 청아예고 안 갈 거냐고!! 엄마 한 풀
        어준다며!! (도리질 치고) 아니, 엄마 위해 부르지 마!! 너 위해서 불러!!

억울하지도 않아? 속은 게 분하지도 않냐고?!!! 너 까내리려고 저렇게까지 하는데, 어떻게라도 버텨야지!! 할 수 있는 데까지라도 해봐야지!!

로나　　(눈물 안 멈추는데)

그때, 윤희가 노래 시작하는. 처음에는 작았던 목소리, 점점 커지고.
로나, 처음으로 노래하는 윤희의 모습에 놀라는데.
윤희, 눈빛으로 어서 불러봐, 로나를 응원하고.
로나, 그제야 눈물을 닦으며 윤희의 목소리를 따라서 노래를 부르기 시작하는.
그렇게 모녀의 노래가 복도에 가득 차서 흐르는데.
그때, 복도를 걸어오던 은별, 로나 모녀의 노랫소리에 걸음 멈추고, 불안한 표정 짓는. 신경질적으로 머리를 올백 하는데. 자꾸만 머리카락 하나가 흘러내려서 신경 쓰여 미치겠는.

은별　　에이씨! 왜 자꾸 흘러내리는 거야!! 기분 나쁘게!!! (짜증 나서 계속 쓸어 올리고. 불안한 손, 마구 떨리는)

130.　　청아예고 시험장 앞(낮)
　　　　　1조, 2조, 붙여진 시험장 문 보이고. 긴장한 표정의 로나, 순번을 부르는.
　　　　　로나, 안으로 들어가려는데, 윤희, 붙잡는.

윤희　　잊지 마! 넌 최고의 목소리를 가졌어. 그건 절대! 아무도 흉내 못 내!
로나　　(고개 끄덕이고. 아까와 달리, 눈빛 반짝이는데)

131.　　청아예고 시험장 1조(낮)
　　　　　로나, 심호흡을 크게 하고는 노래 시작하고.
　　　　　커튼 너머에 앉아있는 심사위원들, 로나의 노래에 빠져드는데.

서진(E) (커튼 아래로 살짝 보이는 갈색 구두를 주시하며) 이 목소리는? 배로나?
(한 번에 알아듣고. 심사위원들을 보면, 다들 노래에 빠져있는. 높은 점수를
매기기 시작하는 심사위원들. 불안한 천서진의 모습)

132. 청아예고 대기실(낮)

엄마들 모여있는 자리.
마리는 가슴엔 십자가와 성경을 품고 있고, 손은 염주를 돌리며 염불
을 외고 있는.
그런 마리를 한심하게 보는 상아. 그 옆으로 수련이 앉아있고.
그때, 밝은 표정으로 대기실로 들어서는 로나.

윤희 (초조하게 기도하고 있다가, 다급히 로나에게 달려들고) 어땠어? 잘했어?

로나 (자신만만하게 고개 끄덕이고) 웅! 잘한 거 같아!

윤희 (울컥하고) 잘했다, 잘했어 내 새끼. (와락 끌어안는데)

상아 (그런 윤희를 부럽게 보다가, 수련에게) 석경이 석훈이는 잘해서 걱정 없
겠어요. 전 아나운서 시험 볼 때도 이렇게까진 안 떨었는데, 진짜 간이
다 쫄아서 없어져버릴 거 같아요.

수련 저도 엄청 떨리는걸요. (수련 역시 초조한 표정인데)

마리 솔직히, 쌍둥이들이야 숨만 쉬고 있어도 합격인 거 아니에요? 주 회장
님이 학교에 쌓아준 벽돌이 몇 개고, 깔아준 잔디가 몇 평인데.

수련 (그런 마리에게 정색하며) 말씀이 좀.. 불편하네요.

마리 (막 나가는) 불편하긴 뭐가 불편해요. 난 팩트만 말하는 사람인데! 은별
이도 그렇고, 쌍둥이도 그렇고, 프리패스로 들어가는 애들 꺼 빼면, 몇
장 안 남은 티켓 갖고 잔바리들끼리 박 터지게 싸우는 거잖아요. 이놈
의 입시라는 게!

상아 (예민하게 발끈하는) 잔바리요? 우리 민혁이가 왜 잔바리예요?! 제니랑
동급 취급 하지 마세요! 청아예중도 아닌 주제에 어디서!

마리 (열 받고) 그럼 뭐 민혁이가 알밴 청어라도 되는 줄 알았어요?! 천 쌤이

119

나보다 더 무시하는 게 민혁 엄마예요. 뭐 암것도 모르면서. 공부든 노
래든 하나는 돼야지 무시를 안 하지! 전직 아나운서가 왜 이리 눈치가
없어.

상아   뭐라고요?! 제니 엄마 말 다했어요?! (마리와 상아, 분위기 험해지는데)

수련   (말리는) 왜들 이러세요? 애들 시험장에서! 목소리들 낮추세요!

그때, 툭! 하고 수련을 치고 가는 누군가. 죄송합니다, 꾸벅 인사를 하
고 가는데. 마스크를 낀 사복 학생이고.
문득, 사복 학생의 운동화가 눈에 들어오는데. 낯익은 하얀 운동화다.

수련   저건....!!!

133.   청아예고 시험장 앞(낮)
2조 시험장 문 열리며 울며 뛰어나오는 은별.

제니   (은별을 보며) 하은별 실수했나봐.

석경   뭘 걱정이야, 쟤 할아버지가 여기 이사장인데. 니 걱정이나 해.

로나, 대기실에서 나오다가, 울면서 뛰어가는 은별을 안타깝게 보는데.
사복 차림으로 걸어가는 학생, 뛰어가는 은별과 부딪히고 잠시 멈칫했
다가, 마스크를 벗고 1조 시험장 쪽으로 들어서면.
석경, 2조 시험장 쪽으로 걸어가다, 사복 학생과 스치듯 지나가는데.
무심히 사복 학생의 수험표에 적힌 이름표를 보고, 얼굴을 확인하는
순간! 걸음을 멈추고 휙 돌아보는데. 아는 얼굴 같고! 놀라서 바라보다
가 시험장으로 향하는 석경.

134.   청아예고 시험장 1조(낮)
서진과 심사위원들, 오랜 심사에 지친 표정인데.

진행	마지막 지원생입니다.
서진	바로 시작하죠!

노래 시작되는데. 서진과 심사위원들, 다 깜짝 놀라는.
천상의 목소리에 심취하고. 서진도 누군가 의아해하며 노래에 귀를 기울이면.
카메라, 천천히 학생을 아래에서 위로 훑는데. 노래를 하고 있는 사람, 다름 아닌 민설아고!
로나와는 다른, 맑고 신비스러운 고음의 목소리로, 곡을 완벽히 소화해내고 있는 설아의 모습. 흠잡을 데 없는 천재적 실력이다!
심사위원 모두들 홀린 듯 그녀의 노래를 듣는데, 이견 없이 최고점에 체크하는.

135. 윤희 빌라 외경(며칠 뒤, 저녁)
우르르 쾅쾅, 천둥소리 요란하고. 갑자기 장대같이 쏟아지는 비.
심상치 않은 전조를 느끼게 하는데.

136. 윤희 집 로나의 방(저녁)
로나, 손톱 깨물며 안절부절못하면서 결과 기다리고 있는. 핸드폰 몇 번이나 열어보지만, 합격자 발표 공고 올라오지 않고.
그때, 윤희에게서 전화 오면, 받는.

로나	아직 발표 안 났다니까. 몰라. 왜 이렇게 늦지? (불안하기만 한데)

137. 헤라팰리스 서진 레슨실(저녁)
비 오는 창밖을 보는 서진, 결심이 선 듯 어딘가로 전화를 거는.

서진	통보하세요!

138. 헤라펠리스 앞(저녁)
헤라펠리스로 걸어오던 설아, 갑자기 쏟아지는 비에 놀라서 달려 들어
오고.

설아   비 예보 없었는데... (옷 툭툭 털고 안으로 들어가는)

139. 헤라펠리스 분수대(저녁)
설아, 분수대 앞에서 젖은 옷 털고 있으면.
엘리베이터에서 내려 분수대로 걸어오던 단태와 수련, 석훈, 석경과
마주치는데.

설아   (놀란 듯, 쭈뼛하면)
수련   (반갑게) 오랜만이에요, 선생님.
설아   안녕하세요. (석경과 단태에겐 시선 피하면)
단태/석훈 (역시 설아를 모른 체하는데)
석경   (뭔가 의심스러운 듯, 설아를 주시하고 있는)

그때, 석훈, 석경, 설아의 핸드폰으로 동시에 문자가 오는. 띠링~ 소리
동시에 들리고.

석훈   (문자 확인하면, "주석훈, 피아노과 수석합격"이라고 써있고) 발표 났네. 너
도 당연히 합격이지? (석경을 보면)
석경   (문자 보면서) 응. 근데, 성악과 수석은 누구지?
단태   (역시 문자 확인하고, 서진한테 받은) 석경인 수석이 아니라는구나.
석경   누군데요? 설마, 빽사리 낸 은별이요?
설아   (합격 문자를 보다가, 놀란 얼굴로 고개를 드는데)
단태   민설아라고, 검정고시 출신이라는데.
석경   민설아?! (순간, 시험장 앞에서 마주친 얼굴과 수험표의 이름이 떠오르고.

문득 설아 쪽을 보는데. 뚜벅뚜벅 설아에게 다가가더니, 갑자기 민설아의
가발을 확 벗어재끼는데)

염색한 설아의 가발이 벗겨지면. 앳된 얼굴의 설아 본모습이 나오고.
놀라는 단태와 수련, 석훈. 그리고, 그럴 줄 알았다는 표정의 석경!

140.   윤희의 빌라 앞(저녁)
        윤희의 차 멈춰 서고.
        계단에서 허겁지겁 내려오는 로나.

로나   엄마! 연락 왔어. 근데, 무서워서 못 보겠어.
윤희   (차에서 내리며) 비 맞게 왜 내려와. 이리 줘. 엄마가 볼게. (로나 데리고
        급히 처마 밑으로 들어가고. 떨리는 손으로 핸드폰 문자 확인하는데)

        문자 열어보면. "청아예고 성악과에...... 불합격하였습니다" 떠있고!
        충격 받은 윤희와 로나. 하얗게 질리는데.
        이어서, "예비번호 1번"이라는 문자가 보이는.

윤희   예비번호 1번?!! (마지막 희망으로 로나를 보면)

        이때, 우르르 쾅쾅! 천둥이 요란하게 치는데, "예비번호 1번"이라는 문
        자가 섬광처럼 번쩍해 보이는 데서 엔딩!!

3화

운명의 반전

141. 윤희의 빌라 앞(저녁)

윤희 예비번호 1번?!! (마지막 희망으로 로나를 보면)

이때, 우르르 쾅쾅! 천둥이 요란하게 치는데.

로나 (핸드폰 낚아채 다시 한번 확인하고) 말도 안 돼! 내가 왜 불합격이야?!! 실수한 거 없는데!! 내가 왜!! (충격 받은 듯, 빗속으로 뛰어가면)

윤희 로나야!! 로나야!! (부르며 쫓아가는데)

142. 거리(저녁)

윤희 로나야!! 어딨어? 배로나!!

윤희, 아무리 찾아봐도 로나 모습 보이지 않고.
그러다 끼익! 하는 자동차 브레이크음 들리면, 가슴이 철렁해서 뒤돌아보는데. 자동차 운전자들끼리 삿대질하며 싸우고 있고.
윤희, 덜덜 떨면서 겁에 질려 전화해보지만, 전원이 꺼져있다는 멘트 나오는.

윤희 (눈물 치솟고) 로나야...

윤희, 다시 달려가다가 빗길에 넘어지고. 손과 옷이 엉망이 되지만, 다시 일어나 미친 듯이 로나를 찾아 헤매는.

143. 헤라팰리스 분수대(저녁)

석경, 뚜벅뚜벅 걸어가 설아의 가발을 확 벗기고.

석경 너 맞지? 내가 잘못 본 게 아니었어!

수련 (놀라서) 석경아! 선생님께 무슨 짓이야?!

석경	선생님은 무슨! 내가 똑똑히 봤어! 청아예고 시험장에서! (설아의 가방 뺏어서 지갑을 찾아내면)
설아	(뺏기지 않으려고 붙잡는데)
단태	(그런 설아의 지갑을 낚아채서 가져가고, 지갑을 열어 청소년증을 확인하는) 민설아?!!! (어이없는 표정인데)

144. 펜트하우스 거실 (저녁)
테이블 위에 던져지는 설아의 염색 가발.
그런 설아를 보고 있는 단태와 수련, 석훈, 석경.

수련	(믿을 수 없는) 정말 우리 석경이랑 같은 나이예요? 중학생?
석경	(청소년증 내밀며) 이거 보면 몰라? 나랑 동갑이잖아! 중학생도 아니고, 어디서 굴러먹던 앤지도 모른다고! 이런 사기꾼한테 우리가 쌤이라 부르고, 과외를 받았다는 게 말이 돼?! (청소년증을 바닥에 내던지면)
단태	(분한 표정) 보송마을에 살면서 외국 유학 갔다 온 척 거짓말을 했다.. (눈빛 매서워지며) 왜 이런 짓을 한 거지? 대답해!!
설아	(움찔하지만, 이내 또박또박) 거짓말한 건 죄송합니다. 하지만, 과외 짤릴 때 과외비는 전부 돌려드렸고, 전 이제 석훈 석경이 과외 쌤이 아닌데요.
단태	그래서? 죄가 없다?
설아	돈 받은 만큼 열심히 가르쳤고, 지각한 적 없었고, 되레 성실하지 않은 건 석경이었어요! 도둑으로 몰아 모욕을 준 것도 따님이었고요!
석경	닥쳐!!
단태	(그런 석경을 막으며) 청아예고 수석은? 어떻게 된 거지?
설아	제 실력으로 떳떳하게 합격한 것도 죄가 되나요?
석경	너 같은 사기꾼이 뭔 짓을 했는지 어떻게 알아? 그동안 일부러 우리 집 드나들면서 정보라도 빼내간 거 아냐?
설아	(조소하는) 너한테, 빼내갈 정보 같은 게 있을까?

석경 뭐야?! (갑자기 설아의 뺨을 후려치고) 이건, 우리 집을 우롱하고 농락한 죄!

수련 (놀라) 석경아!!

석경 (설아의 뺨을 한 대 더 때리고) 이건, 인생 똑바로 살라는 내 경고야! 왜? 억울해? (그 바람에, 설아가 바닥에 쓰러지면)

수련 (화난) 석경이 너! 이게 무슨 짓이야?!! (설아에게 다가서려는데)

단태 (그런 수련을 가로막고, 설아를 못 일어나게 발로 누르며) 고삐 풀린 망아지처럼 날뛰었으면, 당연히 벌을 받아야지. 당장 부모님 연락처 대!

설아 없어요, 부모님.

단태 없어? 그럼 고아란 말야? 이런 근본도 없는 게..!! (발로 확 밀치는데)

수련 (경악하며 말리는) 그만해요, 제발!! 더 이상 민설아 씨와 우리, 상관없는 사이예요. 이미 사과도 했잖아요!!

단태 (순간, 눈썹 꿈틀하고. 설아를 노려보며) 난 니가 처음부터 기분 나빴어. 진실하지 못한 사람에겐 특유의 기운이란 게 있거든. 사람 아주 기분 더럽게 만드는 구질구질한 기운.

설아 (주먹 쥔 채 눈 내리깔고 있다가, 천천히 단태 보면서 의미심장하게) 그러는 아저씨도 진실하게만 사시는 것 같진 않던데요!

단태 (빠직! 기막히고) 너, 지금 뭐라고 했니.

설아 (뭔가 말하려다, 수련 입장 생각해서 참고) 더 하실 말씀 없으시면 이만 가 보겠습니다. (바닥에 있는 청소년증 주워서 나가면)

석경 야!! 너 어디 가!! 야!! 저게...

단태 천박한 것! 저런 상스러운 애를 함부로 집에 들이다니! (불쾌한 듯 수련을 보다가, 방으로 가면)

수련 (급히 설아를 따라 나가는데)

석경 (분이 안 풀리는 듯) 이렇게 끝낼 일은 아니지! (헤라팰리스 아이들 단톡방에게 톡을 보내는)

석훈 (그런 석경을 보고만 있는)

145.　인서트/카톡창 화면
　　　　석훈, 석경, 민혁, 은별, 제니가 같이 있는 카톡방.
　　　　아이들 얼굴 교차되며, 그 옆으로 뜨는 카톡 내용. 석훈은 읽고만 있는.

은별(E)　말도 안돼! 거짓말이지?

제니(E)　와. 열 받음. 그동안 선생 대접해준 거 개억울. 연기 프로급이다.

민혁(E)　어쩐지 처음부터 재수 없었음.

제니(E)　이대로 있을 거야? 어쩔 거임?

석경(E)　갚아줘야지. 우리 만만하게 본 거.

146.　헤라펠리스 분수대(저녁)
　　　　눈물 흘리며 분수대 쪽으로 걸어가는 설아.

수련(E)　잠깐만요! 민설아 학생! (부르는 소리)

설아　(돌아보면 수련이고. 얼른 눈물 닦고 고개 숙여) 죄송합니다, 석경 어머님. 어머님껜 제대로 사과드리고 싶었어요. 잘해주셨는데 속여서 죄송합니다.

수련　무슨 사정인지.. 물어봐도 될까요? 내가 생각한 안나 쌤, 아니 민설아 학생은 나쁜 사람 같지가 않아서요.

설아　(머뭇하다) 믿지 않으실지 모르지만, 돈이 급하게 필요했어요. 절대 나쁜 데 쓰진 않았어요.

수련　(보는) 그래요. 믿을게요. 하지만, 다른 집에도 먼저 사과했으면 좋겠어요. 이렇게 도망치듯 가버리는 건 설아 학생 행동에 책임지지 않는 거예요.

설아　알겠습니다. 어머님 말씀대로 할게요.

수련　(그때, 설아의 낡은 운동화가 눈에 들어오고) 아참, 줄 게 있는데 잠깐만 여기서 기다려줄래요? (급히 돌아서서 엘리베이터로 향하면)

설아, 진동으로 핸드폰 울리면 받으려는데. 그런 설아에게 천천히 다가가는 그림자.

설아의 얼굴에 가면을 뒤집어씌우고는 설아를 어딘가로 끌고 가는데.

조금 후, 종이가방을 들고 온 수련, 사라진 설아의 빈자리를 보고 있는.

147. 헤라팰리스 서진 레슨실(밤)

서진, 비서와 얘기 중인.

비서   배로나 학생은, 예비 1번으로 전달됐습니다.

서진, 만족스런 미소를 짓는 위로,

148. 회상/2화 69신 연결/청아예고 시험장 1조(낮)

로나, 심호흡을 크게 하고는 노래 시작하고.

커튼 너머에 앉아있는 심사위원들, 로나의 노래에 빠져드는데.

서진(E) 이 목소리는? 배로나? (한 번에 알아듣고. 심사위원들을 보면, 다들 노래에 빠져있는. 높은 점수를 매기기 시작하는 심사위원들. 불안하고)

서진, 볼펜을 바닥에 떨어뜨리자 심사위원들 중 한 명, 그런 서진을 보는.

서진, 눈짓을 하고. 심사위원, 알겠다는 표정.

원래 점수 지우고, 로나에게 최저점을 매기는 심사위원. 서진도 최저점 주고.

149. 현재/헤라팰리스 서진 레슨실(밤)

서진   권 선생 쪽은?

비서   말씀하신 액수로 잘 전달했습니다. 개인 독창회 후원도 약속드렸고요.

서진   (끄덕하고) 수고했어. 나가봐.

그때, 노크도 없이 막무가내로 쳐들어오는 마리.

마리 (호들갑) 천 쌤!!! 얘기 들었어요?!

서진 무슨 일이에요?

마리 민설아!! 아니, 수석 입학한 걔요!! 걔가 글쎄, 애들 쌤이래요!!

서진 네? 그게 무슨...

마리 수학 과외 쌤 안나 리!!! 걔가, 청아예고 수석 입학한 민설아라구요!!!

서진 (놀라는데)

150. 서진의 집 거실(밤)

서진, 수련, 마리, 상아, 모여있는.

마리 (기막혀하며) 대체 이게 무슨 일이래요? 애들 합격한 좋은 날에 기분 완전 잡쳤잖아요. (은근 서진 원망하듯) 천 쌤도 참, 제대로 알고 뽑았어야지, 이게 무슨 창피냐고요. 소문이라도 나면 다들 우릴 얼마나 우습게 알겠어요. 새파랗게 어린 열여섯 살 계집애한테 제대로 당했는데!

서진 (재학증명서와 신분증 사본 보여주며) 재학증명서에, 신분증까지 조작한 애를 내가 어쩌겠어요. 이렇게 탓할 거면, 앞으로 각자 알아서 과외 쌤 붙이도록 하세요!

상아 (서진 편들며) 천 쌤 잘못이 아니죠~ 이런 앙큼한 애들을 무슨 수로 당해요. 작정하고 사기 친 건데. 요즘 애들 진짜 무서워요.

서진 (화살 돌리며) 수련 씨도 미국에서 유학하지 않았어요? 몇 마디 나눠봤음 감이 왔을 텐데, 전혀 눈치 못 챈 건가요? 아님, 알고도 덮어준 건가.

수련 몰랐어요. 근데, 무슨 사정이 있는 거 같았어요. 사과하겠다고 약속했는데...

서진 (황당해하며) 사과요? 그 애가 그래요? 수련 씨한테?

마리 설마, 그런 약아빠진 애 말을 믿는 거예요? 우리 뭔 대책이라도 세워야 되는 거 아니에요? 그런 애를 수석이랍시고 입학식 무대에 세울 수 있어요? 그런 악랄한 애랑 우리 애들이 같은 학교 다닌다고 생각하니, 어휴 소름 끼쳐!

상아 맞아요. 우리 순진한 애들이 물들까 걱정이에요.

서진 (분한 표정. 생각하는)

151. 공터/폐봉고차 안(밤)

얼굴에 가면을 씌운 설아를 폐봉고 안에 밀어 넣고. 가면을 벗겨내는 사람, 민혁이고.

설아 (어둠 속에서 희미하게 눈을 뜨고, 극한의 공포로 떨면서) 니들 누구야?! (기듯이 봉고에서 도망치려고 하면)

그런 설아의 어깨를 밀쳐서 다시 폐봉고 안으로 내던지는 아이들. 석경, 은별, 제니고.
인적 없는 공터에 버려진 폐봉고차 한 대. 차 유리창은 반쯤 깨져있고, 희미한 불빛 외엔 아무것도 보이지 않는데. 어둠 속에 들리는 앙칼진 목소리...

석경 험한 꼴 당하고 싶지 않음 가만있지?!

제니 잘못은 니가 해놓고 왜 이렇게 당당해?!

은별 (배신감에) 진짜 우리랑 동갑이야? 검정고시 출신에, 보송마을 산다고?

석경 거기다 고아래. (핸드폰 불빛에 얼굴을 드러내면)

설아 (그제야 아이들 모습들이 하나씩 보이고. 설아를 중심으로 빙 둘러앉아 있는. 두려움에 바들바들 떨면서) 미안해. 진심으로 사과할게.

은별 미안해? 사람 뒤통수 쳐놓고, 어, 쏘리? 하면 끝이야?

설아 (겁에 질려) 과외비는 어떻게든 다 돌려줄게. 전부 갚을 테니 조금만 시간을 줘...

민혁 진짜 개뻔뻔해. 완전 소름이네. 니까짓 게 우릴 가르치려 든 거 자체가 범죄야. 그동안 선생인 척 우릴 갖고 논 거잖아!

제니   (설아의 이마를 밀며) 석경이 키링도 훔쳤댔지? 완전 도둑년에 사기꾼이
잖아. 이런 애가 무슨 청아예고 수석이야? 질 떨어져 진짜! 전산에 오류
가 났나, 아님, 누구 꺼 베껴 썼니? 아님, 쌤들 협박했냐? 이 그지 같은 년!

석경   (설아 머리채를 확 잡아채며) 팩트만 얘기할게. 너 같은 애는 우리랑 같
이 학교를 다닐 수 없다는 거야. 당연히 청아예고 수석합격은 취소될
거고.

제니   검정고시 출신에, 고아에, 보송마을 살면서, 사기 쳐서 돈이나 버는 애
를 명문 청아예고에서 받아줄 거라 생각해? 착각이 전국 수석 수준이
네. (하면, 아이들 큰소리로 깔깔대며 비웃고, 발로 마구 짓밟는데)

설아   (순간 욱해서) 그래! 나 검정고시 출신이고, 가진 거 없는 고아고, 보송
마을 살아. 학교도 제대로 못 다녔고, 당연히 레슨은 꿈도 못 꿔봤고, 하
루 종일 알바 뛰고 돈 벌었어. 그래서 뭐?! 그런 하찮은 애한테 진, 니들
은 뭔데?!!

석경/은별/제니/민혁   (순간 당황해 얼굴 벌게지고)

설아   솔직하게 말해봐! 고아인 나한테 배운 게 화난 거니? 아님! 나한테 져
서 화난 거니?!

석경   누가 졌다는 거야? (뺨 갈기면)

설아   (맞아서 쓰러졌다가, 찢어진 입술로 작정한 듯 감정 토해내는, 빠르게 대사)
니들은 모든 걸 다 가졌잖아. 좋은 집에, 든든한 백그라운드 돼주는 부
모에, 원하는 건 다 있잖아. 근데 왜 나 같은 걸 밟아 죽이지 못해 안달이
야?! (내뱉듯) 불쌍해! 불쌍하고 슬퍼.

설아, 찢어진 입술 쓱쓱 닦고, 필사적으로 폐봉고차 밖으로 나가려면.
그때, 설아 앞으로 누군가 다가서는데. 석훈이다. 표정 일그러져있는.

석훈   불쌍해? 니깟 게 뭔데 우리더러 불쌍하대? 니깟 게 뭔데?!! (매섭게 눈
부라리고, 아이들에게 눈짓하면)

134

아이들	(봉고차 밖으로 우르르 나와서, 차문을 죄다 잠가버리고. 문 여는 레버를 고장 내버리면)
민혁	준비 완료!
석훈	(민혁에게) 갖고 왔지?
민혁	당연하지! (석훈과 아이들에게 샴페인 병을 하나씩 돌리면)
석경/은별/제니	(샴페인 병 받고) 오오!!
설아	뭐하는 거야?! (겁에 질려 문 열려는데, 안 열리고. 흔들리는 눈빛)
석경	대학생이라면서? UCLA 휴학 중이라며? 성인인데, 이 정도 샴페인은 즐겨하시겠지? (은별과 제니에게 눈짓하는) 뭐해?
은별/제니	(샴페인 병을 들고, 깨진 봉고 창문 쪽으로 다가서면)
설아	제발 이러지 마... 집에 가게 해줘. 부탁이야... 제발... !! (꽝꽝꽝 문 두드리고, 문 열려고 몸부림치는데. 문 안 열리고)
석훈	(샴페인 병을 들고, 설아에게 천천히 다가서는. 이죽거리는 말투. 흔들리는 눈빛. 누구와 너무도 흡사하다) 겁먹지 마세요. 이제부터 축하파티를 하려는 거니까. 안나 쌤의, 수석 입학을 축하하는 성대한 파티! <u>흐흐흐</u>..

석훈, 묘하게 일그러지며 기괴하게 웃는데. 끝판왕으로 등극하는 석훈. 그 이죽대며 웃는 모습, 단태와 겹쳐 보이는.

152. 길가(밤)

비에 흠뻑 젖어 달려오는 윤희.
길바닥에 주저앉아 울고 있는 로나를 발견하고 뛰어오는데.

윤희	로나야! 여기서 뭐하는 거야? 다 젖었잖아. (급히 옷을 벗어 로나 머리에 덮어주고) 얼른 집에 가자. 감기 들면 어쩌려고..
로나	(윤희의 옷을 확 던져버리고) 감기 걸리면 어때서! 어차피 노래 부를 일도 없는데! 이딴 목소리 이제 필요 없어! 아악!! 아악!! (미친 듯 소리 지르면)

윤희	(로나 붙들고) 그러지 마, 로나야. 제발....
로나	(윤희 밀치고) 우리는 왜 부자가 아닌 건데! 엄마는 왜 천 쌤이랑 사이가 나쁜 건데! 다 엄마 때문이야! 엄마만 아니었어도 난 천 쌤한테 레슨받았고, 사기도 안 당했을 거고, 청아예고 들어갈 수 있었어!!
윤희	예비 1번이잖아. 아직 희망 있어!
로나	청아예고를 누가 포기할 건데!! 다 끝났어!! 엄마 얼굴 보기 싫으니까, 제발 나 좀 내버려둬!
윤희	(그런 로나를 확 끌어안으며) 로나야, 미안해. 엄마가 바보 같아서... 엄마가 아무 힘이 없어서... 너무 너무 미안해...
로나	(가슴 턱 막히고) 나 진짜 열심히 했는데... 죽을 만큼 열심히 했는데... 차라리 죽어버렸으면 좋겠어! 살기 싫어, 진짜로... 아아아... (목놓아 울면)
윤희	(그런 로나를 끌어안은 채, 같이 우는 윤희고. 가슴 찢어지는)

153. **공터/폐봉고차 안**(밤)

석훈, 은별, 석경, 제니, 샴페인 병을 마구 흔들더니, 설아를 향해 뿌리는데.
샴페인 물보라가 어둠 속에서 설아를 향해 날리는. 좋아 죽는 아이들 표정...
민혁, 핸드폰으로 영상 촬영 시작하고.

석훈	축하주라니까요. 대학생인데 괜찮잖아요.
제니	다시 한번 더 지껄여봐! 불쌍하다고! 낯짝도 두껍지.
석경	넌 벌을 받아 돼. 니가 이런 인간이니까, 니 부모도 널 버린 거야.
은별	수석? 꼴 같기는. 니가 날 이겨?!
설아	(뿌려지는 술을 피해 봉고 안으로 도망 다니면)
석훈	우리 모두 똑같이 먹인 거야. 발설하면, 다 끝이야!
민혁	(간죽대며) 자, 여길 보세요. 내가 잘 찍어준다니까. 포즈 좋고! 비주얼 대박!!

석훈	(담배에 불을 붙여 설아의 손에 쥐어주는) 아주 잘 어울릴 거 같은데요! 시키는 대로 하면 풀어줄게요.
설아	살려줘... 제발... (바들바들 떨며, 어쩔 수 없이 울면서 담배를 쥐면. 꼴 말이 아니고)
석경	이제야 보송마을, 민설아 진짜 모습이네!
제니	너, 엄청 잘 어울려. 이참에 진로 바꿔봐! 술집으로! 아주 딱이야.
은별	꼴 같지도 않은 게, 어디서 선생인 척 까불어!!

비틀거리는 설아, 봉고차 바닥에 쓰러지고. 다시 일어나지만 다시 쓰러지고.
그 모습을 휴대폰 카메라로 찍는 민혁.
휴대폰 불빛과, 담뱃불만이 어둠 속에 깜빡거리는데.
고통에 신음하는 설아와, 깔깔대며 웃으며 넘어가는 아이들 모습들 컷 컷컷!!! 빠르게 교차 편집되는.

154. 펜트하우스 거실(밤)
      단태, 와인 마시고 있으면.

단태	(양씨에게) 그 아이가 스쳤던 곳은 열 번이고 백 번이고 닦아내세요. 불결하고 기분 나쁘니!
양씨	네, 회장님. (락스 뿌리면서, 걸레로 거실 박박 닦는데)
수련	(그 모습 보고 다가서고, 단단히 화난 얼굴로) 당신! 이런 사람이었어요?
단태	무슨 뜻이지?
수련	그 아이가 잘못했다는 건 알아요! 그래도 아직 어린데, 너무했단 생각 안 들어요? 사정도 제대로 못 들었잖아요!!
단태	(보는) 지금 내가 잘못했다는 거야?
수련	애들 교육을 위해서라도 좀 더 우리가 모범을 보여줘야 되는 거 아닌가요? 그게 부모 역할이잖아요! 아까 당신 모습, 어른답지 못했어요!! (방

으로 가면. 방문 닫히는 소리 나고)

단태　(표정 일그러지는. 들고 있던 와인잔을 던져버리고 일어서는데)

양씨　(움찔하지만, 아무 말 없이 와인잔 치우는)

155.　**혜인의 병실 복도(밤)**
　　어두운 복도를 뚜벅뚜벅 걸어오는 사람, 단태고.
　　태주, 무균병실 앞에서 혜인을 바라보고 있다가, 단태에게 허리 숙여
　　인사하면.

단태　상태는?

태주　별로 좋지 않습니다. 호흡과 맥박이 불규칙하고, 염증수치도 계속 올라
　　가고 있습니다. 오늘부터 다시, 집중치료를 시작할 거라고 합니다.

단태　스톱시켜!

태주　(멈칫)

단태　어차피 깨어날 확률은 없는 거잖아. 무의미한 연명치료, 이제 그만하자
　　고! 꽤 오래 살았어. 가짜 엄마와 가짜 아빠의 지극한 보살핌을 받으면
　　서. 안 그래?

태주　(알 수 없는 눈빛) 사모님의 충격이 크시겠는데요.

단태　(자신한테 대들던 수련을 떠올리며) 이제부터 제대로 지옥을 맛봐야지!
　　(태주의 어깨를 치고, 씨익 웃는) 조용히 준비해. (가면)

태주　(무표정하게, 혜인 병실 쪽 보는데)

156.　**허름한 골목(밤)**
　　얼굴과 옷이 엉망이 된 채(18화 폐봉고 뒤 상황과 일치해서), 찢기고, 피
　　나고, 몸을 가누지 못할 정도로 휘청거리며 걸어가는 설아. 그 위로,

제니(E)　검정고시 출신에, 고아에, 보송마을 살면서, 사기 쳐서 돈이나 버는 애
　　를 명문 청아예고에서 받아줄 거라 생각해?

138

지나가는 사람들, 설아를 피하고. 설아, 바닥에 넘어지면, 몰골이 말이 아닌데.

설아 (혼잣말로) 날 사람 취급도 하지 않았잖아. 그래서 보여주고 싶었어. 나도, 살아있을 가치가 있는 사람이라는 거... 밟으면 아프다는 거... (다시 일어나서 비틀비틀 걸어가는)

157. **설아 아파트 안(밤)**
문을 열고 들어와 그대로 쓰러지는 설아.
모멸감과 굴욕감에 눈물이 쏟아지고. 일어나려고 하지만 자꾸만 다시 엎어지는.
간신히 벽에 기댄 채 힘겹게 실눈을 뜨고, 설탕이를 보면서.

설아 난 그냥, 열심히 살았던 거뿐인데... 미친 듯이 노력한 거뿐인데... (그러다, 미국 경찰들한테 끌려가던 모습 떠올리며) 내가 뭘 그리 잘못했다고... 왜 세상엔, 내 편은 하나도 없는 거야... (눈물 토해내는데)

설탕 멍! (설아를 위로하듯, 설아의 눈물을 혀로 핥아주고 함께 울어주면)

설아 설탕아... 언니한텐 너밖에 없어.... (설탕이를 끌어안는데. 그때 수련에게 문자 오는)

수련(E) 밤늦게 문자 보내요. 집엔 잘 들어갔죠? 어쨌든 축하해요. 청아예고 수석 입학한 거. 설아 학생 보면 노랫소리가 참 고울 거 같아요.

설아 (핸드폰을 쥔 채 바닥으로 쓰러지고)

158. **경찰서(밤)**
윤희, 형사에게 따지는.

윤희 왜 신고가 안 된다는 거예요? 이건 명백히 사기죄라고요. 우리 딸한테 입시 곡을 잘못 알려줘서 우리 딸이 예고에 불합격했다니까요! 이름은 마

	두기고, 그 남자를 찾아야 사주한 사람이 누군지 알 수 있어요!
형사	(어이없단 듯) 증거 있어요? 그 선생님한테 과외비도 따로 안 줬다면서요?
윤희	그건...! 그 사람이, 입시 끝나고 한 번에 받겠다고 해서...
형사	공짜로 가르쳐준 사람한테 고맙다고는 못할망정, 애 학교 떨어졌다고 고소하겠단 거예요? 사람이 그렇게 양심 없음 안 되죠!
윤희	그게 아니라, 그 남자가 사주를 받고...
형사	(말 끊고) 돌아가세요! 우리 바쁜 거 안 보여요?
윤희	(어쩔 수 없이 돌아서는데. 자신이 한심해 죽을 지경이고)

159.   화영중학교 교문 앞(다음 날 아침)
　　　　교문 위에 대문짝만 하게 걸린 제니의 합격 플래카드. "유동필과 강마
　　　　리의 딸, 유제니의 청아예고 합격을 축하합니다" 써 붙어있고.
　　　　그 앞에서 일꾼들에게 진두지휘 중인 마리.

마리	오른쪽이 살짝 기울었어요. 10센치 정도 위로! 아니, 좀 더 밑으로. 밑으로. 수평 맞춰서! 오케이! (신났고)
제니	(플래카드 보며 삐지듯) 합격은 내가 했는데, 엄마 아빠 이름까지 왜 끼어? 창피하게 진짜!
마리	니 덕에 나도 플래카드에 이름 한번 걸어보자. 보기 좋기만 하네 뭐!
제니	근데, 이런 날은 아빠도 귀국해야 되는 거 아냐? 전화도 없이 문자만 딸랑. 개실망이야!
마리	두바이가 좀 멀어야지. 니가 좀 이해해. 그 대신 축하금 왕창 보냈잖아. (얼른 핸드폰에 얼굴 갖다 대며) 자, 엄마랑 사진 한판 찍어야지. 아빠한테 보내주게. 자, 활짝! (제니와 플래카드 배경으로 셀카를 찍으면)
교장	(나와서 꽃다발 주며 축하해주는) 제니야, 축하한다, 축하해!
마리	어머나, 고마워요, 교장쌤~ 오늘은 학교 급식 대신 뷔페 쫙 깔았어요. 쌤들은 저녁에 따로 최상급 한우로 회식자리 잡아놨고요~
교장	역시, 통이 크십니다. 제니 어머니. (하트, 껄껄 웃고)

그때, 윤희의 차가 달려와 멈춰 서고. 윤희와 로나가 차에서 내리는데.
교장, 윤희를 보면 제 발 저린 듯 급하게 안으로 도망치고.
윤희와 로나, 플래카드를 보고 멈춰 서는.

윤희 (걱정스레 로나를 보면)

제니 (놀리듯 로나에게) 배로나~ 너 예비 1번이라며?

로나 (그런 제니 무시하고 들어가면)

제니 어이! 예비 1번, 같이 가~~ (따라가고)

윤희 (제니 모습에 욱해서) 저게! (쫓아가려는데)

마리 (윤희 앞을 가로막으며) 예비 1번! 세상에, 딱해라~ 기세등등해서 나대
더니, 완전 코가 쭉 빠졌네. 그러게 누울 자리를 보고 다릴 뻗어야지, 실
력도 안 되는 애를 감히 청아예고에 보내겠다는 생각을 왜 해?

윤희 (받아치는) 실력이 안 되는 건, 우리 로나가 아니라 그쪽 딸이죠. 분명
뭔가 잘못된 거야! 어떻게 제니가 합격하고, 우리 딸이 떨어져?!

마리 (플래카드를 가리키며) 저걸 보고도, 아직도 피해망상에 쩔어서 사나보
지? 정신 차려! 저게 진실이고, 저게 정의야! 알아? (쌩하니 차 쪽으로 걸
어가다, 멈칫 돌아보고) 아 참! 합격자 중에 고아가 있던데. 거기나 찾아
가 보시지. 누가 알아? 돈을 한 뭉치 안겨주면 포기할지? 호호호~ (가면)

윤희 (순간 멈칫하는. 그러면서도 비참함 들고)

160. **화영중학교 교실(낮)**
제니가 쏜 피자를 먹고 있는 아이들. 모두들 제니에게 몰려들어 축하
인사를 건네는데. 로나만 안 먹고 있는.

제니 (로나에게 다가가서) 좀 먹지? 울 엄마가 나 합격턱 쏘는 건데?

로나 너랑 얘기할 기분 아니니까 꺼져줄래? (이어폰을 끼려는데)

제니 (턱 괴고, 로나 보면서) 입학생 중 누구 하나가 콱 죽어버렸음 좋겠지. 그
럼, 예비 1번인 니가 합격할 거 아냐?

로나	(순간 멈칫하면)
제니	푸하하. (갑자기 웃음 터트리고) 진짜 누구라도 죽일 기세네. 근데 어쩌냐. 원래 합격자는 다 정해져있는데, 애송아~
로나	그게, 무슨 말이야?
제니	몰랐어? 성악과 정원 23명 중에, 빽소리 나는 집 애들 챙겨주고, 구색 맞추기로 천재 몇 명 챙겨주면, 너 같은 앤, 죽었다 깨나도 안 뽑는다는 거지. 드레스 맞출 돈도 걱정해야 되는 애는, 청아예고 수준에 너무 안 맞잖아?
로나	(욱하고) 야! 유제니!!
제니	그리고, 내가 딱해서 알려주는 건데, 청아예고 설립 이래 예비번호가 합격한 적은 단 한 번도 없었대. 그러니까 헛된 꿈 꾸지 말고, 일찌감치 포기하셔! 내일은 합격자 오리엔테이션도 있고, 며칠 후엔 헤라팰리스에서 축하파티도 할 거야. 부럽니? (그때, 전화 오면, 혀 메롱 하고 받는) 어, 은별아~ 아~ 청아예고 오티 문자? 그럼~ 당연히 받았지~ (들으란 듯 자랑하며 가는데)
로나	(열 받고 속상한데. 문득 생각나는 이름) ... 은별?

(인서트) 2화 70신

제니	(은별을 보며) 하은별 실수했나봐.
석경	뭘 걱정이야, 쟤 할아버지가 여기 이사장인데.

로나	(굳어지고) 하은별?!! 분명히 그때, 실수했는데?! (은별과 즐겁게 통화 중인 제니를 보는 로나의 표정)

161.   서진 레슨실 앞(낮)
로나, 레슨실 앞에서 비서와 실랑이하고 있는.

로나	천서진 쌤 좀 만나게 해달라고요! 꼭 할 얘기가 있어서 그래요!

비서	안 된다고 몇 번을 말해! 약속 안 했으면, 절대 못 들어가! 소란 그만 피우고 어서 나가! 아, 얼른! (마구 밀어내는데)

그때, 로나의 눈에 들어오는 합격 화환들. 그 안에 "하은별" 화환도 보이고.
순간, 성큼 다가가는 로나, 화환에서 은별의 이름을 확 떼어버리는데.
비서 말릴 새도 없이, 은별의 화환들을 넘어뜨리고 엉망으로 만들어버리는 로나.

제니(E)	배로나! 너 지금 뭐하는 거야?

로나, 돌아보면. 제니와 은별, 석경이 서있고.

석경	너 아는 애야?
제니	쟤야. 예비 1번.
은별	아~ (로나를 위아래로 훑고) 근데, 왜 여기서 행패야?
로나	(그대로 달려들어서 은별의 팔을 잡고) 너, 하은별 맞지?
은별	왜 이래?! (팔 뿌리치면)
로나	너 내가 봤어! 실기 시험장에서 울고 나오는 거!! 너 실수했잖아! 아니야?
은별	(순간 당황) 무슨 말을 하는 거야? 내가 무슨 실수를 해?! (눈빛 흔들리면)
로나	실수하고도, 시험 망치고도, 니네 엄마 빽으로 합격한 거 아니냐구!! 니네 외할아버지가 청아예고 이사장이라며!! 뭔가 있지?! 있는 거지?!
서진(E)	그 손 놓지 못 해?!
로나	(돌아보면, 서진이 다가와 로나의 팔을 거칠게 뿌리치고)
은별	엄마... (얼른 서진 뒤로 숨는데)
서진	(쓰러진 화환들을 보며, 단단히 화난 말투) 이게 뭐하는 짓이지?!
로나	(매서운 눈빛) 이렇게 해야 만나주시니까요.
서진	뭐?!

로나	말씀해주세요. 내가 탈락한 이유! 난 하은별처럼 실수도 안 했고, 가사도 음정도 틀리지 않았어요. 그런 내가 왜 떨어진 거죠? 점수 공개해주세요. 점수 보기 전까진 절대 납득 못 해요!
서진	(웃으며) 니 엄마랑 똑 닮았네. 피해자 코스프레 하는 거.
로나	뭐라구요?
서진	받아들여. 니 실력이 모자라서 떨어진 거.
로나	(은별을 가리키며) 그럼 실수한 쟨요?!!
서진	대단한 실수도 아니었어. 그리고 입시는 앞으로의 가능성을 보고 뽑는 거야. 넌, 음악에 소질이 없어! 그러니까, 행패 그만 부리고 당장 나가!
로나	아뇨! 난 확신해요. 입시비리 있었던 거!! 절대 받아들일 수 없다구요!!
서진	입시비리? (싸늘하게 표정 굳고) 너, 그 말 책임질 수 있니?
로나	합격자는 첨부터 정해져있었던 거 아닌가요? 그래서 하은별은 실수해도 붙은 거고!! (소리치면)

그때, 수련이 엘리베이터에서 내려 다가와 서고.

서진	(수련과 눈 마주치면 긴장해서) 당장 나가지 않으면, 끌려 나갈 줄 알아!
로나	내 레슨 쌤 매수한 것도 아줌마죠?
서진	(빠직) 아줌마?
로나	날 가르치지도 않았는데, 그럼 쌤이라 불러요? 점수 공개할 때까지 여기서 한 발짝도 안 움직여요! (그대로 바닥에 대자로 누워버리면)
은별	(어이없어) 야! 뭐하는 거야! 일어나!!

버티는 로나, 은별과 실랑이하고. 그러다 은별을 확 밀어버리는데.
벌러덩 넘어지는 은별.

은별	내 팔!! 엄마! 나 팔이...!!
서진	팔이 왜!! (달려가고. 확 돌아서 로나를 노려보면)

수련   (그런 로나를 보는)

162.   **경찰서 안(낮)**
　　　급하게 문 열고 들어오는 윤희. 한쪽 구석에 쭈그리고 앉아있는 로나
　　　를 발견하면.

윤희   로나야!! 괜찮아? 다친 데 없어?
서진   (윤희 앞으로 서고) 다친 건 우리 은별이야. 무식하게 어찌나 힘이 쎄던지.
윤희   (서진 보면 발끈하고) 뭐라고? 대체 우리 딸한테 무슨 짓을 한 거야?

　　　덤벼드는데, 그런 윤희 앞을 가로막는 사람, 규진이고.

규진   지금부턴 저랑 말씀하시죠!
서진   그럼, 부탁해요. 이 변호사님. (경찰에게) 선처할 생각 없으니 법대로 처
　　　리해주세요. (나가면)
윤희   (경찰에게 항변하는) 저 사람 왜 그냥 보내요? 한쪽 말만 믿고, 저렇게
　　　보내면 어떡하냐고요!
규진   어떡하긴요. 벌받으면 되죠, 그쪽 모녀. 여기 CCTV 영상 제출하고요.
　　　(경찰에게 제출하고) 그리고, 혹시 몰라 직접 보시라고 준비했어요. 이
　　　래 봬도 제가 친절한 변호사거든요. (윤희에게 태블릿으로 보여주는데,
　　　로나가 화환 넘어뜨리고, 난동 부리고, 은별이를 미는 영상 그대로 담겨져
　　　있으면)
로나   걔가 막 잡아끌잖아... (울먹이는데)
윤희   (로나 안으며) 괜찮아, 괜찮아 로나야...
규진   폭행에, 기물파손에, 유언비어 생성에 명예훼손까지... 죄가 한둘이 아닙
　　　니다. 아 참, 학폭위 전력도 있던데, 대체 자식 교육을 어떻게 하신 건지..
윤희   (욱해서) 이보세요!!
규진   (능숙하게 말 끊고) 넘겨보세요! 모녀가 참 스펙타클해요.

윤희	(다음 동영상 확인하면. 윤희가 트로피로 찌르듯 서진을 협박하는 모습도 있는) 이건...!!!
규진	(감탄하며) 지려. 아! 오윤희 씨도 고소당하셨어요. 모녀가 악의적이고 지속적으로 천서진 씨네 모녀를 괴롭힌 것에 대해서 죄를 제대로 물을 생각입니다. 참고로 합의는 없는데.. 정 원하신다면. 두 건 합쳐서... (귓속말) 1억.
윤희	(기막혀) 뭐예요?!! 말도 안돼요!!
규진	이걸로 내 역할은 끝이네요! (씩 웃는)

163. 경찰서 복도 일각 (낮)

윤철, 급하게 경찰서 복도로 들어서고 둘러보는데.
그 앞으로 지나가는 윤희의 모녀를 보는. 순간 쿵! 하고.

윤철	(찬찬히 윤희를 보는) 오윤희...? (윤희에게서 시선 떼지 못하는데)

윤철의 시야에서 윤희가 완전히 사라지면. 톡톡. 윤철의 어깨를 치는 누군가.
돌아보면, 흥미롭게 윤철을 보고 있는 사람, 규진이고.

규진	늦으셨네. 서진 씨 아까 갔는데. (뭔가 살피는 표정인데)
윤철	(얼른 표정 수습하며) 그래요? 그럼 난, 다시 병원 가봐야 해서. (돌아서면)
규진	(윤철을 따라붙으며) 가해자가 서진 씨 고등학교 동창이라던데. 알고 있었어요? (윤철, 멈칫하면) 나 왠지 이 상황이 재밌어. 내가 쫌 촉이 좋거든. (윤철 귀에 대고) 치정 전문이잖아. 그럼 나중에 봐요. (앞으로 먼저 걸어가면)
윤철	(어이없다는 듯, 보고 있으면)
규진	흥미진진해. 흐흐흐. (의미심장한 웃음 지으며, 먼저 복도를 빠져나가는데)

164.   헤라팰리스 서진 연습실(밤)
        은별, 불 꺼진 서진 연습실에 혼자 앉아있는데. 로나의 말 떠오르는.

로나(E)   실수하고도, 시험 망치고도, 니네 엄마 빽으로 합격한 거 아니냐구!! 니네
        외할아버지가 청아예고 이사장이라며!! 뭔가 있지?! 있는 거지?!

        은별, 순간 머리카락을 계속해서 끌어올리는. 시험 날의 악몽이 떠오
        르고.

165.   회상/청아예고 시험장 2조(낮)
        은별, 불안한 듯 자꾸만 내려오는 머리카락 한 올을 계속해서 끌어올
        리고 있는. 미친 듯이 손 마구 떨리는데.
        그대로 피아노 반주 시작되고, 준비할 새도 없이 노래를 부르는 은별.
        시작부터 박자 놓치고 들어가고, 음정 불안하게 노래 부르는데.
        은별, 정신없고, 계속해서 머리카락을 쓸어 올리고 있는. 세상이 빙글
        빙글 돌고 있고. 자기를 비웃고 있는 석경과 석훈, 민혁, 제니 얼굴 떠오
        르고.
        야단치는 서진 얼굴도 떠오르자 땀이 주르륵 흐르는.
        그러다 고음에서 제대로 음이탈 나면. 완전히 망쳤다!
        커튼 너머에 앉아있는 심사위원들, 서로 쳐다보며 고개 내젓고. 최하
        점 주는.
        중간에 포기하고, 울면서 시험장을 뛰쳐 나가버리는 은별.

166.   현실/헤라팰리스 서진 연습실(밤)
        은별, 입시 날 떠올리면 불안해서 미칠 거 같고.

은별   실수였어! 진짜 실력이 아냐! 나만 입 다물면 돼... 나만... (눈빛 반짝하고)

167. 윤희 집 로나의 방(밤)
      로나, 지친 얼굴로 잠이 들어있고.
      로나의 손, 화환을 뜯어내며 난동 피워서 상처 나있는.
      윤희, 상처에 약을 바르고 밴드를 붙이는데, 그 위로.

규진(E) 합의금 준비 안 되면, 바로 법적 절차로 넘어갈 테니 알아서 하세요. 그
        러게 왜 천서진 씨를 건드렸어요. 힘도 빽도 없는 분이. 순진한 건지, 멍
        청한 건지..

        윤희, 치욕스럽고 절망적인데. 눈가 발개지고. 이 악물고는 울음 참아
        내는.

168. 천서진 드레스룸(밤)
      서진, 옷 갈아입으면서 전화하고 있는.

서진 그래요? 시간 끌어도 상관없으니, 절대 합의 못 한다고 하세요! 오늘,
      수고하셨어요, 이 변호사님. (기분 좋게 전화 끊는데)
윤철 (들어오고) 뭐, 기분 좋은 일 있나 봐.
서진 (멈칫, 정색하고) 기분 좋을 게 뭐 있어? 은별이가 수석한 것도 아니고.
      (단태가 선물한 목걸이를 빼내면)
윤철 (서진의 목걸이를 보며) 목걸이 샀어? 못 보던 건데.
서진 (흠칫) 아빠가 사주셨어.
윤철 내가 선물한 건 벌써 질린 거야? 그렇게 사달라더니.
서진 (둘러대는) 고리가 끊어졌어. 수리할 거야. 자기가 샀다고 매일 해야
      되는 건 아니잖아? 나 먼저 씻을게. (욕실로 들어가면)
윤철 (서진 나가는 거 확인하고, 바로 핸드폰으로 전화하는) 이 변! 잠깐, 의논
      할 게 있는데요. 그 고소 건에 대해서요!

148

169.   인서트/인스타 화면
        청아예고 인스타 계정에, 설아의 술 취한 모습, 비뚤어지게 가발 뒤집
        어쓴 모습, 옷이 벗겨져 어깨가 드러난 모습, 위스키 병 등등의 사진 계
        속해서 올라오고.
        #청아예고 수석입학 민설아의 실체 #내 가발 이쁘지? #오늘은 위스키
        파티 #나 오늘 한가해요~
        그 밑으로 댓글들 정신없이 달리는데.
        저런 애가 청아예고 수석이라고?/ 찐임?/ 완전 양아치잖아?/ 더러워,
        불결해! / 술집 나가는 거 아냐?/ 그 와중에 내 스타일/ 오빠가 잘해줄
        게/ 명문 청아예고 맛탱이 감 등등... 점점 루머 만들어지고.

170.   천서진의 차 안/도로 일각(낮)
        태블릿으로 댓글들을 보고 있는 서진. 이사장과 통화 중인데.

서진   네, 아버지. 지금 청아예고 들어가고 있어요. 이런 아이는 당연히 정리해
        야죠. 걱정 마세요. 제가 물려받을 학교를 이런 식으로 더럽힐 순 없죠.
        (전화 끊는 서진, 머리 아픈 듯) 민설아!! 감히 날 속이고, 내 걸 더럽혀?!
비서   (운전하다가) 민설아를 합격 취소시키면, 예비 1번 배로나가 자동으로
        합격될 텐데요.
서진   그렇게 둘 순 없지. 일단 입학포기각서만 받아두고, 입학식 날 처리하
        면, 민설아도 배로나도 다 잘라낼 수 있어! 둘 다 청아예고는 절대 못 들
        어와!! (독한 표정인데)

171.   청아예고 교장실 앞(낮)
        체념한 듯 교장실을 나오는 윤희. 그 위로,

교장(E) 사실상 예비 1번은 무의미하다고 봐야죠. 어렵게 붙은 학생들이 스스
        로 포기하는 일은 없으니까요. 기대하지 않는 게 좋으실 겁니다.

윤희, 돌아서서 가는데. 복도 걸어오던 서진과 마주치고.
서진, 윤희 무시하고 지나가려는데. 윤희, 서진 붙잡고 진심으로 부탁하는.

윤희   서진아! 내가 다 잘못했어. 니가 날 싫어하는 것도 당연해. 근데... 우리 딸만은 제발... 어떻게 안 될까?

서진   (기막혀) 뭐?

윤희   (서진 앞에 무릎 꿇고) 걔는 아무 잘못이 없잖아! 내가 이렇게 부탁할게. 어른들 때문에 애가 피해받는 건 너무 가혹해. 우리 로나, 제발 받아줘. 넌.. 그렇게 해줄 수 있잖아.

서진   (재밌다는 듯, 그런 윤희를 내려다보며 도도하게) 지금, 내 빽으로, 부정입학 시켜달란 소리니? 천하의 오윤희도 자식 앞에서는 어쩔 수 없구나? 돈 쓰고 빽 쓰는 거 경멸하던 니 입에서 이런 말을 들을 줄은 몰랐네.

윤희   (간절하게 빌며) 내가 어떻게 하면 될까? 니가 시키는 대로 다 할게. 니 앞에 나타나지 말라면, 그렇게 할게. 졸업할 때까지 학교에도 오지 않을게. 니네 집 청소라도 하라면 할게. 그러니까 제발...

서진   (막으며) 무슨 수를 써서라도 니 딸 청아예고에 보내겠다던 그 패기는 다 어디 갔니? (윤희에게 바짝 다가가, 나직이) 나한테 이러지 말고, 합격한 애들 중에 누구 하나 죽여서라도 니 딸 입학시키지 그래? 너, 독한 애 잖아!

윤희   (욱하지만, 이 악물고 참아내면)

서진   합의금이나 빨리 준비해. 딸 앞길 막고 싶지 않으면. (교장실로 들어가고)

윤희   (매섭게 서진 노려보는데. 비참하고...)

방송(E)   청아예술고등학교 2021년 예비 합격생 여러분들에게 알립니다. 신입생 오리엔테이션은 각 과별로 이동해서 진행하겠습니다.

172.　청아예고 복도(낮)
　　　복도로 걸어 들어오는 누군가. 아이들 홍해 갈라지듯 양쪽으로 갈라지
　　　며, 수군대면서 흘낏흘낏 쳐다보는데, 설아다.
　　　설아 뒤로 뒷담화하는 학생들.

지아(E)　봤어? 쟤 술집에서 일한대.
유정(E)　스폰서가 청아예고에 넣어줬다던데?
예리(E)　진짜 뻔뻔하다. 나 같으면 창피해서라도 입학 포기했을 텐데.
지아(E)　그런 걸 아는 애가 술집에서 일하겠어?
설아　　(순간 발끈해서, 휙 돌아보며) 니가 봤어? 내가 술집에서 일하는 거? 스
　　　　폰서 있는 거?!
예리　　저 눈 좀 봐. 완전 독기 쩐다. 가자. 더러운 구정물 튀기면 어뜩해.

　　　설아, 시선에 무너지지 않으려는 듯, 더 이를 악물고 걸어가는데.

173.　청아예고 음악부 교실(낮)
　　　청아예고 음악부 합격자들 모여있는 교실.
　　　그중 석훈, 석경, 은별, 제니, 민혁도 있고. 엄장대, 안은후, 정수홍, 노지
　　　아, 송예리, 허유정도 있다.
　　　그때, 문 열고 들어서는 설아.
　　　학생들, 흘낏대며 수군대고. 설아, 따가운 시선을 받으며 자리에 앉으면.
　　　다들, 그런 설아를 피해서 앉는데.

제니　　(다가서고) 역시 주인공은 다르네. 안 올 줄 알았는데, 파이팅 있다, 너?
설아　　(제니를 노려보며) 건드리지 마! 너네 유치한 놀음에 박자 맞춰줄 생각
　　　　없으니까. 앞으로 아는 체하지 말고 지내자!
은별　　너 뭐 믿고 이렇게 까불어? 자존심 하나로 여기서 버틸 수 있을 거 같아?
석경　　(귓속말) 넌, 청아예고 수치야. 그러니까 꺼져. 우리 학교에서!!

설아   (벌떡 일어나 석경의 멱살을 잡고) 건드리지 말랬지!!

석경   (순간 당황하면)

설아   왜? 쫄리니.

석훈   그 손 안 놔?! (자리에 앉은 채로, 설아를 보는 매서운 눈빛)

그때, 문 열고 들어오는 권혜미 교사. 애들 흩어지면.

혜미   다들 자리에 앉아. 민설아가 누구니?

설아   (말없이 손을 들면)

혜미   넌, 이사장실로 가봐!

174.   **청아예고 이사장실 (낮)**
노크와 함께 들어서는 설아, 멈칫하고. 눈앞에 서진이 서있는.
설아, "이사장 천명수"라고 쓰인 명패를 보면.

서진   우리, 해야 할 얘기가 아주 많지? (자리에 먼저 앉고) 내 아버지가 청아
예고 이사장인 건 알고 있을 테고...

설아   (올 것이 왔구나 싶어, 주먹을 꽉 쥐는데)

서진   (입학포기각서를 내미는) 스스로 입학 포기한다고 각서 쓰면, 아무것도
문제 삼지 않을 생각이야. 명색이 청아예고 수석 입학인데, 모양새는
갖춰야지? 거기 싸인하고 나가.

설아   저, 다닐 건데요?

서진   (기막혀 웃는) 뭐?

설아   제가 왜 합격을 포기해야 하는지 모르겠어요.

서진   너 진짜 보통애가 아니구나?! 사람 속여놓고, 죄가 없다는 그 순진한 표
정은 뭐지?! 신분위조에, 서류조작으로 과외비를 편취한 건 범죄야!!

설아   당당히 제 실력으로 학교 들어왔어요! 과외랑은 별개라고 생각해요!

서진   별개? 어린 것이 겁대가리도 없이! 사문서위조로 인생 망치고 싶어 이래?

설아	적어도 전, 돈 받은 것에 대해선 최선을 다했어요. 은별이 성적 올라서 어머니도 고마워하셨잖아요. 그래도 과외비가 문제라면, 알바를 해서 어떻게든 갚겠어요. 그러니, 학교는 포기할 수 없습니다!
서진	맹랑하고 발칙한 것! 너 같은 애들 때문에 고아가 욕을 얻어먹는 거야. 군소리 말고 당장 싸인하고 나가!
설아	(부탁하는) 노래.. 부르게 해주세요. (절실하게) 노래 부르고 싶어요!
서진	(코웃음) 그런다고 내가 널 받아들일 거 같니? 우리 착한 은별이가 너한테 물들었을까 소름 끼치고 끔찍해! 같은 공간에서 숨을 쉬고 있었다는 것만으로도 불결하다고! 하필 가정교육도 못 받은 애랑 엮여서...
설아	(순간, 린치를 가할 때, 은별이가 설아의 머리에 술을 붓던 모습 떠오르고)
은별(E)	고아 주제에 누가 누굴 가르쳐? 수석? 꼴 같기는. 니가 날 이겨?!
설아	저도 은별이랑 똑같은 사람이에요. 제가 무슨 병이라도 옮겼나요? 어머님 딸만 소중한 건 아니잖아요!
서진	(물컵을 설아에게 확 부어버리고) 감히 누구랑 비교를 해!! 너 같은 근본 없는 고아가!! 내 귀한 딸이랑 같다고?! (벌레 보듯 하는데)
살아	(순간 부들부들 떨리는 손. 뭔가 결심한 듯 표정 싸늘해지더니, 입가에 미소 띤 채) 은별인 알까요? 엄마가 어떤 사람인지.
서진	무슨 말을 하려는 거야?
설아	35층. 가든. 펜트하우스 아저씨.
서진	(멈칫) 뭐?!
설아	은별이가 석경이 의식 많이 하던데... 펜트하우스 아저씨랑 아줌마 관계를 알게 되면, 어떨 거 같아요?
서진	(굳어지고) 너... 지금 뭐라고 했어?!
설아	이제 아시겠어요? 제가 무슨 말을 하려는지? 전 이 학교 다닙니다. 그것만 지켜주시면, 아무에게도 말하지 않을게요. (입학포기각서 찢어버리고 나가려는데)
서진	(다급하게 설아 붙잡는) 어디서 개수작이야. 뭘 보고 이러는 거야, 너?!
설아	그걸, 꼭 내 입으로 말해야 해요?

서진	(쿵!) 너.. 너가 오해한 거야.
설아	글쎄요. 그 영상을 보고 다른 사람도 그렇게 생각할진 나도 잘 모르겠네요. 그럼 새학기 때 뵐게요. (꾸벅 인사하고 나가면)
서진	영상? (순간 온몸이 떨려오는. 책상 위 확 밀어버리고. 얼굴 하얗게 질린)

175.   청아예고 운동장 일각 (낮)
　　　 넋 나간 윤희, 벤치에 앉는데.
　　　 석훈과 민혁, 옆에 학생(은후)에게 설아의 영상을 보여주고 있는.

은후	애 그럼 합격 취소되는 거 아냐? 벌써 이사장실에 불려가던데.
석훈	(팔짱 낀 채, 도도한 표정) 당연히 그러겠지.
은후	근데 애 수석이라며. 노래 엄청 잘하나본데, 수석도 짜르나?
윤희	(순간 솔깃하고) 애들아. 미안한데 나 그것 좀 봐도 될까? (민혁, 윤희에게 핸드폰 건네면. 설아의 술 취한 모습이 보이고) 얘가 수석이라고?
민혁	네. 근데 짤릴지도 몰라요. 고안데, 술집 다닌 거 뽀록났거든요.
은후	(운동장을 걷고 있는 설아를 가리키며) 어? 쟤 민설아 아냐? 포스 쩌네.

　　　 윤희, 운동장을 가로질러 가는 설아의 모습을 뚫어지게 보는. 희망이 생기고. 정신없이 설아를 쫓아 달려가는데.

176.   단태의 사무실/혜인의 병실/전화통화 (낮)
　　　 단태, 수련과 통화 중인.

단태	혜인이한테는 갑자기 왜?
수련	(혜인이를 돌보며) 이제 애들 입시도 끝났고, 혜인이한테 좀 더 집중하려구요. 요즘, 혜인이 상태가 부쩍 안좋아져서요.
단태	(컴퓨터 화면을 보면, 병실 속 수련의 모습이 그대로 보이고) 그래, 그렇게 해. 나도 끝나는 대로 들를게. 수고해. (전화 끊는데)

단태, 극도로 짜증 올라오고, 분노하는.
책상 위에 놓여있는 가족사진 속의 수련을 무섭게 노려보는데.

177.　회상/주얼리 숍/17년 전(낮)
17년 전 단태, 주얼리 숍에서 반지를 고르고 있는.

단태　(직원에게) 이쪽 걸로 보여주세요. (반지 꺼내주면) 사파이어 빛깔이 아주 맘에 드는데요. 차가우면서도 화려한 게, 꼭 그 사람 같아서. (행복한 표정으로 찬찬히 보는데. 그때 핸드폰 울리고. 미소 띤 채 반기며 받는) 수련 씨? 웬일이에요? 먼저 전화를 다 하고. 기분 좋은데요? 이번 방학 때는 들어오는 거죠? 부모님이 결혼 얘기 슬슬 꺼내시는데... (순간 굳어지는 단태) 지금 뭐라고 했어요?

수련(F)　우리 파혼해요. 더 이상 내 감정을 속일 순 없어요. 아버지께도 말씀 들렸어요. 미국에서 저 곧 결혼해요. 미안해요, 단태 씨. 앞으로 연락 안 될 거예요. (전화를 툭 끊는데)

단태　여보세요. 여보세요?!! (분노로 조금씩 일그러지는 단태의 표정, 살기가 느껴지는 미소) 누구 맘대로? 누구 맘대로 파혼을 해!!! (부들거리며 핸드폰을 손으로 꽉 쥐면. 무서운 듯이 보고 있는 직원)

178.　현재/단태의 사무실(낮)
가족사진 액자를 던져서 깨버리는 단태.

단태　그 자식 새끼가 그렇게 소중해?!! 아직도 포기를 못 할 만큼?!!

그때, 놀라서 들어오는 태주.

태주　무슨 일이십니까, 회장님! (바닥에 깨져버린 사진 액자를 보는데)
단태　별일 아냐. 손이 미끄러져서. (그때, 단태의 핸드폰 울리고. 받는)

서진(E)   큰일 났어요!

179.   헤라펠리스 가든(저녁)
서진, 불안한 표정으로 기다리고 있으면. 다가서는 단태.

단태   그 기집애가 알았다고? 확실해?

서진   (끄덕하고) 여길 알아. 우릴 본 게 분명해. 그 애가 입을 열면 우린 끝이야!

단태   (담담하게) 35층엔 CCTV가 없으니 안심해.

서진   그 애가 증거를 갖고 있어! 핸드폰으로 뭔가 찍은 거 같아. 어떻게든 찾 아서 없애야돼!

단태   (썩소) 아주 재밌는 아이군. 내가 알아서 해! (하더니, 갑자기 서진을 끌어 안으면)

서진   (확 밀치고) 미쳤어? 지금 이럴 때야? 불안해 미치겠는데!

단태   (태연하게) 그깟 계집애 하나 때문에 흔들릴 여자였나, 천서진이?

서진   민설아 걔, 보통 애가 아니라고! 이렇게 여유 부릴 때가 아니란 말야!!

단태   (표정 서늘하게 변하며) 나, 주단태야! 내가 그깟 어린애한테 쉽게 무너 질 사람 같아?!

서진   (보는) 어쩌려고? 방법이 있어?

단태   그런 애들 뻔해. 똑똑한 척, 자기가 갖고 있는 패를 어떡하든 이용하려 고 하겠지. 그게 자신에게 돌아오는 칼이 될 줄은 모르고 말야.

서진   (싸늘한 단태의 모습에 섬뜩함을 느끼는)

180.   골목길(저녁)
가파른 계단을 내려가고 있는 설아. 그런 설아를 뒤쫓아 따라오고 있 는 누군가.
설아와 점점 간격 좁혀지고. 설아를 뒤에서 확 밀어버릴 듯이 손을 뻗 는 누군가. 윤희다.

윤희(E)　너만 없으면…. 너만 포기하면…!!! (점점 독해지는 눈빛)

그때 설아, 고개를 획 뒤돌아서 윤희를 보면.
윤희, 놀라서 멈칫하고. 얼른 딴짓하고.
설아, 급하게 다시 계단 내려가는데.

181.　**고깃집 일각(저녁)**
새카맣게 태워진 불판을 열심히 닦고 있는 설아.
그런 설아를 지켜보고 있는 윤희의 시선.
설아 머리 위로 연결된 가스 선에서 부글부글 끓고 있는 행주 삶는 냄
비. 그 옆으로는 벌겋게 달궈진 숯불들이 위험하게 놓여있고.
그런 설아에게 다가서는 발걸음. 끓어 넘치는 행주 냄비와 벌겋게 달
궈진 숯불들을 번갈아서 보여주고.
명한 눈빛의 윤희, 떨리는 손을 가스 쪽으로 천천히 뻗다가, 문득 멈춰
서는데.
퍼뜩 정신이 든 듯 고개 내젓고, 나쁜 생각을 한 자신한테 죄책감이 드
는데.
그때, 고깃집 사장이 설아에게 다가서는.

사장　(불판을 또 잔뜩 쌓아두며) 빨리 빨리 좀 해! 잔뜩 밀렸잖아!
설아　죄송합니다. 빨리 할게요. (잔뜩 쌓인 불판을 열심히 닦는데)
사장　이래서 어린 것들은 쓰면 안 된다니까. 하도 졸라서 싼 맛에 썼더니만.
　　　윤희, 귀퉁이에 몸을 숨긴 채, 고생하는 설아의 모습을 안타깝게 바라
　　　보다가, 가스불을 끄는데.

윤희(E)　미쳤어! 미쳤어!! 저 불쌍한 아일 걸 어떻게 뺏어… 다른 방법이 있을 거
　　　야… (맘 돌리고, 돌아서는)

157

182.   보송마을 아파트 계단 (밤)
        지친 설아, 계단을 올라가는데. 오토바이 헬멧을 쓴 남자가 스치듯 내
        려가고.
        헬멧남, 헬멧 벗으면 태주고. 단태에게 전화해 보고하는.

태주   민설아 집엔, 노트북이나 따로 영상을 보관해놓을 만한 장치는 없었습
        니다.

183.   설아 아파트 (밤)
        현관 문고리 부서져있고, 엉망이 되어있는 집안.

설아   (놀라서) 설탕아!! 설탕아! (부르면)

        구석에서 달려와 안기는 설탕이. 설아, 계단에서 만난 헬멧남이 기억
        나고.

설아   (설탕이를 꼭 끌어안고) 설탕아.. 무서웠지? 미안해, 설탕아.... 언니, 절대
        포기 안 할 거야. 두고 봐. 반드시 청아예고 들어가고 말 거니까. 그 잘난
        사람들, 다 내 앞에 무릎 꿇게 할 거니까!! (매서운 눈빛으로 각오 다지는데)

184.   윤희네 빌라 앞/윤철의 차 안 (밤)
        터덜터덜 힘없이 걸어오는 윤희. 그때, 옆집 빌라 사람이 아는 체하고.

이웃   로나네 집 내놨다며? 주인이 나가래요?
윤희   그게 아니고... 좀 더 작은 데로 옮기려고요.
이웃   아니 왜? 싸게 들어왔다고 좋아하더니, 왜 벌써 이사를 가? 어디로
        가요?
윤희   아직 못 정했어요. 애랑 둘인데, 어디라도 가겠죠. (들어가면)

한쪽 차 안에서 그 모습을 지켜보고 있는 윤철. 복잡한 마음인데.
시동 걸고 차 출발하는.

185.　고급 술집(밤)
　　　　규진과 윤철, 바에 나란히 앉아 술 마시고 있는.

규진　　(난감하다는 듯) 이래도 되나 모르겠네요. 고소인이 알면 골치 아파지
　　　　는데. 알다시피 고소인이 보통사람입니까?

윤철　　그 부분은 내가 책임질게요. 합의금 보냈으니, 이 변이 알아서 전달해
　　　　줘요.

규진　　나야 뭐~ 손해 볼 건 없으니까. (윤철과 잔 부딪히며, 떠보듯) 근데, 첫사랑?

윤철　　(표정 관리 못하면)

규진　　딱 보니, 첫사랑 맞네! 야망남인 줄 알았는데, 하 박사 은근히 순진한 구
　　　　석도 있다니까. 아니, 첫사랑이라고 거금 1억을 뭔 10원처럼 써요? (깐
　　　　족대며) 아님, 둘이 아직 만나나? 언제부터? 바빠도 할 건 다 해요. (손가
　　　　락으로 만나는 표시하면)

윤철　　(발끈하며) 그런 거 아니에요!

규진　　(신나서) 이쁘긴 하던데, 그 여자. 그래서 첫사랑 만나니까, 맘이 어때
　　　　요? 막 설레고, 아른거리고, 가슴이 터질 거 같고, 그래요? 서진 씨 알면,
　　　　우리 둘 다 싹 다 죽일 텐데. 헤라팰리스에서 살인사건 나고도 남지. 그
　　　　성격에!

윤철　　(열 받고. 잘못 엮였다 싶지만, 이미 늦었고. 말없이 술을 마시는데)

규진　　(피식 웃으며) 서진 씨가 무리해서 1억을 부른 데는 다 이유가 있었구
　　　　만? 어쩐지 치정 냄새가 나더라니까! 내가 이혼전문 변호사로서, 이쪽
　　　　바닥엔 개코... (점점 신나서 오버하는데)

윤철　　아, 그만 좀 하라니까, 새끼야! (소리 빽 지르고 나가버리면)

규진　　(놀라서 보고) 아이씨, 놀래라. 엄마한테 확 일러버릴까부다.

186. 혜인의 병실(밤)

상태가 안 좋아진 혜인. 수련, 걱정스럽게 혜인을 돌보고 있는데.
정성껏 혜인의 손을 물수건으로 닦아주고, 호흡기를 체크하다가 문득.
호흡기 스위치가 꺼져있는 걸 발견하는.

수련   (놀라서) 스위치를 누가 꺼놨지? (얼른 다시 켜는데)

그때, 핸드폰으로 문자 오는. 보면, 발신번호표시제한 문자인데.

남자(E)   당신은 주단태에게 속고 있다. 주혜인은 당신 딸이 아니다.
수련   이게 무슨.... (하얗게 질렸고)

수련, 주위 둘러보면 아무도 없고. 누워있는 혜인을 바라보면 혼란스
러운데.

187. 헤라펠리스 서진의 집(다음 날 낮)

수련, 서진, 마리, 상아, 모여있는데. 수련은 딴생각하는 표정이고.

서진   무슨 일로 모이자고 했어요?
마리   (서명서를 수련과 서진에게 건네며) 예비합격자 학부모들의 서명서예요.
민설아의 합격 취소를 요구하는 내용인데, 싸인해서 저한테 주시면 돼
요. 가만히 두고 볼 수가 없어서, 이번 일은 제가 총대를 메려고요.
상아   당연히 우리 애들이 그런 애랑 같이 수업할 수 없죠. 저희들은 벌써 다
싸인했어요. 수련 씨도 물론 하실 거죠? (펜 내밀면)
수련   (잠 못 잔 듯 푸석한 얼굴) 이렇게까지 할 필요가 있나요? 어른들이 애 하
나를 상대로? 전, 동의 못 하겠는데요! (일어나 나가버리면)
마리   저저! 또 혼자만 고결한 척! 유난 떤다, 떨어. (욕을 하는데)
서진   (열 받고) 저한테 허락도 안 받고, 이런 짓을 왜 벌여요? 제니 엄마 맘대로!

160

마리/상아 네? (당황하면)

마리 천 쌤이 나서기 그럴까봐 우리가 대신 나선 건데, 지금 이 반응은 뭐래요?

서진 (다그치듯) 설마, 이 성명서에 대해 민설아도 알아요?!

상아 (눈치) 당연히 알겠죠. 애들 사이에도 소문 쫙 퍼졌는데...

서진 (미치겠고, 버럭) 왜 시키지도 않은 일을 하냐고요?!! 그 앨 건드려서 뭘 어쩌려고! 내가 다 알아서 할 건데!! (화내면)

그때, 세 사람에게 동시에 오는 문자. 각자 문자를 확인하는데.

설아(E) 과연 저만 자격이 없을까요?

다들 영문 몰라서, 첨부된 녹음 파일을 눌러보면.
흘러나오는 음성들, 아이들이 설아를 린치하는 내용이고. (설아가 핸드폰으로 몰래 녹취한)

마리 (아이들이 린치하는 목소리에 기겁해서 핸드폰 떨어뜨리고) 에구머니나! 이게 뭐예요, 대체?!! (서진, 상아와 눈 마주치는)

188. 펜트하우스 거실 (낮)
각각의 부부들과 아이들 모여있고.
흘러나오는 음성(녹취록)에 아이들 죄인처럼 눈치만 보고 있는데.

제니(E) 다시 한번 더 지껄여봐! 불쌍하다고! 낯짝도 두껍지.

석경(E) 넌 벌을 받아야돼. 니가 이런 인간이니까, 니 부모도 널 버린 거야.

은별(E) 수석? 꼴 같기는. 니가 날 이겨?!

석훈(E) 우리 모두 똑같이 먹인 거야. 발설하면, 우리 다 끝이야!

민혁(E) 자, 여길 보세요. 내가 잘 찍어준다니까. 포즈 좋고! 비주얼 대박!!

단태, 녹음 파일 끄고. 모두들 심각한.

단태	(날카롭게) 있는 그대로... 한 치의 속임 없이 얘기해봐!
마리	물어보고 자실 게 뭐 있어요? 척 봐도 대빵이 석훈인데.
윤철	석경이가 판을 깔고, 석훈이가 주도한 거 맞죠?
단태	(표정 굳어지면)
석훈/석경	(쫄아있는데)
마리	우리 제니는 마지못해 따라 한 거 같고... (눈치 살피면)
규진	우리 민혁이는 거의 목소리도 안 들리던데. (발 빼려면)
단태	민혁이가 촬영을 했다고 하잖아요! 말은 제니가 제일 심했고! 돌아가면서 술을 먹인 건 팩트 아닌가요?! 이번 일의 핵심은 집단 린치예요! 집단! (찌릿하면, 다들 쫄리고)
수련	(맘 아픈, 강한 어조로 나서는) 우리 애들이 다 같이 잘못한 거예요. 끔찍하고 부끄러운 일이에요. 부모로서 우리들 책임도 크고요. 잘못은 우리 애들이 했는데, 설아 학생을 내쫓을 생각만 하고 있으니, 다들 너무하지 않나요?
서진	(받아치는) 그래서요?
수련	제대로 사과하고, 용서받아야죠! 당연히 청아예고 입학을 막을 권리도 우리한텐 없고요!
서진	그 잔망스런 애한테 휘둘리겠단 뜻인가요? 이 일이 알려지면, 석훈이 석경인 괜찮겠어요? 어렵게 들어간 청아예고도 문제지만, 나중에 서울음대까지 꼬리표가 달릴 텐데. 지금 너무 쉽게 얘기하는 거 아니에요? (수련을 몰아붙이면, 다들 수긍하며 걱정스러운 표정이고)
수련	그럼, 사과도 없이 넘기자는 말씀인가요? (수련과 서진의 기 싸움 팽팽한데)
단태	(나서는) 그만해! (좌중 보며) 민설아를 불러서 얘기를 해보는 게 좋을 거 같습니다. 내일 헤라팰리스 1주년 파티도 있는데, 문제라도 생기면 행사를 망치는 거죠. 그때까지 다들, 언행에 각별히 조심하세요!

189.   서진 집 거실(낮)
        윤철과 서진, 씩씩대며 들어서면. 은별이 죄인처럼 따라 들어오고.

은별   죄송해요...
서진   들어가! 꼴도 보기 싫어!!
은별   (고개 푹 숙이고 방으로 들어가면)
윤철   (못마땅해서) 주단태 웃겨. 지가 대장이야뭐야? 뭐든 지 마음대로지 암튼!
서진   (날 서서) 지금 그게 중요해?!
윤철   왜 나한테 큰소리야? 애 교육도 제대로 못 시킨 주제에! 그 민설아라는
        애도, 당신이 고용한 거라며? 잘난 척은 혼자 다 하더니, 중학생인지 대
        학생인지도 못 알아봐?
서진   (열 받고) 지금 내 탓 하는 거야?! 당신은 애한테 관심이라도 있었어?!
        (그때, 핸드폰으로 문자 오고. 보면 단태고)
단태(E) 사람들 몰래 민설아와 접촉할 생각이야.
서진   (표정 굳고. 다급하게 달려 나가면)
윤철   말하다 말고, 어디 가!!

190.   펜트하우스 단태 수련 방(밤)
        안절부절못하고, 방안을 왔다 갔다 하고 있는 수련. 그때 걸려오는 전화.

수련   (다급하게 받고) 여보세요. 결과... 나왔어요?
직원(F) 네. DNA 확인 결과, 친모녀가 아닌 걸로 나왔습니다.
수련   (기막힌데. 그 자리에 털썩 주저앉고) 혜인이가... 내 딸이 아니라고? 그럴
        리가... 어떻게 그런 일이.... (믿을 수 없는데) 그럼.... 진짜 내 딸은....

191.   헤라팰리스 앞(밤)
        비장한 모습으로 헤라팰리스의 아득한 높이를 올려다보는 설아.
        핸드폰을 보면, 단태의 문자가 와있는.

단태(E)   헤라팰리스 50층. 10시

설아, 핸드폰을 닫는데. 핸드폰 클로즈업되고.

192.   헤라팰리스 50층(밤)

엘리베이터 문 열리면. 내리는 설아, 어딘가 싶어 두리번거리는데.
뭔가 이상한 낌새에 뒤를 돌아보면. 손수건으로 설아의 입을 막는 누군가.

193.   헤라팰리스 기계실(밤)

눈을 뜨는 설아, 의자에 묶여있고. 약기운 떨치려 머리를 흔들어보는데.
눈앞에 서있는 사람, 단태와 서진이고.

설아   (단태와 서진을 노려보며) 당신들 진짜 무서운 사람이네요. 그렇게 겁나요? 내가 다 불어버릴까 봐? 그렇게 겁나면 똑바로 사셨어야죠!

단태   (꾹 누르고) 쉽게 가자. 니가 갖고 있는 영상, 녹음 파일 원본만 우리한테 넘겨주면 돼.

설아   (한쪽에 널브러져있는 자신의 가방을 보는데, 샅샅이 뒤진 뒤고)

단태   핸드폰... 어쨌지?

설아   (당차게) 당신들을 어떻게 믿고, 그걸 내가 여기 가져와요? 저, 그렇게 바보 아니거든요! 당신들이 어떤 사람인지, 내가 꼭 다 밝힐 거예요!

서진   꽤 똑똑하구나, 너! 하지만, 언제까지 버틸 수 있을지.... 너무 고생하진 않았음 좋겠는데 말야.

단태와 서진, 나가면.
설아, 무서운 기계음 속에 홀로 남고. 좀 전의 당차던 모습 없어지고, 두려움이 엄습하는데.

194. 펜트하우스 단태 수련의 방(밤)

　　　수련, 혼란스러운 마음으로 문자메시지를 다시 열어보는데. "당신은
　　　주단태에게 속고 있다...."
　　　순간, 다정한 단태의 모습과, 민설아를 발로 짓밟는 이중적인 단태의
　　　모습들이 교차로 떠오르고.
　　　수련, 뭔가 결심한 듯 방 안을 뛰쳐나가는데.

195. 단태의 서재(밤)

　　　수련, 조심스럽게 단태의 서재로 들어가는. 문을 잠그는 수련의 손.
　　　그러다 단태 책상 위와 서랍들을 뒤지기 시작하는.
　　　너무도 완벽하게 정리 정돈된 책상과 서랍 안. 칸칸이 일렬로 가지런
　　　히 놓인 만년필과 갖가지 필기구들... 뭐 하나 의심스러울 것이 없는데.
　　　그때, 서랍 안 깊숙이에 또 다른 비밀서랍이 보이고. 뭔가 싶어 열어보
　　　면, 작은 투명 유리곽이 들어있는. 유리곽 꺼내서, 찬찬히 안에 들어있
　　　는 물체를 살피는 순간! 경악하는 수련! 유리곽을 떨어뜨리고 마는데.

수련　　(입 틀어막고 비명) 아악!

　　　반지를 끼고 있는 남자의 약지손가락이고!
　　　순간, 17년 전 어느 날이 떠오르는.

196. 회상 1/수련 미국 집/17년 전(밤)

　　　작고 아담한 집 거실. 피아노를 치면서 노래를 부르고 있는 설아 아빠.
　　　설아 아빠의 손에 결혼반지가 반짝이고 있으면.
　　　수련, 꽤 나온 임신한 배를 만지며 행복해하며 웃고 있는 그때.
　　　갑자기 들이닥친 복면강도 두 명. 탕! 탕탕!! 하는 소리와 함께, 피아노
　　　를 치고 있는 설아 아빠가 그대로 피아노 건반 위로 쓰러지고. 결혼반
　　　지를 낀 손가락에 피가 스며드는.

하얀 피아노 건반을 타고 바닥으로 떨어지는 피...
수련, 아악! 비명을 내지르는 순간! 복면강도가 다가와 수련의 목을 치는.
그 자리에서 쓰러지는 수련, 정신이 아득해져오는데.
흐릿해지는 시야에, 자신을 향해 걸어오는 낯익은 남자의 실루엣이 희
미하게 보이고. 그러다 정신을 잃고 마는데.

197.　회상 2/서울의 병원 병실/17년 전(밤)
　　　힘들게 눈을 뜨는 수련. 배를 만져보면 아이가 없고.
　　　화들짝 놀라 일어서려는데, 그런 수련을 잡는 사람, 단태고.

단태　정신이 들어요? 여기 한국이에요. 조산해서 조심해야 된대요.

수련　내 아기... 내 아기 어딨어요? 내 아이 괜찮아요? (미친 듯이 소리치면)

단태　아인 무사해요. 아무것도 걱정 마요. 연락받고 얼마나 놀라서 달려왔는
　　　지... 내가 이제부터 당신 옆에 있을게요. (수련을 지극정성으로 간호하는
　　　모습)

198.　회상 3/서울 병원 신생아 집중 치료실 앞/17년 전(낮)
　　　인큐베이터 속의 아픈 아이를 보고 오열하는 수련.

단태　조산할 때 뇌에 문제가 생긴 모양이에요. 계속 잠만 자네요. 가엾게...

수련　나 때문이에요. 나 때문에 아이가...

단태　(수련을 안아주며 다정하게) 자책할 거 없어요. 당신 아이, 내가 책임질
　　　거예요. 이름도 생각해뒀어요. 혜인이. 주혜인, 예쁘죠?

수련　(단호하게) 아니에요! 당신이랑 나, 이미 끝난 인연이에요.

단태　한 번도 당신 잊은 적 없었어요. 당신한테 버림받고 홧김에 결혼해서
　　　쌍둥이 아일 얻었지만, 애 엄마는 출산 후 패혈증으로 죽었어요. 가여
　　　운 우리 쌍둥이한테 당신이 엄마가 돼줄 수 없어요?

수련　(마구 고개 내젓고) 말도 안 돼요!! 그만 돌아가요!!

166

단태   (수련을 감싸 안고) 당신도, 혜인이도, 이제 내가 지켜요. 내 쌍둥이 애들
　　　　과 똑같이... (의미심장하게 인큐베이터 안의 아이를 보는데, 날카로워진
　　　　눈빛)

199.　　　현재/단태의 서재(밤)
　　　　배신감과 두려움으로 온몸이 덜덜 떨리는 수련, 눈물 범벅돼있고.

수련   (충격 받은) 설마... 그이가.... 어떻게....그런 짓을!!!!

　　　　그때, 전화 걸려오고. 보면 발신번호표시제한인데.
　　　　수련, 화들짝 놀라서, 얼른 바닥에 떨어진 유리곽을 제자리에 넣어두고.

수련   (떨리는 마음으로 전화를 받는) 여보세요?
남자(F) (음성변조된 목소리) 이제 내 말을 들을 준비가 됐나?
수련   당신 누구예요?!
남자(F) 주단태가 당신을 속여왔다는 걸 믿느냐고, 물었다.
수련   당신이 누군지도 모르는데, 내가 당신 말을 어떻게 믿어요?! 대체 당신
　　　　이 누군데...!!!
남자(F) 친딸, 찾고 싶지 않아?
수련   (굳어지는) 내 딸, 살아있어요?! 내 딸 지금 어딨어?!!!
남자(F) 당신 딸은, 당신이 찾아야지. 당신 딸 찾고 싶으면 시키는 대로 해! 경거
　　　　망동하면, 주혜인도, 당신 딸도, 다 죽어. 미국의 그 남자처럼.
수련   그 사람을... 정말 내 남편이 죽인 거예요?!
남자(F) (건조하게) 믿고 싶은 대로 믿어. 중요한 건, 곧.. 주혜인의 심장도 멈춘
　　　　다는 거! 그렇게 되면, 주단태의 진실은 완벽하게 덮여질 테고...
수련   (절규하는) 말도 안 돼!! 누구 맘대로 내 딸을 죽여!! 혜인인 내 딸인
　　　　데!!! (순간, 혜인 병실에서 호흡기 스위치가 꺼져있던 게 떠오르고. 충격 받
　　　　아 정신없고) 누가 뭐래도 혜인인 내 자식이야! 우리 혜인이한테 손끝

하나 건드리면, 내가 가만 안 뒤!! (하는데, 이미 전화 끊겼고) 여보세요..
여보세요... (흥분해서, 서재를 뛰쳐나가는 수련)

200. 펜트하우스 2층 거실/1층 거실(밤)
수련, 서재 밖으로 뛰쳐나가면.
단태가 외출했다가 돌아와서, 클래식 음악을 틀고 여유 있게 술을 마
시고 있는.
음악에 심취해있는 단태를 보면 미칠 거 같은 분노에 휩싸이고.
계단 한쪽에 놓여있는 조각상을 들고 단태를 향해 성큼성큼 걸어가는
수련.
단태 바로 뒤까지 다가서고. 눈이 뒤집혀 손을 번쩍 들어 단태에게 내
리치려는 순간!
단태, 휙 뒤를 돌아보는데, 아무도 없고. 이내 다시 음악에 빠져드는데.
수련, 커튼 뒤에서 분노로 가득 찬 손을 떨구고, 입 틀어막은 채 오열하
고 있는.
그때, 또다시 발신번호표시제한으로 문자메시지가 오고.

남자(E) 영등포에 있는 소망보육원을 찾아가. 2005년 12월, 파란색 스웨터에
싸여있던 아이를 찾아.

수련 (순간 마지막 희망이 보이고. 커튼 밖으로 증오하듯 단태를 노려보는데)

201. 아파트 단지(다음 날 새벽)
윤희, 차에서 박스들 여러 개를 힘겹게 내리고 있는. 아파트 문 앞에 새
벽배송 상품들을 배달하는데. 땀 흘리며 열심히 뛰는 윤희 모습.

202. 윤희 집 빌라 앞/규진 로펌사무실/전화통화(아침)
윤희, 배송 마치고 차에서 내리면서 전화 받고 있는.

윤희	(멈춰 서고, 믿기지 않는) 천서진이 고소를 취하했다고요? 어떻게 갑자기...
규진	천서진 씨가 넓은 마음으로 선처해주신 거니까, 그렇게 아시면 됩니다. 그리고, 감사 인사 따위는 절대 받고 싶지 않다고 했으니까, 괜히 앞에 얼씬거리지 마시고요. (전화 탁 끊어버리면)
윤희	그럴 애가 아닌데... (뭔가 석연치 않지만, 다행이다 싶고)

203. 윤희 집 로나의 방 (아침)
       노크와 함께 들어서는 윤희.

윤희	로나, 뭐해? 주말인데 엄마랑 놀러... (하다가 놀라는)

방 안이 엉망이 되어있고. 악보들, 성악 관련 책들, 갈기갈기 찢어져있는.
로나, 멍하니 앉아서 목을 쥐어뜯고 있는데.

윤희	(기겁해서 달려가 로나를 붙잡고) 뭐하는 거야, 지금!!!
로나	(그런 윤희를 확 밀어내고) 놔!! (주먹으로 목을 세게 쾅쾅 치는데)
윤희	하지 마! 목 다쳐!! 그만해, 로나야.
로나	(초점 없는 눈으로) 나 이제 노래 안 할 거야.
윤희	뭐?!
로나	엄마 말이 맞았어. 재능? 그깟 거 다 필요 없어. 돈이 재능이고, 빽이 재능인데, 나 같은 애는 노래하면 안 되는 거였는데...... 그러니까 목소리 같은 거 이제 안 나와도 돼. 목 다쳐도 돼, 나는. (넋이 나가서 자기 목을 마구 때리면)
윤희	(가슴 무너지고, 로나를 안아서 필사적으로 막으며) 그러지 마, 로나야... 제발...... 그냥, 엄마 때려. 엄마가 다 잘못했으니까, 엄마 때려 로나야....

윤희, 로나의 손을 잡아서, 윤희 스스로 가슴이고 몸이고 마구 때리는데.
그래도 멍한... 로나의 표정. 윤희, 때리고 또 때리는. 절망감에 미칠 거

같고.

204. 규진 집 다이닝룸(아침)

부부들 다 모여있는데, 수련만 보이지 않고.

상아, 티와 과일 대접하고 있다가 놀라서 단태를 보는.

상아   민설아가 기계실에 있다고요?

마리   그럼 얼른 핸드폰부터 뺏어서 박살을 내버려야죠. 핸드폰, 못 찾았어요?

단태   (차 마시며) 곧 입을 열겠죠. 그건 제가 해결할 테니, 여러분들은 따로
찾아가실 거 없습니다. 질 나쁜 애 자극해봤자, 기고만장해질 테고.

윤철   그렇다고 어린애를 가둬놓는 건 쫌... (하는데)

마리   그렇다고 우리 애들이 다칠 순 없잖아요! 애들 인생이 달린 문제라고요!!

서진   (말 돌리며) 수련 씨는 왜 안 보여요?

단태   몸이 안 좋다고 해서 저만 왔습니다.

마리   수련 씨 보면, 은근 애들 일에 관심 없는 거 같지 않아요? 누가 보면 계
몬 줄 알겠다니까. (그러다 슬쩍 단태 눈치 살피고, 시선 피하면)

단태   (일어서며) 그만 해산하시죠! 오늘 행사 준비 때문에 일이 많아서요.
(서진과 눈빛 주고받고)

규진   의원님도 오시고, 불꽃축제도 하고, 모처럼 헤라팰리스 대규모 파틴데,
애들이 사고 쳐서 기분 잡쳤네.

단태   잡칠 게 뭐 있어요? 미꾸라지 하나 때문에. (여유롭게 픽 웃고) 애들 청
아예고 합격도 축하할 겸, 더 성대하고 근사하게 파티 해야죠.

마리   (신나서) 빙고! 이건 제가 맡을게요. 우리 헤라클럽 멤버들은 공식행사
전에 따로 모여요. 요즘 독수공방하느라 외로워 죽겠는데, 간만에 스트
레스 좀 풀죠. 와우~!

205. 소망보육원 앞(아침)

공사장 인부들이 왔다 갔다 하는 소망보육원 앞.

수련, 기우뚱하게 걸린 보육원 간판을 보고 있으면. 건물주가 나오고.

건물주   누구 찾으세요?

수련   (두리번거리며) 여기가 소망보육원 자리 아닌가요?

건물주   이사 갔는데... 오늘부터 저희가 공사 시작해요.

수련   (절박하게) 어디로 간지 혹시 아세요? 원장님 연락처라도.

건물주   몰라요 저도. 잔금 받자마자 바로 전화번호 바꿔서. 원장이 보육원을 아예 접었단 거 같던데...

수련   (놀라) 네에?!

건물주   애들하고 이런 데서 어떻게 살았나 몰라. 곰팡이 천지에, 난방도 안 되고... 쓰레기장이지 이게. (다시 안으로 들어가버리면)

수련   (미치겠는데)

206.   **심부름센터 사무실**(아침)
       수련, 심부름센터 직원과 마주 앉아있는.

수련   수고비는 섭섭지 않게 드릴게요. 빠르면 빠를수록 좋아요.

직원   (귀 후비며) 이미 폐업했다면서, 원장을 어디서 찾아요? 그게 쉽나요, 뭐?

수련   (가방에서 5만 원권 두 뭉치를 테이블에 내놓고) 오늘 안으로 찾으면, 수고비는 두 배로 드리죠! 해 떨어지기 전에 찾으면 세 배로 드리고요!!

직원   (놀라는)

207.   **헤라팰리스 파티장**(저녁)
       성대한 파티장 모습.
       "헤라팰리스 1주년 기념 파티" 플래카드와 함께, 풍선과 꽃장식들로 파티장이 꾸며지기 시작하고.
       한쪽에서는 셰프들이 즉석에서 불쇼를 하듯 다양한 음식들을 조리하고 있는.

208. 펜트하우스 단태 수련 방(저녁)
       거울을 보며 깔끔한 슈트와 화이트타이로 신경 써서 단장을 하고 있는
       단태.
       옷매무새 가다듬고, 침대에 누워있는 수련에게 다가가고.

단태   (걱정스럽게) 많이 안 좋아? 내가 옆에 있어줄까?

수련   아니에요. 당신이 오늘 행사 책임잔데, 어서 가봐요.

단태   (부드럽게) 그럼 먼저 가있을 테니까, 빨리 준비하고 와.

수련   (애써 상냥하게) 알았어요. 미안해요. 신경 쓰이게 해서.

단태   그런 말이 어딨어. 나한텐 당신이 제일 우선이지. (수련 이마에 뽀뽀하고
         나가면)

수련   (단태 나가자마자, 벌떡 몸 일으키고. 침대 이불 속에서 핸드폰 꺼내면. 계속
         해서 진동으로 울리고 있는 핸드폰. 급하게 받는) 여보세요. 찾았어요? 거
         기가 어디예요?!

209. 펜트하우스 단태 수련의 방 앞(저녁)
       단태, 문 닫고 가려다 문득 멈춰 서고. 수련이 있는 문 쪽을 다시 돌아보는.
       그러다 현관 쪽으로 걸어가는데.

210. 골프연습장(저녁)
       배가 툭 나온 탐욕스러운 인상의 보육원 원장, 공을 딱딱 쳐서 올리느
       라 바쁜데.

원장   (건성으로) 2005년이면... 아마도 기록이 없을 텐데요. 내가 보육원을
         접으면서, 애들 신상카드를 전부 폐기처분해서... 우리 보육원에 애 버
         렸어요?(공을 쳐 올리면)

수련   보육원은 왜 접으셨어요? 거기 있던 아이들은요?!

원장   (멈칫, 홱 노려보는) 내가 그 이유를 그쪽한테 설명해야 됩니까? 평생 남

172

이 내다버린 고아들 걷어 먹이고, 이 나라 사회복지에 이바지했으면, 이제 좀 쉬어도 되는 거지. (다시 골프채 쥐고, 혼잣말처럼) 버릴 땐 언제 고, 이제 와 찾겠다고 지랄이야.

수련   (순간 분노 치솟고. 골프채 뺏어서 내동댕이치고, 원장에게 바짝 다가서며) 보육원을 팔아넘기고, 강남에 이만한 골프연습장은 무슨 돈으로 차린 거죠? 돈 출처, 확실히 밝힐 수 있어요? 캐보면 다 나올 테고. 하나씩 제 대로 짚어볼까?! 나, 여기 매일 찾아올 거예요! 애들 정보 보여줄 때까지 절대 포기 안 할 테니, 당신 것 다 걸고 싸울 자신 있으면 한번 해보시죠!!

원장   (사람들 시선 주목되면, 얼굴 벌게지고. 불편한 표정으로 수련을 보는)

211. 원장 집 창고 (저녁)
원장, 수련 앞으로 서류철 몇 개를 툭 내려놓고.

원장   직접 찾든지 말든지! 재수 없어서 진짜! 대신, 밖으로 유출하거나 사진 촬영하는 건 절대 안 돼요! (밖으로 나가면)

수련, "소망보육원 2005년 신입원아 명단"이라고 써있는 서류철을 넘 기려는데, 손이 바들바들 떨리고. 눈물이 핑 도는.

수련(E)   (피가 마를 지경이고) 어딨니 아가야... 엄마 왔어... (서류철을 넘기는)

212. 헤라펠리스 기계실 (저녁)
물 한 모금 못 마시고 지칠 대로 지친 설아.
입에 붙여진 청테이프 사이로 소리를 내보지만 힘겹고. 몸을 흔들어봐 도 소용없는데. 점점 의식이 가물가물해지는.
그 위로 흐르는 흥겨운 음악소리.

213.   서진의 파우더룸(저녁)
       화장 마무리하는 서진, 검지에 빨간색 루비 반지를 끼고.
       아름다운 드레스를 입은 채, 자리에서 일어서는데.

214.   헤라펠리스 기계실 앞(밤)
       설아가 갇힌 기계실 문을 여는 빨간 루비 반지의 손.

215.   헤라펠리스 근처 한강둔치(밤)
       팡팡 터지는 불꽃놀이.
       헤라클럽 아이들과 주민들, 경비들, 불꽃놀이 보면서 환호성 지르고
       있고.

216.   1화 프롤로그 2/헤라펠리스 파티장(밤)
       귀가 찢어질 듯 음악소리 요란하고.
       남자는 멋진 연미복을, 여자는 화려한 드레스를 갖춰 입은 헤라클럽
       부부들이 흥에 겨워 정신없이 춤을 추고 있는.
       단태, 규진, 서진, 마리, 상아의 모습이 보이고.
       손에는 칵테일 잔을 든 채로, 적당히 술이 오른 듯 온몸을 흔들면서 음
       악에 맞춰 들썩이고 있는데! 왁자한 웃음소리가 시끄러운 음악에 섞
       여서 요동치는.

217.   헤라펠리스 앞(밤)
       술이 취한 듯, 비틀대는 걸음. 걸어오는 사람, 윤희다.
       만취한 윤희, 헤라펠리스 안으로 걸어 들어가는데.

218.   헤라펠리스 파티장 밖(밤)
       윤희, 걸어오면. 통유리창 안으로 흥겹게 파티 중인 사람들 모습이 보
       이고. 그 속에 천서진과 하윤철의 다정하고 행복한 모습도 보이는데.

윤희, 환하게 웃고 있는 서진을 보면 증오심에 미칠 거 같고.

윤희 (분노에 찬) 모든 게 다 천서진, 너 때문이야! 내가 이렇게 사는 것도... 우리 로나가 저렇게 된 것도... 다 너 때문이라고!!

윤희, 파티장 한쪽에 비치된 샴페인 병을 들어서 통째로 마셔버리고, 비틀거리며 파티장 쪽으로 걸어 들어가는데서. (F.O)

219. **윤희 집 거실(다음 날 아침)**
      요란하게 울리는 윤희의 핸드폰 벨소리(E).
      (F.I) 소파에 널브러진 채, 잠이 들어있는 윤희, 손만 뻗어 핸드폰을 쥐고 전화를 받는데.

윤희 여보세요. 네? 어디라구요? (그러다 눈 번쩍 뜨고) 청아예고요? 그런데요? (벌떡 일어나 앉는) 지금, 뭐라고 하셨어요?
직원(F) 배로나 학생, 청아예고 성악과에 추가합격하셨다고요.
윤희 (놀라는) 추가합격이요? 왜... 왜요?
직원(F) 합격생 중 한 명이 어제 사망했습니다.

그때, 손에 묻어있는 핏자국이 눈에 들어오는!

윤희 (기겁하고) 설마 내가.... (순간, 숙취로 머리가 깨질 듯이 아파오는 데서 엔딩!!)

4화

메모리 카드의 비밀

220. 3화 엔딩 직전 상황/윤희 집 거실(아침)
소파에 널브러진 채, 깊은 잠에 빠져있는 윤희. 죽은 듯 움직임이 없는데.
벽에 걸린 시계가 빠르게 되감기되며, 점차 과거로 돌아가는.

파티장으로 향하는 윤희, 서진과 윤철의 다정한 모습을 노려보고.
헤라팰리스 안으로 들어가는 윤희.
불꽃놀이 보는 헤라클럽 아이들과 주민들.
헤라팰리스 1주년 파티장 모습.

221. 파티장 일각/펜트하우스 일각/전화통화(저녁)
되감기 멈추고.
자막, 〈14시간 전〉
멋지게 차려입은 헤라클럽 사람들이 우아한 걸음으로 파티장으로 모
여드는데.
단태, 한쪽으로 가 수련에게 전화를 걸고 있는. 전화 받지 않는 수련.
단태, 신경질적으로 양씨에게 전화를 거는.

단태   집사람 어딨습니까. 전화를 안 받는데.
양씨   (욕실 쪽을 보며) 지금 샤워 중이신데요. (욕실에서 샤워 물소리 들리고)

222. 펜트하우스 욕실(저녁)
빈 욕조, 물만 틀어져있고. 수련의 모습은 보이지 않는데.

223. 3화 71신 연결/원장 집 창고(저녁)
수련, "희망보육원 2005년 신입원아 명단"이라고 써있는 서류철을 넘
기려는데, 손이 바들바들 떨리고, 눈물이 핑 도는.

수련(E)   (피가 마를 지경이고) 어딨니 아가야... 엄마 왔어... (서류철을 넘기는)

서류철을 한 장씩 넘기던 수련의 손, 순간 멈칫하고. 흔들리는 눈빛.

남자(E)   2005년 12월, 파란색 스웨터에 싸여있던 아이를 찾아.

파란색 스웨터에 싸여있는 신생아의 사진이 보이고!
떨리는 손으로 서류를 넘겨보는데, 설아의 어린 시절 사진들 몇 장과,
마지막에 입양 직전 조상헌과 설아가 같이 찍은 사진이 있는데!

수련   (순간 멍해지고) 민설아...?

사진을 가까이에서 뚫어지게 보는데, 민설아가 분명하고. 급히 뒷장을
넘겨 서류를 보면, 〈이름 민설아. 영어이름 안나 리〉 라고 적혀있는.
기겁하는 수련. 숨이 헉! 하니 막히고, 손으로 입을 틀어막는.

수련   말도 안 돼..... 말도 안 돼... (기막힌 운명에 맞닥뜨린 수련의 표정)

224.   3화 72신/헤라펠리스 기계실 (저녁)
물 한 모금 못 마시고 지칠 대로 지친 설아.
입에 붙여진 청테이프 사이로 소리를 내보지만 힘겹고. 몸을 흔들어봐
도 소용없는데. 점점 의식이 가물가물해지는.

모두들(E)   위하여!!!

225.   헤라펠리스 파티장 (저녁)
단태, 서진, 윤철, 규진, 상아, 마리, 모두 모여서 건배하면.
웨이터들, 테이블에 갖가지 술과 음식을 놓는데.

단태   (샴페인 마시고) 사소한 잡음은 있었지만, 지금만큼은 다 떨쳐버리고,

우리 아이들의 청아예고 입학을 자축하죠!

윤철　(찜찜한) 솔직히 사소한 잡음은 아니죠. 그 애가 나가서 입을 여는 날엔, 부유층 자녀들의 집단 린치 사건으로 사회적 문제가 될 텐데...

규진　하긴, 요즘은 많이 가진 게 약점인 시대니! 그 애가 지금 헤라팰리스에 있다고 생각하니, 파티를 해도 영 흥이 안 나요. 제가 기계실에 가서, 그걸 확!

웨이터　(음식 놓다가 흘낏 규진을 보면)

단태　(찌릿! 규진을 쩌려보고, 나직이) 구화지문. 입이 재앙을 불러올 수도 있어요. 입조심하세요.

서진　(웨이터들 보고) 음식은 충분하니까 그만 나가보세요.

웨이터들　네, 알겠습니다. (정중하게 답하고, 모두 퇴장하면)

상아　(규진의 시계를 보고 눈 휘둥그레져서) 여보, 그 시계...?

규진　어, 오늘 개시했어. (슬쩍 회중시계를 자랑하며) 이거, 날이 날이니만큼 제가 특별히 하고 온 건데. 앤틱 스켈레톤 회중시계! (모두들 눈이 번쩍해서 보면) 온리워치 경매에서 구매한 수제시곈데, 경매가가 무려 15억!

윤철　15억이요? 잃어버리면 어쩌려고. 힘 너무 주셨네.

마리　자~! 그럼 우리 지금부터 제대로 달려볼까요? (술잔을 확 비우더니) 우울한 기분 싹 다 집어치우고, 기념식 하기 전에 우리끼리 진짜 파티 해요~!

마리, 준비해놓은 음악을 틀더니, 갑자기 드레스 위에 입은 숄을 확 벗어던지고, 과감하게 춤을 추기 시작하는데.
규진도 가세하고. 다들 술잔을 비우고, 흥에 겨운 듯 춤을 추는데.

226.　원장 집 창고(저녁)
수련, 부들부들 떨면서 민설아의 입양기록을 보고 있으면. 기록 일부가 찢겨있고.

수련	2016년 미국 입양... 2018년 파양?

그때, 원장이 창고로 들어서고.

원장	볼일 끝났으면 빨리 나가요, 쫌!
수련	(그런 원장의 멱살을 움켜잡고) 민설아! 이 아이가 파양된 이유가 뭐야?! 미국으로 입양됐다가 왜 다시 돌아온 거냐고? 뭣 때문에!!!
원장	(순간 당황, 서류철을 확 뺏어 들고) 이게 왜 아직 남아있어? (서류를 찢어서 마구 구겨버리고) 나도 몰라요! 뭔 잘못을 했으니까 쫓겨났겠지!
수련	(서류철에서 빼낸, 조상헌과 같이 찍은 사진을 들이밀며) 이 사람, 조상헌 의원 맞지? 이 사람이 민설아랑 왜 사진을 찍어?
원장	(수련의 기세에 흔들리는 눈빛) 국회의원이 고아랑 사진 찍은 게 뭐 이상하다고 이 난리야 진짜! 부모도 버린 자식 기껏 키워줬더니 어디다 행패야?! 사람 불러서 끌어내기 전에 빨리 나가요, 나가!! (밀어내면)
수련	당신! 민설아한테 무슨 짓을 했는지, 다 설명해야 될 거야! (그대로 달려나가는데)

227. 도로 위/택시 안(저녁)

수련, 밖으로 나오면. 계속해서 울리는 핸드폰. 보면 단태고.
급하게 택시를 잡아타는 수련.

수련	(기사에게) 헤라팰리스로 가주세요. 최대한 빨리요!

수련, 그제야 참았던 눈물이 후드득 떨어지는.
2화 13신/낡은 운동화를 신고 나가는 설아의 모습.
3화 4신/석경에게 뺨을 맞는 설아, 단태에게 짓밟히던 설아.
3화 6신/눈물을 닦으며 자신에게 사과하던 설아의 모습 떠오르면. 가슴이 찢어질 것 같은데.

수련   (눈물 흘리며) 미안해 설아야…. 엄마가 널 못 알아봤어. (그러다 핸드폰
       으로 설아에게 전화를 거는데, 받지 않고. 계속해서 전화를 거는 수련이고.
       초조해 미칠 거 같은)

228.   헤라팰리스 파티장 일각 (저녁)
       단태, 계속해서 수련에게 전화하는데, 전화 받지 않고. 점점 얼굴 일그
       러지는.
       그때, 서진이 와인잔을 들고 다가서는.

서진   (주위 눈 의식하며) 누가 기계실로 민설아를 찾아가진 않겠죠? 만약 그
       애가 우리 관계를 밝히기라도 하면?!
단태   누가 그 애 말을 믿겠어? 미친 아이가 발악하는 걸로 생각하겠지. 그 망
       할 놈의 핸드폰만 찾으면 돼!
서진   (불안한) 핸드폰만 찾는다고 될 일이 아니에요. 보통 아이가 아니라구
       요! 만만히 봤다간 되레 우리가 당해요! (눈빛 반짝하고, 급히 자리 뜨면)
단태   (날카로운 표정. 신경질적으로 양씨에게 다시 전화하는) 그 사람은요?! 왜
       아직도 전화를 안 받는 거야?!! 당장 바꿔요, 당장!!!

229.   펜트하우스 다이닝룸/거실 (저녁)
       전화 받는 양씨.

양씨   네, 회장님. 바꿔드리겠습니다.

       양씨, 다이닝룸에서 거실로, 긴 복도를 지나 욕실로 향하고.
       욕실 안에서 들리는 샤워 물소리.

양씨   사모님?! 사모님? (욕실 문고리 잡는데, 문 열려있고)

230. 펜트하우스 욕실(저녁)
더운 김으로 앞이 보이지 않을 정도로 뿌연 욕실 안.
욕조에서 물이 쏟아지고 있는.
문 열고 들어서는 양씨, 둘러보면 욕실에 아무도 없고. 순간 이상한 느낌.
욕조 물을 잠그고, 의심스러운 눈빛으로 돌아서는데.
슬립 차림에 머리에 수건을 두른 수련이 놀란 얼굴로 서있고.

수련   여기서 뭐하는 거예요?
양씨   (당황해서) 죄송합니다 사모님. 불러도 대답이 없으시길래, 혹시나 쓰러
         지신 게 아닌가 해서. 회장님께서 찾으십니다. (얼른 핸드폰 건네면)
수련   (받는) 미안해요, 여보. 내가 많이 늦었죠. 금방 내려갈게요. (전화 끊고,
         양씨에게) 드레스 준비해줘요.
양씨   네, 사모님. (급히 나가면)
수련   (순간 표정 확 변하고, 급히 핸드폰으로 설아에게 문자 남기는. E) 설아 학
         생. 나 석경이 엄마예요. 꼭 할 말이 있으니 연락 부탁해요. (핸드폰 손에
         꼭 쥔 채, 다짐하듯) 절대 들키면 안 돼. 안전한 곳으로 옮기기 전까진...

231. 1화 프롤로그 1/펜트하우스 2층(밤)
아름답고 신비한 얼굴에 고급스러운 미소를 머금은 수련이, 방금 샤워
를 마친 듯 하늘하늘한 슬립만을 걸친 채 욕실에서 나와, 위층으로 올
라가고.
그때, 창밖으로 화려한 불꽃놀이가 보이고 세상이 대낮처럼 환해지는데.
수련, 슬립의 끈을 내리면, 유리창으로 그녀의 완벽한 실루엣이 비쳐
보이고. 강렬한 레드색 슬립이 대리석 위로 물결처럼 흘러내리는.
양씨가 건네주는 환타색 파티용 실크 드레스를 입은 그녀의 아름다운
자태.

232.   1화 프롤로그 2/헤라팰리스 파티장(밤)
        귀가 찢어질 듯 음악 소리 요란하고.
        남자는 멋진 연미복을, 여자는 화려한 드레스를 갖춰 입은 헤라클럽
        부부들이 흥에 겨워 정신없이 춤을 추고 있다. (주요 인물들 얼굴 확실히
        보이지 않게)
        손에는 칵테일 잔을 든 채로, 적당히 술이 오른 듯 온몸을 흔들면서 음
        악에 맞춰 들썩이고 있는데! 왁자한 웃음소리가 시끄러운 음악에 섞
        여서 요동치는.

233.   기계실(밤)
        얼굴에 스크래치 난 설아, 바닥에 널브러지듯 쓰러져있고.
        그때, 끼익, 하는 소리와 함께 문이 열리고, 누군가가 안으로 들어서는.
        설아 입의 청테이프를 떼어주는데.
        설아, 간신히 눈을 뜨고 누군가를 멍하니 바라보다가, 몸을 일으키는.

234.   50층 기계실 앞/비상구 계단/47층 테라스(밤)
        결박이 풀린 설아, 기계실 밖으로 뛰어나가는데. 오래 묶여있은 탓에
        비틀하고.
        (중략) 비상구 계단을 통해 정신없이 도망치다 47층까지 내려오고.
        47층 복도로 달음질치는데. 문득 멈춰 서서 돌아보면, 누군가 서있다.
        테라스 쪽으로 뒷걸음질 치는 설아.... 놀라는 설아 표정에서!

235.   1화 프롤로그 3/펜트하우스 앞(밤)
        수련, 현관문을 통과하여 펜트하우스 밖으로 나오는. 환타색 드레스
        차림 그대로고. 손에 클러치 백만 들려있는.
        CCTV 의식하는 듯, 우아한 걸음으로 천천히, 펜트하우스 전용 엘리베
        이터에 올라타는 수련.

수련(E)　조금만 기다려 아가야.... 엄마가 곧, 너 데리러 갈게. (얼굴에 희망의 빛이 감도는데)

236.　1화 프롤로그 4/엘리베이터 안(밤)

수련, 파티장이 있는 33층의 버튼을 누르면.

미끄러지듯 통유리창의 엘리베이터가 아래로 내려가기 시작하고.

90층... 80층... 70층... 수련의 초조한 표정...

그때, 47층을 지나는 순간! 엘리베이터 바깥으로부터, 반대편 난간에서 누군가의 손에 의해 밀쳐지는 낯익은 얼굴.

놀라 엘리베이터 앞으로 다가가는 수련, 누군가의 눈빛과 정면으로 마주치는데! 너무도 가녀리고 애절한 소녀의 눈빛... 애타게 뭔가를 붙잡으려는 손길... 허공을 휘젓는 발버둥......

수련, 낯익은 소녀의 눈동자와 마주친 순간! 갑자기 정신 멍해지고 비틀하는. 아는 얼굴이다.

그러다 엘리베이터 벽에 붙어서 열 손가락으로 마구 엘리베이터 벽을 할퀴며, 미친 듯이 비명 내지르는 수련! 아아아아악!!!

237.　1화 프롤로그 5/헤라팰리스 내부(밤)

가녀린 소녀, 손을 휘저으며 자꾸 아래로.. 아래로.. 내려가는.

환상적인 불꽃이 터지고 있는 헤라팰리스 허공 위도 지나고.

헤라클럽 부부들이 정신없이 웃고, 떠들고, 춤추고 있는 파티장 층도 지나고. (주요 인물들의 모습 보이지 않게)

헤라팰리스 아이들이 신나게 수영하고, 장난치고, 러닝머신을 뛰고 있는 커뮤니티 층도 지나고. (석훈과 은별, 보이지 않게)

그렇게 바닥을 향해 추락해가는데.

팡! 하늘을 수놓는 오색 불꽃. 입주민들, 정원에 모여 아름다운 불꽃놀이를 보며 환호성을 내지르는데. 연이어 터지는 불꽃들. 팡! 팡!!

그와 동시에, 돔 모양의 분수대 유리천장(불투명 유리)이 깨지면서

"쿵!!!!" 아파트 분수대 안 헤라상 위로 그대로 내리꽂히는 어린 소녀!
높이만큼 아득한 굉음이 비현실적으로 들리고.
분수대에 차있던 물이, 일순간 붉은 빛으로 젖어드는데.
그녀의 시야에서 아득하게 솟아있는 헤라팰리스 건물...
웅장한 헤라상의 팔에 안겨있는 소녀, 슬픈 눈을 뜬 채로 죽어있는. 설
아의 눈에 눈물이 가득 고여있는.

238.   엘리베이터 안(밤)
       수련이 탄 엘리베이터, 파티장이 있는 33층에 멈춰 서고.
       엘리베이터 유리창 밖으로, 분수대에 널브러져있는 설아의 모습을 보
       고, 충격에 휩싸이는 수련.

수련   안돼!!!!!!!!!!

       수련, 비명 내지르다 그대로 쓰러져 혼절해버리는데.
       죽음을 맞이한 설아의 모습 위로 흐르던 음악 뚝 멈추고.

239.   펜트하우스 근처 한강둔치(밤)
       불꽃이 팡팡 터지고 있는. 팡! 팡팡!!

240.   헤라팰리스 파티장(밤)
       상아, 창가에 서서 불꽃놀이를 보며 사진을 찍고 있는.

상아   환상적이네, 진짜! 저게 한 방에 얼마짜리야?

       상아, 사진을 찍다가 순간 멈칫하고. 30층 분수대 쪽을 내려다보는데.
       분수대의 물이 붉은 피로 변해있고.
       순간, 공포에 사로잡힌 상아의 얼굴, 점점 클로즈업되면서.

상아   (얼은 듯 굳어지며) 꺅!!!! 사..... 사람이 떨어졌어요!!!

241.   헤라펠리스 분수대 로비(밤)

       달려온 단태, 윤철, 규진, 마리, 상아. 뒤늦게 윤철과 서진이 차례대로
       달려오고.

       여자들, 아악!! 비명 지르며 고개 돌려버리는데.

윤철   (제일 먼저 달려가, 호흡 확인하고) 즉사한 거 같습니다.

규진   (옆에 있는 화단 정리용 집게로, 시신의 얼굴을 확인하는) 뭐야? 걔잖아!!

마리   (눈 가린 채 묻는) 누군데요?! 누구?!

윤철   (봤다) 민설아! 애들 가짜 선생...

마리   뭐어?! (홱 고개 돌리며) 미쳤어!! 걔가 왜 죽어?!

상아   우욱! (구토가 올라오는데)

단태   (새로 들여온 조각상만 눈에 보이고) 저게 얼마짜리 조각상인데... 왜 하
       필 여기 떨어져 죽냐고? 감히 내 행사를 망쳐?!!

마리   하여튼 끝까지 말썽이라니까. 오늘같이 중요한 날, 재수 없이!!

단태   (화나서 미치겠는) 우리 엿 먹이려고 일부러 여기서 떨어져 죽은 거예
       요! 보란 듯이!!

윤철   (단태를 탓하듯) 걱정 말라고 큰소리 쳤잖아요! 대체 일을 어떻게 한 건
       지 설명을 좀 해보시죠!

규진   그러게. 가뒀다면서 어떻게 나온 거야? 풀어준 거예요? (단태를 몰아붙
       이면)

단태   (분명하게) 내가 그랬을 리가!

마리   그럼 누구예요? 문 열어준 사람! (의심스러운 눈빛으로 한 명씩 보면)

서진   (나서고, 분명하게) 지금 그게 중요한 게 아니잖아요! 우리가 서로 의심
       하는 게 사건 해결에 무슨 도움이 되겠어요?!

단태   (냉정한 말투) 일단, 저 시신부터 처리해야죠. 두 시간 뒤면, 헤라펠리스
       1주년 기념식이 바로 이 분수대에서 열립니다. 지역 유명 인사들 다 불

러놓고, (시체 가리키며) 지금 저 꼴을 보이겠다는 겁니까?

상아　그러니까 빨리 경찰에 신고부터 해야죠!

규진　모르면 잠자코 있어. 경찰이 오면 바로 우리가 용의선상에 올라. 아이
들도 그렇고!

상아　(놀라고) 우리 애들이 왜요? 울 애들이 설마 죽였다고요?

마리　우리야 아닌 거 알죠! 그치만 경찰은 다를 걸요? 만약 재수 없게 핸드폰
이라도 발견되면, 우리 애들은 그날로 인생 종치는 거예요.

단태　(말에 힘줘서) 제 말 잘 들으세요! 민설아는, 이 시간, 우리 헤라팰리스
엔 온 적이 없는 겁니다!

서진　그게 무슨 말이죠?

단태　(머리 굴리며) 민설아가 떨어져 죽은 곳은 이곳이 아니라는 말입니다.
민설아, 보송마을에 산다고 했죠?

규진　사체를 유기하자는 거예요? 형법 제161조, 사체, 유골, 유발, 또는 관내에
장치한 물건을 유기, 은닉 또는 영득한 자는 7년 이하의 징역에 처한다.

단태　우리 아이들을 지키려면 어쩔 수 없는 선택입니다. 어차피 저 아인 살
아 돌아오지 않아요. 저 애 하나 때문에 우리 모두가 똥물을 뒤집어쓸
순 없죠!

마리　(손 번쩍 들고) 난 찬성! 우리 아이들과 헤라팰리스를 지켜야죠!

서진　다수결로 해요. 대신, 어떤 결과가 나오든 무조건 그 의견에 따르는 걸로!

단태　거수로 하겠습니다. 찬성하시는 분!

서로 눈치 보다가 윤철과 상아 빼고 모두 손을 들고. 상아도 쭈뼛하다
가 손을 들면.

단태　좋습니다! (급히 태주에게 전화하는) 윤 실장. 지금 당장 관리실에 연락
해서, 30층 분수대 앞 통제시켜! 보안실 CCTV도 중단시키고! (전화 끊
고) 다들 정신 차리고, 제가 시키는 대로 하셔야 됩니다.

모두들　(벙쩐 채 단태만 보고 있으면)

단태	(시계 보고, 민첩하게) 기념식까지 남은 시간은 정확히 1시간 50분! 단 일 초도 허투루 보낼 수 없습니다. 남자들은 시신 옮기는 일을, 여성분 들은 여기 분수대를 맡으세요.
마리	(잘 세팅된 머리를 대충 말아 올리고) 맡겨만 줘요! 자신 있으니까!
단태	그럼 제니 어머니께서 현장을 진두지휘해주세요. 기념행사 전까진 무 슨 수를 써서든 완벽하게 되돌려놓아야 합니다!
윤철	(발끈하며) 우리가 왜 주 회장 말을 따라야 하죠? 일을 엉망으로 만든 사람이 누군데?!
단태	(매서운 눈빛) 여기서 민설아 죽음에 자유로운 사람은 아무도 없으니까!!

자막, 〈기념식까지 1:48:35〉
시간 계속 줄어들고...

242. 몽타주(밤)

엘리베이터. 30층 버튼이 눌러지지 않게 조작하는 관리인들.
경비들, 30층으로 통하는 계단에 "시설점검", "출입통제"라는 스탠드
팻말을 세워놓는. 통로 문을 전부 잠그는 바쁜 손들.
입주민들 다가오면, 경비들 막아서서 완벽히 통제하고.
헤라팰리스 보안실. 30층 분수대 앞 CCTV를 전부 끄는 손. 녹화를 중
지시키는 윤태주고.

방송(E)	30층 분수대 누수로 인해 긴급 방수 작업이 실시되고 있습니다. 일시적 으로 출입을 통제하오니, 입주민 여러분들의 양해 부탁드립니다. 1주 년 행사는 차질 없이 진행될 예정이니, 많은 참석 바랍니다.

243. 헤라팰리스 영화관(밤)

석훈, 석경, 은별, 제니, 민혁, 불만 섞인 얼굴로 각각 자리에 앉고.
석훈과 은별의 표정, 특히 어두운데.

제니	갑자기 웬 영화 감상? 원래 춤추고 노는 거 아니었어?
석경	어른들만 즐길 순 없지! 아까 파티장에서 몰래 하나 들고 왔어. 최고급 샴페인, 아르망 드 브리냑. 어때?
제니/민혁	올~~ (엄지 척 올리면)
석경	(가슴에서 샴페인을 꺼내서 마구 흔들더니, 멍한 얼굴로 앉아있는 은별을 향해 샴페인을 터트리는데)
은별	(샴페인이 터지면서 얼굴에 거품이 묻고. 순간 버럭) 뭐하는 거야?!!
석경	(놀라) 뭘 그렇게 화를 내? 저녁 내내 멍 때리고 있고. 뭔 사고라도 쳤어?
은별	(당황, 시선 피하며) 옷 갈아입고 올게. (입구로 나가려는데. 열리지 않는 문) 왜 안 열리지?
민혁	안 열려? 우리 모르게, 서프라이즈 선물이라도 준비하시는 거 아냐?
석훈	(굳은 표정으로 스크린 응시한 채) 호들갑들 떨지 마. 잠자코 영화나 봐.
석경	오빠 왜 기분 안 좋아? 설마, 민설아가 우리한테 해코지할까 봐?
제니	(석훈 보며) 하긴, 주범으로 딱 걸렸으니까. 쫌 걱정은 되겠다. 그치?
석경	걱정할 거 없어. 걔 고아야. 우리 부모님이 그깟 애 하나 상대 못하겠어?
석훈	(말없이 스크린에 시선 고정해있는. 미세하게 떨리는 눈과 손...)
은별	(역시, 열리지 않는 문고리를 잡은 채 불안한 눈빛이고)

244. 분수대 로비(밤)

단태와 윤철, 라텍스 장갑을 낀 채로, 설아의 시신을 힘겹게 바닥에 내리는데.
서진과 마리가 인상 찌푸린 채 지켜보고 있고.
그러다 축 늘어지는 설아의 팔이 서진의 다리를 치면. 서진, 비명과 함께 휘청하는데. 그런 서진을 잡아주는 단태.

단태	괜찮아요? (서진을 한 팔로 안아서 잡아주면)
윤철	(얼른 단태의 팔을 뿌리치며, 서진을 부축하는데)
서진	됐어요. (윤철을 밀어내는데)

그때 규진과 상아, 골프 항공백과 수건을 들고 급히 오는.

규진　　(어깨에 멘 채) 이 정도면 되겠죠?

단태　　(항공백을 열어젖히고) 충분하겠는데요.

상아　　(불안해 미치겠고) 지금이라도 119에 신고해야 되는 거 아니에요?

마리　　그건 절대 안 될 말이라고 몇 번을 말해요? 우리 헤라팰리스에서 애 하
　　　　　나 죽어나갔다고 뉴스라도 나면, 집값 떨어지는 건 한순간이라니까요!
　　　　　게다가 쟤 핸드폰에 울 애들이 장난친 거 다 녹음돼있잖아요! 민혁이
　　　　　청아예고 짤려도 상관없어요? 평생 집단 폭행 가해자로 꼬리표 달고
　　　　　살아도?!

상아　　(움찔하고) 누가 그렇대요?! 암튼 말을 못 해...

마리　　(상아에게서 수건을 낚아채, 나눠주며) 일단 물기부터 닦죠?

서진　　(기겁해서) 내가요?

마리　　내일까지 비 예보 없어요. 물에 젖어서 발견되면 의심받아요! (수건으
　　　　　로 설아의 젖은 머리카락을 탈탈탈 털어 말리는데) 뭐해요? 같이 안 해요?
　　　　　(상아와 서진의 팔을 잡아당기고, 숙련된 손놀림으로 설아 옷에 물기를 열
　　　　　심히 닦아내는데)

단태　　(골프 항공백 안에 수건을 깔고, 남자들에게 눈짓하면)

남자들　　(벌레 잡듯 설아의 시체를 들어서 항공백 안에 넣는데. 제대로 들어가지 않
　　　　　으면. 설아의 다리를 구겨 넣고)

단태　　(시계를 보더니) 일단 우린 출발하죠! (골프 항공백 지퍼를 관처럼 닫는데)

　　　　　자막, 〈기념식까지 1:25:40〉
　　　　　시간 계속 줄어들고...

245.　　헤라팰리스 엘리베이터 안(밤)
　　　　　연미복 차림의 세 남자, 엘리베이터에 올라타고. 지하 3층을 누르고 주
　　　　　차장으로 내려가는데.

192

가운데에 골프 항공백이 세워져있는.

긴장된 표정의 세 남자 위로 어울리지 않는 음악이 흐르는.

그때! 갑자기 멈춰 서는 엘리베이터. 다들 긴장하는데.

규진   뭐야? 왜 멈춰?

        엘리베이터 문 열리고. 앞에 서있는 사람, 경찰 제복을 입은 경찰이고.

경찰   실례합니다. 경찰입니다.
남자들   (경찰을 보고 기겁하는 데서)

246.   헤라펠리스 기계실(밤)
        널브러진 설아의 가방을 챙기는 서진, 설아의 스프링 노트를 보고 멈
        칫하는.
        뭔가 떠오른 듯, 설아가 써놓은 앞 페이지는 확 찢어버리고는, 펜을 들
        고 뭔가를 써 내려가는데.

247.   헤라펠리스 엘리베이터 안(밤)
        경찰, 엘리베이터 안으로 올라타면. 남자들, 긴장해서 얼어붙어있는.

경찰   다들 멋있게 차려입으셨네요. 특히, (규진을 보며) 이규진 변호사님.
규진   (당황해서) 아... 그렇습니까.
경찰   오늘 1주년 기념 파티에 의원님도 참석하신다면서요. 이 변호사님이
        특별히 지구대에 보안을 요청하셔서 미리 찾아뵙습니다.
윤철   왜 시키지도 않은 짓을! (규진을 찌릿! 노려보면)
경찰   아 참, 아파트 안에서 비명 소리가 들렸다는 신고가 있었는데... (다들 쭈
        뼛하면)
단태   (얼른 나서고) 불꽃놀이 행사 때문에 주민들의 환호성이 컸어요. 비명

소리로 잘못 신고가 들어간 모양이네요. 의원님 의전도 제가 따로 경호 팀을 붙였으니, 그냥 돌아가셔도 됩니다.

경찰 아.. 그렇다면 뭐. 근데, 골프 여행 가시나 봐요? (항공백을 만져보는데)

케이스 사이로 흘러나오는 피를 발견하는 단태, 화들짝 놀라고.

단태 (규진을 툭 치며 처리하라는 듯 눈짓하고. 얼른 경찰에게 자연스럽게) 아, 주말에 떠나는데 미리 차에 실어놓으려고요. (골프 항공백을 몸으로 가리면)

규진 (미치겠고, 혼잣말) 나더러 어쩌라고!! (흘러나오는 핏자국에 난감해하는데)

윤철 (갑자기 규진의 다리를 쳐서, 핏자국 위에 주저앉히면)

규진 (바닥에 쓰러지고) 으어!

경찰 괜찮으세요? (규진을 보면)

규진 아, 그럼요. (얼른 몸으로 핏물을 가리며 웃어 보이는데)

윤철 술이 과했네, 이 친구가.

경찰 (의심스럽게 남자들 얼굴을 보며) 잘 차려입으시고, 안 어울리게 라텍스 장갑은 왜...

윤철 네? (보면, 세 사람 모두 장갑을 끼고 있는. 헉! 하는데)

단태 (여유 있게 장갑을 벗으며) 오늘 파티가 있어서 샴페인 옮기는 일 좀 도 와줬어요. 요즘은 종업원 눈치도 봐야 해서 말이죠.

경찰 아... 매너 좋으신데요. (하는데, 엘리베이터가 지하 3층에 멈춰 서면)

단태 (안도하며) 먼저 내리시죠. 공무가 바쁘실 텐데..

경찰 그럴까요. (뭔가 찜찜한 표정으로 먼저 내리면)

규진 (벌떡 일어나, 버럭) 아, 뭐하는 짓이야!!! (윤철의 먹살을 쥐려는데)

윤철 (규진의 손을 피하며) 피!!!

규진 (손에 묻은 핏자국을 보고) 엄마야!! 나 죽어!! (기겁해서, 행커치프로 피 를 닦아내는)

248.　헤라펠리스 주차장 일각(밤)

남자들(E)　(진지한 목소리) 안 내면 진 거. 가위바위보!

　　　　가열차게 가위바위보를 하는 세 사람의 손. 윤철 지는데.

규진　(고소해하며) 것 봐요. 하나 마나라니까. 우리 엄마가 요리연구가라 냄
　　　　새를 귀신같이 맡아서, 내 차는 절대 안 된다고 했잖아!

윤철　(난감한) 내 차도 뽑은 지 얼마 안 됐는데...

규진　이거 은근 긴장감 쩌네. (좋아하면)

단태　(윤철에게) 트렁크 빨리 열어요. 시간 없어요!

윤철　(할 수 없이 키를 삑 눌러서, 자신의 차 트렁크를 열면)

　　　　세 남자, 골프백 항공커버를 낑낑대며 들어서 윤철 차 트렁크에 싣는데.

규진　(윤철에게) 아 쫌 잘 들어봐요. 나만 드나? 힘 하나도 안 줬죠?

윤철　누가 할 소리? 입으로 힘써요? (또 으르렁대면)

단태　다들 신나 죽겠죠?! 진짜 우리 골프 치러 가는 줄 착각하는 모양인데,
　　　　이 안에 든 거 사람이에요. 지금 말싸움할 정신이 있어요?! (매서운 표정
　　　　짓고)

　　　　그제야 다들 찍소리 못하고, 힘 보태서 트렁크에 설아 시신을 넣으면.
　　　　그때, 서진이 뛰어오고.

서진　(설아의 가방과 노트를 건네주며) 민설아 가방이에요. 노트에 유서 적어
　　　　놨어요. 같이 세팅해줘요.

윤철　(기막힌 듯 서진을 보며) 유서?

규진　역시 우리 서진 씨 머리가 빨리 돌아간다니까. 아주 굿입니다, 굿.

단태　(노트를 받아서 열어보는데) "나 같은 건 태어나지 말았어야 했어. 다들 죽

어버렸음 좋겠어"라고 써있고. 순간 만족스러운 미소) 문장이 근사한데
요. (가방에 노트를 쓱 넣고, 서진 보며) 분수대는 어떻게 되고 있어요?

자막, 〈기념식까지 00:59:55〉

249.   헤라펠리스 분수대(밤)
        마리, 드레스 치마를 걷어 올린 채 분수대에 들어가서 배수구 마개를
        빼내면.
        붉은 핏물이 배수구에 회오리를 일으키며 빠르게 빠져나가는.
        마리와 상아, 청소솔로 분수대의 핏자국을 씻어내는데.

마리   왜 하필 여기서 죽어서 사람을 개고생을 시키냐고. 첨부터 걔 마음에
          안 들었어!!
상아   아무리 그래도 죽은 애한테 너무 심한 거 아니에요? 어린애잖아요.
마리   이상하네, 아까부터 왜 걔 편을 들어요, 민혁 엄마는! 뭐 찔리는 거 있나?
상아   그게 무슨 소리예요? 진짜 한번 붙어보자는 거죠?! (덤비면)
서진   (다가서며) 지금 싸울 시간이 어딨어요? 핏자국 언제 다 닦을 거예요?
마리   (욱해서) 천 쌤도 보고만 있지 말고 빨리 걸레 들고 덤벼요. 따지고 보
          면, 이게 다 천 쌤 때문에 일어난 일 아니에요? 왜 근본도 모르는 고아를
          과외 쌤으로 데려와서..
서진   지금 내 탓하는 거예요?!
마리   (청소솔과 걸레를 서진에게 휙 던지고) 됐고! 피 한 방울 남기지 말고, 모조
          리 싹 다 지워야 돼요. 여기 책임자는 나니까! 잘 봐요. (하이힐을 벗어던
          지더니, 드레스 치마를 걷어 올리고는 브로치로 고정시켜서 바지처럼 만들
          고) 얼른 나처럼 해봐요. 여기까지 꽉 올려줘야 편하다는 거 잊지 말고!
서진/상아 (어쩔 수 없이 따라 하는데. 힐을 벗고, 드레스 치마를 걷어 올려서 바지처럼
          만들면)
마리   (박수 두 번 쫙쫙! 치고) 천 쌤은 저쪽, (박수 쫙쫙!) 상아 씨는 요쪽. 허리

196

업! 허리업! 빨리빨리 움직이세요!

마리의 지시에 따라 기민하게 움직이는 서진과 상아.
마리가 락스를 뿌리고, 서진과 상아가 청소솔과 걸레로 분수대를 박박
닦으면.

마리	천 쌤은 왜케 손이 느려 터졌어요. (시범 보이며) 이렇게, 못해요?
서진	이런 일을 해봤어야죠.
마리	어어, 상아 씬 잘하네요. 합격!
상아	(금세 편먹고 우쭐해지고) 감사해요. 이것도 은근 머리를 써야 잘되네요.
마리	(잘난 척하며) 당연하죠. 힘이 아니라 이건 스킬이에요, 스킬! 분수대 물을 채우려면 일분일초가 아까워요. 지금부터 5분 안에 마무리 지어야 해요.

핏자국을 빠르게 닦기 시작하는 세 사람.

250.   도로 위/윤철의 차 안(밤)
       운전석에 윤철, 보조석에 단태 타있고. 뒷좌석에 규진이 타있는.
       침묵이 이어지는데. 갑자기 차가 밀리고.

규진	(늘어선 차를 보며) 급해 죽겠는데 왜 이렇게 밀려. 한밤중에.
단태	밀리는 게 아니라 음주운전 단속이에요!
규진	(기겁해 머리 쥐어뜯고) 으아악! 왜 그 생각을 못 했죠? 우리 다 술 마셨잖아요. 대리를 불렀어야 했나. 우린 이제 끝이에요, 끝! (난리 피우면)
단태	(역시 긴장하고. 윤철에게) 침착해요. 문제 생기면 내가 어떡해서든 무마시킬 테니.

모두들 긴장, 경직된 가운데 윤철이 음주 측정할 차례고.

경찰	(윤철에게 측정기 대고) 후 부세요.
규진	(갑자기 끼어들고) 잠깐! 우리 경찰 아저씨가 동생 같아서 그러는데. (지갑에서 5만 원권 두둑하게 꺼내 건네며) 회식이나 해요.
경찰	(멈칫, 그러다 빠직! 하는 눈빛) 지금 저한테 뇌물 주시는 겁니까? 지금이 어떤 세상인데 이런 게 통할 거 같아요! 어서 후 부세요.
윤철	(있는 힘껏 후! 불면)
단태/규진	(이제 끝났구나 싶은데)
경찰	(이상 없다) 통과~!
윤철	(아무렇지 않게 차 출발시키면)
단태	어떻게 된 거예요?
윤철	술 안 먹었어요.
규진	(어이없는, 버럭) 아 씨! 그걸 왜 이제 말해요! 얼마나 쫄았다고!
윤철	안 물어봤잖아요.
단태	(미소 머금고) 어쨌든 하늘도 우리 편이네요! (의기양양해지는)

251.　보송마을 아파트 입구/윤철의 차 안 (밤)
　　　다가와 멎는 윤철의 차.
　　　선팅된 차 안에서 내리는 윤철, 주변을 둘러보고는 빠르게 보송마을 아파트 쪽으로 뛰어가고.

252.　보송마을 아파트 기계실 (밤)
　　　윤철, 핸드폰 플래시로 이것저것 비추다가, 기계실 안의 CCTV 전선을 끊어내는.

윤철	(곧바로 전화하는) 준비 완료!

　　　자막, 〈기념식까지 00:46:12〉에서 시간 점점 줄어들고.

253.　보송마을 아파트 경비실 밖/안(밤)
　　　"지금 순찰 중입니다" 팻말이 붙어있고.
　　　비어있는 경비실 안. CCTV 녹화 화면이 꺼져있는데.

254.　헤라팰리스 분수대/화장실(밤)
　　　마리, 분수대 버튼을 누르면, 물이 쏟아지는데.

서진　(숨 내쉬고) 다행이에요. 핏자국도 다 지웠고. 이제 남자 쪽만 잘 처리하
　　　면 되겠어요!
마리　속단하기 일러요. 저 쫄쫄대는 물줄기 좀 봐요. 어느 천 년에 물이 다 받
　　　아지겠어요. (대야를 주며) 화장실에서 물 퍼서 날라요!
서진/상아　(기막혀) 네?
마리　시간 없다니까요! 허리업!

　　　서진, 마리, 상아, 화장실에서 대야에 물을 가득 담아서, 분수대에 퍼 나
　　　르고.
　　　정신없이 대야를 들고 뛰는 세 여자.

255.　보송마을 아파트 일각/화단 위(밤)
　　　단태, 윤철, 규진, 골프 항공백을 힘들게 짊어지고 오고.
　　　온몸이 땀으로 흠뻑 젖는데.
　　　규진, 힘들어서 바닥에 툭 놓으면, 무게를 못 이기고 항공백 귀퉁이가
　　　찢어지면서 설아의 손이 툭 튀어나오는데.

규진　우욱! (욕지기하다가 토 올라오면)
윤철　어어. 여기서 토하면 안 돼요. DNA 남길 셈이에요? 다시 삼켜요, 삼켜!
규진　(몇 번 꿀떡꿀떡 하더니 간신히 삼키고)
단태　(비위 상해서 고개 돌리며) 여기부턴 전문가인 하 박사에게 맡길게요.

어떻게 놓을지 생각해봐요.

윤철 (5층 위 옥상을 올려다보며) 그러니까 저기 위에서 떨어진다면.... (화단에 누워서 시연하는) 이렇게. 아니 이렇겐가? (이리저리 자세 바꿔보고) 아, 이렇게가 좋겠네요!

규진 올~ 하 박사 오늘 좀 쓸모가 있다니까! (감탄하며) 자, 그럼 시작할까요?

골프 항공백에서 시체를 꺼내, 낑낑대며 드는 규진과 단태, 설아의 시체를 화단 위에 툭 하고 떨구는데.
그때, 규진의 회중시계 줄이 걸리며 끊어지는. 규진, 눈치 못 채고.
윤철, 옥상에서 떨어진 듯, 설아 시체의 모양을 잡고 있으면.

규진 (갑자기 사색돼서) 우.. 운동화가 없어요!

남자들 (일제히 보면, 설아의 발 한쪽 운동화가 벗겨져서 없는. 골프백 안 찾아보는데 역시 없고. 서로를 쳐다보는) !!!!

256. **몽타주(밤)**
      서진, 기계실 문을 와락 열고 들어가 확인하는.

서진 (전화 통화하는) 여긴 없어요!

오른쪽 화면으로, 엘리베이터 안과 주차장을 뛰어다니며 확인 중인 마리 모습.

마리 (전화하는) 여기도 없어요! 아무리 찾아도 없다니까요!
       아래 화면으로, 분수대를 샅샅이 살피고 있는 상아 모습.

상아 (역시 전화로) 여기도 마찬가지예요.

카메라 부감으로, 분수대 위, 헤라상 안에 놓여있는 설아의 운동화 한 짝.

257.   보송마을 아파트 일각/화단 위(밤)
         무선 이어폰으로 통화 중인 단태.

단태   더 이상 지체할 시간이 없습니다. 각자의 위치에서 최선을 다해 마무리
         해주세요. (전화 끊고. 윤철에게 설아의 가방을 내밀고) 이 가방, 옥상 위
         에 놔주세요! 유서가 발견되려면 거기가 좋겠네요.
윤철   (가방 들고 뛰어가면)
규진   그럼 끝난 건가요? 이제 철수해요?
단태   (비장한 표정) 한 가지가 남았죠. 유서를 완성시키려면!
규진   유서에 뭐라고 썼는데요?
단태   올라가죠! (설아의 집 쪽을 올려다보는데)

258.   설아 아파트 현관(밤)
         열쇠로 문을 열고 들어서는 단태. 이어서 규진도 들어서고.

규진   열쇠는 또 어디서 났어요?
단태   아까, 죽은 애 가방에서 찾았죠. (핸드폰 손전등을 켜서 안을 살펴보며 들
         어가는데)

         그때, 다다다다 달려오는 생명체.
         규진의 구두를 밟고 열린 문으로 쏜살같이 뛰어나가는데. 설탕이고.

규진   아악!! (기겁해서 넘어지는) 저... 개새끼가.. 놀랬잖아! (넘어지다가 구두
         에 뭔가 밟히고) 뭐야, 이건 또?!
단태   (핸드폰 손전등으로 비춰보고) 개똥인데요.
규진   에잇! 야, 너 이리 안 와?! (인상 팍 쓰는데. 자신의 핸드폰 손전등으로 실
         내 비춰보다가, 벽에 걸린 설아의 눈동자 모양 그림에 또 화들짝 놀라서 엉
         덩방아) 아악! (다시 보면, 눈동자 그림이고) 아이 씨, 깜짝이야! 뭔 눈알

이 벽에 걸려있어.

단태   (그때 단태의 핸드폰 울리고. 화들짝 놀라면 "조상헌 의원님"이라고 뜨고. 전화 받지 않는. 매서운 눈빛으로) 이제 정확히 25분 남았습니다.

단태, 담배를 꺼내서 불을 붙이고는, 실내를 쭈욱 둘러보더니, 한쪽에 놓여있는 설아의 옷가지가 담긴 라면 박스에 불붙은 담배를 획 던지는데. 규진, 놀라서 보면.

단태   (괴랄한 표정 지으며) 핸드폰이 발견되지 않은 이상, 이게 최선이겠죠. 이걸로 모든 증거는 사라지는 겁니다! (사악한 미소)

천천히 연기가 피어오르며 불길이 붙기 시작하는데. 점점 불길이 거세지고.
불꽃에 환해지는, 설탕이와 찍은 설아의 사진이 클로즈업되면서.

설아(E)   엄마.... 엄마.... 엄마....

259.   꿈
수련의 시선으로, 분수대로 떨어지는 설아.

260.   펜트하우스 단태 수련의 침실 (밤)
수련   아가! 아가!!

손을 뻗어 잡으려는 듯 소리치던 수련, 그대로 눈을 뜨는데.
식은땀을 흘리고 거친 숨을 토해내며 정신을 차리고 보면, 링거를 맞고 있는.

양씨(E)   정신이 드십니까, 사모님.
수련   (그제야 돌아보면, 수련의 옆을 지키고 있는 사람 양씨고. 몸 일으키며) 어떻게 된 거예요? 내가 왜 여기...

양씨   (차분하게) 사모님께서 엘리베이터에서 쓰러지셨어요. 경비한테 연락
      이 와서 내려갔더니... 기억이, 안 나세요? (보면)

수련   엘리베이터? (순간, 누군가 밀어서 떨어지던 설아의 모습이 또렷이 떠오르
      고. 벌떡 일어나 링거줄을 빼내고 뛰쳐나가는데)

양씨   사모님!! (따라나서다가 멈춰 서고. 단태에게 문자를 넣는)

261. 헤라펠리스 분수대 로비(늦은 밤)
      수련, 엘리베이터를 강제로 열듯이 뛰쳐나와, 미친 듯이 로비를 달려
      분수대로 향하는데. 멈칫! 그대로 얼어붙은 듯 멈춰 서면.
      수련의 눈앞에 펼쳐진 건, 평화롭게 분수대 점등식이 진행되고 있는
      파티 상황.
      천장에 돔 모양의 개폐식 자동문이 열려있는 상태고.
      입주민들부터 단태, 윤철, 서진, 마리, 상아, 그리고 아이들까지 다 모여
      있는데. 모두들 아무 일 없이 평온하기만 한데.

수련   말도 안 돼... 대체 이게 어떻게... (사람들 틈에서 설아의 모습을 찾지만, 보
      이지 않고)

서진(E) 몸 좀 괜찮아요? 아프다 들었는데.

수련   (놀라서 휙 돌아보면, 서진이 서있고) 여기, 아무 일... 없었어요?

서진   (전혀 모르는 듯) 무슨 일이요?

마리   (끼어들며) 왜요? 무슨 일 있어야돼요? 나도 좀 알려주지.

수련   (정신이 멍한데. 자신이 꿈을 꾼 것만 같고)

단태   (다가와 수련의 허리를 감싸면서) 악몽을 꿨다면서? 양 집사가 그러던
      데. 이런. 낯빛이 아직 안 좋은데. 빨리 끝내고 쉬어야겠어.

수련   (단태를 보는데, 부드럽게 미소 짓고 있는. 너무도 태연한 표정이고)

단태   늦지 않아서 다행이야. 곧 분수대 점등식이 시작될 거야.

수련, 단태에게 이끌려 상석으로 가면. 모두가 흥겹게 기념 파티를 즐기고 있고.

단태	(사람들 앞에 서서 인사말 하는) 이렇게 늦은 시간에, 헤라펠리스 1주년 기념 파티를 위해 참석해주신 모든 분들께 입주민들을 대표해서 감사의 인사를 드립니다. 특히, 저희 지역구 국회의원이신 조상헌 의원님. 감사합니다.
상헌	(일어나 인사하는데, 모두들 열렬히 박수로 맞고)
단태	그럼 지금부터, 헤라펠리스의 상징인 분수대를 완벽하게 만들어줄 점등식을 시작하겠습니다. 이태리 유명 조각가가 제작한 헤라상을 주목해주십시오! (상헌에게 신호를 보내면)

상헌, 힘차게 버튼을 누르고.
헤라상과 분수대에 오색찬란한 불빛이 환하게 밝혀지는데.
사람들 일제히 환호하고, 동영상을 찍는 사람들, 플래시 여기저기서 터지고.
수련, 멀쩡한 분수대를 보면, 믿을 수 없는 광경에 당황스럽고.

수련(E)	분명... 분수대로 떨어졌는데... 내가 꿈을 꾼 건가?
단태	모두 잔을 들어주십시오. 결혼과 정절의 수호신 헤라와, 헤라펠리스의 찬란한 영광을 위하여!
모두들	위하여!!!
단태	(상헌과 잔 부딪치면. 다른 부부들도 다 환호하며 건배하고)
상헌	(단태에게 축하 인사하는, 능글맞은 말투로) 정말 멋진 기념식입니다, 주 회장님. 과연 스케일이 남다르세요. 한강에서 폭죽까지 터트렸다면서요.
단태	감사합니다. 의원님께서 늘 도와주신 덕이죠.
상헌	(옆에 있는 수련을 발견하고) 사모님 되시죠? 언제 봐도 미모가 뛰어나십니다. (잔 부딪히려는데)

수련	(넋이 나간 채 분수대 쪽만 보고 있으면)
단태	(수련을 감싸 안으며) 여보! 조 의원님께 인사드려야지.
수련	(그제야 상헌을 보는) 네? 네... (조상헌 얼굴을 확인한 순간, 설아와 조상헌이 찍은 사진 인서트 되고. 얼굴 굳어져서 보면)
단태	(얼른 둘러대는) 아내가 오늘 몸이 안 좋아서... 이해해주십시오.
상헌	흠... (머쓱한데)
수련	(순간 단태의 옷깃에 보이는 핏자국을 발견하고) 당신 이거? 옷에 피가...?
단태	어? (당황해서 보면)
서진	(다가서며) 제가 아까 와인을 쏟았지 뭐예요. 정말 죄송해요. 실수로 드레스를 밟는 바람에.. 어떡하죠. 옷을 버려서.
단태	괜찮습니다. 신경 쓰지 마세요. (서진과 눈짓 주고받는데)
마리	(대화에 끼어들며) 반지 신경 쓰다 그런 거죠? 대체 알이 얼마짜리야? 오늘 너무 힘줬다, 천 쌤!
수련	(순간 서진의 알이 꽤 큰 루비 반지를 보는 시선)
마리	진짜 환상이지 않아요? 이태리 명품은 다르다니까요. (호들갑 떨면)
규진/상아	(불이 밝혀진 조각상을 뒤로하고 셀카를 찍느라 바쁜데)
수련	(그들의 모습을 찬찬히 보는 수련, 흙 묻은 단태의 구두와 바짓단, 윤철과 규진도 옷이 어딘가 지저분해 보이고. 모든 게 의심스럽고 혼란스러운데. 핸드폰을 열어보면, 설아 아직도 톡을 확인 안 했고. 전화를 걸어보지만 전화받지 않는) (E) 설아야.... 어딨니... 대답해 제발.... (미치겠는데. 점점 고조되는 음악)

262. **설아의 아파트 안(밤)**

인화성 물질에 불이 붙으면서, 아파트 전체를 휩싸고 일어나는 거센 불길.

263. **보송마을 아파트 단지(늦은 밤)**

화재 경보에 뛰쳐나와있는 아파트 주민들.

주민1	소방차가 왜 이렇게 안 와.
주민2	어떡해... 저기 여자애 혼자 사는 집 아냐?

사람들 웅성대는데.
그 앞 화단에, 널브러진 설아의 시신. 사람들 발견 못 하고.
설아의 시체 곁을 지키고 있는 설탕.
그 위로 사이렌 소리 들리는(E).

264.   헤라팰리스 분수대(밤)

상헌	(헤라상을 가리키며) 그럼 저 헤라상이 품고 있는 운동화도 이태리에서 온 건가요?
단태	뭘 말씀하시는 겁니까?! (찬찬히 보는데, 헤라상 팔 안에 운동화 한 짝이 그제야 보이는. 순간 얼굴 사색되어 굳어지고)

상헌의 말에, 헤라클럽 사람들, 모두 당황한 표정 역력하고. 서로의 시선 묘하게 부딪치는데.
수련도 놀라서 보는. 순간 쿵! 하고.

단태	애들 누가 장난친 모양인데요.
규진	(얼른 표정 관리하며) 떽! 누가 그랬어?! 하하하.. 짓궂은 놈들.
마리	애들이 호기심에 그럴 수도 있죠. 진짜 귀여워 죽겠다니까. 호호호~
단태	(관리인에게) 뭐해요? 빨리 빼내지 않고! 저런 귀한 물건을 더럽히다니! (표정 일그러지면)
관리인	네, 회장님. (분수대 위로 올라가, 헤라상에서 설아 운동화를 꺼내는데)
수련(E)	(틀림없이 설아의 운동화가 맞고) 내가 잘못 본 게 아니었어. 틀림없이 설아였어!! 당신들... 우리 설아한테 무슨 짓을 한 거야!!! (두려운 표정으로, 헤라클럽 사람들을 보는데)

그때, 조 의원에게 비서가 다가가 뭔가 속삭이면.

상헌   뭐? 보송마을에서 화재?

수련   (그 말에 우뚝 멈춰 서는. 놀라 상헌을 보는데)

헤라클럽 사람들   (역시 멈칫하고, 은밀히 시선 주고받으면)

수련   (순간 이상한 느낌을 감지하는)

비서   고아 혼자서 살고 있는 집이라고 합니다. 가보셔야 할까요?

상헌   내가 소방관이야? 뭐 그깟 일로. 아직 여기 행사도 안 끝났는데.

수련   (불길한 예감에 뒷걸음질 치는데, 웨이터와 부딪치고. 샴페인 잔이 와장창 깨지면. 그대로 뛰어나가는 수련)

단태   (그 모습을 보는데. 태주에게 따라가 보라는 듯 눈짓하는)

265.   **도로 일각/수련의 차 안**(새벽)
빠르게 차를 몰아가는 수련. 액셀을 마구 밟으며 지그재그로 운전해서 달리는데.
그 위로, 라디오에서 흘러나오는 뉴스 멘트.

앵커(E)   방금 들어온 소식입니다. 보송마을 아파트 5층에서 불이 나, 출동한 소방관들에 의해 30여 분 만에 진압됐습니다.

266.   **설아의 아파트 안**(새벽)
앵커 멘트 위로 보이는 화재 진압 후의 잿더미의 모습.
소방관들 수색 중이고.

앵커(E)   화재 당시 집 안에는 사람이 없는 것으로 확인됐으나, 이로 인해 백여 명의 주민들이 대피하는 소동이 빚어졌습니다. 경찰과 소방당국이 정확한 화재 경위를 조사하고 있는 가운데...

267. 보송마을 아파트 화단(새벽)
      폴리스 라인 쳐진 화단 사이로 설아의 시신이 보이고. 그 위로,

앵커(E) 아파트 화단에서 시체 한 구가 발견되어 충격을 주고 있습니다. 사망자
        의 신원은 보송마을 아파트에 살고 있는 10대 소녀로 확인되었고, 경찰
        은 아파트 단지 내 CCTV를 중심으로 타살 여부를 수사하고 있습니다.

268. 보송마을 아파트 입구(새벽)
      통제된 도로. 수련의 차가 끼익 달려와서 멈춰 서고.
      수련, 차에서 내려 미친 듯이 달리기 시작하는데.

269. 보송마을 아파트 화단(새벽)
      주민들 웅성거리고 있고.
      경찰들, 주민들을 막으며 시신을 이동식 침대에 실어 구급차로 이동하
      는데.
      넋이 나간 표정으로 그 시신을 보고 있는 건 수련이고.

주민1 쟤 고아 걔지? 맨날 밤늦게 돌아다니던 걔? 강아지랑 둘이 산다는 거
       같던데.
주민2 불도 쟤가 피운 담배꽁초 때문에 난 거래잖아. 죽을 거면 곱게 혼자 죽
       을 것이지 불은 왜 질렀대?
주민3 애가 음침하니 말도 안 하고, 학교도 안 다녔잖아. 하루 종일 뭔 짓을 하
       고 돌아다녔는지. (다들 비난하는데, 옆에 있던 할머니가 나서는)
할머니 (역정 내듯) 설아 그런 애 아냐! 설아가 얼마나 착했는데!! 아무것도 모
        르면서 열심히 산 애 욕하지 마!
주민들 (할머니의 말에 슬금슬금 자리를 피하는데)
할머니 아이고 불쌍한 것. 저 고운 나이에…. 부모가 쳐죽일 놈들이지. 왜 어린
        것을 낳고 책임을 안 져! 썩을 놈들!!

208

수련	(멍해지는) 죽어....? 설아가....?

그때, 달려오는 경찰.

경찰1	옥상에서 유서가 발견됐습니다. 자살인 거 같은데요. (유서 보여주면)
경찰2	(유서에 적힌 글을 읽는) 난 태어나지 말았어야 했어? 참나. 어린 게 독을 품었네. 집에 불을 지르고, 옥상에서 혼자 떨어진 거야? 신발 한 짝은?
경찰1	아직 안 보입니다.
수련	(순간 둔기로 머리를 맞은 거 같고. 경찰에게 달려들어 유서를 뺏어 드는데. 유서에 적힌 글씨를 보면 입술 파르르 떨리고) 아니야... 그럴 리 없어!! 자살 아냐!! 절대 아냐!!!
경찰2	(얼른 유서를 다시 가져가며) 뭐하시는 거예요? 수사 중인 증거물에 왜 함부로 손을 대요? 이거 공무방해죄예요! (화내고 가면)
수련	분명 봤어. 그 손...
	(인서트) 47층 난간에서 누군가 설아를 밀치던 손.
수련	뭔가 잘못됐어!! 자살했을 리가 없어!! 우리 설아가!!! (입을 틀어막으며 눈물이 솟구치는데)

그때, 설아 시신을 옮긴 구급차가, 모여있던 주민들을 뚫고 천천히 출발하고.
수련, "안 돼.. 안 돼..." 하다가 무작정 구급차를 쫓아 뛰기 시작하는데.
수련, 입구에 세워놓은 차로 달려가서 급하게 차에 올라타는.

270. 도로 위/수련의 차 안(새벽)
빠르게 속도를 높이는 수련의 차. 구급차를 쫓아서 달리는데.
눈물범벅이 된 수련의 얼굴, 살기로 가득 차있고. 사고가 날 듯 위험한
질주를 하는 수련. 미친 듯이 구급차를 따라 달리느라 신호 위반하며
마구 달리고.

몇 번이나 사고 날 뻔하는데도, 멈추지 않고 액셀을 있는 대로 밟는데.
그때 갑자기, 한쪽 도로에서 튀어나오는 차, 수련의 차를 바로 앞에서
가로막고.
수련의 차, 그 차를 피하려다 핸들을 확 돌리면서 급브레이크 밟고 멈
춰 서는데. 핸들에 머리를 박아 피를 흘리며 쓰러진 수련.
그때, 가로막은 차 안에서 내리는 누군가. 수련의 차 쪽으로 뚜벅뚜벅
걸어오는. 말없이 쓰러진 수련을 내려다보는 시선.

271. 병원 병실(아침)
햇살에 눈을 뜨는 수련. 정신을 차리고 보면 낯선 방이고.
머리에 거즈를 붙인 채로 얼른 몸 일으키려고 하는데, 움직여지지 않
는. 온몸이 침대에 묶여있는데.
누군가 창 쪽을 바라보며 서있는 게 보이고.

수련   (다급하게) 저기요! 나 좀 도와줘요!! 이것 좀 풀어줘요. 나 가봐야돼요.
       이것 봐요!! 내 말 안 들려요?

       그때, 수련을 향해 천천히 몸을 돌리는 사람, 태주고!

수련   (놀라는) 윤 실장....
태주   (더없이 냉정한 말투로) 그렇게 흥분하셔서 뭘 얻으실 건데요? 경거망
       동하면 다 죽는다고 말했을 텐데요.
수련   (순간 멈칫하는, 음성 변조된 전화에서 말한 얘기가 떠오르고)
남자(E) 당신 딸 찾고 싶으면 시키는 대로 해! 경거망동하면, 주혜인도, 당신 딸
       도, 다 죽어.
수련   당신이야? 나한테 전화한 사람이?!
태주   (말없이 수련을 보면)
수련   묻잖아!! 나한테 혜인이가 가짜 딸이라는 걸 말해준 사람이 당신이냐

210

고?!! 왜 그랬어? 왜!!!

태주 회장님이 알게 되면, 사모님도 위험합니다.

수련 상관없어!! 내 딸이 죽었는데 내가 살아있는 게 무슨 소용이야!! 내 딸이 죽었다고!!!! 주단태 옆에서 온갖 나쁜 짓은 다 해놓고, 이제 와서 죄책감이라도 드는 거야?!! 그런다고 니 죄가 없어질 거 같아?!! (온몸이 묶인 채로 발버둥 치며 난리 치면)

태주 맞습니다. 전 회장님이 시키는 대로 할 수밖에 없는, 회장님의 사람입니다. 제 목숨을 쥐고 계시니, 전 죽을 때까지 회장님 명령에 따를 겁니다.

수련 근데 왜 나한테 이러는 거야? 대체 뭘 원해?!!

태주 도사견에 막장 쓰레기라도, 한 번은 말해야 될 거 같아서요. 17년 전 무슨 일이 있었는지.

수련 (눈물범벅돼서 보는데)

272. 회상 1/서울 병원 신생아 집중 치료실 안/17년 전 (낮)

인큐베이터 안에서 신생아를 꺼내서 건네주는 간호사. 단태, 아이를 안아보는데.

"심수련 님 아기"라고 써있고.

간호사 32주 만에 태어났는데도, 벌써 자가 호흡을 할 수 있는 상태예요. 심장이랑 다른 기관도 다 정상이구요. 정말 천운인 거 같아요.

단태 (순간 표정 일그러지는) 다... 정상이라고요? 참, 끈질기네요. 생명이라는 게.

간호사 네?

단태 (애써 미소) 아닙니다. 눈망울이 참 예쁘죠?

간호사 (다른 인큐베이터 안의 미숙아를 보며) 저 아이도 32주째 태어났는데, 상태가 더 안 좋아졌어요. 산모도 미혼모라 경황이 없는 거 같고, 너무 안됐어요. 오늘 밤이 고빈데...

단태 (아이를 안은 채로, 옆에 있는 인큐베이터 안의 미숙아를 보는데. 의미심장

한 눈빛이고)

273. 회상 2/서울 외곽 공터/17년 전(낮)
추운 겨울. 찬바람이 거세게 불고 있는 외곽 공터. 인적이 전혀 없는 곳
이고.
태주, 신생아(아기 설아)를 안고 걸어가서, 공터에 버리고 돌아서려는
데. 순간 멈칫하고.
신생아의 작은 손이 자신의 손가락을 꽉 잡는 게 느껴지고.
태주, 보면. 신생아가 아무것도 모른 채 방긋 웃고 있는.
태주, 순간 표정 굳어지고. 자신의 파란색 스웨터를 벗어서 신생아를
꽁꽁 감싸놓은 다음, 급하게 자리를 뜨는데.

274. 회상 3/서울 외곽 공터/단태의 차 안/17년 전(낮)
태주, 차로 돌아와 운전석에 올라타면.
단태, 뒷좌석에 앉은 채로 여유 있게 커피를 호호~ 불어서 마시고 있는.

단태　　잘 끝냈어?
태주　　(표정 없이) 네, 회장님.
단태　　날씨가 왜 이리 추워? 올 들어 젤 춥다더니. 히터 좀 빵빵하게 올려. (픽
웃고) 출발하지. (아무렇지 않게 커피를 마시는데)
태주　　(백미러로 그런 단태를 보다가, 무표정하게 차 출발하는)

275. 회상 4/서울 외곽 공터/17년 전(저녁)
차를 세우고, 아이를 버려뒀던 곳을 다시 찾는 태주.
아이를 품에 안는데, 파란색 스웨터 안에서 꼼지락거리는 아이(아기
설아).

태주(E)　　저녁때쯤, 아이를 묻어줘야겠단 생각으로 다시 그곳을 찾았는데... 아

이가 그때까지 살아있었어요. 그래서 차마, 그 앨 그냥 두고 올 수가 없었어요. 어떻게든 살겠다고 발버둥 치는 거 같아서...

276.   회상 5/소망보육원 앞(밤)
        태주, 파란 스웨터에 싸인 아이를 소망보육원 앞에 버려두고 도망치는.

277.   현재/병원 병실(아침)
        수련, 괴로움에 온몸 발버둥 치면서 태주 얘기를 듣고 있는.

수련   그만해!! 그만!!!
태주   민설아가 따님인 줄은 저도 몰랐습니다. 안정제를 놔드렸으니 푹 주무
        십시오. (밖으로 나가면)
수련   안 돼!! 가지 마, 이 나쁜 자식아!! 니가 사람이야? 나 좀 풀어줘!! 나 설
        아한테 가야 돼!! 당장 이거 풀라고!! (미친 듯이 울부짖는 수련이고. 그
        러다 태주가 문 닫고 나가면, 눈빛 확 돌아서) 죽여버릴 거야 주단태!! 내
        손으로 널 꼭!!!

278.   펜트하우스 2층 거실(아침)
        2층 거실에 있는 벽난로에 땔감을 충분하게 넣는 단태.
        항공백과 연미복을 벽난로에 집어넣는 단태, 말없이 타는 걸 지켜보고
        있는데.
        그때, 핸드폰 벨 울리고. 보면 태주고.

단태   (받는, 잠긴 목소리로) 여보세요.
태주(F) 사모님은 아직 혜인 양 병실에서 간호 중이십니다. 혜인 양 상태가 많
        이 안 좋아서요.
단태   (귀찮은 듯) 일일이 보고할 거 없어. 시킨 일이나 똑바로 해! (전화 끊으
        려다) 아, 여기 골치 아픈 일이 있으니 그 사람 당분간 병원에 있게 해!

(전화 끊고, 몸 일으키더니 헤라클럽 단체 톡방에 문자를 보내는)

279.   마리 집 안방(아침)
        마리, 침대에 대자로 누워 잠이 든. 테이블 가득한 술병 보이는.
        그 위로,

단태(E) 유서에 적힌 대로 언론은 이번 사건을 신변을 비관한 여중생이 방화 후
        자살한 것으로 정리하도록 손을 써뒀습니다.

280.   규진 상아 집 거실(아침)
        규진, 소파에서 상아의 품에 아기처럼 안겨 잠을 자고 있는. 그러다 잠
        꼬대하면.

상아   괜찮아, 괜찮아... (규진의 등을 쓰다듬으며 규진을 달래는데, 굳은 표정이
        고. 그 위로)

단태(E) 설령 핸드폰의 마지막 위치가 헤라팰리스로 나온다고 해도, 우리와 직
        접적 관련이 있다는 건 찾아낼 수 없을 겁니다.

281.   서진 윤철 집 침실(아침)
        서진, 윤철과 등을 돌린 채 누워있는데, 둘 다 잠을 이루지 못하는.

단태(E) 걱정할 건 아무것도 없습니다. 그 아이는 그저, 발악하다 자살한 루저
        일 뿐이니까!

윤철   (문득 혼잣말처럼) 그 아이, 자살한 게 맞을까?
서진   (멈칫, 벌떡 일어나 쏘아보며) 그럼 누가 죽이기라도 했단 거야?
윤철   (따라 일어나며) 난, 주단태 못 믿거든. (그러다 서진 보며) 당신은 믿어,

그 자식? (기막힌 듯) 아... 그러니, 그 아이 유서까지 조작했겠지. 난 아까 당신 모습 보면서 소름 돋았어. 그렇게까지 해야 됐어? 그 사이코 자식의 말에 충성하듯이?! (몰아붙이면)

서진   난! 그 애가 자살이든 타살이든 관심 없어. 다신 그딴 이름 듣고 싶지도 않아!! (오버하듯 화내며 획 밖으로 나가는데, 뭔가 초조해 보이고)

윤철   (그런 서진을 의심스러운 눈빛으로 보는)

282.   헤라펠리스 아이들 커뮤니티 (아침)

석경, 은별, 제니, 민혁, 모여서 핸드폰으로 기사를 보고 있는.
석훈은 혼자 농구를 하고 있는. 땀을 뻘뻘 흘리며 힘 있게 공을 던지는 석훈.

제니   봤어? 이거 민설아 맞지? 보송마을 아파트 화재 사건의 범인은 신변을 비관한 여중생. 세상에 대한 원망 가득한 유서가 발견됨.

석경   (유서 내용 보며) 다 죽어버렸음 좋겠어? 와! 얘 진짜 보통 아니네. 스케일이 어쩜 이래? 개소름!

민혁   (좋아하는) 그럼 우리 일도 자연스럽게 묻히는 거 아냐?

석훈   (공 튕기며) 당연히 그러겠지. 반사회적 인격 장애자의 죽음을 누가 애도하겠어? (공을 바닥에 튕기는 소리 크게 들리는데)

은별   (갑자기 귀 틀어막고, 큰소리로) 시끄러! 죽은 애 얘기 그만해!! (다들 그런 은별을 이상한 듯 보면, 얼른 말 돌리듯) 이제 우리랑 상관없는 애잖아. 빨리 우리 여행 계획이나 짜.

석경   (팔짱 끼고 보는) 너 어제부터 왜 그렇게 예민해? (바짝 다가서고) 니가 죽었니, 민설아?!

은별   (당황) 뭐? (벌떡 일어나) 아냐!! 내가 왜!!

석훈   (멈추고 돌아보며) 왜 오바야? 니가 죽었을 리 없잖아. 걘 자살인데.

제니   야! 기분 더러우니까 사기꾼 얘긴 그만하자. 곧, 민설아보다 더한 핵폭탄이 올 건데 뭐.

석훈   (다가서고) 그게 무슨 소리야?

제니   민설아 덕분에 합격한 예비 1번!! 완전 꼴통에 재수 밥맛탱이 같은 기
       집애.

민혁   넌 걔를 왜 그렇게 싫어해? 질투하냐?

제니   미쳤어?! 내가 그깟 애를 왜 질투해? 너네도 딱 보면 알 거야. 쥐뿔도 없
       는 게 뭐라도 있는 척. 민설아보다 더 싫어! 어중간한 게 더 재수 없잖아?

석경   그래? 기대된다. 그치 오빠?

석훈   (픽 웃으며 땀 닦는. 침묵의 동조)

283.   윤희 집 거실(아침)
       요란하게 울리는 윤희의 핸드폰 벨소리(E).
       소파에 널브러진 채, 잠이 들어있는 윤희, 손만 뻗어 핸드폰을 쥐고 전
       화를 받는데.

윤희   여보세요. 네? 어디라구요? (그러다 눈 번쩍 뜨고) 청아예고요? 그런데
       요? (벌떡 일어나 앉는) 지금, 뭐라고 하셨어요?

직원(F) 배로나 학생, 청아예고 성악과에 추가합격하셨다고요.

윤희   (놀라는) 추가합격이요? 왜... 왜요?

직원(F) 합격생 중 한 명이 어제 사망했습니다.

       그때, 손에 묻어있는 핏자국이 눈에 들어오는!
       윤희, 기억을 떠올리는데, 단편적으로 컷 되면서 떠오르는 어젯밤의
       기억.

284.   회상/한강둔치(밤)
       한강둔치에서 술을 마시고 있는 윤희. 괴로운 듯 소주를 병째 들이켜
       고 있는.
       그러다 뭔가 결심한 듯 몸 일으키고, 비틀대며 어디론가 걸어가는데.

216

285. 현재/윤희 집 거실(아침)
      어젯밤 만취했던 기억이 떠오르면.

윤희   (기겁하고) 설마 내가....? (순간, 숙취로 머리가 깨질 듯이 아파오는데, 벌
       떡 일어나 밖으로 정신없이 뛰쳐나가는)

286. 헤라펠리스 분수대 로비(아침)
      윤희, 정신없이 뛰어오는.

윤희   아닐 거야... 아닐 거야...

      윤희, 미친 듯 중얼대다가, 문득 멈춰 서고.
      엘리베이터에서 내려 분수대 앞으로 걸어오는 은별과 제니가 보이고.
      여행용 캐리어를 끌고 있는 모습이고.

윤희   (달려가는) 너, 괜찮니? 아무렇지도 않아? (은별의 상태를 살피는데)
은별   왜, 이래요? 아줌마! (윤희의 손을 뿌리치고) 여긴 왜 또 왔어요?! 짜증
       나 진짜!
제니   (윤희 앞으로 나서며) 진짜 대단. 어떻게 기다렸다는 듯이 사람이 하
       나 죽어나가요? 암튼 로나 그 기집앤 운도 좋다니까.
윤희   다들 무사해서 다행이다... (그제야 안심하는데)
제니   뭐가 다행이라는 거야? 소식 들었죠? 민설아 죽은 거!
윤희   (순간 쿵!) 민설아? 수석했다는 애? 그 애가 왜?!!!
제니   혹시 아줌마가 죽여놓고 오리발 내미는 거 아니에요? 자살이라는데 영
       안 믿겨서요. (윤희 보며) 진짜 아줌마 아니에요? 아줌마 아니면, 로난가?
윤희   (순간 눈이 휙 돌아가서, 제니 붙들고) 우리 로나한테 그딴 소리 지껄이기
       만 해!! 내가 가만 안 둬!!
제니   이 아줌마 미쳤나봐!! (확 밀치고, 옷 툭툭 터는데. 옷에 피가 묻어있는 게

217

보이고) 뭐야, 이 피!! 아줌마, 손에서 피 나잖아!!

윤희	(멈칫. 당황해서 얼른 손 감추면)
제니	(윤희 손잡아서 보는) 진짜 어젯밤에 뭔 일 있었던 거 아니에요?!!
은별	그만해, 유제니! 가자. 다들 기다려. (제니 잡아끌고 데리고 가면)
윤희	(손에서 계속해서 흐르는 피. 바닥으로 뚝뚝 떨어지는데. 점점 더 불안해져오고) 민설아가 죽어?

윤희, 설아가 고깃집에서 불판을 닦던 모습 떠올리고. (3화 41신)

윤희	설마 내가 그 아일? 아냐... 아냐... (어젯밤 일을 생각해보려고 애쓰는) 생각이 안 나... 아무것도... (불안해 미치겠는데. 그때 핸드폰 울리고. 보면 로나고. 받는) 응, 로나야.
로나(F)	(흥분해서) 엄마!! 들었어? 나 청아예고 합격했대!!!
윤희	그래, 엄마도 들었어... 축하해, 로나야. 파티 해야지 우리! (애써 맘 다잡는데)

287. 분식집 (낮)
케이크 놓여있는 테이블. 옆으로 즉석 떡볶이가 맛있게 끓고 있고.

윤희	맛있는 거 사준다니까.
로나	난 이거면 돼. 엄마도 나도 떡볶이 젤 좋아하잖아. 얼른 초!!
윤희	(얼른 불을 붙이는데) 축하해, 우리 딸. 청아예고 합격!!
로나	(눈물 글썽해서) 나 아직도 안 믿겨. 진짜 나 합격한 거야? 완전 포기하고 있었는데... 죽은 애한텐 미안하지만, 나 기분 너무 좋아. 이렇게 좋아해도 되는 거야, 엄마?
윤희	너 그럴 자격 있어. 기뻐해도 돼. 우리 로나 웃으니까, 엄마도 너무 좋아.
로나	나 진짜 열심히 할 거야. 거기서 무조건 1등 할 거야. 두고 봐.
윤희	그럼 누구 딸인데. 엄마 소원 벌써 다 이뤄진 거 같애. (눈물 훔치고) 이

거 먹고 백화점 가자. 엄마가 합격 기념으로 옷 사줄게.

로나　(좋아서) 진짜?!

윤희　그럼!!! (환하게 웃는데, 마음 한편으론 여전히 불안하고 찜찜한데)

288.　펜트하우스 거실(낮)

단태, 서진, 윤철, 규진, 마리, 상아, 심각한 얼굴로 얘기 중인.

규진　생각해보고 또 생각해봤는데. 그 아이 자살할 이유가 없지 않아요? 수
　　　석으로 입학했으니, 장학금도 나오고 앞으로 인생 탄탄대론데. 왜 자살
　　　을 해요?

윤철　그럼 지금 우리 중에, 누가 그 앨 죽였다는 거예요?!

마리　누가 그런 짓을 해요? 말도 안돼!!

규진　그건 모르는 일이죠!

　　　순간, 모두들 표정 굳어지고. 서로서로를 의심의 눈초리로 보는데.

규진　(의심스럽게 한 명씩 살피다가, 윤철에게 시선 멈추고) 하 박사! 어제 잠깐
　　　자리 비우지 않았나? 급히 어딜 나가는 거 같던데.

윤철　(멈칫) 지금 날 의심하는 거예요? 화장실에 다녀왔습니다.

마리　화장실을 그렇게 오래 다녀와요? (의심의 눈초리로 윤철을 보면)

상아　아 참, 제니 엄마도 어제 자리 비우지 않았어요?

마리　난 취해서, 토하고 왔거든요. 기막혀서 진짜! (억울해 죽더니, 규진에게
　　　화살 돌리고) 이 변호사님은 어제 누구랑 그렇게 전화를 하셨어요?

윤철　맞아요. 꽤 은밀한 전화 같던데.

규진　(버럭) 뭔 소릴 하는 거예요? 우리 엄마랑 통화한 건데. 핸드폰 보여줘
　　　요? 우리 엄마랑 난, 한 시간마다 전화하는 사이라고요. (모두가 서로를
　　　의심하면)

단태, 갑자기 옆에 놓인 골프채로 도자기를 깨는!
놀란 일동, 일순간 조용해지면.

단태 곧 경찰이 이곳 헤라팰리스에 올 겁니다. 민설아는 자살입니다. 진실은
우리가 만들 겁니다!

289. **헤라팰리스 커뮤니티실(낮)**
경찰 앞에 앉아있는 마리.

경찰 통화기록을 보니, 민설아와 자주 연락을 했던데..
마리 아이들 수학 과외 쌤이었어요.
경찰 자살은 보송마을에서 했는데, 왜 민설아 핸드폰의 마지막 위치는 여기
헤라팰리스일까요?
마리 그거야.. 난 모르죠. 그거 알아내라고 경찰 하시는 거 아니에요?

경찰 앞에 앉아있는 규진과 상아.

상아 알고 봤더니 완전 가짜였다니까요! 우린 미국에서 UCLA를 다니는 안
나 쌤으로 알았어요, 진짜!
경찰 (유도하듯) 감정이 안 좋았겠네요. 깜찍하게 속여 먹었으니.
규진 (귀 파며 대수롭지 않게) 우리 같은 사람이 왜 그런 걸 신경 씁니까. 세상에
얼마나 신경 쓸 일이 많은데. 걘 그냥 이런 거예요. 날파리 같은. (날파리
가리키고) 살짝 신경 거슬리지만, 걍 냅두는. 흐흐흐. (야릇한 웃음 짓는)

경찰 앞에 앉아있는 서진과 윤철.

경찰 민설아가 청아예고 수석 입학했다던데 사실입니까?
서진 네. 깜짝 놀라긴 했지만, 축하한다 해줬어요.

220

경찰	진짭니까? 입학을 취소시키려 했다는 소문이 돌던데.
서진	잘못된 소문이에요. 입학 취소를 시킬 거면 진작했겠죠. 난 그 학생의 달란트를 진심으로 축복해줬어요. 어른으로서 그 아이를 더욱 감싸주지 못한 것이 미안하네요.
윤철	(그런 서진을 말없이 보는)

경찰, 앞에 앉아있는 단태.

경찰	주단태 씨! 민설아와 사망 전날 통화기록이 있던데, 혹시 만나셨습니까?
단태	만나자고 연락을 취했는데, 오질 않았습니다. 저희를 작정하고 속인 건 유감이지만, 스스로 목숨을 끊었다니 참으로 안타깝습니다.. (숙연한 표정 짓고)
경찰	부인인 심수련 씨도 계속 민설아에게 연락을 했던데...
단태	(멈칫) 제 와이프요? (잠시 놀랐다가, 이내 대수롭지 않게) 아마도, 아이들끼리 서로 오해하고 있는 부분이 있는 거 같아서 풀어주고 싶어서 그랬을 겁니다. 워낙 맘이 약한 사람이라서요.

290. 헤라팰리스 서진 레슨실(낮)
       서진, 레슨실 의자에 털썩 주저앉는. 뭔가 불안한 표정이고.
       문득 소매 걷어서 팔뚝에 붙인 거즈를 뜯어내면. 이빨 자국 선명한데.
       어제 일 떠올리는 서진.

291. 회상 1/3화 74신/헤라팰리스 기계실 앞(밤)
       설아가 갇힌 기계실 문을 여는 빨간 루비 반지의 손.

292. 회상 2/헤라팰리스 기계실(저녁)
       정신을 잃어가는 설아의 얼굴에 물을 뿌리는 누군가.
       놀란 설아, 정신을 차리고 보면. 서진이고.

서진	(설아 입에서 청테이프를 확 잡아 뜯고) 이제 얘기할 마음이 좀 생겼니? 핸드폰 어딨어? 집에 돌아가고 싶으면 빨리 얘기하는 게 좋을 거 같은데.
설아	내 핸드폰에 있는 그깟 불륜 영상 때문에 이러는 거예요? (픽 웃고) 시시하잖아요. 고작 그거 때문에 이런 바닥을 보이는 게.
서진	(설아의 턱을 손가락으로 치올리며) 너 진짜 뭘 믿고 까부는 거야? 너에 대해 이미 알아봤어. 입양됐다 파양되고, 강제 추방까지 당했던데... 추방당한 이유도 도둑질 때문이라며?
설아	(눈빛 돌고) 난 도둑질하지 않았어요!! 당신 같은 사람들이 나한테 누명을 씌운 거지!!
서진	누가 너 같은 고아 애 말을 믿어줄까? 얼른 불어! 핸드폰 어딨어?!! 니가 버틴다고 할 수 있는 게 뭐가 있다고!!
설아	모르죠. 내가 아줌마가 생각하는 것보다 훨씬 더 많은 걸 알고 있을지도.
서진	뭘 안다는 거야, 니까짓 게!!
설아	청아예고 입시 비리!! 나, 다 알고 있어요.
서진	(순간 무섭게 흔들리는 눈빛. 거칠게 설아의 뺨을 후려치면. 루비 반지의 날카로운 금속이 설아의 뺨을 할퀴는데. 주먹을 꽉 움켜쥐고) 그만 까불어! 참아주는 것도 한계가 있으니까!! (주먹이 부들부들 떨리는데)
설아	(뺨에 상처 생긴 채, 독기 가득하게 노려보며, 악에 받쳐서) 찔리죠? 아줌마 딸 하은별... 떳떳하게 청아예고 합격한 건가요? 누군가의 자리를 뺏어서, 합격한 건 아니고?!! 설마, 아무도 모를 거라고 생각했어요?
서진	(인내심 잃고, 설아의 목을 양손으로 쥐어 잡고) 닥쳐!! 죽여버리기 전에!!
설아	(갑자기 서진의 팔뚝을 있는 힘껏 물어버리는데)
서진	아악! (팔뚝 물리면)
설아	내가 봤거든요. 아줌마가 조작한 청아예고 입시 채점표!! 증거도 소중하게 잘 간직해놨죠!
서진	(순간 더욱 이성 잃고 달려드는. 양손으로 설아의 목을 쥐고 마구 흔드는데. 눈에 무섭게 힘 들어가며) 죽어! 죽어!!! 죽어!!!!
설아	아아아아아.... (고통스러운 신음 소리)

222

293. 현재/서진 레슨실(낮)
   괴로운 듯 고개를 내젓는 서진, 가쁜 숨 몰아쉬는데.
   약통에서 소독약을 꺼내서 간단히 치료하고 다시 거즈로 덮는.
   그때, 단태한테서 문자 오는.

단태(E) 펜트하우스. 9시.
서진 (불안한 표정으로 문자를 보는데)

294. 경찰서(낮)
   경찰, 서장에게 보고하고 있는.

경찰 헤라팰리스 주민들 방금 조사 마쳤습니다. 부검은 어떻게 할까요?
서장 제정신이야? 지금 우리 사건이 몇 갠데, 유서까지 나온 고아 자살에 힘
   을 빼? 자살로 종결짓고, 무연고자 시신으로 빨리 처리해!
경찰 (멈칫하다) 알겠습니다, 서장님.

295. 장사시설 일각(낮)
   구급차 멈춰 서고. 바디백에 담겨있는 설아의 시신을 내리는 구급대원.
   장사시설 직원, 스트레처에 바디백을 옮겨 시신을 인계받는데.

296. 장사시설 복도(낮)
   설아의 관이 스트레처에 실려 가고.
   엘리베이터 안에 두 개의 관이 나란히 탄다.
   잠시 후 엘리베이터 문이 열리면, 설아의 관 스트레처는 오른쪽으로,
   다른 관은 왼쪽으로 향하는데.

297. 장사시설 화장터(낮)
   관이 화장되고. 활활 타오르는 불꽃.

그 모습을 말없이 지켜보고 있는 태주. 그때, 단태에게 전화 오는.

태주　(받는) 네, 지금 화장하고 있습니다.

298.　부검실(낮)
부검을 마친 설아의 시신을 보고 있는 사람, 수련이고.
하얀 천으로 덮여져있는 설아, 얼굴만 보이는.

부검의　추락사로 인한 뇌와 경추 손상이 직접적인 사망 원인입니다. 시신이 물에 젖어있긴 했지만, 익사 가능성은 희박합니다.

수련　(분노 치밀지만, 죽을힘 다해 참고) 범인의 흔적은 발견되지 않았나요?

부검의　몸 안에서 이게 발견됐습니다. (SD 카드를 주면)

수련　메모리 카드가 왜...? (떨리는 손으로 받아드는데)

부검의　사망 직전에 삼킨 거 같습니다. 그럼. (짧게 목례하고 나가면)

누워있는 설아의 시신을 마주한 수련. 기가 막힌데.

수련　(떨리는 손으로 생채기 난 설아의 뺨을 어루만지며) 미안해, 아가... 엄마가 너무 늦게 와서 미안해... 널 못 알아봐서 미안해... 널 혼자 둬서 미안해.... (흐느껴 우는데. 스크래치 난 설아의 얼굴을 만지면. 가슴이 찢어지는 거 같고) 다 내 잘못이야. 엄마가 바보 같아서.... (가슴을 치며 통곡하는) 누가 널 이렇게 만든 거야? 엄마가 꼭 찾아낼 거야!! 그래서, 갈기갈기 찢어 죽여버릴 거야! 절대 가만 안 둬!! 절대!!!! (손에 SD 카드를 꽉 쥔 채, 설아의 시신을 부여잡고 미친 듯 오열하는 수련이고)

299.　규진의 집 거실(밤)
사색이 된 얼굴로 방에서 뛰어나오는 규진.

224

규진	여보! 여보!! 큰일 났어!!
상아	(다이닝룸에서 나오며) 왜요? 무슨 일인데요.
규진	없어! 그게 없어!
상아	뭐가요?
규진	내 앤틱 스켈레톤 회중시계! (울 거 같은 얼굴이고)

300. 펜트하우스 1층 거실(밤)

서진, 아름다운 야경을 보며 소파에 앉아있으면.
단태가 와인과 얼음, 안주를 들고 와서 소파에 앉는.

서진	왜 여기서 보자고 했어요?
단태	(와인을 내려놓고) 걱정 마. 애들은 여행 갔고, 도우미들도 다 휴가 보냈어. 와이프는 오늘 밤 돌아오지 않을 예정이고. 당신과 나 둘뿐이야.
서진	그래도 집은... 불편해.
단태	(와인잔 건네주며) 골치 아픈 일도 깔끔하게 끝났으니, 모처럼 기분 좋게 한잔 해야지. 우리끼리 파티, 어때?
서진	아직 민설아 핸드폰도 못 찾았잖아! 그 안엔 우리 영상도 있어. 뭔가 계속 찜찜해.
단태	찜찜할 게 뭐 있어. 이미 자살로 종결됐는데. 방금 화장도 마쳤고!
서진	정말이야? 벌써 화장까지 다 한 거야?
단태	당연하지. 내 힘이 안 뻗치는 곳이 있었나? (서진의 잔에 붉은 와인을 따르며) 가엾지 뭐야. 아무것도 몰랐으면 죽지도 않았을 텐데... 어차피 죽는 게 더 편한 인생인지도 모르지만.
서진	깜찍하게 동영상을 찍어서 협박을 해? 지 목숨 지가 재촉한 거지!
단태	자! 이제 다 잊고 축배를 들자고!! 우리의 행운에 건배!

단태, 서진과 잔을 부딪치고, 도발적으로 서진을 끌어안아 입 맞추는데.
그때, 벽 한쪽에서 입을 틀어막고 두 사람의 얘기를 다 듣고 있는 수련.

눈가 벌개져서 온몸이 부들부들 떨리는 수련인데. 눈물이 후드득 떨어지고.
갑자기 수련이 서있는 곳에 센서등이 켜지면.
순간 당황하는 수련, 두리번거리지만 도망칠 곳이 없는. 미치겠고.
단태, 서진과 입맞추다가, 센서등을 발견하고 멈칫하고, 불이 켜진 쪽으로 천천히 걸어오는 데서 엔딩!!

5화

희생자 법칙

301. 펜트하우스 1층 거실(밤)
      서진과 단태, 아름다운 야경을 보며 와인을 마시고 있는.

단태   (서진의 잔에 붉은 와인을 따르며) 가엾지 뭐야. 아무것도 몰랐으면 죽지
       도 않았을 텐데... 어차피 죽는 게 더 편한 인생인지도 모르지만.
서진   깜찍하게 동영상을 찍어서 협박을 해? 지 목숨 지가 재촉한 거지!
단태   자! 이제 다 잊고 축배를 들자고!! 우리의 행운에 건배!

      단태, 서진과 잔을 부딪치고, 도발적으로 서진을 끌어안아 입맞추는데.
      그때, 벽 한쪽에서 입을 틀어막고 두 사람의 얘기를 다 듣고 있는 수련.
      눈가 벌개져서 온몸이 부들부들 떨리는 수련인데. 눈물이 후드득 떨어
      지고.
      갑자기 수련이 서있는 곳에 센서등이 켜지면.
      순간 당황하는 수련, 두리번거리지만 도망칠 곳이 없는. 미치겠고.
      단태, 서진과 입맞추다가, 센서등을 발견하고 멈칫하고, 불이 켜진 쪽
      으로 천천히 걸어오는데. 점점 다가오는 단태...
      수련, 단태의 발소리 들으며 더욱 쪼여오는데. 긴장한 채 피가 마를 거
      같고.
      단태, 모퉁이를 돌아 센서등 아래로 확 발 디디면. 아무것도 없고.

단태   (날카로운 눈빛, 방금까지 수련이 서있던 곳에 서면)
수련   (현관 장식장 뒤쪽에 바짝 몸을 숨긴 채, 숨도 못 쉬고 있고)
서진   (뒤따라와 보는데) 무슨 일이에요?
단태   (핸드폰으로 태주에게 전화하는) 그 사람 지금 어딨어? (태주 침묵하면)
       어딨냐니까, 지금!!
태주(F) 아직 병실에 계십니다. 무슨 일 있으십니까?
단태   아냐, 아무것도.

302. 펜트하우스 테라스 1, 2층 연결 계단(밤)
      수련, 단태가 전화하는 사이, 테라스를 통해 다급히 올라가고 있고.

303. 펜트하우스 1층 거실(밤)
      단태, 전화 끊는데.
      문득, 살짝 열린 테라스 문에서 살랑거리는 커튼이 눈에 띄고.

서진   (불안한 듯 나직이) 누가 있어요?
단태   쉿! (퍼뜩한 생각에 거실로 이어지는 2층 계단을 성큼성큼 올라가는데)
서진   (불안하게 단태 행동을 주시하는)

304. 펜트하우스 2층(밤)
      단태, 2층 테라스 문을 확 열면. 역시 아무도 없고.

305. 헤라팰리스 100층 엘리베이터 앞(밤)
      떨리는 손으로 엘리베이터 버튼을 정신없이 누르는 수련.

수련   (불끈 주먹 쥐고) 그런 거였어? 자기들 불륜을 덮으려고 우리 설아를 그
      렇게 몰아세운 거야?! 천벌받을 인간들!! 찢어죽일 개자식!!! (주먹 쥔
      손이 부르르 떨리는데)

306. 펜트하우스 1층 거실(밤)
      찝찝하고 불길한 서진, 뭔가 오싹한 한기를 느끼며 자신의 몸을 감싸
      는데.
      단태, 그런 서진의 허리를 감싸 안으며 다가서는.

단태   괜찮아. 센서등이 오작동한 거 같아. 좀 예민했나 봐.
서진   (단태의 팔을 밀어내며) 아무래도 오늘은 그만 가봐야겠어.

230

단태	기분 풀라니까. 안심해. 민설아는 죽었고, 핸드폰은 사라졌어. 우리의 비밀은 영원히 묻힐 거야.
서진	(여전히 표정 안좋고) 이럴 기분 아니라니까!
단태	혹시, 나한테 뭐 숨기는 거라도 있나?
서진	(문득, 설아한테 물리던 모습 떠오르고. 팔뚝의 상처를 보는데) 그런 게 어딨어. 너무 피곤해. 나중에 연락할게. (서둘러 나가면)
단태	(일이 꼬인 게 화가 나고. 술잔을 들어서 단숨에 마셔버리는)

307. **서진 집 파우더룸(밤)**
서진, 클렌징 와이프로 화장 닦다가 거즈 덮은 손 보고. 신경질적으로 귀걸이와 반지를 빼서 보석함에 넣는데.
그때 눈에 들어오는 루비 반지. 설아의 뺨을 때리면서 선명하게 얼굴에 스크래치 나던 모습, 플래시백으로 떠오르면. 불길한 느낌 들고. 쓰레기통에 루비 반지를 던져버리는데.
고개 들어 보면. 거울에 비쳐 보이는 윤철의 모습!

서진	아악! (비명 내지르면)
윤철	뭘 그렇게 놀래? 어딜 갔다 와? 늦은 시간에.
서진	(가슴 쓸어내리며) 어.. 늦게 레슨이 잡혀서 레슨실에 있었어. (둘러대면)
윤철	(순간 멈칫하고, 서진을 보는) 그래? .... 쉬엄쉬엄 해. 당신 좋아하는 위스키 선물 받았는데, 한잔할까? 할 말 있는데.
서진	무슨 말?
윤철	(머뭇하다) 그날 밤 말야.. 민설아가 헤라팰리스에서 죽던 그날...
서진	(순간 두렵고, 벌떡 일어서고) 무슨 말을 하려는 거야? 더 이상 그날 일 떠올리고 싶지 않아! 주 회장 말 잊었어? 민설아는 헤라팰리스에 온 적 없어! 그러니까 당신도 괜한 소리 하지 마! 쉬고 싶어. (윤철을 밀치고 방으로 들어가버리면)
윤철	(그런 서진을 의심스럽게 보며, 방금 전 일을 생각하는)

308.　　인서트/헤라팰리스 서진 레슨실(밤)
　　　　윤철, 레슨실 문을 흔들어보면. 굳게 닫혀있고. 불 꺼져있는.

309.　　서진 집 거실(밤)
윤철　왜 거짓말을.... (그러다 쓰레기통에 처박힌 루비 반지를 주워서 보는데. 이
　　　　상한 느낌 들고)

310.　　혜인의 병실 앞/안(밤)
　　　　복도를 걸어오는 수련, 병실 앞을 지키고 있는 태주와 마주치고 멈춰
　　　　서면.

태주　보고드리지 않았습니다. (고개 까닥하고 가는데)
수련　당신 누구 편이야? 누구 편이냐고?!!
태주　(아무 대답하지 않고 묵묵히 가는데)

　　　　수련, 병실 안으로 들어가려다 멈칫하고.
　　　　병실 안의 의사, 혜인에게 뭔가 약물을 주사하고 있는 게 보이는데.
　　　　수련, 유심히 보다가 병실로 급히 들어가는.

수련　늦게까지 수고가 많으시네요.
의사　(순간 당황하고) 사모님, 아직 안 가셨어요? (뭔가 숨기는 표정이면)
수련　혜인이 상태가 계속 안좋아져서요. 이렇게 늦게까지 신경 써주시는데...
의사　회장님께서 혜인 양이 회복되길 얼마나 바라시는데, 저희가 면목이 없
　　　　습니다.
수련　최선을 다해주시는 거, 잘 알고 있는데요. (그러다 갑자기 비틀하면)
의사　(놀라서) 괜찮으세요, 사모님? (부축하면)
수련　네... (간신히 침대 난간 잡고 서는데)
의사　병간호도 좋지만, 사모님 건강도 챙기셔야죠.

수련 제가 컨디션이 안 좋아서 그런데, 링거 좀 부탁해도 될까요?
의사 아, 그럼요. 잠시만 기다려주십시오. (급히 나가면)

수련, 갑자기 표정 확 바뀌고. 핸드폰으로 약물병의 사진을 찍어서 검색하는.

수련 (놀라고) 수면유도제? (누워있는 혜인의 손을 꼭 잡고) 혜인아, 걱정 마. 너 절대 죽게 내버려두지 않아! 엄마가 너만은... 꼭 지켜줄게. (달라진 눈빛의 수련이고)

311. 윤희 집 거실(새벽)
      윤희, 소파에 웅크린 채 잠들어있는.
      땀 뻘뻘 흘리며, 악몽을 꾸고 있는데.

312. 꿈/3화 40신 연결/골목길(낮)
      가파른 계단을 내려가고 있는 설아. 그런 설아를 뒤쫓아 따라오고 있는 윤희.
      설아와 점점 간격 좁혀지고. 설아를 뒤에서 확 밀어버리는.
      설아, 계단을 나뒹굴며 쓰러지고. 눈을 뜨고 죽어있는 설아.

313. 현재/윤희 집 거실(새벽)
윤희 아악!! (비명 내지르며 꿈에서 깨는 윤희. 온몸 땀으로 젖었고, 두려움에 고개 내젓는) 아냐... 내가 그럴 리 없어... 난 절대 죽이지 않았어. 근데, 왜 생각이 안 나냐고. (미치겠고. 그러다 손의 상처를 보는데. 다시금 통증이 도져오고) 아아...

233

314. 헤라팰리스 전경(아침)

315. 펜트하우스 거실(아침)
멋진 슈트 차림으로 출근 준비를 하고 나오는 단태, 주방 쪽을 보다 멈
칫하는.

316. 펜트하우스 주방(아침)
식탁에 아침 식사가 잘 차려져있고.
들어서는 단태를 환한 미소로 맞는 수련.

수련   어제 술 마셨던데, 얼른 해장해요. 당신 좋아하는 황태국 끓여놨어요.
단태   언제 왔어?
수련   (밝게) 아침에요. 씻느라 소리 못 들었어요? 애들도 없고, 도우미들도
        휴가 줬다길래 서둘러 왔어요. 어서 앉아요. (의자 내주면)
단태   (식탁에 앉고) 언제 이런 걸 다 준비했어? 혜인이 땜에 정신없을 텐데...
수련   (마주 앉는) 내가 혜인이 챙기느라 요즘 당신한테 너무 무심했죠? 미안
        해요. 내가 더 잘할게요. 어서 먹어요. 샐러드 향이 좋네요. (포크로 샐러
        드 놔주면)
단태   (샐러드부터 먹으며, 지나가는 말처럼 아무렇지 않게) 아 참, 얘기 못 들었
        지? 민설아... 그 아이 죽었대. 자살이라던데?
수련   (순간 표정 굳어지는, 주먹 꽉 쥐며 애써 담담한 척) 자살이요? 갑자기 왜..
단태   부모 없는 애들이 그렇지 뭐. (픽 웃고) 사람은 죽기 전에도 안 변하나
        봐. 그렇게 독기를 품더니, 살던 아파트에 불까지 질렀다더군.
수련   (포크를 쥔 손이 부들부들 떨리는. 금방이라도 단태를 찌를 듯이 핏발 선 눈
        으로 단태를 보는데. 그러다 죽을힘 다해 참으며 포크를 내려놓고) 제가 사
        람을 잘못 봤나 봐요. 그 정도로 악해 보이진 않았는데...
단태   당신은 너무 순진해서 큰일이야. 그래서 내가 사랑하는 거지만. (일어
        서고) 회의가 있어서 나가봐야 돼. 아침 고마워. 다녀올게. (수련의 이마

에 뽀뽀하고 나가는데)

수련   (부르르 떨며 그런 단태를 보는. 그러다 문 닫히는 소리 나면. 식탁 위의 음
식들 확 쓸어버리는)

317.   헤라펠리스 분수대(아침)
마리, 엘리베이터에서 내리며 제니와 통화 중인.

마리   (완전 딸바보 말투로) 여행은 재밌어, 우리 공주? 석경이 은별이랑은 안
싸우고? 엄마는 우리 공주 보고 싶어서 죽겠지. 아주 미쳐 돌겠어. 뭔 일
있음 엄마한테 재깍 전화해! 엄마가 만사 제치고 달려갈 테니까. (뽀뽀
쪽쪽 하는데, 이미 끊겼고) 뭐야, 벌써 끊었어?

윤철   (그런 마리 옆으로 다가서며) 제니예요? 잘 있대요?

마리   (못내 서운하고) 네. 모처럼 친구들이랑 여행이니 신났죠 뭐. 난 우리 제
니가 너무 예뻐서 어디 내놓음 안심이 안 돼 죽겠어요.

윤철   (픽) 그 정도는 아닌데 뭘 그렇게까지... (먼저 걸어가면)

마리   (표정 변하며) 아, 근데 그날... 그 피는 뭐였어요?

윤철   피라뇨?

마리   왜요, 우리 파티 하던 날. 화장실에서.

윤철   (순간 멈칫, 돌아보면)

마리   (의미심장한 표정 짓고) 제가 봤거든요, 하 박사님.

318.   회상/헤라펠리스 로비 화장실(밤)
윤철, 옷에 묻은 피를 세면대에서 열심히 닦고 있는데. 손에도 온통 피
범벅이고.
비틀대며 걸어오는 마리, 구토 올라오는 듯 손으로 입 막으며 들어서
는데.
남자 화장실이고. 돌아서 나가려다가 문득 윤철의 모습을 보는.

319.   현재/헤라팰리스 분수대(아침)

윤철   (당황해서) 그게... 와인을 쏟아서요. 피라니 무슨.... 누가 들음 오해하겠네. 먼저 갑니다. (급하게 가는데)

마리   (뒤에 대고) 설마 하 박사님이 그 애한테 무슨 짓 한 거 아니에요? (야릇한 표정) 저, 아무한테도 말 안 했어요. 그날 내가 본 거...

윤철   (휙 돌아보고) 제니 어머니! 말조심하세요! 그런 의심 불쾌합니다. (화난 듯 가면)

마리   (표정 싸늘해지며) 누굴 바보로 아나. 천하의 강마리가 와인이랑 피도 구분 못 할까 봐?! 분명 뭔가 있는데...

윤철   (긴장한 표정으로, 앞서서 걸어가며) 어디서부터 본 거야?!! (불안한 표정인데. 문득 손 내려다보면. 찰나로 보이는 자신의 피 묻은 손. 무섭게 눈빛 흔들리고)

320.   골프장(아침)

석훈, 석경, 은별, 민혁, 제니, 내기 골프 중인. (카트 두 대에 캐디 두 명)

석훈   (힘차게 샷 하면)

모두들   (박수치며) 굿샷!!!

석경   (이어서 자신 있게 샷 하는데, 공이 해저드 바로 앞에 떨어지면. 캐디를 쥐잡듯 잡기 시작하는데) 뭐야. 120미터 치라며! 딱 120미터 쳤는데, 왜 저기 떨어져? 해저드에 빠졌음 어쩔 뻔했냐고!

캐디   런이 좀 있었나 봐요.

석경   그것까지 계산해서 불러줬어야 될 거 아냐? 지면 내가 가만 안 둘 거야!! (캐디에게 으름장 놓는데)

제니   뭐해? 은별이 안 쳐?

은별의 차례. 은별, 채 쥐고 자세 잡는데 순간 발목이 욱신거리는.
은별, 발이 휘청하면서 채 휘두르다가, 헛스윙이 되는데.

석경	(픽 웃으면)
민혁	하은별이 웬일이야? 헛스윙을 다하고?! 너 진짜 뭔 일 있어?
은별	(움찔했다가) 있긴 뭐가 있어? 컨디션이 안 좋아서 그래.
제니	오늘 석경이 재수 좋네? 은별이가 헛짓해주니, 승부는 다시 원점인가?
석경	(의기양양하게 해저드 쪽으로 걸어가며) 다들 잘 봐! 내가 끝내주겠어!

석경, 해저드 앞으로 걸어가고. 양말을 벗더니 한쪽 발은 물에 담그고,
해저드 바로 앞에 떨어진 공을 쳐서 걷어내려는데.
갑자기 해저드 바닥에 깔아놓은 비닐에 한쪽 발이 미끄러지면서, 해저
드로 빠져 들어가는.

석경	(기겁하고) 아악!! 아!! 살려줘!!
석훈	(놀라고) 석경아!! (채 집어던지고 뛰어가는데)

석경, 말뚝 잡고 발버둥 칠수록 더 물속으로 빠져 들어가고. 누군가 물
안에서 강력한 힘으로 끌어당기는 기분 드는데. 문득 보면 설아고.

석경	(공포심에 미친 듯이 비명 지르는) 아... 아악!!! (살려고 온몸 버둥대는데)
제니/민혁/은별	어떡해!!! 어떡해~~~!!! (발 동동 구르고 난리 나고)
석훈	주석경!!! 정신 차려!!! 내 손 잡아!!! (무작정 물속으로 뛰어들어가 석경을 온몸으로 안아서 끌고 나오는데. 자신도 기진해서 가쁜 숨 내쉬며) 괜찮아?
석경	(간신히 물 밖으로 나와서 숨 헉헉대다가, 갑자기 놀란 얼굴로 서있는 캐디의 뺨을 후려치는) 다 그쪽 때문이잖아!! 거리를 잘못 불러줘서 이렇게 된 거 아냐? 해저드에 비닐 깔았단 얘긴 왜 안 했어? 미끄럽다고 미리 말했어야 될 거 아냐!! 나 죽이려고 작정했어?!! (멱살 잡고 난리 치는데)
캐디	죄송합니다. 회원님. (어쩔 줄 몰라 하면)
석훈	그만해. 아무 일 없음 됐어. 다친 데 없지?
석경	(순간, 발아래서 끌어당기던 설아의 얼굴이 떠오르고) 누가 물속으로 끌

어당기는 거 같았어. 재수 없어, 그 얼굴!

석훈　누구?

석경　아냐. 헛것을 봤나봐.

민혁　그 짧은 순간에 생과 사를 넘나들었네. 니가 본 거 저승사자인 듯.

제니　(민혁 쿡 찌르고) 세상에. 옷 좀 봐. 아, 냄새! (코 틀어막는데, 석경의 옷 진흙에 엉망이고)

은별　진짜 큰일 날 뻔했다. 계속할 수 있겠어?

석경　기분 잡쳤어! 그만 접어.

　　그때! 갑자기 하늘이 순식간에 검은 구름으로 뒤덮이고. 번개 치면서 소나기가 쏟아지기 시작하는데.
　　소리 지르며, 두 대의 카트에 나눠 타는 아이들.

석경　(캐디에게) 뭐해! 빨리 그늘집으로 가!! (소리치면)

은별　(천둥 소리에 귀를 틀어막으며) 무서워. 집에 갈래!!

제니　(은별 팔 잡으며) 왜 이러는 거야, 너 진짜!! 천둥 치는 거 첨 봐?

은별　(벌벌 떨면서) 우린 벌 받을 거야. 우리가 그 애한테 한 짓! (하면)

석경　닥쳐!! 한 번만 더 그 애 얘기하면 가만 안 둬!! (서슬 퍼런데)

　　캐디, 급하게 운전해서 달리다가, 갑자기 돌부리에 걸려 카트가 전복되고.
　　석경, 제니, 은별, 아악!!! 전복된 카트에서 굴러떨어지는데.
　　뒤따르던 카트에서 놀라 뛰어오는 석훈과 민혁.
　　더 거세게 쏟아지는 빗줄기... 바닥에 나뒹구는 아이들 모습...

321.　**펜트하우스 거실**(아침)
　　수련, 노트북으로 설아의 SD 메모리 카드를 열어보는.
　　2016, 2017, 2018... 연도별로 표시된 파일 보이고. (사진과 일기로 이

뤄진)

사진 파일 클릭하자, 나오는 설아의 사진들. 최근 사진과 함께 설탕이
와 같이 찍은 사진들 가득하고. 설탕이와 행복해 보이는 설아의 모습
에 울컥하는 수련. 눈가 발개지는데.

2016 클릭하자, 수십 개의 날짜 파일들이 보이는.

처음부터 클릭하자 나오는 설아의 일기.

설아(E) 나에게 처음으로 가족이 생겼다.

322. 회상 1/미국 집 일각/4년 전(낮)

수영장이 딸린 으리으리한 미국 저택.

조상헌과 함께 세단에서 내리는 설아, 낯설음에 쭈뼛쭈뼛하는데.

정원에 나무 간판으로 〈환영해, 설아야〉 적혀있고.

그때, 양부모가 현관문 열고 달려 나와 설아를 와락 안는.

설아   (놀란 눈으로 보면)
양모   (반갑게) 어서 와, 아가야. 우리가 널 얼마나 기다렸는지 몰라.
상헌   아, 소개할게. 이분들은 네 아빠와 엄마가 되실 분이야.
양모   환영한다, 우리 딸. 니 이름은 오늘부터 안나란다. 안나 리.
설아   안... 나...
양부   우리 안나, 참 예쁘게 생겼구나. 앞으로 잘 부탁한다. (인자한 미소 지으면)
설아   (꾸벅 인사를 하는데. 양부모를 향해 해사하게 웃는)
설아(E) 난 그들에게 첫눈에 반했다.

323. 회상 2/레스토랑/4년 전(낮)

양부(제임스 리)와 양모, 설아의 생일 파티를 해주는.

근사한 케이크와 수많은 선물들이 잔뜩 쌓여있고. 옷과 가방, 신발로
가득한데.

양모　해피 벌스데이, 우리 딸~ 안나를 위한 생일 선물이야. 맘에 들어?

양부　사랑해, 안나야~

설아　(처음 입어보는 예쁜 옷에 마냥 행복하기만 한데)

324.　현재/펜트하우스 거실(아침)
　　　일기를 읽던 수련, 알 수 없는 표정 짓고.

수련　대체 왜.... 파양된 거니, 설아야....

325.　윤희 집 거실(낮)
　　　윤희, 옷을 여러 벌 거울에 대어보고, 로나가 옆에서 봐주고 있는.

로나　다 별로야! 백화점에서 엄마 옷도 살 걸 그랬어. 첫 학부모 모임인데, 다
　　　들 명품으로 쫙 빼입고 올 거 아냐?

윤희　괜찮아, 엄마가 누군데. 그딴 걸로 기 안 죽어. (하면서도 수수한 옷차림
　　　이 신경 쓰이는데)

로나　하긴, 울 엄만 미모가 되니까. 잠깐만! (스카프 꺼내서 둘러주며) 비싼 건
　　　아냐. 나중에 돈 많이 벌면 그땐 더 좋은 걸로 사줄게.

윤희　(멈칫하고) 엄마 목 상처, 보기 흉해?

로나　아니! 상처 때문이 아니라, 엄마 감기 걸릴까 봐. 엄마 아직 노래 잘하더
　　　라? 나 레슨 시켜주려면, 목 관리 잘해야 되잖아. (엄지 척 하며) 울 엄마
　　　꼭 영화배우 같다!

윤희　(감동이고, 그렁해서) 고마워, 우리 딸. (스카프 매만지며 로나 보는)

326.　청아예고 운동장(낮)
　　　차에서 속속 내리는 학부모들. 서진과 마리, 상아도 보이고. 다들 한껏
　　　제대로 힘을 주고 온 게 역력한데.
　　　다들 반갑게 인사 나누는 사이, 소형차 한 대가 멈춰 서고. 차에서 내리

는 윤희. 약속이나 한 듯이 윤희를 바라보는 사람들의 시선. 초라한 윤희 모습에 멸시가 담겨있는데. 그런 윤희를 가소롭게 보는 서진.
그때, 마지막으로 도착하는 고급 세단. 모두들 시선이 몰리는.
번득이는 금색 킬힐이 차에서 내리고. 늘씬한 다리를 뽐내며 멋지게 차려입은 수련이 당당하게 그들 앞으로 걸어오는데. 다들 기죽어서 수련을 넋 놓고 바라보면.

수련　(학부모들 앞에 서서, 묘한 미소) 안녕하셨어요. 제가 좀 늦었나요?

서진/수련　(눈빛이 번뜩 부딪치는)

327. 청아예고 소강당(낮)

학부모들 모여서 다과 나누면서 얘기하고 있는. 서진, 윤희, 수련, 마리, 상아도 섞여있고.

학부모1　민설아 죽은 거 뉴스에서 봤죠? 진짜 식겁했어요. 그런 애가 우리 학교에 다녔다고 생각만 해도 끔찍해요.

서진/마리/상아　　(서로 눈빛 주고받고)

학부모2　실력이 좋아봤자죠. 애초에 왜 그런 수준 낮은 애를 수석으로 뽑았대요. 심사위원들 징계감 아니에요?

마리　(시치미 떼고) 하긴, 애가 질이 나빠도 너무 나쁘긴 했죠. (서진을 보면)

서진　심사에 참여한 사람으로서 죄송하게 생각합니다. 하지만 전화위복이라고 생각해요. 학교 이미지를 지키려고 우리 학부모들이 뭉치는 계기가 됐고, 이젠 문제 될 화근도 사라졌으니까요.

마리　그러니까요. 술집에 스폰서까지. 우리 애들 물들었음 어쩔 뻔했어요. 생양아치 고아 때문에 명문학교가 한순간에 훅 가는 거죠.

수련　(순간 표정 굳는데. 물을 마시는 손 바들바들 떨리다가 쏟으면)

윤희　(그런 수련을 보는) 괜찮으세요? 어디 아프세요?

수련　아뇨. 괜찮습니다. (간신히 진정하고, 뭔가 반박하려는데)

윤희	(갑자기 일어나서 치고 들어오는) 민설아 학생, 그런 사람 아니에요!
학부모들/수련	(모두 윤희를 보는데)
윤희	안녕하세요. 처음 뵙겠습니다. 예비 1번으로 들어온 배로나 엄맙니다. 여기서 고기 불판 닦아본 분 없죠? 설아 학생, 어른들도 하기 힘든 알바를 하루에도 몇 개씩 뛰면서 열심히 살던 아이었어요.
상아	그쪽이 그걸 어떻게 알아요?
윤희	제가 봤으니까요. 우리도 자식 키우는 엄만데, 뒤에서 죽은 아이 험담하는 거, 창피하지 않나요?
마리	죽은 애 덕분에 로또 맞은 사람이 누군데! 좀 솔직해져 봐요. 우리 중에 제일 웃고 있는 사람 로나 엄마잖아요. 제일 이득 본 사람이 자기면서 맘에 없는 말은. 암튼 웃겨.
학부모들	(윤희의 말에 웅성거리는데)
수련	(말없이 그런 윤희를 보는)

328. 청아예고 복도 일각 (낮)
   학부모들 삼삼오오 모여 걸어 나오는데. 윤희, OT 관련 자료를 보며
   가고 있는.

서진(E)	참 대단해, 오윤희!
윤희	(돌아보면, 서진이 서있고)
서진	학부모 회의 참석한 소감이 어때? 성악과 역사상 예비번호가 합격된 적은 없었는데. 운이 좋은 거니, 아님 다른 재주라도 있는 거니?
윤희	시비 걸지 마. 우리 딸, 정정당당하게 입학했고, 너한테 조롱받을 이유 없어! (무시하고 가려는데)
서진	그때, 합의금은 어떻게 마련한 거야?
윤희	(멈칫, 돌아보고) 뭐?
서진	그렇게 빠른 시간에 1억을 어떻게 구한 거냐고. 딸 위해서 집이라도 내놓은 모양이야?

윤희	(황당해하며) 무슨 소리야. 니가 합의해준 거잖아.
서진	(멈칫하는데)
윤희	니가 생각해도 너무했다 싶든? 너한텐 1억이 늘 지갑에 있는 푼돈일지 모르지만, 나 같은 사람한텐 목숨 내놔도 못 구할 돈이야. 1억으로 사람을 들었다 놨다... 진짜 천서진 니 수준 알 만하다. (획 가면)
서진	(표정 굳어지는)

329. 규진 변호사 사무실(낮)

긴장한 표정의 규진, 맞은편에 앉아있는 서진의 눈치를 보고 있는. 숨 막힐 것 같은 침묵이 이어지다가 결국 터지는.

규진	그래요! 맞습니다! 하 박사가 하도 부탁을 하셔서... 제가 말을 안 한 겁니다.
서진	(충격 받은) 그럼, 그 1억이 은별 아빠 돈이란 말인가요?
규진	하 박사가 하도 밀어붙이니까, 저야 어쩔 수 있습니까? 그 여자가 뭔 돈이 있냐며, 사람 하나 살리자고, 아주 그냥 안타까워 죽더라고요.
서진	(기막혀) 어떻게 변호사라는 분이 의뢰인도 모르게 합의를 할 수가 있죠?! 저 절대 넘어가지 않겠습니다!!
규진	넘어가지 않으면 어쩔 건데요? 뭐 절 고소라도 하시게요? 사실 이 사건의 본질은 폭행이 아니라 치정이라고, 다 까발리시게요? 그래 봤자 모양 빠지는 건 서진 씨 아닌가요? 체면을 누구보다 중시하는 분이. 상관없어요? (간족대면)
서진	(규진의 반발에 아무 말 못하는데. 벌떡 일어서고) 그이한텐 내가 안다는 거 절대 말하지 마세요. 그땐! 저 진짜 안 참습니다. (나가면)
규진	(재밌다는 표정) 오윤희, 신비한 여자란 말야. 대체 뭐하는 여자길래 저 부부를 저렇게 흔들어놓냐고. (그때, 미자에게서 전화 오고, 신나서 재롱 부리듯) 응, 엄마. 나야. 뭐하긴. 엄마랑 전화하지. (하다가) 뭐?! (놀라 벌떡 일어서는)

330. 규진 집 거실(낮)
    왕미자, 열 받아서 난리 치고 있는.

미자   그게 돈이 얼마짜린지나 알아?!! 니네 아빠가 15억 거금을 주고 어렵게
       경매받은 수제시계라고! 그 귀한 걸, 몰래 가져가서 홀랑 잃어버려?!!
규진(E) 엄마, 아니 그게 아니라...
미자   뭐!!

    미자, 획 째려보면. 규진과 상아, 두 손 들고 무릎 꿇은 채 앉아있는.

규진   자랑할라고 그랬지. 헤라클럽 사람들, 내가 아빠 밑에서 일한다고 은근
       히 무시하잖아. 파파보이 같다고.
상아   당신이 왜 파파보이야? 마마보이면 모를까.
미자   시끄러!
규진/상아 (더 번쩍 손 올리면)
미자   설마, 니네 둘이 짜고 어디다 팔아먹고, 나 속이는 거 아냐?
상아   무슨 그런 말씀을 하세요. 감히 제가 어떻게 어머닐 속여요?
미자   그럼, 시리얼 넘버링까지 있는 게 왜 연락이 안 와? 이번 달부터 규진이
       월급 차압하겠다!
상아   (기겁하고) 안 돼요! 지금도 몇 푼 안 되는데... 민혁 아빠가 찾을 수 있을
       거예요. 아니, 꼭 다시 찾아올 거예요. 그죠, 여보?!
규진   뭔 소릴 하는 거야. 내가 어디 가서 찾아, 그걸?
상아   (이를 악물고) 어디서 찾긴. 당신이 잃어버린 데서 찾아야지! 월급 차압
       되면 나 죽어, 진짜! (설득하는 상아고)
규진   난 안 죽냐. 거기 가면 심장 쫄려서 내가 죽는다고. 아 진짜 미치겠네.

331. 헤라펠리스 분수대(낮)
    분수대 앞에, 캐리어 하나씩 끌고 모여있는 아이들이 보이고.

마리, 제니를 보자 달려가는.

마리   (호들갑스럽게) 제니야~~! 괜찮아, 우리 딸?! 많이 다쳤어? 어디 봐, 쫌.

제니   (어리광 부리는) 엄마, 나 무릎 까졌어. 막 피도 나고, 아파 죽을 거 같애.

마리   (무릎 까진 정도고) 세상에. 이거 흉 지는 거 아냐? 당장 성형외과 가자. 이 예쁜 다리에 이게 뭔 일이야. (제니 상태 살피느라 정신없는데)

수련   (그때 엘리베이터 내리고. 석훈, 석경에게 다가서며 의아한 듯) 어떻게 된 거야? 왜 이렇게 빨리 온 거야?

마리   몰랐어요? 애들 골프장에서 카트 사고 났잖아요. 석경이 너, 엄마한테 전화 안 했어?

석경   어차피 별 관심도 없는데요 뭘. 가자, 오빠. (석훈과 함께 가면)

수련   (당황해서 서있으면)

마리   그 집 애들, 사춘기 심하게 왔네. 수련 씨 많이 힘들겠다?

수련   (걱정스러운 표정, 따라가는데)

332.   **펜트하우스 거실 (낮)**
       석경, 들어와서 신경질적으로 캐리어를 확 밀어버리고.

석경   하은별 뭐야? 다 끝난 일인데, 왜 자꾸 그 일은 들쑤시는 거래?

석훈   (딴 생각에 빠져있으면)

석경   오빠! 오빠도 요새 왜 그래? 혹시 민설아랑, 나 모르게 무슨 일 있었어?

석훈   (순간 발끈해서) 그런 거 없어!

석경   아님, 갑자기 양심에 찔리기라도 한 거야? 우리가 그 애한테 한 짓 때문에?

석훈   누가 찔린대? 죽을 애가 죽은 거뿐이야!

한쪽에서 두 사람 대화를 듣고 있는 수련. 설아의 일기를 떠올리는.

설아(E)   치욕스러웠다. 내가 왜 그 애한테 사과했어야 하는지.

245

333.　설아의 일기장 재연/2화 52신 연결/헤라팰리스 수영장(낮)
　　　설아, 석경한테 밀쳐져 수영장 물속으로 빠져드는데.
　　　처참한 심정으로 안으로.. 안으로.. 더욱 깊이 빠져 들어가는 설아.

설아(E)　죽을 거 같았다. 아니, 이대로 죽었음 했다. 그대로 가라앉아버리길. 그
　　　러나 그럴 수 없었다.

　　　설아, 갑자기 눈을 번쩍 뜨고, 손을 뻗으며 물 위로 죽을힘 다해 올라가
　　　는데.

설아(E)　나에겐 설탕이가 있으니까. 우리 설탕이... 언니가 설탕이 병 꼭 고쳐줄
　　　거야. 어떤 굴욕도 치욕도, 다 참을 수 있어.

334.　현재/펜트하우스 거실(낮)
　　　수련, 설아의 일기를 떠올리며, 석경과 석훈을 보고 서있는데.

석경　민설아, 차라리 잘 죽었어. 우릴 위해서라도.
수련　(두 사람 앞에 스윽 나타나면)
석경　아, 깜짝이야! 왜 소리도 없이 다녀?
수련　그 애가 가엾지도 않니. 미안하지도 않아?
석경　걔가 왜 가여워? 우리가 뭘 미안해야 돼? 나대다가 죽은 거 아냐!
수련　(순간 버럭) 말버릇이 그게 뭐야!! 당장 잘못했다고 해!!
석훈　(막아서고) 우리 일에 신경 끄시라고 말했을 텐데요! 엄마인 척 흉내라
　　　도 내고 싶은 거예요?
수련　(석훈의 뺨을 때리는)
석경　(놀라서) 오빠!! (수련 보고) 무슨 짓이야?!!
수련　(매섭게) 그만 까불어. 누가 뭐래도 니들은 내 딸이고 아들이야. 그래서
　　　앞으로도 난 니네가 잘못한 거 바로잡을 거고, 간섭하고, 말 안 들으면

246

혼낼 거야! 그러니까 앞으로 조심해, 둘 다!!

석훈/석경 (수련의 기세에 아무 말 못 하는데)

335.   **석경의 방 (낮)**

석경   짜증 나, 진짜! (침대에 옷 집어던지고, 석훈의 뺨을 만지며) 오빠 괜찮아?

석훈   (한쪽 뺨이 벌게져있는데)

석경   미친 거 아냐? 갑자기 왜 저래? 아빠한테 다 말할 거야.

석훈   (굳은 표정) 참아. 아직은 아냐.

석경   무슨 생각이라도 있는 거야?

석훈   (말없이 뭔가 생각하는 듯한데. 표정)

336.   **설아 아파트 안 (늦은 밤)**

수련, 잿더미 속 설아의 집을 둘러보고 있는. 그을음과 물이 뒤섞여 엉망인데.

핸드폰 불빛으로 비춰보면, 제대로 된 가구 하나 없는 보잘것없는 살림살이. 설아의 삶이 보여 가슴 아픈데.

한쪽 벽으로 시선 돌리면, 타다만 설아의 그림 액자, 모서리가 불에 그을린 채 걸려있고.

그 아래로, "〈금상〉 영란초등학교 4학년 민설아" 글귀 보이면.

수련   (다가가서 그림을 손으로 쓸어보며) 이게 우리 설아 그림이구나... (목이 메여, 주먹으로 가슴을 쾅쾅 치면)

그때, 누군가 들어오는 소리 들리고, 놀란 수련, 한쪽으로 몸을 숨기는데. 핸드폰 불빛과 함께 들어서는 사람, 규진과 윤철이고.

윤철   여기 있을 리가 없다니까요. 애 죽어나간 집에서 이 밤에 뭘 하자는 거예요? 등짝 오싹거리게 진짜!

규진	(더 쫄아있고, 윤철 옷 꽉 잡은 채) 아씨, 화단에도 없고, 혹시 모르잖아요. 찾으면 내가 하 박사한테 커미션 왕창 준다니까. 그거 스위스에서 온, 세상에 하나밖에 없는 스켈레톤 시계라고 내가 말했어요?

윤철	오면서 백 번은 했죠. 아무튼 내 차엔 확실히 없었고, 설령 여기 떨어졌어도 불에 다 탔을 겁니다. 그러니까 왜 아버지 시계는 몰래 차고 다녀요?

규진	(욱해서) 그러게 왜 불을 질러 지르긴. 주 회장 보면 은근히 충동적이라니까!

수련	(숨어서 듣고 있는. 충격 받은 듯 입 틀어막는데)

윤철	(바닥 훑으며) 없어요, 없어. 혹시 경찰에서 수거해간 거 아니에요? 차라리 주 회장님께 말해서 경찰 쪽에 들어온 거 없나 물어봐요.

규진	아니! 절대 말하면 안 돼요. 그 성격에 내가 뭐 흘린 거 알면 난리 칠 게 뻔하지! 아!! 미치겠네. 내 소중이 회중시계 어딨는 거야.. 울 엄마한테나 뒤지는데. 이 기집애 때문에 암튼 너무 꼬였어. 왜 남의 아파트에선 죽어가지고. 아우!!

윤철	쉿! 사람들 오기 전에 그만 가요.

두 사람 나가고 나서 모습을 드러내는 수련. 핏발 선 눈. 울분에 찬 표정인데.
그러다 벽에 걸린 설아의 그림으로 시선 꽂히고.

## 337.	보송마을 아파트 화단(늦은 밤)
수련, 액자에서 빼온, 돌돌 말아놓은 설아의 그림을 소중하게 품에 안은 채로, 설아가 있었던 자리에 국화를 놓는. 분노로 눈물이 솟구치고.

수련	모두가 다 한통속이었어!! 너 이렇게 만든 사람들, 절대 용서 못해. 한 명 한 명 다 찾아서, 찢어발겨줄 거야!!

그때, 화단 한쪽에 있는 설탕이를 발견하는 수련.

수련	(설아 사진 속의 설탕이를 떠올리며) 설탕이...? 설탕이, 맞지? 설탕아...
	(불러보면)
설탕	멍! (갑자기 땅을 발로 파며 짖기 시작하는데) 멍!
수련	왜 그러니, 설탕아...

수련, 뭔가 이상해서 가까이 가서 보면. 땅 위로 보이는 회중시계 줄.
줄을 잡아당기면, 회중시계가 모습을 드러내고. 규진이 찾던 스켈레톤
시곈데.
수련의 매서운 눈빛!!! 그러다 정신 차리고 돌아보면 설탕이 안 보이고.

수련	(두리번거리며) 설탕아... 설탕아!! 설탕아 어딨니..!! (뛰어다니며 찾는
	데, 이미 사라져 버린 설탕이. 안타까운 수련이고)

338. 헤라팰리스 분수대(아침)
카메라 아래서부터 천천히 올라가면. 분수대에 써 붙여진 붉은 글씨.

"민설아는 헤라팰리스에서 살해됐다. (눈동자 그림)"

339. 펜트하우스 거실(아침)
통화 중인 단태, 자리에서 벌떡 일어나는.

단태	뭐라고? 내가 갈 때까지 절대 손대지 마!
석훈/석경	(방에서 뛰어나오고)
석경	아빠! 지금 분수대에!

단태, 석경, 석훈, 뛰어가고.
그 모습을 냉정하게 보는 수련.

340.　펜트하우스 분수대(아침)

　　　단태, 석훈, 석경, 달려오면. 입주민들과 경비들 웅성대며 몰려있고.
　　　서진 윤철, 상아 규진, 마리, 태주, 이미 와있는. 겁에 질린 표정이고.
　　　단태, 태주에게 눈짓하면.
　　　태주. 분수대 안으로 성큼성큼 들어가 손수건으로 메시지 떼어내는데.

단태　　（분노하듯） 누가 이런 짓을! 당장 지문 감식해.

태주　　네, 회장님. (급히 빠지고)

단태　　처음 발견한 사람이 누굽니까.

서진　　은별이와 제니요. 아침에 수영 갔다가.

윤철　　CCTV까지 교묘하게 돌려놓은 걸 보면 여기 구조를 잘 아는 사람이거나..

규진　　여기 사는 놈이겠지!

헤라클럽 사람들　　（당황한 듯 모두들 굳어지는. 서로 시선 주고받는데）

상아　　그럼 설마, 그날 목격자가 있었다는...

서진　　（상아 말 끊고, 얼른 말 돌리며 사람들에게） 누군가 그 아이의 죽음을 이용
　　　해서 우리 헤라팰리스를 흔들려는 악의적인 의도 아니겠어요?

마리　　（동조하는） 그래! 맞네. 다 끝난 사건 들먹이면서 겁주는 게 딱! 우리 집
　　　값 떨어뜨리려는 수작인 거지. (입주민들과 아이들 눈치 보면)

단태　　절대 가만두지 않을 겁니다. 헤라팰리스를 흔들려는 사람. 그게 누구라도!

마리　　그래야죠! 당연하죠!

윤철　　너희들 수상한 사람 본 적 있니?

은별　　（파랗게 질려서 아무 말 못 하면）

제니　　아무도 못 봤어요. 우리 둘밖에 없었어요.

은별　　（갑자기 혼절해버리고）

서진/윤철 （놀라서 붙들고） 은별아!!! 은별아!! 정신 차려!!

341.　은별의 방(아침)

　　　깨어나는 은별.

서진	정신이 드니?
윤철	은별이, 아빠랑 얘기 좀 할까. 아는 사람이 죽었다는 게 큰 스트레스가 될 수 있어. 아빠가 PTSD 치료에 권위자인 후배를 소개시켜줄까 하는데.
은별	아냐, 괜찮아.
서진	당신은 그만 출근해. 우리 은별이, 그 정도로 심약한 애 아냐.
윤철	한번 생각해봐. (나가면)
서진	(팔짱 낀 채 은별을 내려다보며) 이만한 일로 쓰러지는 건 너답지 않아. 이럴 때일수록 정신 똑바로 차려야지! 입학 연주회 준비도 해야 되고...
은별	나 다 들었어! 엄마랑 민설아가 기계실에서 얘기하는 거.
서진	뭐? (멈칫. 화들짝 놀라고)
은별	민설아가 봤다며? 엄마가 조작한 입시 채점표... 사람들이 알게 되면 우린 어떻게 되는 거야? 나, 잘못되는 거야?
서진	(말 막고) 그런 일 없어! 그 앤 죽었잖아!!
은별	(용기 내서) 내가 풀어줬어, 민설아! 기계실에서 내가...
서진	(기겁하고) 뭐어? 니가 왜!!
은별	(악몽인 듯 떨면서, 그날 일 떠올리는)

342.   회상 1/기계실 앞(밤)
　　　　은별, 기계실 앞에 다가서면. 안에서 서진과 설아가 얘기하는 소리 들리고.

서진(E)	뭘 안다는 거야, 니까짓 게!!
설아(E)	청아예고 입시 비리!! 나, 다 알고 있어요.

　　　　은별, 얼굴 하얗게 질리는데.

343.   회상 2/4화 74신/기계실 안(밤)
　　　　서진과 설아, 첨예하게 대립하고 있는.

설아	쩔리죠? 아줌마 딸 하은별... 떳떳하게 청아예고 합격한 건가요? 누군가의 자리를 뺏어서, 합격한 건 아니고?!! 설마, 아무도 모를 거라고 생각했어요?
서진	(인내심 잃고, 설아의 목을 양손으로 쥐어 잡고) 닥쳐!! 죽여버리기 전에!!
설아	(갑자기 서진의 팔뚝을 있는 힘껏 물어버리는데)
서진	아악! (팔뚝 물리면)
설아	내가 봤거든요. 아줌마가 조작한 청아예고 입시 채점표!! 증거도 소중하게 잘 간직해놨죠!

344. 회상 3/기계실 앞(밤)

은별, 다 들었다. 바들바들 떨며 뒷걸음질 치고.
숨어있다가, 서진이 나오면 기계실로 들어가는.

345. 회상 4/4화 14신 연결/기계실(밤)

얼굴에 스크래치 난 설아, 바닥에 널브러지듯 쓰러져있고.
은별, 묶여있는 설아 앞에 서는데. 설아 입의 테이프를 확 떼어내고.

은별	난 널 믿었는데... 실기시험 망친 것도 너한테만 털어놨는데... 그걸로 울 엄마를 협박해? 니가 사람이야!! (소리치면)
설아	(간신히 몸 일으키고) 어쩔 수 없었어. 나도 나를 지키려면, 니네 엄마가 무서워하는 하나쯤은 가지고 있어야 해서. 핸드폰 줄 테니까 이거 풀어.
은별	니 말을 어떻게 믿어?!!
설아	나도 이제 지쳤어. 니네 엄마, 여기 어른들, 지긋지긋해. 더 이상 안 엮이면 그만이야. 그러니까 이거 풀어! 니가 원하는 거 준다고!
은별	정말이지? 딴짓하면 가만 안 둘 거야. (설아 팔에 묶인 줄을 풀어주는데)
설아	(자유의 몸이 되자마자, 은별을 확 밀치더니 정신없이 기계실 밖으로 뛰쳐나가는)
은별	(휘청하고) 야!! 거기 서!!! (뒤쫓아 뛰는데)

346.   회상 5/50층 기계실 앞/비상구 계단(밤)
       결박이 풀린 설아, 기계실 밖으로 뛰어나가는데. 오래 묶여있은 탓에
       비틀고.
       두리번거리다 비상구 문을 열고, 비상구 계단을 통해 미친 듯이 도망
       치는 설아.
       은별, 설아를 뒤쫓아 필사적으로 계단을 뛰어 내려가는.
       그러다 은별, 기어이 설아를 따라잡고, 다리 삐끗하면서 설아의 옷을
       낚아채는데.

설아   (바닥에 주저앉고. 겁에 질려 구석에 몰려있으면)
은별   (눈빛이 바뀌어있는. 설아에게 무섭게 다가서는데)
설아   (엉덩이를 바닥에 끌며 뒷걸음질 치는) 이러지 마... 은별아 제발...
은별   내놔!! 핸드폰 내놓으라고!!! (설아를 계단으로 확 밀어버리면)
설아   (비명) 아아악!!! (그대로 뒤로 넘어져 계단을 마구 구르는데)

347.   현재/은별의 방(아침)
       은별, 충격에 빠진 표정으로,

은별   핸드폰이 어딨는지 알려준대서 풀어줬는데... 도망쳐버렸어. 잡으려고
        했는데... (눈물 터지는) 나 때문에 죽은 거야. 나 때문에....
서진   니 잘못 아냐! 민설아는 달아나다가 발을 헛디딘 거뿐이야!!
은별   (갑자기 고개 드는데, 공포에 찬 표정) 민설아... 보송마을에서 죽었잖아!
        아니야..? 설마 헤라팰리스에서...?!! 말해줘!! 헤라팰리스에서 죽은 거
        냐고!!
서진   (아차 싶은데. 은별을 잡아채며) 엄마 말 똑똑히 들어! 그날 민설아는 자
        기 집 아파트 옥상에서 자살한 거야. 엄마 말 알아들어?!! 대답해!!!
은별   아니잖아!!! 거짓말이잖아!!!
서진   (거칠게 은별의 양어깨를 잡아 흔들며 소리치는) 엄마 말 믿으라니까!! (은

253

별, 그제야 바들바들 떨며 간신히 진정하면) 이 얘기, 다른 애들도 알아?

은별　(울면서 고개 저으면)

서진　(은별의 양어깨를 잡고, 눈 똑바로 보며) 절대, 아무한테도 말하지 마! 죽을 때까지 입 밖에 내선 안 돼! 넌 그때 거기 없었어. 넌 아무것도 모르는 거야. 알겠니? 엄마랑 너, 우리 둘만의 비밀이야!! 알겠냐고!!

은별　(엄마의 기세에 눌려 울면서 고개 끄덕이고)

서진　잊어. 그 아이와 관련된 건 전부 다! 걘 그냥 죽을 운명이었던 거야. 그러니까 절대 니 탓 아니야!! (냉정하게 침대에서 일어서고) 어서 준비해. 공연 연습 늦겠다. (나가면)

은별　(두려움에 몸 웅크리는)

348.　**서진 레슨실(아침)**
　　　서진, 급하게 책상 앞에 앉고. 컴퓨터 열어서 화면 속 CCTV를 보는데. CCTV에서 설아, 문을 열고 레슨실로 들어서는 게 보이고. 당황하는 서진의 표정.

349.　**인서트/CCTV 화면/서진 레슨실(밤)**
　　　설아, 조심스레 안으로 들어와 서진의 컴퓨터를 켜는. 파일을 찾아보는 설아.
　　　"2021년 청아예고 입시 채점표" 파일을 열어보는데. B조 파일에서 하은별의 이름을 찾는. 은별 점수 9, 10, 8, 8, 9로 높은 점수로 책정돼있는. 설아, 뭔가 이상하다 느끼다가 휴지통에 시선 머물고.
　　　휴지통 열어보면, 동일 이름의 파일이 있는. 복원해 열어보면. 은별의 점수, 4, 5, 3, 4, 3으로 되어있는데. 설아, 핸드폰 SD 카드에 저장하는데. SD 카드를 뽑아서 고민하다 상의 안 브래지어에 숨기는 설아.

350.　**현재/서진 레슨실(아침)**
　　　서진, CCTV를 확인하고 두려움에 손 떨리고.

서진　(애써 진정하며) 괜찮아. 이미 화장했어. 다 사라졌다고!! 이게 세상에 나올 일은 절대 없어! (휴지통에 든 파일들을 전부 삭제하는 서진이고)

351. 입양원 사무실(낮)
입양원 직원, 서류를 들고 수련 앞에 앉는.

직원　양부모님 연락처를 알고 싶다고요?

수련　아, 네. 미국으로 입양됐다는 거 외엔 아는 게 없어서요. (설아의 사진을 내밀면. 설아가 조상헌과 함께 찍은 사진인데)

직원　죄송한데, 개인 정보라 알려드릴 수 없는데요. 이미 파양돼서 관계도 끝난 사이고, 그쪽에서도 원하지 않고 있습니다.

수련　원하지 않는다고요? 대체, 파양된 이유가 뭔데요?!

직원　(서류 보면서) 범죄를 저질러 강제 추방된 걸로 나오는데요. 그 이상은 저희도 모릅니다.

수련　범죄요? 그럴 리가... (믿을 수 없고, 답답한데)

352. 골프 연습장(낮)
원장, 골프채 휘두르다가, 수련을 보는.

원장　대체 다 끝난 일을 왜 이렇게 파는 거예요? 다신 찾아오지 말랬잖아요!

수련　난 꼭 알아야겠어요. 양부모가 누군지! 파양된 이유가 뭔지!

원장　글쎄 나도 모른다니까요. 그리고 설아도 벌써 죽었잖아요!

수련　(멈칫) 그걸... 당신이 어떻게 알아요?

원장　(움찔했다가) 그거야 뭐, 내가 데리고 있었던 애니까 연락을 받은 거지. 아, 불까지 지르고 요란하게 죽어서 기사에 떴잖아.

수련　(말 막고) 기사엔 이름 안 나왔어! 당신! 뭔가 숨기고 있는 거 맞지? 그게 뭐야 대체!! (다그치면)

원장　내가 뭘 숨겨? 경찰 부르기 전에 당장 가요 쫌! 이거 영업방해야!!

수련	당신이 설아한테 무슨 짓을 했는지 다 밝혀내고 말 거야! 각오해!! (돌아서서 가는데)

한쪽에서 숨어서 그런 수련을 지켜보고 있던 상헌, 모습을 드러내고.

상헌	(수련의 뒷모습을 보며) 저 사람이었어? 찾아왔다는 여자가?
원장	(굽신대듯) 네, 의원님. 몇 번을 찾아와서 민설아에 대해 꼬치꼬치 캐묻잖아요. 버릴 땐 언제고 이제 와서 엄마랍시고 생난린지.
상헌	아무 말 안 했지? 나에 대해선...
원장	당연하죠. 제가 미치지 않곤 그 얘길 어떻게 꺼냅니까.
상헌	잘하면 대어를 낚을 수 있겠는데? 죽어서도 돈이 되는 아이야, 그 아이. (비열한 미소 짓는)

353. 청아예고 음악부 연습실(낮)

석훈, 석경, 민혁, 제니, 은별과, 다른 음악부 아이들(은후, 장대, 수홍, 지아, 예리, 유정)도 보이는. 사복 차림으로 모여 앉아 얘기 중인데.
그때, 문을 열고 들어서는 로나, 모두들 일순간 정적 되고.

로나	(아무렇지 않은 듯 자리로 가서 앉으려는데)
제니	어이, 예비! (로나에게 쓱 발 내밀면)
로나	(넘어질 뻔하면, 다들 재밌다고 웃는데)
민혁	니가 그 예비구나? 반갑다, 예비! 얘긴 많이 들었어. 니가 그렇게 재수 밥맛탱이라며.
로나	(당당하게 보고) 내 이름은 배로나야. 예비가 아니라.
제니	오호!! 봤지? 얘가 이런 애야. 얼굴이 얼마나 두꺼운지 몰라.
석훈/석경	(팔짱 낀 채, 한쪽에서 그런 로나를 보고만 있는데)
은별	(역시 로나에게 좋은 감정 아니고, 외면하는)
은후	(다가서며, 이태리어로) 우리 인사할까? 이태리어 당연히 할 줄 알지?

민혁	(독어로) 스타일 뭐니? 진짜 구리다.
석훈	(중국어) 그래도 얼굴이 예쁘잖아. (은별, 그런 석훈을 보면)
제니	(독어로 어이없단 듯) 얘가 이쁘다고? 눈이 어떻게 된 거 아냐?
로나	(못 알아듣고. 내심 기죽지만 애써 아닌 척) 외국어 좀 할 줄 아는 게 그렇게 자랑스럽니? 내세울 게 그렇게도 없어? 나랑 같이 앉을 거 아님 좀 비켜줄래? (제니를 어깨로 밀치고, 구석 자리로 가서 앉는 로나)
제니	(휘청하고) 이게!! (어깨 감싸 쥐고, 민혁 보며 호들갑스럽게) 민혁아, 나 어깨 다쳤나 봐. 아파 죽겠어!! 저거 완전 깡패야. 이 정도면 고소각 아냐?
민혁	오버 액션 그만! (제니한텐 신경도 안 쓰고, 호기심 있게 로나를 보면)
유정	예비 주제에 세게 나온다? 뻔뻔이 컨셉이니?
은후	파이팅 넘치는데, 왜!
석경	그만들 좀 해!! (애들, 일제히 돌아보면. 로나에게 다가서고) 유치하게 뭐니? 초딩도 아니고. 예비든 뭐든 그딴 게 뭐가 중요해. 이제 우린 친군데. (로나에게 손 내밀고. 상냥하게 인사하는) 반가워. 난 주석경. 잘 지내보자.
로나	(석경의 손을 잡고) 난 배로나. 잘 부탁해.
석경	(환히 웃는데. 속내를 알 수 없는 웃음이고)
석훈	(그런 석경을 보고, 못 말린다는 듯 픽 웃는데)
은별	(핸드폰으로 뭔가를 보다가, 갑자기 얼굴 하얗게 질리고) 야! 큰일 났어!
석훈/석경/제니/민혁	(그런 은별을 보는데)
은후	(역시 핸드폰 보며) 어? 청아예고 홈피에... 민설아가 죽은 이유?

아이들, 은후의 말을 신호로, 갑자기 저마다 핸드폰 열어서 뭔가를 확인하면.
놀라서 일제히 헤라팰리스 아이들에게 몰리는 따가운 시선.

354. 인서트/청아예고 공식 SNS 계정
　　　게시글, 재생 버튼 누르면. 설아에게 린치를 하는 아이들의 목소리 나오고.

"민설아, 죽은 이유!"라는 제목으로, 주석훈, 주석경, 하은별, 유제니, 이민혁 이름 뜨고.

댓글들, "저래서 죽은 거임?", "민설아 피해자였어. ㄷㄷ", "쟤네 헤라팰리스 금수저들 아님?", "저 쌍둥이들 유명함. 민설아 불쌍", "그것이 알고 싶다 방송 출연 가즈아", "콩밥 고고!", "피해자 더 있을 듯" 등등의 저격 댓글들 계속 달리고.

355.   **청아예고 교장실 (낮)**
        서진, 교장과 심각한 표정으로 마주한.

교장   일단 SNS 공식 계정은 닫은 상탭니다. 그래도 이미 파일을 펴간 아이들이 있어 완전히 차단하긴 어려울 거 같습니다.

서진   학부모들 쪽은요?

교장   진상 규명 제대로 해달라는 요구가 빗발치고 있습니다.

서진   (미치겠고) 대체 누가 이런 짓을!!!

교장   민설아 그 아인 죽어서도 살아서도 문제네요. 이럴 줄 알았으면, 배로나 엄마 말대로 예비번호를 빨리 올리는 건데.

서진   (멈칫) 배로나 엄마요?!

교장   그 엄마가 한동안 매일같이 절 찾아와서 사정사정 했거든요. 누구 빠질 애 없냐면서 사람을 어찌나 괴롭히던지.

서진   그런 일이... 있었어요?!! (순간, 뭔가 한 가닥 희망을 본 듯하고)

356.   **청아예고 운동장/서진의 차 안 (낮)**
        서진, 차 뒷좌석에 올라타고. 비서에게 은밀하게 지시하는.

서진   투서 하나만 작성해줘. 그리고 뒷조사해줄 것도 있고. (무서운 눈빛)

357.　헤라펠리스 커뮤니티(저녁)
　　　 단태 부부, 규진 부부, 윤철, 마리, 심각한 얼굴로 모여있고.

규진　　같은 놈이에요! 아침에 분수대에 글을 쓴 놈도, 청아예고에 파일을 올
　　　　린 놈도! 같은 놈 짓이라고요! (흥분하면)

단태　　(애써 침착하게) 흥분할 거 없습니다. 이미 피해자가 사망해서, 경찰도
　　　　조사하긴 어려울 겁니다.

윤철　　만약 방송이라도 타서 이슈가 되면, 그건 또 모르는 일 아닌가요? 요즘
　　　　시대에 SNS를 무슨 수로 막아요?

마리　　(흥분해서) 하 박사님은 지금 남 일처럼 말씀하시네. 이게 터지면, 우리
　　　　애들, 우리, 다 같이 죽는 거라고요!

수련　　그때 제대로 수습만 했어도 이런 일 없었을 거예요.

마리　　또또!! 이미 끝난 일을 왜 또 들춰요. 수련 씨 참 성격 이상하네.

상아　　(욱해서) 그니까요. 솔직히 민설아 개도 잘못 있잖아요. 대학생이라고
　　　　속이고 과외를 한 게 잘한 일은 아니죠.

서진　　(룸으로 들어서며) 민설아가 죽은 게, 꼭 우리 애들 잘못은 아닌 거 같아요!

수련　　(그런 서진을 돌아보면)

마리　　그건 또 무슨 소리예요?

서진　　(헤라클럽 사람들 앞에 서고, 자신 있게) 예비 1번 배로나, 그 애 엄마가
　　　　민설아에게 접근한 거 같아요.

윤철　　당신 뭔 소리야?!

마리　　(솔깃하고) 그 여자가 왜? 뭐라고 했는데요? 설마, 걔 자리 내놓으라고?
　　　　그런 건 아니겠죠?

서진　　(침묵의 동의하면)

규진　　오호!! 대단한 사람이었네, 그 여자. (윤철을 보면)

마리　　세상에. 그 불쌍한 애를 협박했다는 거잖아요. 죄질이 아주 드럽네.

단태　　(재밌다는 듯) 뉴스는 뉴스로 덮는 게 정답이죠.

서진　　타깃을 바꾸는 거죠. 우리 아이들에게서 다른 누군가로.

마리	하긴, 진실보다 무서운 게 소문인 법이니까.
단태	(야비하게 웃으며) 역시 하늘이 우리를 돕네요. 우린 이번에도 역시 위기를 넘길 겁니다. 매번 그래 왔듯이.
수련	(어이없고) 확실한 증거라도 있어요? 그 사람이 민설아를 협박했다는!
서진	지금 증거들을 찾고 있어요. 모아지는 대로, 재단 차원에서 비상학부모 회의를 소집할 생각이에요.
윤철	(표정 어둡고. 뭔가 말하려고 하지만 나설 수 없어 미치겠는데)

다들 안심하며 좋아하면. 수련, 소름 끼치는 듯 그들을 바라보는데, 불안해지고.

358.   펜트하우스 서재(저녁)
       단태와 마주 앉은 사람, 조상헌이고.

단태	잘 좀 부탁드립니다, 의원님. 기사화되는 거, 꼭 좀 막아주십시오. 제가 은혜를 잊는 사람은 아니지 않습니까. (서류봉투 내밀며) 자주당 송 의원님의 비자금 자룝니다. 3선을 위해선 필요하실 거 같아서...
상헌	(솔깃하고. 음흉한 미소) 우리가 한두 해 아는 사이도 아니고. 최대한 애를 쓰겠습니다. (서류봉투 챙겨 넣는데)

그때 노크 소리와 함께, 문 열리고 차와 과일을 들고 들어오는 수련.
동시에, 단태의 핸드폰 울리고.

단태	아, 잠시만요. (급히 전화 받으며 나가는데) 네, 서장님.
수련	(테이블에 차와 과일을 내려놓으면)
상헌	(수련을 유심히 보는) 언제 봐도 참 기품 있으십니다, 사모님께선. 이 아름다운 펜트하우스와 참 잘 어울리세요.
수련	(그런 상헌이 불편하고) 말씀 나누세요. (돌아서 나가려는데)

상헌	(툭 던지듯) 민설아는, 어떻게 아시죠?
수련	(우뚝 멈춰 서고. 돌아보지 않은 채) 의원님은 그 아일 어떻게 아시죠?
상헌	정치인과 고아. 전혀 이상할 게 없는 사이죠. (이죽대며) 하지만 사모님은 다르지 않을까요? 주 회장이 사모님한테 친딸이 있다는 걸 알게 된다면...
수련	(얼굴 하얗게 질린. 애써 침착하게) 지금, 무슨 말씀을 하시는 거죠?
상헌	(픽 웃고) 온실 밖은 말이죠. 폭풍우도 치고, 번개도 번쩍번쩍하고, 그래요. 저랑 얘기만 잘되면, 펜트하우스에서 쫓겨나시는 일은 없을 거라는 얘깁니다. (명함을 건네며 비열하게 씩 웃는데, 그때 단태가 다시 들어오고)
단태	아, 죄송합니다. 중요한 전화가 와서요.
수련	(명함을 손에 꽉 쥔 채, 애써 진정하고 급히 나가는데)

359.　펜트하우스 거실(저녁)

　　　단태, 상헌을 배웅해주고 들어오면. 굳은 표정의 수련.
　　　석훈과 석경이 기다렸다는 듯 방에서 나오고.

석훈	어떻게 됐어요?
석경	조 의원님이 도와주신대요?
단태	국회 법사위원장을 맡고 있으니, 어떻게든 힘을 써보시겠지.
수련	조상헌 의원하곤 많이 친한가요?
단태	헤라팰리스 인허가 받을 때 큰 도움 받았지. 나도 물심양면 도움 줬고. 그건 왜?
수련	아뇨. 이런 불미스런 일을 무턱대고 부탁해도 되나 해서요. 친하다면 다행이고요. (애써 아무렇지 않은 듯 심호흡하면)
석경	걘 죽어서까지 왜 이렇게 사람을 귀찮게 하나 몰라. 짜증 나 진짜.
단태	니들은 당분간 입조심하고, 입학 공연 연습에 집중해. 죽은 애한테까지 신경 쓸 시간이 어딨어! 들어가 봐.
수련	(주먹 꽉 쥐고, 그런 단태를 보는. 뭔가 골똘히 생각하는 수련이고)

360.   청아예고 전경(며칠 뒤, 낮)

361.   청아예고 복도(낮)
　　　　서진, 골똘히 뭔가 생각하는 표정으로 창밖을 내다보고 있으면.
　　　　비서가 다가서고.

비서　모두 참석하셨습니다. 이사님.
서진　가지. (비장하게 복도를 걸어가는. E) 오윤희, 우리 악연 오늘로 끝을 내자!

362.   청아예고 소강당(낮)
　　　　학부모들 웅성대며 모여있고. 단태 부부, 상아 부부, 마리, 교장도 호기
　　　　롭게 앉아있으면. (윤철은 중간에 들어오는 설정으로)
　　　　법정 같은 분위기. 정가운데 의자에 윤희가 앉아있는.
　　　　그때, 문 활짝 열리며 서진이 들어서고.

윤희　(얼떨떨한 표정으로 서진을 보면)
서진　(그런 윤희 시선 무시하고, 모여있는 사람들 앞에 서서) 전 오늘, 청아재단
　　　　이사장님의 권한을 위임받아, 비상대책회의를 진행하기 위해 이 자리
　　　　에 섰습니다.
윤희　(벌떡 일어서고, 서진을 보며) 날 부른 이유가 뭐죠?
서진　(그제야 윤희를 보는) 며칠 전, 청아예고 교장실로 투서가 날아왔습니
　　　　다. 내용은 이민혁 학생 어머니께서 대신 읽어주실 겁니다. (상아에게
　　　　눈짓하면)
상아　(일어나서 투서 읽기 시작하는) 광기와 집착으로 변질된 한 모성을 고발
　　　　합니다. 그녀는 예비 1번의 자식을 둔 엄맙니다.
윤희　(기함하며) 이게 무슨 소리예요?!!
상아　그녀는 살인잡니다. 자신의 딸의 입학을 위해 불쌍한 학생에게 끊임없
　　　　이, 그리고 집요하게 입학 포기를 종용했습니다. 그 아이에겐 부모가

없었기 때문입니다.

학부모들　(웅성거리고)

헤라클럽 사람들　(여유 있는데)

상아　(계속 읽는) 만약 그 엄마 때문에 아이가 죽은 거라면, 그 아이의 자살에
억울함이 없도록 청아예고에서 강력히 조처해주시길 바라는 바입니다.

363.　**청아예고 음악부 연습실(낮)**

아이들, 입학식 공연 연습 중인데.

제니, 청아예고 홈피에 올라온 투서를 아이들에게 읽어주는.

제니　광기와 집착으로 변질된 한 모성을 고발합니다... (로나 보고) 야! 이거
니네 엄마 얘기 맞지? 니가 예비 1번이잖아.

석경　(역시 핸드폰 보며) 그녀는 살인잡니다? (로나를 보면)

로나　(제니의 핸드폰 뺏어서 확인하는) 말도 안 돼!! (얼굴 사색되는데)

364.　**청아예고 소강당(낮)**

윤희, 강하게 반박하는.

윤희　아니에요!! 난 그 애한테 아무 짓도 않았어요!! 내가 알기론 헤라팰리
스 아이들이 그 애한테 나쁜 짓을 했다던데. 그래서 불쌍한 아이가 자
살했고...

마리　(벌떡 일어서는) 과연 그럴까요. (사람들 둘러보며) 제가 실수로 정보를
줬어요! 저 사람한테. 그 아이 정보를.

　　　(인서트 3화 19신, 화영중학교 교문 앞)

마리　아 참! 합격자 중에 고아가 있던데. 거기나 찾아가 보시지. 누가 알아?
돈을 한 뭉치 안겨주면 포기할지?

마리	(가증스럽게) 근데 진짜 찾아갈진 정말 생각도 못 했어요.
규진	(일어나, 변호사처럼 취조하는) 여기서부턴 제가 맡죠. 오윤희 씨! 고아가 있다는 얘길 듣고, 바로 이곳 청아예고로 왔죠? 와서 교장실을 찾아갔다던데... 맞습니까?
윤희	뭐하는 거예요, 다들!! (소리치면)
교장	(자리에서 일어서고) 맞습니다!
규진	(교장 보며) 그때 오윤희 씨와 나눈 대화를 기억하십니까, 교장선생님?
교장	네. 저에게 합격자 명단을 요구했습니다.
윤희	(반박하는) 그건, 혹시나 해서...
규진	(말 막고. 거침없이 치고 들어오는) 혹시나 힘없는 아일 협박하면 입학을 포기할지도 모른다는 희망 때문이었겠죠! 아닌가요?
윤희	(당황하는데)

365. 청아예고 음악부 연습실(낮)
로나, 아이들에게 둘러싸여있는.

제니	혹시 니네 엄마가 민설아 걔 밀어버린 거 아냐? 옥상에서?
민혁	헐. 자기 딸을 위해서 그런 짓까지 한단 말야?
제니	그러고 보니 니네 엄마가 민설아 죽은 다음 날 우릴 찾아왔어. 피 묻은 손으로. 대체, 무슨 일이 있었던 걸까? 민설아를 죽이고 자살로 위장한 거 아냐?
로나	(욱하고) 너, 말 다했어?!! (제니를 확 밀어버리면)
제니	아아!! (바닥에 나자빠지는데. 열 받아 벌떡 일어서고) 너 죽을래!!

제니, 로나에게 달려들어 머리채 휘어잡고, 죽일 듯이 때리기 시작하면. 아이들 놀라서 비켜서고. 말리려던 아이들조차 사정없이 바닥에 밀쳐지고.
그러다 제니가 로나를 밀치면서 문짝과 함께 두 사람 나가떨어지는데.

366. 청아예고 소강당(낮)

윤희 (필사적으로) 그때는 절박했어요. 그 애가 입학이 취소될지 모른다니까, 혹시 우리 로나에게 기회가 생길지도 모른다고 생각했어요. 하지만!

규진 그래서, 그 가엾고 불쌍한 아이를 스토킹했어요?

윤희 아니에요! 그 아일 만난 건 사실이지만...

마리 (말 끊고) 그러고 보니, 지난번에 민설아가 알바하는 걸 봤다고 했죠? 스토킹하지 않으면, 어떻게 알바하는 데를 알겠어요. 안 그래요? (동조 구하면)

상아 맞네. 기억나요. (학부모들 모두 고개 끄덕이며 동조하는데)

규진 좋은 지적이십니다. 그래서 이분을 증인으로 모셨습니다.

문 열리고. 설아가 알바하던 고깃집 사장이 들어서고.

사장 저 여자가 우리 고깃집에 찾아왔어요. 생각해보니, 민설아 학생을 해코지하려던 게 분명해요!

윤희 (억울해서 달려들 듯) 당신 지금 무슨 소릴 하는 거야!! 그 애한테 몹쓸 짓 한 사람이 누군데!!

마리 이럴 게 아니라 당장 경찰에 신고해야 되는 거 아니에요! 네?! (흥분하면)

학부모들 (소란스러워지는데)

수련, 뚫어져라 윤희를 바라보는 의미심장한 눈빛. 그 위로,

설아(E) 처음이었다. 내 편을 들어준 사람.

367. 설아의 일기장 재연/3화 41신 연결/고깃집 일각(저녁)
고깃집 사장, 설아에게 윽박지르고 있는.

사장 (불판을 또 잔뜩 쌓아두며) 빨리빨리 좀 해! 잔뜩 밀렸잖아!

설아 죄송합니다. 빨리 할게요. (잔뜩 쌓인 불판을 열심히 닦는데)

사장	이래서 어린 것들은 쓰면 안 된다니까. 하도 졸라서 싼 맛에 썼더니만. 아 뭐해! 닦은 것들 주방으로 옮겨! 힘이 왜 이리 없어? 한 번에 싹 들고 가!
설아	네, 사장님. (무거운 불판들을 여러 개 들다가 휘청하면서 놓치면. 하나가 떨어져 깨지는데)
사장	(설아의 머리를 바닥으로 밀치며, 불같이 화를 내는) 뭐하는 거야. 남의 장사 말아먹으려고 작정을 했어?! 너 앞으로 세 달 동안 돈 받을 생각 말고 일해!! 아침부터 저녁까지!! 알아먹었어?
설아	안돼요, 사장님. 저 돈 필요해요. 지난달 월급도 안 주셨잖아요.
사장	이게 미쳤나? 니가 깨먹은 불판 값이 얼만데! 이거 당장 안 치워!! (설아의 옷을 잡아당기면)

그때, 윤희가 달려와서 사장을 확 밀치고.

윤희	그 손 안 놔!! 이렇게 무거운 불판을 애한테 옮기라는 게 잘못된 거 아냐? 이거 아동 학대야!! 내가 신고할 거야, 당신! 돈도 안 주고 어린애를 부려먹어? 가게 문 닫고 싶어?!
사장	당신 누구야?
윤희	(버럭) 이 애 보호자다, 왜!!! (설아에게) 너 당장 일어나! 이런 데 아니어도 돈 벌 데 천지야! 왜 이런 인간 밑에서 일해?! (설아 손잡고 나가는)
사장	(인상 확 쓰며) 저 아줌마가 미쳤나?! 내 불판 값!!

368. 설아의 일기장 재연/보송마을 아파트 앞 (저녁)
   윤희, 설아와 함께 아파트 앞까지 걸어오고.

설아	데려다주셔서 감사합니다. (꾸벅 인사하면)
윤희	나 때문에 알바 짤려서 어뜩하니.
설아	(밝게 웃으며) 또 구하면 되죠.
윤희	(지갑에서 있는 대로 만 원짜리 꺼내서 쥐어주고) 이걸로 밥 사먹어.

설아	아니에요. 저 돈 있어요. 괜찮아요.
윤희	(미안하고 짠한) 아줌마가... 미안해서 그래. (아파트 올려다보고) 여기 사니? 좋은 일자리 생기면 연락할게.

설아(E)	아무런 대가 없이 처음 받아본 돈. 아마도 그 돈을 쓰지 못 할 거 같다.

369. 현재/청아예고 소강당 (낮)

수련, 설아 일기장을 떠올리며, 윤희를 찬찬히 보는데.
윤희, 눈물 그렁해서 열심히 항변하는.

윤희	잠시, 나쁜 맘먹었던 건 사실이지만, 어렵게 사는 모습을 보고 미안했어요. 어떻게든 돕고 싶었어요. 일자리도 구해주고 싶었고...
서진	민설아 보호자도 아닌데, 왜 그런 일까지 나섰죠? 민설아에게 입학 취소 조건으로 거래를 하려던 게 아닌가요?
윤희	(울부짖는) 아니라고요!!!!
규진	그렇다면, 민설아 학생이 죽던 날 밤으로 돌아가 보죠. 오윤희 씨는 그날 어디서 뭘 하고 있었죠?
윤희	그날은... (생각하는)

370. 회상/한강 고수부지 (저녁)

괴로운 마음에 술을 마시는데.

371. 청아예고 소강당 (낮)

규진	술을 마시고, 그다음엔요?
윤희	(주저주저하다) 그 후론... 잘 기억이 안 나요. 너무 취해서.
규진	(승기를 잡은 듯, 됐다 싶고) 지금, 기억이 안 난다 하셨어요? 그렇다면, 오윤희 씨가 그날 무슨 일을 했는지 알리바이를 댈 수 없다는 거네요.

학부모들, 웅성대는데. 윤희를 손가락질하고. 점점 궁지에 몰리는 윤희인데.

서진	(문득 손에 붙인 거즈를 보며) 손의 그 상처는 뭐죠?
윤희	이건... (기억나지 않아 더 괴롭고. 아무 말 못하고 손만 떨고 있는데)
서진	(조소하며) 역시 기억이 안 나나요?
단태	아무래도 이 일은 우리 손을 떠난 거 같군요. 경찰에 연락하죠! (교장에게) 완벽히 해명이 될 때까지는 배로나 학생의 입학을 재고해주시길 바랍니다. 그렇지 않으면 우리 학부모들은, 입학을 전면 거부하겠습니다.
교장	그럼, 거수로 결정하겠습니다. 배로나 학생의 입학을 반대하시는 분은 손을 들어주십시오.
학부모들	(윤철과 수련을 빼고 모두 손을 들면)
단태	(서진에게 재촉하는) 결단을 내리시죠!
윤희	(필사적으로) 왜들 이래요!! 난 절대 나쁜 짓 하지 않았어요!! 정말이에요!!
서진	(그런 윤희 무시하고, 숙고하는 척하다가) 학부모들 의견이 그러하다면, 청아예고 이사장 대리 자격으로, 배로나 학생의 입학을 보류하도록...
윤철(E)	잠깐만요!!

그때, 맨 뒷자리에 앉아있던 윤철이 자리에서 일어서고.
모두의 시선, 윤철에게 몰리는데.

윤철	(사람들을 보고) 그날 밤 오윤희 씨의 행적은 제가 알고 있습니다.
서진	(당황해서 윤철을 보면)
규진	(윤철을 말리려는 듯, 눈짓하며) 하 박사, 왜 이래요?
윤철	(윤희를 보는) 그날! 저와 함께 있었습니다. 헤라팰리스에서.

사람들 모두 놀라고. 서진, 눈 휘둥그레지고, 온몸 부들부들 떨리는데.
윤희, 윤철을 보는 순간! 갑자기 심한 두통이 다시 엄습하는.

268

그날의 기억들이 단편적으로 컷컷컷 되면서 떠오르는데.

372.　회상1/3화 78신 연결/헤라팰리스 파티장 밖/민설아 사망일(밤)
　　　　윤희, 걸어오면. 통유리창 안으로 흥겹게 파티 중인 사람들 모습이 보이고. 그 속에 천서진과 하윤철의 다정하고 행복한 모습도 보이는데.
　　　　윤희, 환하게 웃고 있는 서진을 보면 증오심에 미칠 거 같고.

윤희　　모든 게 다 천서진, 너 때문이야! 내가 이렇게 사는 것도... 우리 로나가 저렇게 된 것도... 다 너 때문이라고!!

　　　　윤희, 파티장 한쪽에 비치된 샴페인 병을 들어서 통째로 마셔버리고, 비틀거리며 파티장 쪽으로 걸어 들어가는데. 뭔가에 걸려 넘어지고.
　　　　그 소리에 서진, 윤희 쪽을 돌아보지만, 넘어진 윤희 보지 못하는.
　　　　윤희, 다시 일어나 서진에게 가려는데, 순간 낚아채는 누군가의 손.

윤철　　(엘리베이터 쪽 귀퉁이로 윤희를 끌고 가고) 여긴 왜 온 거야?
윤희　　(취한 채, 흐릿한 눈으로 윤철을 보는) 하윤철? 너, 하윤철 맞지?
윤철　　돌아가. 서진이 보면 난리 날 거야.
윤희　　니 마누라가 그렇게 무섭냐? 나 버리고 천서진 선택하니 행복했어? 너도 천서진이랑 똑같은 놈이야. 어차피 너도 내 말 안 믿었잖아!!
윤철　　(파티장 안쪽 눈치 보며) 취했어. 데려다줄게. (끌고 가려면)
윤희　　(거칠게 윤철 뿌리치며) 이거 놔! 내 불행의 시작은 천서진이야! 누구든 내 딸 인생 가로막는 사람은 다 없애버릴 거야! 그게 누구래도!!! (살기에 가득 찬 눈빛으로, 서진에게 달려갈 듯 난리 치면)

　　　　그때, 서진이 밖으로 걸어 나오는 게 보이고.
　　　　윤철, 기겁해서 윤희의 입을 틀어막고, 재빨리 엘리베이터에 태우는데.

373. 회상 2/서진 레슨실/민설아 사망일(저녁)

윤희, 서진 레슨실로 뛰어 들어오는.

비틀거리는 윤희 시선으로 교활하게 빛나고 있는 트로피. 그 트로피 옆으로, 트로피를 든 채로 해사하게 웃고 있는 서진의 어릴 때 사진 액자가 보이면.

윤희, 트로피를 들고 내리쳐서 사진 액자를 깨버리는데. 윤희의 손에서 피가 뚝뚝 떨어지고.

뒤따라 달려온 윤철, 그 모습을 보고 기겁하는.

윤철   오윤희! (윤희의 손을 잡는데, 윤철의 손도 피범벅이 되고)

윤희   (트로피를 든 채로, 폭발하는) 이거 때문이야! 이거 때문에 내 인생이 망가졌어!! (트로피를 내던지려면)

윤철   (말리며) 정신 차려!! 너 다쳤다고!!

윤희   이깟 거 때문에... 이깟 거 때문에... 아아아... (오열하는데)

윤철   (있는 힘껏 윤희를 붙잡는데, 윤희의 힘에 역부족이고)

374. 현재/청아예고 소강당(낮)

윤희, 그제야 그날 일 떠오르면. 놀란 표정으로 윤철을 보는데.

윤철도, 그런 윤희를 보는.

마리   증거는요? 하 박사님 말만 믿을 수 없잖아요!

윤철   (명징하게) CCTV에 모두 담겨져있을 겁니다.

학부모들   (웅성대면)

윤철   (사람들을 향해 강한 어조로) 이제 마녀사냥 그만들 하시죠! 애먼 사람을 가해자로 모는 게, 우리 학교를 위해 무슨 도움이 되겠어요? 민설아의 죽음은 이미 자살로 종결됐는데, 또 다른 피해자를 만들어야 속이 시원하겠어요?!!

서진   (열 받아, 부들부들 떨며 윤철을 보는데)

윤희　(혼잣말로) 다행이다... 내가 아니어서... (다리에 힘이 풀려 주저앉으면)

수련　(안쓰러운 표정으로 윤희를 보는)

375.　청아예고 복도(낮)
　　　씩씩대며 나오는 마리와 단태, 규진과 상아.

마리　대체 하 박사님은 왜 다 된 밥에 코를 빠뜨린 거래요? 이해가 안 되네, 진짜.

규진　(피식 웃고, 다 알고 있다는 듯) 난 이해가 완전 되는데요.

상아　그럼. 우리 애들 징계 먹는 거 아니에요?

단태　어떻게든 최소화시켜야죠! (열 받은 표정인데)

376.　청아예고 이사장실(낮)
　　　열 받은 서진, 윤철과 제대로 붙은.

서진　(이성 잃은) 뭐하는 거야?! 첫사랑이 그러고 있는 게 가슴 찢어지디?

윤철　(받아치는) 당신은 이 모든 게 억지스럽다고 생각 안 해? 고작 좋은 머리 짜내서 생각한 게, 멀쩡한 사람을 죄인으로 모는 거야?

서진　내 레슨실에 허락도 없이 쳐들어와서 난동을 부린 오윤희가 멀쩡해? 걔 아직도 말도 안 되는 망상에 빠져있어! 알아?! 근데, 내 남편이라는 사람이 그런 애를 감싸고돌아?

윤철　그건... 그날 윤희가 술이 너무 많이 취했어. 당신 만나면 안 될 거 같아..

서진　(윤철의 뺨을 날리는) 그걸 변명이라고 해?!! 그래서, 그 애한테 1억을 준 거야?!!

윤철　(멈칫하면) 당신... 알고 있었어?

서진　(부들거리는) 두 사람 무슨 사이야? 그동안 나 몰래 만났던 거야? 아직도 그 잘난 첫사랑을 못 잊고 살았어?!!

윤철　그런 거 아냐!! 비약하지 마!!

서진	그럼, 그 큰돈을 나 몰래 막아준 걸, 내가 어떻게 이해해야 되지? 내 자존심을 이렇게 짓밟은 거, 절대 못 참아. 두고 봐! 앞으로 내가 어떻게 하는지!! (독한 표정으로 나가버리면)
윤철	(미치겠고)

377. 청아예고 일각(낮)
윤희, 지친 듯 걸어가다 휘청하면. 그런 윤희를 잡아주는 사람, 수련이고.

수련	괜찮아요?
윤희	(간신히 몸 지탱하고, 수련을 보는) 네, 감사합니다.
수련	난 그쪽 믿어요. 나쁜 마음 아니었다는 거. 딸 생각해서도 버텨야죠. 딸... 꼭 지켜요!!

윤희, 눈물 그렁해서 수련을 보는데. 두 사람, 처음 교감하는.

378. 윤희의 집 거실/조상헌 세컨하우스/전화통화(저녁)
윤희, 로나의 얼굴에 난 상처에 약을 발라주는데. 로나 얼굴 엉망인데.

윤희	흉터 생기면 어째. 예쁜 얼굴에. (속상하고) 왜 바보같이 맞고 다녀? 너도 같이 좀 패주지! 제니가 그렇게 힘이 쎄?
로나	내가 봐준 거지. 뭐 못 싸워서 못 때렸나?
윤희	그러니까 왜 봐주냐고! 엄마 속상하게!!
로나	(순간 울컥해서 큰소리로) 그럼 어떡해! 또 잘못 때렸다가 지난번처럼 합의금 내놓으라면 어쩌려고! 우리 돈 없잖아! 이 집 또 내놓고 싶어?! 제니 엄마는 더 독한데, 우리가 감당할 수 있어? 까짓것 몇 대 맞아주면 어때서!!
윤희	(순간 가슴이 쿵! 떨어지며) 그래서, 못 때렸다고?
로나	걱정 마. 하나도 안 아팠어. 그 기지배 솜주먹이야. 힘도 더럽게 없더라

272

고. (눈물 쓱쓱 닦고) 그런 얼굴로 볼 거 없어! 내가 나중에 실력으로 눌러주면 돼! (일어나 방으로 들어가면)

윤희   (울컥하고. 이래저래 속상해 미칠 거 같은데)
        그때, TV에서 뉴스가 나오는. 윤희, 문득 시선 주다가 멈칫하는.

앵커(E) 2선 국회의원인 조상헌 의원이 모 배우와의 불륜설이 터진 가운데, 근거 없는 가짜뉴스라고 일축하며, 소문을 유포하는 자에게 법적 책임을 묻겠다는 강력한 뜻을 밝혔습니다. 송 기자. 자세한 소식 전해주시죠.

송기자(E) 네. 조상헌 의원 측은 모 배우와의 불륜설에 대해 단순한 친분관계임을 일관되게 주장하고 있습니다. 만일 이 모든 게 사실일 경우 의원직도 사퇴할 것이라고 밝혔는데요. 이번 논란의 파장이 향후 선거에도 큰 변수로 작용할 수 있는 상황입니다. (송 기자의 멘트 깔리면서, 바로 윤희로 이어지는)

윤희   (TV에 나오는 조상헌의 얼굴을 보고 놀라는데. 그때 핸드폰 울리고. 보면 "조상헌 의원님"이라고 뜨고. 놀라서 멈칫했다 받으면)

상헌   (다짜고짜) 오윤희! 니 짓이지? 돈 받아 처먹었음 평생 입 닫고 살았어야지!!

윤희   (영문 몰라) 무슨 말씀을 하시는 거예요, 의원님?

상헌   (흥분해서) 니가 터뜨려놓고 어디서 오리발이야!! 당장 와서 내 돈 전부 토해내! 안 그럼, 니 딸년 인생 아작 낼 줄 알아! (전화 확 끊어버리면)

윤희   여보세요! 여보세요, 의원님!!! (느낌 싸하고, 불안한데)

379.   조상헌 세컨하우스 외경 (저녁)

380.   조상헌 세컨하우스 (저녁)
        연거푸 벨 울리는(E). 불 켜져있고 아무도 없는 실내.
        윤희, 문고리를 딸깍 돌려보면. 문 열려있고. 문 열고 들어오는데.

윤희   의원님...? 저, 들어갈게요. 어디 계세요? 오윤흽니다. 저 왔는데요...

윤희, 거실로 들어와 조심스럽게 이곳저곳을 찾아다니는데.
상헌의 모습 보이지 않고. 방금 마신 듯 술병만 테이블에 놓여있는.
윤희, 아무도 없는 거 같아 다시 돌아 나가려다가, 문득 거실 귀퉁이에
그로테스크한 자세로 죽어있는 조상헌이 보이는! 기겁하는 윤희!

윤희   아아악!!!

윤희, 공포의 비명을 내지르는 데서 엔딩!!

274

6화

비밀 거래

381.   5화 77신 연결/청아예고 일각 (낮)
　윤희, 걸어가다 휘청하면. 그런 윤희를 잡아주는 사람, 수련이고.

수련　　괜찮아요?

윤희　　(간신히 몸 지탱하고, 수련을 보는) 네, 감사합니다.

수련　　난 그쪽 믿어요. 나쁜 마음 아니었다는 거. 딸 생각해서도 버텨야죠.
　　　　　딸... 꼭 지켜요!!

　윤희, 눈물 그렁해서 수련을 보는데. 윤희, 먼저 자리 뜨고.
　수련, 윤희 뒷모습 보고 있으면. 핸드폰으로 메시지 오고. 보면 조상헌
　인데.

상헌(E)　(문자메시지) 국민의 일꾼 조상헌이 당신을 지켜드리겠습니다. 후원금
　　　　　계좌 안내해드립니다. 행복미래당 국회의원 조상헌. (은행과 계좌번호
　　　　　찍혀있고)

수련　　(상헌의 교활한 문자를 보며 얼굴 일그러지는) 개자식!

382.   단태 사무실 (낮)
　차를 마시고 있는 수련. 단태, 바쁘게 서류 들여다보고 있는.

단태　　(서류 보면서) 회의 끝나야 점심 먹을 수 있는데, 괜찮겠어?

수련　　(상냥하게) 그럼요. 오랜만에 밖에서 당신이랑 밥 먹을 생각하니까 설
　　　　　레는데요. 나 신경 쓰지 말고, 천천히 일 보고 와요. (가방에서 책 꺼내며
　　　　　웃으면)

단태　　그럼 좀만 기다려. (서류 들고 급히 밖으로 나가는데)

　수련, 단태가 나간 거 확인하고. 조심스레 일어나서 단태의 책상으로
　가는.

정신없이 서랍이며 책상 위 뒤져서 뭔가 찾기 시작하는 수련.
그때! 갑자기 문이 확 열리며 들어서는 누군가.
수련, 놀라서 그대로 굳어버리는데. 들어오는 사람, 태주고.

태주   (무표정하게) 뭐하시는 겁니까?

수련   (태주임을 확인하고 일단 안도하고. 다시 계속 서류를 찾는데)

태주   (수련의 팔을 거칠게 붙들고) 나가시지 않으면, 회장님을 모셔오겠습니다.

수련   (순간 절박하게) 도와줘! 제발 한 번만, 한 번만 더 도와줘요! 설아가 내
딸인 걸 알아! 조상헌 그 남자가! 지금 날 협박하고 있어!

태주   (놀라서 멈칫하면)

수련   조상헌의 비리 자료를 찾아야 해. 남편은 알고 있을 거 아냐?! 제발 찾
아줘요! 부탁할게요... 그 남자가 우리 설아에게 한 짓! 내가 알아야 된
다고!! (간절한데)

383.   **주차장 일각/단태의 차 안(낮)**
      수련, 단태와 통화 중인.

수련   오후에 혜인이 검사가 있다는 걸 깜빡했지 뭐예요. 윤 실장님께 부탁해
서 지금 병원으로 가려고요. 미안해요 여보. 어서 일해요. (전화 끊으면)

태주   (서류 건네주는) 회장님의 지시로, 조상헌 의원에 대한 뒷조사를 꾸준
히 해왔습니다. 워낙 뱀 같은 인간이라.

수련   고마워요. 정말 고마워요. (받아들고, 급히 서류봉투 열어보면, 조상헌의
비자금 내역, 고아원 원장과 회동한 사진들, 입양아들 리스트 들어있고. 점
점 눈 커지는) 이건!!! (순간 부르르 손이 떨려오고 피가 거꾸로 솟는. 충격
받은) 악마! 그 인간은 악마야!!!

태주   일단 이것부터 터트리시죠. (여배우와 조상헌의 밀회사진을 건네는)

수련   (독해진 눈빛)

384.   펜트하우스 거실 (저녁)
        수련, TV로 긴급 속보를 보고 있는.

앵커(E)   2선 국회의원인 조상헌 의원이 모 배우와의 불륜설이 터진 가운데, 근
        거 없는 가짜뉴스라고 일축하며, 소문을 유포하는 자에게 법적 책임을
        묻겠다는 강력한 뜻을 밝혔습니다. 송 기자. 자세한 소식 전해주시죠.
수련   (매서운 눈빛으로 상헌의 뉴스를 보며, 분노 참아내면서) 조상헌. 이건 시
        작에 불과해. 니가 한 짓 낱낱이 파헤쳐줄게!! (비장한데. 테이블 위의 서
        류봉투를 낚아채듯 챙겨서 나가는)

385.   5화 78신 연결/조상헌 세컨하우스 (저녁)
        상헌, 역시 TV로 자신의 뉴스를 보면서 얼굴 붉으락푸르락해서 전화
        하고 있는.

상헌   오윤희! 니 짓이지? 돈 받아 처먹었음 평생 입 닫고 살았어야지!!
윤희(F) (영문 몰라) 무슨 말씀을 하시는 거예요, 의원님?
상헌   니가 터트려놓고 어디서 오리발이야!! 당장 와서 내 돈 전부 토해내! 안
        그럼, 니 딸년 인생 아작 낼 줄 알아! (전화 확 끊어버리고) 겁 대가리 없
        는 년! 감히 이 조상헌의 뒤통수를 쳐? (분해서 술을 따라 벌컥벌컥 들이
        마시고) 나 혼자는 못 죽지. 내가 여기까지 어떻게 왔는데!! (비열한 표
        정. 테이블 위에 놓여있는 오윤희와 관련된 자료들과 로나의 사진을 보는데)

        그때, 한쪽 열린 문틈 사이로, 흥분해있는 조상헌을 보고 있는 가죽 장
        갑을 낀 남자의 실루엣 보이는.

386.   조상헌 세컨하우스 외경 (저녁)
        초인종 소리 들리고(E).

279

387. 조상헌 세컨하우스(저녁)
      벌컥 문을 열어주는 조상헌.

상헌 (거칠게) 왜 이제 와!! 넌 이제 뒤졌어! (하다가 멈칫하는. 앞에 서있는 사
         람, 수련이고. 수련을 보자 표정 바꿔서 비열한 미소로) 여긴 어떻게 알고...
         많이 급하셨나봅니다, 우리 사모님께서.

수련 들어가도 되겠습니까.

상헌 협상하러 오셨나? 근데 어쩌죠? 오늘은 내가 바빠서. 조만간 다시 연락
         드리죠. 주 회장 몰래. (문 닫으려는데)

수련 (문 막으며, 단호하게) 지금 얘기해요.

상헌 (열 받고. 버럭) 연락 준다니까요!

수련 (지지 않고) 마음에 들어요? 내 선물?

상헌 (멈칫) 뭐?

수련 저녁 내내 뉴스 속보로 뜨던데. 전 국민한테 관심받는 기분이 어때요?

상헌 (순간 표정 굳고) 당신이었어? 제보자가?

수련 (의미심장한 눈빛) 그럼 지금부터 해볼까요? 협상?

388. 펜트하우스 거실(저녁)
      들어오는 단태를 맞이하는 양씨.

단태 그 사람은요?

양씨 30분 전쯤에 급히 나가셨는데요.

단태 (소파에 앉고) 어디 간다는 말은?

양씨 없으셨어요.

단태 알았어요. 일 보세요. (핸드폰 꺼내 수련에게 전화하려다가, 순간 퍼뜩한
         느낌에 다시 일어나 급히 나가는)

389.   조상헌 세컨하우스 거실 (저녁)
         거실에 마주 앉은 두 사람.

수련   (테이블에 서류봉투 툭 던지면)
상헌   이게 뭐야? (봉투 열어보면. 조상헌과 입양아들 찍은 사진들이고. 마지막
         에 조상헌과 설아가 찍은 사진이 나오면)
수련   기억나지? 당신 손으로 입양시킨 보육원 아이들. 그동안 당신이 저지
         른 무시무시한 범죄들!!
상헌   (뜨끔하지만, 뻔뻔하게) 이게 왜 범죄야? 내 덕에 부잣집으로 입양돼서,
         평생 누릴까 말까 한 호사를 누렸는데...
수련   (부르르 떨며) 당신은 인간도 아냐!! 이 불쌍한 애들로 장사했잖아!!
상헌   무슨 개소리냐고!!
수련   이 애들, 전부 파양됐어! 우리 설아처럼! (눈물이 후드득 떨어지고)

         수련, 증오에 차서 상헌을 보는 눈빛. 그 위로,

390.   설아의 일기장 재연/차 안/도로 일각/4년 전 (낮)
         양부(제임스 리)와 같이 뒷좌석에 앉아있는 설아, 예쁘게 꾸민 모습인데.

설아   (창밖으로 보며, 천진하게) 어디 가는 거예요, 아빠? (물으면)
양부   오빠 만나러 가는 거야.
설아   오빠요?
양부   그래. 오빠가 좀 아프단다. 그래서 안나가 도와줘야 하는데, 잘할 수 있
         겠지?
설아   (씩씩하게 고개 끄덕이는)
설아(E)   나에게 아픈 오빠가 있다는 걸, 그날 처음 알았다.

391.   설아의 일기장 재연/채취실/4년 전(낮)
        설아의 골수를 채취하는 의사.

392.   2화 50신/미국 제임스 리 저택/2년 전(밤)
        양쪽에서 설아를 결박하는 미국 경찰들. 설아를 끌고 가고.
        설아, 억울해하며 울음 터진.

설아   (영어로) 난 안 훔쳤어요!! 난 도둑 아니라구요! (뒤돌아보며, 간절히 한
           국말로) 오빠!! 오빠!!!! 뭐라고 말 좀 해줘. 오빠!!!

        그런 설아를 말없이 보고 있는 누군가의 뒷모습.

수련(E) 아이들은 똑같이, 골수 이식이 끝나자마자 파양됐어. 강제 추방됐다고!

393.   현재/조상헌 세컨하우스 거실(저녁)
        수련, 상헌을 무섭게 몰아붙이는.

수련   그 가여운 아이들을 도너로 이용하려고 입양시켰어? 필요 없어지니까
           억울한 누명을 씌워버린 거잖아!!
상헌   (뻔뻔하게 발뺌하는) 이 아줌마가 무슨 소설을 쓰고 있는지 모르겠네 진
           짜! 여보세요! 난 모르는 일이라구요! 양부모가 애들한테 무슨 짓을 했
           는지, 내가 어떻게 알아?!
수련   거짓말 마!! 처음부터 그럴 계획으로 보낸 거잖아! 그 대가로 백억대
           건물도 올린 거고. 아냐?!! 넌 지옥에 떨어질 거야!!
상헌   증거 있어? 내가 그랬다는 증거라도 있냐고?!
수련   (자료 던지며) 당신과 민 원장이 커넥션한 자료야. 민 원장이 당신 비자
           금을 세탁해주고 있었다는 것도, 이미 알고 있어!
상헌   꽤 일을 열심히 했네, 우리 사모님이... 집에서 안 쫓겨나려고 발악하시

나? (싸늘하게 표정 바뀌며) 근데, 그거 알아? 그 아이 그렇게 만든 건 너야. 니가 죽인 거야! 니가 걜 버렸기 때문에!

수련 니가 뭘 안다고 지껄여!! (부르르) 니가 저지른 더러운 짓들, 제대로 용서 빌고 처벌받아! 우리 설아한테 한 짓, 내가 낱낱이 다 까발릴 테니까!!

상헌 (코웃음 치며) 내가 이 바닥 정치 인생이 얼만데, 내 목숨 구해줄 사람 하나 없겠어? 그중 하나가 당신 남편 주단태야! 궁금하면 직접 전화해서 물어볼까. (핸드폰 꺼내 단태에게 전화 걸려면)

수련 비겁한 자식!!! (달려가 상헌을 막는데)

수련과 상헌의 격렬한 몸싸움.
수련, 죽기 살기로 덤비지만, 상헌에게 제압당하고.
상헌, 수련의 목을 조르기 시작하는데. 수련, 낯빛이 파랗게 변해 괴로워하고.
수련, 목이 졸린 상태로 손을 뒤로 뻗어서 테이블 위에 있는 양주 얼음통을 집어 들어 상헌에게 던지는데. 빗나가고.

상헌 이년이! 죽으려고!! (눈이 휙 돌아, 양주병을 들어 수련의 머리를 내리치려는 순간!)

수련 아악! (눈 질끈 감는데)

그때, 상헌에게 주먹을 날려 상헌을 쓰러뜨리는 사람. 태주고.
상헌, 밀쳐지면서 휘청하고, 테이블 모서리에 머리를 박고 그대로 푹 쓰러지면. 상헌의 머리에서 흘러내리는 피. 눈을 뜨고 죽은 상헌!
수련, 놀라서 비명 내지르는데. 아아악!!! 기겁하는데!
그 순간! 딩동, 초인종 소리 들리는(E).
긴장하는 수련과 태주, 서로를 보는데.

394.   혜인의 병실(저녁)
        병실로 들어오는 단태. 혜인만 누워있고.
        수련에게 전화하지만 받지 않는.

단태   어딨는 거야, 대체?!! (눈빛 날카로워지는. 그러다 문득 핸드폰 내려놓고,
        혜인을 돌아보는 의미심장한 눈빛)

395.   5화 엔딩 연결/조상헌 세컨하우스 거실(저녁)
        윤희, 문 열고 거실로 들어서는.

윤희   의원님...? 저, 들어갈게요. 어디 계세요? 오윤흽니다. 저 왔는데요...

396.   조상헌 세컨하우스 욕실(저녁)
        욕실 문 뒤쪽으로 몸을 숨기고 있는 수련과 태주.
        두려움에 떨고 있는 수련, 심장이 타들어가는 거 같은데.
        수련, 욕실의 조금 열린 문틈으로 윤희의 얼굴을 확인한 순간 화들짝
        놀라고.
        수련, 소리 지를 뻔하는데. 뒤에서 입을 틀어막는 태주.

397.   조상헌 세컨하우스 거실/욕실/교차편집(저녁)
        윤희, 거실로 들어와 조심스럽게 이곳저곳을 찾아다니는데.
        상헌의 모습 보이지 않고. 방금 마신 듯 술병만 테이블에 놓여있는.
        윤희, 아무도 없는 거 같아 다시 돌아 나가려다가, 문득 테이블 너머로
        보이는 사람 다리.

윤희   의원님....? (의아한 듯 다가가면. 거실 귀퉁이에 조상헌이 그로테스크한 자
        세로 눈 뜨고 죽어있는. 기겁하면서 그대로 주저앉는데) 아아악!!! (공포의
        비명을 내지르면, 자신의 발 아래로 피가 흘러오고. 자지러지면서 벌떡 일

284

어나 뒤로 물러나는데)

윤희, 덜덜 떨리는 손으로 핸드폰 꺼내고. 그러다 핸드폰 놓치고. 다시
핸드폰 집어 들면.
욕실 안에서 그 모습을 지켜보는 수련과 태주, 피가 마를 지경이고.
윤희, 119를 누르고 통화 버튼을 누르려다 순간 멈칫하는! 테이블 위
에 놓여있는 로나의 사진이 보이는. 순간 얼굴 하얘지고.

윤희   로나 사진이 왜...!!! (순간, 상헌이 협박한 말이 떠오르는)
상헌(E) 당장 와서 내 돈 전부 토해내! 안 그럼, 니 딸년 인생 종칠 줄 알아!

겁에 질린 윤희, 고민하는데. 차마 통화 버튼을 못 누르고, 로나의 사진
들과 자신의 자료들을 구겨서 주머니에 마구 넣는데.
그때! 어디선가 들리는 핸드폰 진동음(E).
욕실에 있던 수련, 놀라서 단태에게서 온 전화를 꺼버리는데.
윤희, 두려움에 둘러보면. 소파 위에 여자의 악어 핸드백이 놓여있는.
윤희, 범인이 집 안에 있다는 생각에 소스라치게 놀라며, 그대로 뒷걸
음질 쳐서 달아나는데. 현관에 놓여있는 여자의 구두 보이고.
미친 듯이 도망쳐 나가는 윤희!
수련과 태주, 문이 닫히는 소리 듣고야 욕실에서 뛰어나가고.

수련   내가 아는 사람이에요.
태주   당장은 그 여자도 신고하지 못할 거예요. 조상헌과 금전관계가 엮여있
        는 거 같았어요. 일단, 여길 빠져나가세요. 나머진 제가 알아서 합니다!
수련   하지만... (바닥에 쓰러진 조상헌의 시신을 보면 미칠 거 같은데) 사람이 죽
        었어요!! 경찰이 다 밝혀내고 말 거예요! (두려움에 소리치면)
태주   절 믿고 어서 나가세요! 회장님이 찾고 계십니다! 서두르세요, 제발!!
수련   (망설이다, 급히 달려 나가는데)

| 태주 | (민첩하게, 조상헌의 시체를 욕실로 끌고 가는) |

398. 윤희 집 거실(저녁)

윤희, 넋이 나간 채로 들어와 털썩 주저앉고. 충격에 빠져있는 얼굴이고.
자꾸만 죽은 조상헌 얼굴이 떠오르는 거 같아 미칠 거 같은데.
그때, 딩동! 초인종 소리 들리면 소스라치게 놀라는 윤희.

로나	(이상한 듯 보며) 왜 그렇게 놀라?
윤희	로나야! 나가지 마!
로나	왜에? 치킨 시켰는데. (현관에 나가 치킨 받아오고. 맛있게 먹으면)
윤희	(불안하고 두렵기만 한데. 고개 내저으며) (E) 난 아무것도 못 봤어. 아무 것도 모르는 거야... (정신없이 되뇌는 윤희고)

399. 고급 식당 룸(저녁)

서진과 윤철, 서진 부모, 서진 여동생 부부, 앉아서 식사하고 있으면.

서진부	(단단히 화난) 잘 해결된 거 맞아? 자칫하면 학교 명예가 바닥에 떨어질 뻔했어! 집단 린치라니!! 이사장 손녀까지 연루돼서 이게 무슨 난리야? 이 학교가 어떤 학곤데!! 50년 전통의 우리나라 최고 사학재단이야!!
서진	죄송합니다, 아버지. 다신 이런 일 없을 거예요. (죽을 맛인데)
서진모	은별이가 왜 그런 짓을 한 거야? (윤철 보며) 보고 배운 거 없는 애처럼!
여동생	그만하세요, 엄마 아빠. 정 서방이 두 분 기분 안 좋다고 특별히 마련한 자린데.
서진모	그래. (애써 웃으며) 정 서방네 리조트 반응이 아주 좋다며?
제부	(의기양양하게) 네, 지난달에 최고 매출 찍었습니다.
서진모	사돈어른 피를 물려받아서, 사업 수완이 보통 아냐, 우리 정 서방. 이래 서 집안이 중요하다니까. (슬쩍 윤철을 보면)
윤철	(못 견디겠다는 듯, 냅킨 던지며 자리에서 일어서는) 전 먼저 일어나겠습

니다. 병원에 들어가 봐야 돼서요.

서진 (스테이크 썰며 단호하게) 앉아!

윤철 맛있게 식사들 하세요. (나가려면)

서진 앉으랬지! 아직 식사 안 끝났잖아!! (윤철과 팽팽히 맞서는데)

여동생 (서진에게) 내가 뭐랬어. 형부 이런 코스 요리 싫어할 거라고 했잖아.

서진모 (놀란 듯 보며) 서진아, 무슨 일 있어? 하 서방이랑 싸운 거야?

서진부 사돈어른 포도밭 힘들다더니. 자네 돈 필요해서 그러나? 그래서 우리
        앞에서 시위하는 거야, 지금?! (못마땅한 표정 역력한데)

윤철 아버님! (모욕감에 기가 차고)

서진모 사내 배포가 저리 병아리 모래주머니만 해서 어따 쓸까. (혀 차면)

윤철 죄송하네요. 배포가 이것밖에 안 되는 놈이라서. 먼저 가보겠습니다.
      (인사하고 홱 나가버리면)

서진 (부르르 한데. 윤철 뒷모습 노려보는)

서진부 (기분 상했고) 계속 실망시키면, 앞으로 청아재단, 서영이한테 맡기겠다!

서진 (발끈하고) 네에? 그게 무슨 말씀이세요? 서영이가 왜? 안 돼요! 어차
      피 제가 맡을 재단인데 제가 다 정리하고 들어가겠어요!

서진부 청아재단을 키우려면, 든든한 시댁이 있는 니 동생이 더 적합할지도 몰라.

여동생 맡겨주시면 저도 잘할 자신 있어요, 아버지! (의기양양한 표정인데)

서진 (욱해서) 욕심내지 마! 그 자린 내 자리야!

서진모 (딱하단 듯 서진 보며) 그러게 넌, 왜 저런 쫌생이랑 결혼을 해서...

서진 (이래저래 자존심 상하고. 미치겠는. 일그러진 표정인데)

400. 헤라팰리스 서진 윤철 침실 (저녁)
      서진, 불쾌한 얼굴로 방으로 들어서면. 윤철, 혼자서 와인 마시고 있는.

윤철 (화난) 한 번을 그냥 넘어가는 법이 없어! 당신 아버지는.

서진 (못마땅해 보고) 당신 아버지?

윤철 그래!! 당신 그 잘난 아버지 어머니!! 첫째 사위 싫어죽겠다는 걸 어떻

게 한 번을 지치지도 않고 그렇게 티를 내시냐고.

서진 (갑자기 폭발한 듯, 겉옷을 바닥에 내동댕이치고) 대체 뭐가 그렇게 불만이야? 촌스런 시골티 벗겨줬음 노력이라도 해야 될 거 아냐!!

윤철 내가 노력 안 한 게 뭔데? 나도 할 만큼 했어. 내가 뭐 그렇게 마음에 안 드신대? 우리 부모가 못 배우고, 가진 거 없어서? 아님, 포도밭 해서?! 그게 그렇게 창피했으면, 결혼을 시키지 말던가! 이렇게 사람 괴롭힐 줄 알았음 나도 이 결혼 안 했다고!! (내뱉고, 아차 싶은데)

서진 (욱해서) 후회가 엄청 되나 봐? 오윤희한테 1억 준 것까지 다 밝혀졌으니, 이제 숨길 것도 없다 이거야? 사랑하던 여자 뒤통수치고 나한테 온 건 당신이야! 스스로 선택한 거라고!

윤철 (굳어져서 서진을 보면)

서진 당신 갈수록 형편없어지는 거, 알고 있어? 당신 다 싫지만, 뼛속까지 죽어도 못 버리는 그 열등감이 제일 싫어! (확 나가버리면)

윤철 야!!! (소리 지르지만, 서진의 말이 다 맞아 더 짜증 나고)

401. 펜트하우스 거실 (저녁)

단태, 날카로운 표정으로 거실로 들어서면.
주방에서 쟁반을 들고 나오던 수련이 반갑게 맞고.

수련 (평소처럼 웃으며) 이제 와요?

단태 (수련을 보고, 멈칫하면) 언제 왔어?

수련 좀 전에요. 전화했었죠? 마사지 받다가 깜빡 잠이 들었지 뭐예요. 미안해요.

단태 (뭔가 의심스러운 표정) 많이 피곤했던 모양이군. 이 시간에 당신이 마사지를 받으러 가고... 게다가 잠까지 들고 말야.

수련 며칠 잠을 설쳤더니 몸에 무리가 왔나 봐요. 아, 이 변호사님 서재에 와 계세요. (쟁반 쪽 눈짓하고) 와인이랑 가벼운 안주 준비했어요.

단태 그래, 고마워.

수련	(돌아서서 2층으로 올라가는데. 표정 확 어두워지고. 쟁반을 들고 계단을 올라가는 발걸음이 후들후들 떨리고. 쟁반을 든 손이 미친 듯이 떨고 있는)
단태	(그런 수련을 뒤에서 바라보는 의미심장한 눈빛)

402. 단태의 서재(저녁)

규진, 먼저 와서 앉아있고. 단태, 자리에 앉으면.

수련, 와인을 준비해주고 나가는데.

규진	갑자기 호출해서 놀랐잖아요. 또 애들한테 무슨 일 터진 거예요?
단태	오늘은, 우리 사업 얘깁니다. (진지하게) 세 달 뒤에, 보송마을 재개발 발표가 있을 거예요! 제2의 헤라팰리스가 세워질 예정입니다.
규진	보송마을은 이미 여러 차례 재개발이 번복되지 않았어요? 토지보상 문제로 시끄럽고. 이번엔 창룡마을이 유력하다던데요.
단태	믿을 수 있는 확실한 소스예요. 보송마을에서 현재 매물로 나와있는 물건은 총 일곱 가구. 최대한 끌어모으면 열 가구까지 가능하죠. 20억을 투자해 단기간에 80억의 차익을 남길 수 있는 건수예요.
규진	그렇게나 많이요? 명의는 어떡하고요?
단태	차명으로 진행할 겁니다. 이미 사람들도 구해놨죠.
규진	역시 우리 주 회장님 추진력 하난 끝내준다니까요. (좋아하다가, 문득) 근데, 보송마을이라면... 민설아 그 아이가 살던 아파트 아닌가요?
단태	맞습니다. 그래서, 하 박사는 이번 프로젝트에서 제외시켰어요. 민설아 문제로 우리 아이들이 봉사활동 20시간 징계를 받았으니, 우릴 실망시킨 대가를 치러야죠.
규진	잘하셨어요! (긴급비상회의에서 윤철 말 흉내 내며) 마녀사냥 그만들 하시죠! 애먼 사람을 가해자로 모는 게, 우리 학교를 위해 무슨 도움이 되겠어요? (픽 웃고) 아주 열부 나셨다니까. 아무리 첫사랑이래도 그렇지, 와이프가 두 눈 시퍼렇게 뜨고 보고 있는데. 처갓집 기에 눌려 살더니 아주 발악을 하는 모양이에요.

단태	아직 얘기 안 끝났습니다. (진지해지며) 민설아 그 아이가 살던 집도 포
	함이에요!
규진	네에? (놀라고) 그래도 사람 죽어나간 집을 굳이....
단태	(사악하게 웃으며) 화재에 자살까지 한 집이라, 집주인이 아주 헐값에 내
	놨어요. 워낙 급매라, 이 물건은 이번 주 안에 바로 매입할 생각이에요.

카메라, 테이블 아래에 빨간 불을 비추고.

403.   헤라팰리스 단태 수련의 방(저녁)
      수련, 이어폰을 끼고 도청한 것을 듣고 있는.

단태(E)	우리로선 아주 좋은 기회죠. 민설아의 존재를 우리 손으로 확실하게 지
	워주자구요.
규진(E)	헐값에 나왔다면 뭐... 망설일 이유가 없죠. 까짓것 갑시다!
단태(E)	그 아이가 우리한테 득이 되는 일도 하는군요.

수련, 핸드폰 도청앱에서 나오는 단태 목소리에 소름 돋는 듯 부들부
들하고.

수련	주단태... 당신이 원하는 대로 되진 않을 거야. 내가 그렇게 두진 않을 거
	니까!!! (눈가 발개진 수련, 분노에 이를 악무는데)

404.   헤라팰리스 가든(밤)
      단태, 정원으로 들어서면. 기다렸다는 듯 달려와서 키스를 퍼붓는 서진.

단태	(놀라서) 뭐야. 왜 이렇게 저돌적이야?
서진	오늘은 아무 말 말고, 나한테 무조건 맞춰줘. (단태에게 깊이 파고드는데)
단태	당신처럼 매력적인 여자가 왜 하윤철 같은 남자랑 결혼한 거야?

서진   가질 수 없어 탐났고, 그걸 사랑이라고 착각한 거야. 어리석고 미숙했지.

단태   이쪽으로 와. (서진을 이끌면)

정원 한쪽에 테이블이 놓여있고.
단태, 테이블의 하얀 천을 걷어내면. 근사하게 준비돼있는 와인과 안주.

서진   (놀란 눈으로 보면)

단태   지금 당신한테 가장 필요할 거 같아서. 앞으로 당신이 가질 수 없는 건
        아무것도 없을 거야.

서진   (눈빛 반짝해서 단태를 보는. 관능적으로 단태에게 키스하는데)

405.   헤라펠리스 외경(아침)

앵커(E)   모 배우와 불륜설에 휩싸였던 조상헌 의원이, 오늘 아침 안가 욕실에서
        사망한 채 발견됐습니다.

406.   펜트하우스 거실(아침)

        단태, 굳은 표정으로 뉴스를 보는데.

앵커(E)   경찰은 술을 마신 조 의원이 욕실에서 미끄러져 뇌출혈을 일으켰을 가
        능성에 무게를 두고 수사 중입니다. 현재까진 뚜렷한 타살 혐의점은 나
        오지 않은 걸로 밝혀졌으며, 곧 국과수에서 부검을 실시할 예정입니다.

        단태, 표정 어두워지는데. 그 모습을 지켜보는 수련이고.
        수련, 뉴스를 보는 눈빛, 불안하고 두려운.

407.   윤희 집 거실(아침)

        윤희, 역시 겁에 질린 듯 상헌의 사망 뉴스를 보고 있는데. 뭔가 이상하고.

윤희	욕실에서 발견됐다고? (거실에 쓰러져있던 상헌의 죽은 모습을 떠올리며) 분명 거실에 있었는데.... (그때, 핸드폰 울리고. 소스라치게 놀라서 보면 모르는 번호고. 긴장한 채 받으면) 여보.. 세요...?
경찰(F)	오윤희 씨죠? 여긴 송파경찰선데요. 조상헌 국회의원 사망 사건과 관련해서 참고인 조사를 하려는데요. 서로 좀 와주시겠어요?
윤희	참고인... 조사요?
경찰(F)	사망 전 마지막 통화자가 오윤희 씹니다. 지금 바로 와주셔야겠습니다.
윤희	(전화 끊고, 두려움에 휩싸이는) 설마 내가 의심받진 않겠지... 난 도망친 죄밖에 없어. 그래, 사실대로 말하면, 아무 일도 없을 거야... (그러면서도 떨리는. 허둥대고)

408. 윤희의 차 안/빌라 앞 일각(아침)
     급하게 차에 올라타 시동을 거는 윤희. 당황해서 자꾸 손이 헛도는.
     간신히 시동 켜고 차 출발시키려는데.
     그때! 백미러에 마스크에 검은 모자를 쓴 남자가 보이고. 기겁하는 윤희!

윤희	아악! (비명 지르고, 차에서 내리려면)
태주	(윤희의 입을 틀어막고, 흉기로 윤희의 옆구리를 겨누며) 소리 지르면 죽어! 시키는 대로 해.
윤희	(바들바들 떨면서, 입 틀어 막힌 채) 사... 살려주세요... 제발....

409. 윤희의 차 안/한강둔치 일각(아침)
     윤희, 떨면서 인적 없는 곳에 간신히 차를 주차시키면.

윤희	당신.. 누구예요?
태주	뒤돌아보지 말고, 묻는 말에만 대답해. 조상헌 집에서 왜 도망쳤지? (윤희에게 핸드폰 보여주는데. 윤희가 조상헌의 시체를 보고 도망치는 영상이 뜨고)

윤희	(놀라서) 이건...!! 내가 죽인 거 아니에요!! 정말이에요!! 내가 갔을 땐 이미 거실에서 죽어있었어요. 제발 믿어주세요!!
태주	거긴 왜 갔는데?
윤희	협박을 받고 있었어요. 불륜 스캔들이 터진 게 나 때문이라고 오해하고 있어서.. 해명하려고 간 거예요. 진짜 난 아무 잘못도 없어요. (울음 터지는데)

그때, 윤희의 떠오르는 기억.

410. 인서트/조상헌 세컨하우스(저녁)
소파에 놓여있던 악어 핸드백. 현관에 있던 여자 구두.

411. 현재/윤희의 차 안/둔치 일각(아침)

윤희	(생각난 듯) 누군가 안에 있었어요! 핸드폰 진동음이 울렸고... 소파에 핸드백도 있었어요. 여자 구두도 봤고요! 틀림없어요! 그 사람이 범인일 거예요. 난 진짜 아니에요!! 그냥... 너무 놀라서 도망친 거뿐이에요! (미친 듯 열심히 변명하는데)
태주	당신이 뭘 봤든, 그건 중요하지 않아. 지금 경찰서로 가서, 조상헌은 욕실에서 죽어있었다고 진술해. 그럼, 당신한테 아무런 해도 가지 않을 거야.
윤희	(멈칫. 놀라고) 지금 무슨 소릴 하는 거예요?!! 내가 왜 거짓말을 해야 되죠? 사람이 죽었어요!! 분명히 거실에서! 범인이 집 안에 있었다고요! 난 본 대로만 얘기할 거예요!!
태주	조상헌이 어떤 사람인지 잘 알 텐데.... 그놈은, 돈을 받고 골수 장사를 했던 파렴치한이야! 그 피해자는, 보육원 고아들이었고! 죽을 놈이 죽었을 뿐이야!
윤희	(헉! 놀라면)
태주	당신과 당신 딸이 살고 싶으면, 내 말대로 해야 될 거야! (협박하고) 대신, 중요한 정보를 하나 주지! (서류봉투를 건네는데)

윤희   (긴장하고, 바들바들 떨면서 서류봉투를 받아드는 윤희의 손)

412.   경찰서 앞 (낮)
경찰서 앞에 다가와 서는 윤희. 뭔가 결심한 듯 안으로 들어서는데.

413.   펜트하우스 파우더룸 (낮)
수련, 태주의 전화를 받고 있는.

태주(F)   오윤희 씨가 그 제안을 받아들일까요?

수련   두고 보면 알겠죠. 어떤 선택을 할지. (핸드폰 끊고)

수련, 차갑고 무표정한 얼굴로 화장을 하는. 볼 터치하고 입술 빨갛게
바르는데.

414.   회상/장사시설/몽타주 (낮)
수련, 상처 난 설아 얼굴을 마지막으로 만져보고 있는. 그리고 상처를
지우려는 듯 곱게 화장을 해주고, 부어오른 입술에도 립글로스를 곱게
발라주는데.

수련   예쁘다, 우리 딸...

마지막으로 설아의 맨발에, 자신이 사놨던 운동화를 신겨주는. 눈물이
뚝뚝 운동화로 떨어지는데.
활활 타오르는 불꽃. 화장되는 설아. 그 모습을 보며 목메어 우는 수련.
한 줌 재가 된 설아의 유골을 소중한 듯 품에 안는 수련.

415.   현재/펜트하우스 파우더룸 (낮)
수련, 길쭉한 메달이 달린 목걸이를 목에 거는.

수련   (목걸이 내려다보며) 이제 혼자가 아냐. 엄마가 항상 너랑 같이 있을게.

        유골이 담긴 목걸이를 거울에 비춰보고 일어서는데.

416.   청아예고 음악부 연습실 앞(낮)
        아이들 입학 공연 연습 위해 하나둘씩 모여들고.
        부모들, 그런 아이들을 보고 있는데. 마리와 상아도 있고.
        수련, 석훈 석경과 같이 와서 아이들을 안으로 들여보내면. 상아가 아
        는 체하는.

상아   수련 씨는 얼마나 좋을까. 입학 공연에서 석훈이가 피아노 독주고, 석
        경이가 독창이죠? 이번 입학식, 게스트도 장난 아니던데요.
수련   (말없이 미소 지으면)
마리   (끼어들고, 비꼬듯이) 그럼 뭐해요? 애들이 저렇게 찬바람 쌩쌩인데. 우
        리 제니처럼 딸이 애교도 좀 있고, 사근사근하고 그래야지. 석경인 아
        주 무서워 죽겠다니까요.

        그때, 서진이 은별을 데리고 다가오고. 은별, 인사하고 안으로 들어가면.

마리   (노골적으로 서진에게 불만을 표시하는) 천 쌤! 대체 하 박사님은 왜 그러
        신 거래요? 아니, 편들게 따로 있지. 하 박사님 때문에 일이 다 꼬여버렸
        잖아요.
상아   민혁 아빠도 이번 일은, 쫌 어이없어 하더라고요. 중요한 재판까지 빼고
        왔는데, 고급 인력 낭비했다면서. (서진에게 안 좋은 시선 보내면)
서진   제가 이사장님께 말해서 애들 최대한 선처해서 징계 내린 거니까, 이번
        일은 그렇게 마무리하는 걸로 하죠.
마리   봉사활동 20시간이라면서요? 우리 제니가 그런 험한 일을 어떻게 해
        요? 천 쌤만 덜컥 믿었다가 낭패 본 게 어디 한두 번이에요? (대놓고 따

지면)

서진   (기분 나쁘고) 그럼 앞으론 선 확실히 그으시죠! 저랑 엮이지 않도록!

마리   아, 그래요! 선 딱 긋자고! 누가 뭐 겁나나? 천 쌤 아니면 레슨 쌤 없을까
      봐?!

      그때, 다가오는 권혜미 선생. 서진에게 공손하게 인사하고.

혜미   수업 시작하시죠, 예술부장님.

서진   애들 다 모였어요? (수련을 흘낏 보다가, 연습실 안으로 들어가는데)

마리/상아 (벙쪄 있다가, 혜미를 잡아 세우고)

마리   예술부장이라뇨? 누가요?

혜미   천서진 선생님께서 새 학기부터 청아예고 예술부장을 맡게 되셨어요.

마리/상아 (기함하는) 왓?!!

417.   청아예고 음악부 연습실(낮)
      서진, 아이들 앞에 당당하게 서있는.

서진   너희들의 입학 공연을 맡게 된 음악부장이야.

아이들   (서진을 보는 각각의 긴장된 표정)

로나   (서진과 눈 마주치면, 은근 쫄고. 만만치 않겠다 싶은데)

서진   다들 알다시피, 올해는 수석 합격생이 없는 관계로, 차석이었던 주석경
      학생이 독창을 맡게 될 거야. 다들 박수.

아이들   (박수 치면)

석경   (의기양양한데)

은별   (박수 치면서도, 내심 부럽고)

서진   청아예고 입학 공연은 전통이 깊은 아주 중요한 행사고, 음악계 유명
      인사들께서 자리를 빛내주실 거야. 석경이뿐 아니라, 다른 친구들도 연
      습에 충실하도록.

컷 되면. 아이들 악보를 보며 열심히 연습하는.
석훈이 피아노 반주를 하고, 석경이 독창으로 마무리하는데.
연습 끝나면, 석경에게 몰려드는 아이들, 아부하느라 정신없고.

석훈	(뿌듯하게 보며) 잘하는데 석경이. 독창 파트 어렵던데.
석경	그 정도야 뭐.
유정	역시 석경이야. 아무나 차석하겠어?
로나	(다가서고, 호의적으로) 너 진짜 잘한다. 연습 많이 했나 봐. (칭찬하면)
석경	고마워. (그런 로나와 눈 마주치는데)
제니	야, 비켜! (로나를 확 밀치고, 석경에게 친근하게) 석경아. 오늘 저녁에 헤라펠리스 커뮤니티에서 같이 연습할래? 은별이랑 민혁이도.
은별/석경/민혁	그래, 좋아.
로나	(뒤로 밀쳐져서, 소외감 느끼는)
서진	(악보 챙기다가, 그런 로나를 보는 눈빛)

418.   **윤희 집 거실 (저녁)**
윤희, 조상헌 뉴스를 보고 있는.

앵커(E)   수년간 보육원을 후원했던 조상헌 의원의 민낯이 밝혀져, 충격을 주고 있습니다. 조 의원은 해외로 입양된 아이들을 골수 이식 후 파양시키는 방법으로 수백억을 챙긴 것으로 밝혀졌습니다. 경찰은, 숨진 조 의원과 함께 입양 절차에 가담한 소망보육원 원장 민모 씨를 붙잡아 구속수사 할 방침입니다.

민 원장이 경찰에 의해 연행돼서 경찰서로 들어가는 영상 보이고.
윤희, 멍하니 TV를 보면서, 그 위로 떠오르는.

419.   회상/6화 31신 연결/윤희의 차 안/둔치 일각(아침)
       태주, 뒷좌석에서 윤희를 회유하고 있는.

태주   (서류봉투를 건네며) 대신, 중요한 정보 하나를 주지.
윤희   (떨리는 손으로 받아드는. 그러다 던져버리고) 싫어! 내가 왜 당신 말을
       들어야 해? 당신이 누군지 알고!!
태주   이틀 뒤, 보송마을 재개발 뉴스가 뜰 거야. 내일까지, 매물로 나와있는
       3동 501호 물건을 매입해.
윤희   지금 장난해? 부동산이라면 나도 이 바닥 밥 먹은 지 10년이야. 내가 그
       딴 헛소리를 믿을 거 같애?!
태주   인생 역전될 수 있는 정보를 못 믿겠다면, 그건 당신 책임이지. 판단은
       당신이 해!

420.   현재/윤희 집 거실(저녁)
윤희   보송마을이 진짜 개발된다고? 만일 사실이면... (서류봉투 열어보면. "보
       송마을 재개발 계획서" 들어있고. 생각하는. 갈팡질팡 고민되는데)

421.   단태 사무실(저녁)
       조상헌 사망 기사를 보고 있는 단태. 그 앞에 태주가 서있고.

단태   나랑 관련된 부분 나오지 않게, 제대로 체크해.
태주   걱정 안 하셔도 됩니다, 회장님.
단태   (문득 태주를 보는) 윤 실장. 어제 저녁에, 왜 내 전화 안 받은 거지?
태주   (멈칫하다가) 혜인 양 상태가 안 좋아서... 경황이 없었습니다.
단태   (보는) 병원에 있었단 말이지? (일어나서 천천히 태주에게 다가서는) 윤
       실장은 늘 날 실망시키는 법이 없지. 짖으라면 짖고, 물라면 무는. 아주
       충직한 개였어. 안 그래?
태주   (긴장하는데)

단태	내 밑에서 일한 지 벌써 20년쨋가? 밤낮으로 참 고생이 많아, 윤 실장.
	(어깨 툭툭 쳐주고) 그만 나가봐.
태주	(꾸벅 인사하고 나가는데. 뭔가 싸한 느낌 들고)
단태	(표정 싸늘하게 굳는) 윤태주.... 늙은 개를 내가 너무 오래 옆에 뒀나. (의
	심스러운 눈빛. 뭔가 결심하는 듯한 표정이고)

422. 혜인의 병실(밤)
        문을 열고 들어오는 누군가의 구두. 얼굴은 보이지 않고.
        천천히 혜인의 침대로 다가와, 산소마스크를 벗겨내면.
        심박 수 떨어지다가, 바이털이 요동치더니, 삐.... 심정지가 일어나는데.
        그 모습을 덤덤하게 보고 있는 사람, 단태고.

단태	(차디찬 말투로) 이걸로 네 역할은 끝났어. 수고했다, 주혜인. (그러다 핸
	드폰 들어서 수련에게 전화를 거는. 죽은 혜인이를 싸늘하게 보며, 울먹이
	는 목소리로) 여보.... 우리 혜인이가....

423. 혜인의 병실 앞(밤)
        미친 듯 달려오는 수련, 파랗게 질려있고.

424. 혜인의 병실(밤)
        흰 가운이 씌워져있는 혜인. 뛰어 들어오는 수련, 혜인을 부여잡고 오
        열하는데.
        그런 수련의 어깨를 감싸 쥐는 건 단태고.

단태	(절망에 빠진 척 연기하는) 미안해, 여보... 혜인일 지키지 못해서.
의사	주혜인 환자. 2020년 12월 17일 오후 11시 35분. 사망하셨습니다.
수련	(의사의 사망 선고를 들으며, 털썩 그 자리에 주저앉아버리는데)

425.   펜트하우스 거실(다음 날 낮)
        장례식 복장의 단태, 수련, 석훈, 석경, 거실로 들어서면.

단태   (석훈과 석경에게) 고생들 했다. 그만 방에 가서 쉬어.

석훈/석경 (말없이 방으로 들어가면)

단태   (수련을 꼭 안아주고) 이제 그만 보내줘야지. 당신 그동안 애 많이 썼어.

수련   (쓰러질 듯 힘없이) 혼자 있고 싶어요.

단태   그렇게 해. 나머지 절차는 내가 알아서 할 테니까. (도닥여주는데)

426.   부동산 사무실(낮)
        놀라는 윤희, 부동산 사장과 마주 앉아있고.

윤희   정말... 3동 501호가 급매로 나왔어요?

사장   아, 네. 엄청 싸게 나와서 계속 문의가 많긴 했는데...

윤희   (다급하게) 아직 계약 안 됐어요? 그럼, 살 수 있는 건가요?

사장   (슬쩍 눈치 보고) 알고 오신 거죠? 거기서 사고가 있었던 건.

윤희   사고라뇨?

사장   어린애가 혼자 살았는데, 불 지르고 자살했잖아요. 뉴스에도 나왔는데.

윤희   (기겁하고) 네? 그럼 거기가...

사장   그래도 뭐, 주인이 싹 다 공사해주기로 했으니까, 고치면 새 집이나 마
        찬가지죠 뭐. 남향이라 볕도 잘 들고...

윤희   (말 막고) 아뇨! 됐습니다. (벌떡 일어나 뛰쳐나가는데)

427.   로나의 방(낮)
        윤희, 로나의 방문을 열어보면.
        로나, 혼자서 입학 공연 합창곡을 열심히 연습하고 있는.
        물끄러미 그런 로나를 보다가 로나의 말 떠올리는. (5화 78신)

윤희(E)	그러니까 왜 봐주냐고! 엄마 속상하게!!
로나(E)	그럼 어떡해! 또 잘못 때렸다가 지난번처럼 합의금 내놓으라면 어쩌려고! 우리 돈 없잖아! 이 집 또 내놓고 싶어?!

윤희, 로나 말 생각하면 울컥한데. 가만히 문 닫고 나오는.

428.　윤희 집 거실(낮)
윤희, 서랍에서 서류봉투 꺼내서 "보송마을 재개발 계획서"를 다시 보는데.

태주(E)	인생 역전될 수 있는 정보를 못 믿겠다면, 그건 당신 책임이지. 판단은 당신이 해!
윤희	(고민하다가, 마음의 결정 내린 듯) 그래! 미친 척 믿어보는 거야. 사람 죽은 집이면 어때. 열심히 살다 간 앤데, 뭐가 나빠서? 지긋지긋한 이 가난, 끝내는 거야!! (서류를 집어 들고, 뛰쳐나가는데)

429.　펜트하우스 욕실(낮)
욕실로 들어온 수련, 순간 표정 바뀌며 문을 딸각 잠그고.
민첩하게 욕조 물 틀어놓고, 태주에게 전화하는데.

수련	(초조하고 절박한) 어떻게 됐어요?!

430.　지방 요양병원 병실/펜트하우스 욕실/전화 통화(낮)
태주, 병실 안에 누워있는 누군가를 돌아보는데. 혜인이고.
혜인이를 살리려는 의료진들의 급박한 모습을 불안하게 지켜보는 태주.

의사	(제세동기로 다급히 혜인 심장에 충격 주며) 200줄 차지. 물러서! 하나 둘, shock!

혜인	(아무 반응 없고)
의사	300줄 차지로 올려, 하나 둘, shock! (역시 반응 없으면, 다시) 400줄 차지. shock!!

그제야 혜인의 바이털이 꿈틀대기 시작하는데.

태주	(눈빛 반짝하고) 의식이 돌아오고 있습니다!
수련	(맘 졸이다 반색하며) 정말이에요?!! 우리 혜인이, 살아난 거예요?! (눈물 후드득 쏟아지고, 감격해서 우는 표정, 그 위로)

431.   회상 1/수련의 방/단태 사무실 앞/전화 통화(저녁)
         수련, 다급한 태주의 전화를 받고 있는.

태주	혜인 양이 위험합니다! 아무래도 회장님이 직접 처리하실 거 같습니다.
수련	(각오한 일인 듯, 결심 굳히고) 혜인이를 죽여줘요! 남편이 원하는 대로.
태주	(놀라는데)
수련	그래야 혜인이도, 당신도 살아요.

432.   회상 2/혜인이 병실(밤)
         태주, 의사들 몰래 병실로 들어오고. 링거줄에 약물을 주사하는.

수련(E)	포타슘을 주사하면 일시적으로 심정지가 일어날 거예요. 윤 실장님은 입관 후 혜인이를 안전한 곳으로 빼돌려주세요. 조금이라도 늦으면, 영영 못 깨어날 수도 있어요!

433.   회상 3/혜인이 병실 앞(밤)
         태주, 병실 밖으로 나와, 복도 끝에 몸을 숨기고 있으면.
         잠시 후, 복도를 걸어오는 단태. 주위 두리번거리다가 병실 안으로 들어서고.

그 모습을 지켜보는 태주, 시계를 보며 시간을 체크하는데.

434.   현재/펜트하우스 욕실/지방 요양병원/전화 통화(낮)

수련, 감격에 흐느껴 울며, 태주와 전화 통화하고 있는.

태주, 호흡이 돌아온 혜인을 보면서 전화 받고 있고.

태주   그동안 수면유도제를 과다 투입해, 당분간은 집중 치료를 받아야 할 거
같습니다.

수련   (그제야 안도하는, 온몸 떨며) 정말 고마워요, 윤 실장님. 이 은혜... 죽을 때
까지 절대 잊지 않을게요. (애태운 만큼 꺼이꺼이 울음 삼키는 수련이고)

435.   몽타주(저녁)

윤희, 대부업체에 들어가고. 나오는.

직원1(E)   담보 없이 2천만 원이란 큰돈을 누가 대출해줘요? 딴 데 가보세요.

윤희   (또 다른 대부업체로 들어가고)

직원2(E)   오늘 당장은 대출이 어려운데요.

윤희   (점점 초조해지는. 거리를 달리며 닥치는 대로 대부업체 사무실을 찾아다
니는데. 계속 퇴짜 맞고 나오는 윤희)

태주(E)   오늘 자정까지 반드시 계약하셔야 합니다.

윤희, 날이 어두워지면 초조해 미칠 거 같은데. 문득 윤희의 시선으로,
"사채"라고 적힌 곳이 보이는.

436.   사채 사무실(밤)

사채업자 앞에 초조하게 서있는 윤희.

직원3	(훑어보며) 많이 급하신 모양이네. 얼마나요?
윤희	2천만 원이요.
직원3	담보는 있고?
윤희	(얼른 전세계약서 내놓고) 전세담보도 될까요? 25평 빌라예요.
직원3	(서류 확인하고) 우리가 이자 좀 비싼데. 감당할 수 있겠어요?
윤희	(잠시 망설이다가, 결심한 듯) 네! 해주세요!

437. 부동산 앞(밤)
윤희, 달려오는데. 이미 문 닫혀있고.

윤희	(마구 문 두드리며) 문 좀 열어주세요, 사장님! 안 계세요? 문 좀 열어달라고요!! (미친 듯이 문 두드리면, 옆에 가게 주인이 나오고)
주인	그 집, 퇴근했는데요.
윤희	죄송한데, 여기 사장님 핸드폰 번호 좀 알 수 있을까요? 꼭 연락해야 돼서 그래요! 제발 부탁합니다. (꾸벅 절하고, 간절한데)

잠시 후, 모습을 나타낸 부동산 사장.

사장	이렇게 늦은 시간에 무슨 일이에요?
윤희	(반색하고, 정신없이 달려가는) 부동산 계약하러 왔어요! 보송마을 3동 501호요. 여기 돈도 있어요! 저 쪽, 오늘 계약해야 돼요! (절절한데)
사장	(의아하게 그런 윤희를 보는)

438. 펜트하우스 거실(다음 날 아침)
수련, 태주에게 보고받고 있는.

태주(F)	오윤희 씨가 어젯밤에 계약하고 갔습니다.
수련	(미소) 수고했어요.

그때, 방문 열리는 소리 들리고.

수련 나중에 전화할게요. (급히 전화 끊으면. 단태가 트레이닝복 차림으로 방에서 나오는)

단태 (걱정스럽게) 벌써 일어났어? 좀 더 누워있지 않고. 몸은 괜찮아?

수련 네. 자고 났더니 한결 나아졌어요. 고마워요. (하다가) 아참, 조상헌 의원 장례식은 가봤어요? 당신이랑 꽤 친했잖아요.

단태 개미 새끼 한 마리 없더군. 불륜설에 입양 스캔들까지 터졌으니. 이래서 사람은 똑바로 살아야 돼. 나 운동 갔다 올게. (현관 쪽으로 가면)

수련 당신은 어때요?

단태 (멈칫, 돌아보고) 뭐가?

수련 아니에요. 향수 바꿨나 봐요. 좋은 향기 나네요. (가면)

단태 (보는)

439.   **헤라팰리스 헬스장/부동산 앞/전화통화(아침)**
       러닝머신 뛰다 멈칫하는 단태.

단태 그게 무슨 소립니까? 그 집을 누가 사갔다구요?!

규진 (부동산에서 나오며 전화하고 있는) 오늘 아침에 문 열자마자 왔는데, 딱 그 아이 집만 어제 팔렸더라고요. 근데! 그게 누군지 아십니까?

단태 (표정 굳어지며, 러닝머신에서 내려서는) 오윤희요? 그 여자는...?

규진 (설레발치는) 와... 그 여자 대체 뭐하는 여자래요? 설마, 개발 정보까지 알고 사진 않았을 텐데. 아니, 아무리 싸도 어떻게 그 집에 들어갈 생각을 해요? 민설아 대타로 학교 입학하더니, 이제 민설아 집까지?!

단태 다시 전화하죠. (전화 끊으면)

규진 (고개 내저으며) 알수록 오묘한 여자야.

단태 (무섭게 굳어진 표정) 오윤희... 상당히 거슬리네. 저번부터!

440.   윤희 집 거실(아침)
        윤희, 핸드폰으로 기사들 검색하는데. 보송마을에 대한 기사는 없고.
        초조해서 미치겠는.

윤희   왜 아무 기사도 안 뜨는 거야? 오늘 발표되는 거 아니었어? 잘못되면,
        우리 모녀 죽는 거야! (간절한데, 핸드폰 열었다 닫았다 계속해서 확인하
        는. 피가 마를 지경이고)

441.   펜트하우스 2층 로비(아침)
        아침 햇살이 쏟아지는 창밖을 내다보며 옅은 미소 짓는 수련.
        그러다 달칵하고 손에 든 회중시계를 열어보고. 눈빛 매섭게 느는데.

442.   규진 사무실(아침)
        출근한 규진, 책상 위에 우편물들을 확인하는데. 발신인 없는 봉투를
        보게 되고.

규진   왜 보낸 사람이 없어? (뜯어보는데. 놀라는) 엄마야!! 이게 뭐야?!!

        찬찬히 보면. 보송마을 아파트 화단에 떨어져있는, 깨진 회중시계 사
        진이고!
        사진 속의 시계, 11시 25분에 맞춰져있는.
        우편물 봉투에 종이 한 장이 들어있고. 규진, 바들바들 떨면서 펴보면.
        "니가 이 시간에 한 짓을 알고 있다! (눈동자 그림)"라고 써있는.
        규진, 사색이 되는.

443.   몽타주(아침)
        출근하는 단태와 윤철에게도 차례대로 문자 도착음 들리고.
        핸드폰 열어보면, 발신번호표시제한으로 규진의 회중시계 사진이 뜨

는데.

444. 규진 사무실(낮)
  단태, 서진, 윤철, 규진, 마리, 상아, 심각한 얼굴로 모여서 얘기 중인.

상아 (하얗게 질려) 니가 이 시간에 한 짓을 알고 있다? 세상에.. 당신 어떡해!!!

규진 (흥분해서) 이놈이 내 사무실까지 알고 있다고! 미쳐버리겠네, 진짜!
(그러다가 찝찝한 듯 종이 보며) 아, 근데 이 기분 나쁜 눈알, 내가 분명 어
디서 봤는데...

단태 (화난 듯 규진의 멱살을 움켜잡고) 시계 잃어버렸다는 말은 왜 안 했어?!

규진 (확 뿌리치고) 지금 그게 중요해요? 나만 의심받게 생겼는데! (괜히 윤철
에게 버럭) 하 박사! 화단에 떨어진 걸, 왜 못 찾았어요? 눈 뒀다 뭐하고!

윤철 (욱해서) 주인도 못 찾은 걸 왜 나한테 그래요?!

서진 (생각하는) 지난번, 분수대에 써 붙어있던 글자도 그렇고, (인서트로 "민
설아는 헤라펠리스에서 살해됐다"는 글자 보이고) 애들 학교 홈피에 녹음
파일을 올린 것도 그렇고... 뭔가 오싹해요.

마리 그럼 진짜, 민설아가 자살한 게 아니라, 우리 중 누가 죽인 거 아니에요?
그러니까 이런 식으로 협박하는 거잖아요!

모두들 (겁에 질린 모습인데. 잠시 침묵하고)

규진 (의심스럽게 단태를 보며) 사실, 이 모든 걸 주도한 건 주 회장님 아닌가
요? 시체를 민설아 아파트로 옮기자고 젤 먼저 얘기 꺼냈잖아요!

윤철 뭔가 켕기니까 빨리 처리하려던 거 아니에요? 괜히 우리까지 끌어들이
고! 민설아 아파트에 불까지 내고!

상아 불까지 냈어요? 세상에... 주 회장님 진짜 무서운 사람이네요.

마리 (단태 몰아붙이는) 그러고 보니, 여기서 가장 이득을 본 건 석경이네 아
니에요? 민설아가 죽는 바람에 석경이가 수석이 돼서 독창까지 하게
됐잖아요!

단태, 갑자기 참을 수 없단 듯 테이블을 탁 치며 일어서고!

단태 그놈이 노리는 게 이런 겁니다. 우리끼리 의심하고 분열을 일으키는 거!! 중요한 건, 분수대! 녹음 파일! 회중시계! 지금 누군가가, 우리가 한 일을 알고 있는 겁니다! 누군가가!

모두들 (섬뜩해서 서로를 쳐다보면)

상아 그럼 목격자가 있다는 얘기잖아요.

단태 그자가 누구인지 찾아야 됩니다. 우리를 압박하는 놈을 잡는 게 우선이에요!

서진 (퍼뜩한 생각 들고) 제일 의심스러운 사람이 있어요!

윤철 (보는) 누군데 그게?

서진 녹음 파일을 가지고 있는 사람! 지금 여기 없는 사람! 그리고... 파티 날, 그 사건에서 완벽하게 제외된 사람이요!

마리 (찬찬히 사람들 보다가) 설마... 수련 씨요?!

상아 수련 씨가 왜요? 자기 아이들도 걸려있는데..

마리 맞네! 석경이 엄마만 그 자리에 없었잖아요. 매번 민설아 얘기만 나오면 발끈해서 감쌌고. 안 그래요? (동조 구하면)

서진 (확신하는) 그날 파티에도 참석하지 않았고... 점등식 때도 자릴 비웠어요!

윤철 정말, 수련 씨가 우리 본 거 아니에요?

모두들 (모두들 의심스럽게 단태를 주시하면)

단태 그 사람은 그날 몸이 안 좋아서... (하다가 멈칫하는)

(플래시백)
수련이 점등식 도중에 뛰쳐나가던 모습 떠오르고, 웨이터와 부딪치고, 샴페인 잔이 와장창 깨지는데도 그대로 뛰쳐나가는 수련 모습. (4화 46신)
수련이 계속 설아에게 전화를 했다고 말하는 경찰. (4화 71신)
펜트하우스 현관에 센서등이 켜지던 모습. (5화 1신)
아침 일찍 상을 차리고 활짝 웃던 수련의 모습. (5화 16신)

갑자기 점심을 사달라고 사무실에 찾아온 수련 모습. (6화 2신)

단태 (갑자기 모든 게 의심스럽고, 표정 굳어져서 급하게 뛰어나가면)

규진 어디 가요, 주 회장님!!!

서진 (더욱 의심스러운 눈빛)

445. 펜트하우스 주방/규진 사무실 앞 복도/전화 통화(낮)
       양미옥, 단태와 통화 중인.

양씨 (차분하게) 특별히 의심스러운 건 없었습니다. 샤워를 오래하신 거 외엔....

단태 (엘리베이터 버튼 마구 누르며) 다른 건요! 그날 이상한 게 있음 뭐든 얘기해요!! 집에 있었던 거 확실해요?

양씨 (생각하는) 파티장에 내려가시다가 엘리베이터에서 쓰러지셨고, 제가 계속 옆에서 간호를 했으니까, 침실에 계셨던 건 확실합니다.

단태 지금 그 사람 어딨어요?

양씨 (거실 쪽 흘낏 보고) 거실에서 요가를 하고 계십니다.

       수련, 거실에서 매트 깔아놓고 요가하고 있는. 깊게 심호흡하는 수련.

446. 단태의 사무실/도로 일각/전화 통화(낮)
       단태, 사무실로 뛰어 들어와, 다급하게 컴퓨터에 연결된 CCTV 화면을 켜고. 날짜와 시간을 클릭하면.
       화면에, 수련이 단태 사무실에 들어와 책상을 마구 뒤지는 모습이 찍혀있고. 이어서 태주가 들어와 수련과 얘기하는 모습도 고스란히 찍혀있는데.
       분해서 책상을 쾅! 내리치는 단태. 핸드폰 꺼내 태주에게 곧바로 전화하는데.

단태	(신호음 들리고, 태주가 전화 받으면. 싸늘한 말투) 언제부터야. 날 배신한 게! 내 사무실에 CCTV가 설치돼있다는 건 몰랐던 모양이지?
태주	(운전하면서 전화 받는, 무표정하게) 죄송합니다, 회장님.
단태	(순간 버럭) 내 와이프랑 무슨 일을 꾸몄는지 얘기해!! (소리치고) 그지 새끼 데려다가 사람 꼴 만들어놨더니, 니가 감히 날 배신해? 어서 말해!! 와이프한테 무슨 말을 한 거야?!!!! 죽어도 넌, 내 손에서 못 벗어나!!
태주	그동안, 돌봐주셔서 감사했습니다. (전화 끊어버리면)
단태	아아악!!!! (분해서 미친 듯이 포효하며, 책상을 쓸어버리고) 조 비서! 조 비서 들어와!!

조 비서, 급히 뛰어 들어오면.

단태	윤태주 찾아서 당장 끌고 와! 살아서든 죽어서든, 내 눈앞에 데려다 놔!!
조비	네, 회장님.
단태	알아보란 건 어떻게 됐어?
조비	(얼른 종이 내밀고) 사모님 핸드폰 통화 내역입니다.
단태	(뺏듯이 받아서 보며) 특별한 건?!
조비	최근 자주 연락한 번호를 조회했는데.... 심부름센터였습니다.
단태	심부름센터? (굳어지는 단태의 표정)

447. 헤라팰리스 분수대(낮)
     수련, 단정한 정장 차림으로 엘리베이터에서 내리면.
     그런 수련을 뒤쫓는 건 마리와 규진, 상아고.

규진	진짜 이렇게까지 할 필요가 있어요? 모양 빠지게.
마리	무슨 소리예요? 확실히 수상하다니까. 이런 일은 변호사님이 나서 주셔야지.
상아	꾸물대다 놓치겠어요. 얼른 가요! (조심히 뒤를 밟는데)

448. 도로/수련의 차 안/마리의 차 안(낮)
　　　수련의 차, 앞서서 달려가고 있고.
　　　뒤에서 마리의 차가 따라가고 있는.
　　　마리, 수련의 차를 놓치지 않기 위해, 열심히 차선 바꾸며 따라붙는.

449. 심부름센터(저녁)
　　　단태, 3화 66신의 심부름센터 직원과 마주해있는.
　　　그 뒤로 조 비서와 단태의 경호대들이 위협적으로 분위기를 잡고 있는데.

단태　(수련의 사진을 보여주며) 이 사람이 뭘 알아봐 달라고 했죠? (담담하지만, 무섭도록 압도적인 단태의 눈빛과 말투)

직원　(단태의 경호대에 둘러싸인 채, 침만 꼴깍 삼키는데)

단태　(조 비서에게 눈짓하면)

경호대들　(직원을 양쪽에서 붙잡은 채 제압하고)

단태　(애써 또박또박) 다시 묻죠. 이 사람이 무슨 일로 당신을 찾아온 거죠?

직원　그건, 직업 윤리상 발설할 수 없는데요.

조비　(후려치고) 어서 말해! 팔다리 부러뜨리기 전에!

직원　(겁에 질려서) 아아악! 말할게요! 다 말할 테니까, 제발 살려만 주세요.

450. 납골당(저녁)
　　　꽃을 들고 납골당으로 걸어 들어가는 수련.
　　　걸음을 멈추고, 꽃을 내려놓는. 납골당 안의 사진(민설아)을 바라보며 눈물을 흘리는데.

수련　잘 지냈어? 미안해, 자주 못 와봐서... (자신의 목걸이를 쓰다듬는데)

　　　그때, 뒤에서 따라오던 규진과 마리, 상아, 의심스럽게 지켜보고 있고.

마리	딱 걸렸어! (곧바로 현장을 덮치는데) 심수련 씨! 여기서 뭐하는 거예요?!
수련	(놀라서 돌아보고) 여긴 어떻게...!!
마리	뭐야? 민설아한테 납골당까지 마련해준 거야? 대체 뭣 때문에 민설아한 테 이렇게까지 집착하는 건데요?! 네?!! 두 사람, 무슨 관계예요?!
수련	지금 무슨 말씀을 하시는 거예요?! (당황하면)
규진	그동안 우릴 협박한 사람이 수련 씨였어요? 애들 녹음 파일 공개한 것 도, 다 수련 씨냐고요?! 수련 씨 정말 그렇게 안 봤는데, 너무하는 거 아 니에요?!
마리	세상에! 유골함까지 모셔놓고. 보통 사이가 아니네! 아니, 수련 씨가 민 설아 엄마라도 돼요? (액자를 들어서 확인하는데, 순간 표정 굳어지고)
상아	(액자를 뺏어서 보는데, 역시 놀라고) 민설아 얼굴이 아닌데요? (당황하면)
규진	(사진 액자를 보는. 주혜인 얼굴을 그린 그림이고) 이 아이.. 누구예요?
수련	(잠시 머뭇하다, 담담하게) 제 딸이에요.
마리	네에?
수련	제 딸이 얼마 전에 죽었거든요. (사진 액자를 품에 안는데, 뒷장은 민설아 사진이고. 앞에는 혜인이를 그린 그림이다)
규진/마리/상아	(놀라는)

451. 심부름센터(저녁)
　　　단태, 놀라서 심부름센터 직원을 보는.

단태	지금... 뭐라고 했어요? 불륜이요?
직원	(벌벌 떨면서) 네. 사진 속 여자분이 남편의 불륜 사실을 캐달라 했어요. 남편분이 외도를 하는 거 같다고... 진짜 이런 거, 개인정보라 막 말하면 안 되는 건데. (거의 울 표정이고)
단태	(당황하는)
직원	진짜 그게 다예요! (억울해 죽겠는 표정 위로, 수련과 만나던 때 떠올리는)

(인서트)

수련 (직원에게 단태의 사진을 보여주며) 이 남자가 찾아오면 내가 남편의 불륜을 의심했다고 대답하세요. (봉투 내미는 수련)

단태 (직원에게 묻는) 그래서 뭐 좀 찾았나요?

직원 아뇨. 찾다가 포기했어요. 워낙 관리를 철저히 하신 분이라, 캐봐도 별다른 건 없더라고요. (단태를 묘하게 쳐다보면)

단태 (뜻밖의 상황에 한 대 맞은 표정인데)

452. **헤라팰리스 커뮤니티 (밤)**
눈물을 흘리는 수련을 마리와 상아가 달래주고 있고.
서진, 한 발 떨어져서 그런 수련의 사연을 듣고 있는데.

마리 (흥분해서) 진짜 주 회장님 너무하네요. 어떻게 아픈 딸을, 병원에 꽁꽁 숨겨놓고 살 수가 있어요.

상아 그러게요. 수련 씨가 얼마나 맘 아팠을까... 내가 다 속상해서.. (눈물 찍어내며) 그럼 그동안 바빴던 것도, 다 그 딸 때문이라는 거예요?

수련 죄송해요. 미리 말하지 못해서.

마리 수련 씨가 뭐가 미안해요. 말하지 말라는 놈이 정상 아니지.

서진 (여전히 의심스럽게 수련을 보는데)

수련 저도 설아 학생이 자살했다는 얘긴 들었어요. 하지만 제 딸이 아파서 신경을 쓸 새가 없었어요.

마리 당연한 소릴! 두말하면 입 아프지! 내 자식 생사가 오락가락하는데, 남한테 무슨 신경을 써요. 우린 그것도 모르고 오해를 했지 뭐예요. (수련 안아주며) 맘고생 많았죠? 이제 언니라고 생각하고 앞으로 나한테 의지해요. 우리가 한두 해 본 사이도 아니고... 아유, 불쌍해라...

상아 도울 일 있음 언제든 얘기하세요. (다독여주는데)

서진 (의아하게 보다가) 혹시, 외도해서 낳은 자식은 아닌가요?

마리/상아 (놀라서 서진을 돌아보면)

서진　그게 아니면, 주 회장님이 그렇게 철저히 숨길 이유가 없잖아요. 안 그래요?

마리　천 쌤! 그게 지금 무슨 소리예요? 자식 잃고 상심한 사람한테 그런 막말을 해도 돼요?! (따지는데. 서진이 홱 쳐다보면, 아차 싶어 얼른 시선 돌리고)

수련　(대답 않고, 그런 서진을 마주 보는데)

그때, 커뮤니티로 들어서는 단태, 울고 있는 수련을 보는데.

단태　여기 있었어? 전화를 안 받길래...

마리/상아 (못마땅한 듯, 단태를 찌릿 노려보면)

단태　(서진에게 시선도 주지 않고, 수련을 붙들고 데리고 나가면)

서진　(맘 상하고. 두 사람 뒷모습을 바라보고 섰는)

453.　펜트하우스 거실(밤)
　　　단태와 함께 거실로 들어서는 수련.

수련　미안해요. 사람들이 혜인이 납골당까지 쫓아와서 어쩔 수 없었어요. 이미 떠난 아이, 끝까지 얘기 안 하고 싶었는데...

단태　(기분 안 좋지만) 미행한 사람들이 잘못한 거지. 이 기회에 당신도, 헤라클럽 사모님들이랑 친해지면 좋지 뭐. 난 괜찮으니까 신경 쓰지 마. (수련을 안아주는데, 은근히 수련을 탐색하는)

수련　(단태의 품에 안기고. 표정 싸늘하게 변하는)

454.　펜트하우스 욕실(밤)
　　　수련, 조심스럽게 욕실로 들어가고, 태주에게 은밀히 전화하는.

수련　(바깥 신경 쓰면서, 다급한 말투) 지금 어디예요? 남편이 뭔가 눈치챈 거 같은데, 당장 떠나는 게 좋겠어요. 제일 빠른 비행기로...

태주(F) (말 자르고) 그렇지 않아도 정리 끝내고, 지금 공항으로 가는 길입니다.

수련 (안도하고) 다행이에요. 도착하면 꼭 연락 주세요.

태주(F) (애써 냉정하게) 아뇨. 사모님과의 거래는 여기까집니다. 앞으론 다시
연락드릴 일 없을 겁니다. 잘 지내시기 바랍니다.

수련 고마웠어요, 윤 실장님......! (하는데 전화 끊겼고, 안도의 한숨 내쉬는)

455.   **절벽 위(밤)**
     인적 드문 절벽 위에 위태롭게 서있는 태주.

태주 (시퍼런 강물을 내려다보는) 회장님, 제 마지막 충성입니다.

     눈을 감고, 절벽 아래로 뛰어내리는 태주. 시퍼런 강물이 출렁이고...

456.   **헤라팰리스 분수대 일각(며칠 뒤, 낮)**
     청소 중인 아줌마. 소화전 안에 끼워져있는 핸드폰 하나를 발견하고.

457.   **헤라팰리스 로비 데스크(낮)**
     청소 아줌마, 경비원에게 핸드폰을 건네주는.

아줌마 누가 핸드폰을 소화전에 넣어뒀더라고요.

경비 누구 거지? (화면을 눌러보면, 설아와 설탕이가 같이 찍은 사진인데) 여기
주민은 아닌데... 뭐, 찾으러 오겠죠. (무심히 유실물 박스에 집어넣는)

     그 모습을 지켜보는 누군가의 시선.

458.   **윤희네 빌라 앞/수련의 차 안(낮)**
     초췌한 표정의 윤희, 세상을 다 잃은 얼굴로 집주인과 만나고 있는.

윤희	집이 나갔다고요? 벌써요?
주인	빨리 전세 빼달라고 난리 친 사람이 누군데. 두 달 후니까, 이삿날 지켜
	서 집 비워요! (가면)
윤희	(절망적이고, 자책하는) 내가 미쳤지. 귀신에 홀리지 않고는 그런 미친
	짓을 어떻게 해!! 사채 빚까지 안고, 다 쓰러져가는 집은 왜 사서... (벽에
	머리 연신 부딪치며 괴로워하는데)

한쪽, 차 안에서 그런 윤희를 보고 있는 수련.

수련	조금만 더 참아요, 오윤희 씨. 부디 잘 버텨줘요. (안타까운 눈빛으로 보는)

459. **청아예고 음악부 연습실(낮)**
성악과 합창을 지도 중인 서진.
학생들, 아름다운 목소리로 합창 시작하고. 석경, 독창하며 시간 점프
되는데.

460. **인서트**
눈이 녹고. 새싹이 돋는.
자막, 〈2달 후〉

461. **청아예고 음악부 연습실(낮)**
석경, 쉿소리로 노래하다 멈칫, 기침을 하고. 걱정스레 보는 서진.

서진	석경이, 목감기가 더 심해졌네. 내일이 입학식인데, 그 상태로 독창은
	도저히 무리야. 병원부터 가봐야겠어.
석경	(표정 굳어지는. 다시 심하게 기침하면)
석훈	(대신 나서고) 아무래도 석경인 포기해야 될 거 같아요. (석경, 속상한 듯
	울어버리면) 괜찮아, 석경아. (다독여주는데)

서진	열심히 연습했는데, 아쉽지만 어쩌겠니. 중요한 공연을 너 하나 때문에 망칠 수는 없잖아? (아이들 둘러보고) 당장 석경이가 부른 독창 파트를 누가 대신 해야 되는데... 시간도 없고... 혹시 가능한 사람 있어?
아이들	(석경 눈치 보면서, 아무도 선뜻 나서지 못 하는데)
은별	(손 들고) 제가 해보겠습니다!
서진	(내심 기쁜) 그래? 자신 있어?
은별	네. 해볼게요!
서진	그럼, 은별이가 독창 파트는 대신하는 걸로... (하는데)
로나	(갑자기 손을 번쩍 드는) 저도, 기회를 주세요!
아이들	(그런 로나를 어이없단 듯 보는데, 웅성이고)
제니	야! 배로나! 너 미쳤어? 주제 파악 못하고 어디서 나서?
서진	(애써 표정 관리하고, 부드럽게) 그래? 그럼 공정하게 두 사람 노래를 듣고, 더 잘하는 사람으로 결정하면 어떨까. 누가 먼저 할래?
로나/은별	(서로를 보는데. 눈빛 서로 부딪치고)

(시간의 경과) 로나와 은별, 경합 마치고. 긴장해서 서진의 발표를 기다리는데.

서진	(로나와 은별 앞에 서고) 두 사람 노래 잘 들었어. 그럼, 내가 결정할게. 이 노래는 은별이보단 로나가 훌륭했어. 모든 면에서. (로나를 보며) 배로나! 내일 독창 파트는 니가 하도록 해!
은별	(당황하고)
로나	(얼떨떨한) 감사합니다, 선생님! 정말 열심히 하겠습니다! (꾸벅 인사하는데. 기쁜 표정 역력하고)
학생들	(의외의 결과에 다 벙찐 표정인데)
서진	입학식은 최고의 무대가 되어야 해. 잘할 수 있지? 기대할게. (로나를 보고 미소 짓는)

462.   보송마을 윤희 집 거실(다음 날 아침)
        드레스 차림의 로나, 거울 앞에 서있는데.
        옆에서 드레스 피팅을 봐주고 있는 윤희.

윤희   급하게 빌린 건데, 딱 맞네. 이쁘다, 엄마 딸.
로나   (흥분한) 진짜 내가, 청아예고 입학식 공연에 서는 거야? 엄마, 이거 꿈
        아니지? 오늘 유명한 성악가들도 많이 오신대. 나, 엄마처럼 진짜 진짜
        잘할 거야. 예비라고 놀리던 애들, 코 납작하게 해줄 테니까 두고 봐!
윤희   대견해. 엄마가 우리 딸 때문에 웃을 일도 있고, 고마워.
로나   (윤희 표정 살피고) 근데 엄마. 요즘 왜 그렇게 힘이 없어? 무슨 걱정 있어?
윤희   (애써 웃어 보이며) 아냐. 걱정은. 어서 가자. (아닌 척 얼른 고개 돌리는)

463.   윤희의 차 안/도로 일각(아침)
        윤희의 차, 신호 걸려서 멈춰 서있고.

로나   (긴장해서 목 풀고 있으면)
윤희   준비됐지? 여기만 빠져나가면 돼.

        그때, 신호 바뀌고. 액셀 밟고 달리는 윤희의 차.
        그때, 쾅! 하고 뒤에서 윤희의 차를 들이박는 자동차.
        윤희의 차, 그대로 핸들 꺾이면서 가로수를 들이받는데!

464.   청아예고 전경(아침)
        입학식 플래카드와 함께, 외제차들 줄지어 들어서고. 내리는 아이들과
        학부모들.
        화려한 드레스와 턱시도 차림으로 학교로 들어가는데.

465. 청아예고 강당(아침)
　　　귀빈석 자리에 앉는 단태와 수련, 윤철, 상아와 규진, 마리, 보이고.
　　　서진, 바쁘게 무대 체크하다가, 핸드폰으로 문자를 확인하고는 급히
　　　나가는.

466. 청아예고 복도(아침)
　　　드레스 입은 은별을 한쪽으로 데리고 나오는 서진.

은별　　엄마, 왜?!
서진　　준비해, 하은별.
은별　　뭘?!
서진　　입학 공연 독창. 엄마랑 매일 연습했잖아.
은별　　(놀라고) 뭐? 하지만...
서진　　처음부터 네 무대였어! 할아버지 와 계셔. 니가 미래의 청아 주인이라
　　　는 거 보여드려야지! (의미심장한 미소 짓는)

467. 윤희의 차 안/도로 일각(아침)
　　　윤희, 운전석에서 고개를 천천히 들면. 조수석에서 머리에 피를 흘리
　　　고 있는 로나 보이고, 놀라는.

윤희　　로나야!!! 괜찮아?!! 어서 병원부터 가자.
로나　　(간신히 정신 차리는데) 괜찮아, 엄마.... 나 공연 가야돼....
윤희　　너 다쳤어. 얼른 병원부터...
로나　　진짜 괜찮다니까! 빨리! 학교 가야 된단 말야!
윤희　　(할 수 없이 몸 일으켜서 다시 시동 켜는데. 시동 걸리지 않는. 미치겠고)
　　　그때, 윤희 차 옆으로 와서 멎는 오토바이에서 내리는 헬멧을 쓴 남자.
헬멧남　괜찮으세요?!
윤희　　(절박하게 헬멧남을 보는데)

468.   도로 일각(아침)
        달리는 오토바이. 뒷좌석에 드레스 차림의 로나가 타고 있는.
        윤희, 다친 상태로 오토바이를 몰며 지그재그로 빠르게 질주하는.

윤희   엄마 꽉 잡아! (정신없이 달리는데)

        그 위로,

서진(E)   그럼 지금부터 2021년 청아예고 입학식을 시작하겠습니다.

469.   청아예고 운동장(아침)
        운동장을 가로질러 빠른 속도로 달려오는 오토바이, 멈춰 서면.
        로나, 오토바이에서 내려, 드레스 자락을 들고 미친 듯이 달리는데.
        윤희, 헬멧을 벗고 그런 로나를 따라가려다 통증에 휘청하고.

윤희   로나야, 뛰어!!!

470.   청아예고 강당 앞(아침)
        로나, 강당으로 들어서려는데. 진행요원들, 문 닫으며 로나를 막아서고.

진행요원 식 중간에는 들어갈 수 없습니다.
로나   (밀치며) 비켜요! 나 무대에 서야 돼요! 아직 공연 시작 안 했잖아요!
진행요원 안 됩니다! (강하게 막아서면)
로나   나, 이 공연 독창이라고요! 꼭 들어가야 된단 말예요! (필사적으로 저항
        해보지만, 진행요원들 힘에 부딪쳐 꼼짝 못하고)

471.   청아예고 강당 안(아침)
        무대 위로 올라오는 성악과 입학생들. 맨 중앙에 눈에 띄게 아름다운

드레스를 입은 은별이 서는.

석훈, 피아노 앞에 앉으면. 관객들의 열렬한 박수 소리와 함성.

472.   청아예고 강당 앞/강당 안/교차편집(아침)
        로나, 계속해서 몸싸움 벌이는데, 완강하게 버티는 진행요원들.
        그때, 그런 진행요원들의 팔을 비틀어 꺾으며 길을 터주는 사람, 윤희고.

윤희   (버럭) 좀 비켜달라고!! 얘가 급하다잖아!!! (로나에게) 로나야, 빨리!!!

        로나, 그 틈에, 강당 문을 힘차게 열고 안으로 뛰어 들어가는데.
        늦었다! 이미 시작한 공연. 은별의 독창이 흘러나오고.
        입학식 관객들, 은별의 아름다운 노래에 다들 빠져들어있고.
        서진, 만족스러운 미소를 지으며 그런 은별을 보고 있는데.
        로나, 절망적으로 보다가, 순간 힘 빠지면서 휘청하며 쓰러지면.
        급하게 그런 로나를 안는 윤희의 상기된 얼굴 클로즈업되면서 엔딩!!

7화

부활하는 축제

473.   윤희의 차 안/도로 일각(아침)
         윤희의 차, 도로를 달리는데. 뒤에서 바짝 따라붙는 자동차 한 대.
         윤희가 차선을 바꿀 때마다 악착같이 윤희를 따라서 움직이고.
         윤희, 사이드미러로 쫓아오는 자동차 보면. 이상한 느낌 드는데.

윤희   (뒤차 의식하며, 혼잣말로) 왜 저렇게 따라붙어. 위험하게. (뒤차 따돌리
         며 달리는. 뒤차도 맹렬하게 윤희의 차를 바짝 따라오고)

         윤희의 차, 신호 걸려서 멈춰 서있고.

로나   (긴장해서 목 풀고 있으면)
윤희   준비됐지? 여기만 빠져나가면 돼.

         그때, 신호 바뀌고. 액셀 밟고 달리는 윤희의 차.
         그때, 쾅! 하고 뒤에서 윤희의 차를 들이박는 자동차.
         윤희의 차, 그대로 핸들 꺾이면서 가로수를 들이받는데!

474.   청아예고 복도(아침)
         드레스 입은 은별을 한쪽으로 데리고 나오는 서진.

은별   엄마, 왜?!
서진   준비해, 하은별.
은별   뭘?!
서진   입학 공연 독창. 엄마랑 매일 연습했잖아.
은별   (놀라고) 뭐? 하지만...
서진   처음부터 네 무대였어! 할아버지 와 계셔. 니가 미래의 청아 주인이라
         는 거 보여드려야지! (의미심장한 미소 짓는)

475.   윤희의 차 안/도로 일각(아침)
　　　윤희, 운전석에서 고개를 천천히 들면. 조수석에서 머리에 피를 흘리
　　　고 있는 로나 보이고, 놀라는.

윤희　　　로나야!!! 괜찮아?!! 어서 병원부터 가자.
로나　　　(간신히 정신 차리는데) 괜찮아, 엄마.... 나 공연 가야 돼....
윤희　　　너 다쳤어. 얼른 병원부터...
로나　　　진짜 괜찮다니까! 빨리! 학교 가야 된단 말야!
윤희　　　(할 수 없이 몸 일으켜서 다시 시동 켜는데. 시동 걸리지 않는. 미치겠고)

　　　그때, 윤희 차 옆으로 와서 멎는 오토바이. 헬멧을 쓴 남자가 걱정스럽
　　　게 보며,

헬멧남　　괜찮으세요?!
윤희　　　(절박하게 헬멧남을 보는데)

476.   도로 일각(아침)
　　　달리는 오토바이. 뒷좌석에 드레스 차림의 로나가 타고 있는.
　　　윤희, 다친 상태로 오토바이를 몰며 지그재그로 빠르게 질주하는.

윤희　　　로나야, 엄마 꽉 잡아! (정신없이 달리는데)
로나　　　(절박하게 윤희 허리 더욱 세게 잡고)

　　　그 위로,

서진(E)　　그럼 지금부터 2021년 청아예고 입학식을 시작하겠습니다.

477.　청아예고 강당(아침)
　　　　　　석훈과 석경, 신입생 대표로 선서문 낭독하고 있는.

석훈　　　선서! 본인은 자랑스러운 청아예고 신입생으로서, 학교 규칙을 준수하
　　　　　　고, 학업에 정진하며, 신의와 명예를 존중하여, 청아인으로서 자긍심을
　　　　　　갖고 본분을 다할 것을 엄숙히 선서합니다. 입학생 대표 주석훈.
석경　　　(잠긴 목소리로) 주석경.

　　　　　　석훈과 석경, 무대에서 내려오면.
　　　　　　석경, 굳은 표정으로 마스크 쓰고 자리에 앉는데.
　　　　　　그런 석경과 눈 마주치는 사람, 단태고.

혜미　　　다음으로, 성악과 신입생들의 공연이 있겠습니다.

478.　청아예고 운동장(아침)
　　　　　　운동장을 가로질러 빠른 속도로 달려오는 오토바이, 멈춰 서면.
　　　　　　로나, 오토바이에서 내려, 드레스 자락을 들고 미친 듯이 달리는데.
　　　　　　윤희, 헬멧을 벗고 그런 로나를 따라가려다 통증에 휘청하고.

윤희　　　로나야, 뛰어!!!

479.　청아예고 강당 앞(아침)
　　　　　　로나, 강당으로 들어서려는데. 진행요원들, 문 닫으며 로나를 막아서고.

진행요원　식 중간에는 들어갈 수 없습니다.
로나　　　(밀치며) 비켜요! 나 무대에 서야 돼요! 아직 공연 시작 안 했잖아요!
진행요원　안 됩니다! (강하게 막아서면)
로나　　　나, 이 공연 독창이라고요! 꼭 들어가야 된단 말예요! (필사적으로 저항

해보지만, 진행요원들 힘에 부딪쳐 꼼짝 못하고)

480. **청아예고 강당 안**(아침)
       석경, 마스크 쓴 채 굳은 표정으로 무대를 보고 있으면.
       무대 위로 올라오는 성악과 입학생들. 맨 중앙에 눈에 띄게 아름다운
       드레스를 입은 은별이 서는.
       석훈, 피아노 앞에 앉으면. 관객들의 열렬한 박수 소리와 함성.

상아   은별이가 왜 중앙에 서요?
규진   그러게요. 독창은 배로나라는 애 아니었어요? 예비 1번으로 들어온
         애. (윤철 보며) 하 박사, 어떻게 된 거예요? 은별이가 독창이에요?
윤철   (역시 모르고 있는) 저도 잘 모르겠는데요. 그런 말 못 들었는데...
마리   (팸플릿 보며) 은별이 이름은 없는데. 배로나 이거 또, 뭔 사고라도 친 거
         아냐?!
단태   (전혀 동요하지 않는 표정으로, 꼿꼿하게 앉아있고)
수련   (의심스러운 듯, 무대 위의 은별을 찬찬히 보며 뭔가 생각하는)

481. **회상/드레스 숍**(낮)
       수련, 숍에 드레스 찾으러 온.

수련   드레스 찾으러 왔는데요. 주석경이요.
직원   네, 다 완성됐습니다. (쇼핑백 건네며) 속상하시죠? 석경 학생이 감기 때
         문에 독창 못하게 됐다면서요.
수련   네, 감기가 워낙 심해서... 애도 많이 아쉬워하네요.
직원   그럼, 은별 학생이 독창 맡은 거예요?
수련   네?
직원   (화려한 드레스를 보여주며) 은별 어머니가 서울음대 졸업 공연에서 입
         었던 드레슨데, 특별히 리폼하신 거예요. 입학식에서 은별 학생이 입는

다던데요?

수련 독창은, 다른 친구인 걸로 아는데요.

직원 (순간 당황) 아... 그래요? 제가 뭘 잘못 알았나 봐요. (얼른 딴청 하면)

수련 (화려한 드레스를 눈여겨보는데)

482. **현재/청아예고 강당 안(아침)**
드레스 숍의 화려한 드레스를 입고, 무대 맨 중앙에 서있는 은별.
그런 은별을 의심스러운 시선으로 바라보는 수련.

수련 설마...!!

그때, 석훈의 피아노 선율에 맞춰, 성악과 아이들의 합창이 시작되고.
수련, 급히 학부모석에서 윤희 찾지만. 보이지 않는.

483. **청아예고 강당 앞/강당 안/교차편집(아침)**
로나, 계속해서 몸싸움 벌이는데, 완강하게 버티는 진행요원들.
그때, 그런 진행요원들의 팔을 비틀어 꺾으며 길을 터주는 사람, 윤희고.

윤희 (버럭) 좀 비켜달라고!! 얘가 급하다잖아!!! (로나에게) 로나야, 빨리!!

로나, 그 틈에, 강당 문을 힘차게 열고 안으로 뛰어 들어가는데.
늦었다! 이미 시작한 공연. 은별의 독창이 흘러나오고.
입학식 관객들, 은별의 아름다운 노래에 다들 빠져들어있고.
서진, 만족스러운 미소를 지으며 그런 은별을 보고 있는데.
로나, 절망적으로 보다가, 순간 힘 빠지면서 휘청하며 쓰러지면.

윤희 (급하게 로나를 안고) 로나야, 괜찮아?!

로나 말도 안돼!! 저건 내 자리야!! (욱해서 무대로 뛰어가려면)

윤희	(붙들고) 참아. 입학식을 망치면 일이 더 커져. (그러면서도, 무서운 표정으로 서진을 보는데)

서진, 무대 한쪽에서 서서 노래하는 은별을 보며, 며칠 전 일 떠올리는.

484.   회상 1/청아예고 이사장실(낮)
서진, 서진부와 마주 앉아있는.

서진부	(엄포 놓듯) 학교 이미지 실추시킨 거, 니 손으로 회복시켜! 만약 그러지 못하면, 청아재단은 니 동생한테 물려줄 거야. 재벌 사돈이 도와주면, 재단 경영도 더 쉬울 테고!
서진	(놀라서) 그게 무슨 말씀이세요! 학교는 제 꺼라고 약속하셨잖아요!
서진부	은별이가 집안 망신시킨 거 잊었어?!! 거기다 입학식 때 독창도 못한다면서? 유명 인사들 죄다 불러놨는데, 이게 무슨 꼴이야? 이사장 손녀가 무대에서 들러리나 서고! 내가 널, 이렇게밖에 못 가르쳤어?!
서진	(미치겠는. 절실하게) 한 번만 더 기회를 주세요. 이번엔 절대 실망시켜드리지 않을게요! (초조한 표정이고)

485.   회상 2/청아예고 교실 안/복도(낮)
서진, 복도를 걸어가는데.
창문을 통해 교실 안을 보면. 칠판에 "신입생 배치고사 3교시"라고 적혀있고.
시험 치르고 있는 로나, 석훈, 석경, 은별, 제니, 민혁 등등 아이들. 시험 감독 중인 권혜미.
석훈, 문제를 빨리 풀고, 혜미 몰래 OMR 카드를 석경에게 넘기는데.
석경, OMR 카드에 자신의 이름을 쓰고, 여유 있게 혜미를 흘낏 보면.
서진, 창문 너머로 부정행위를 목격한! 멈춰 서서 찬찬히 보는. 그러다 뭔가 결심하는 듯한.

486.   회상 3/서진 레슨실(저녁)
        단태와 사무적인 느낌으로 마주 앉은 서진.

서진   아이들 문젠 엄마랑 상의해야 되지만, 이번 일은 주 회장님과 의논하는
        게 빠를 거 같아서 보자 했어요. (단태 앞에 봉투를 내밀면)
단태   이게 뭐지? (봉투 열어보는데. OMR 답안지 두 개가 나오고)
서진   석경이와 석훈이 배치고사 답안지예요. 보시면 알겠지만, 두 아이 정답
        과 오답이 일치해요. 주관식 답 글씨체도 똑같고요. 그게... 뭘 의미하는
        지 아시겠죠?
단태   (멈칫, 당황하고. 애써 태연한 척) 나한테 먼저 말해줘서 고마워. 애들한
        테 알아든게 타이르지.
서진   일을 크게 만들 생각은 없지만, 그냥 넘기기엔 일이 중대해서 말이죠.
        (여유 있게 단태를 보며) 석훈이가 석경이라면 참 끔찍하죠? 특별하게
        우애가 좋은 남매예요. 이런 위험까지 감수하다니...
단태   (자존심에 묘하게 얼굴 일그러지고) 원하는 게... 뭐지? 돈인가?
서진   돈은, 나도 죽을 때까지 쓸 만큼은 있어요.
단태   그럼...
서진   내가 보는 앞에서 부정행위를 저지른 아이를, 입학식 무대에 세울 순
        없죠. 최고가 아니라면 자격이 없으니까! 청아예고 예술부장으로서 그
        정도 징계는, 너그러운 거 아닐까요?
단태   (알아듣고, 얼굴 굳어지는) 석경이한테 독창을 포기시켜라?
서진   소문 안 나려면, 적당한 이유는 찾아야겠죠? 지독한 감기 정도면 어떨
        까요? (미소 짓는)

단태(E) (대노하는) 주석경! 이게 무슨 집안 망신이야?! 입학식 독창은 포기해!

487.   6화 81신/청아예고 음악부 연습실(낮)
        석경, 쉿소리로 노래하다 멈칫, 기침을 하고. 걱정스레 보는 서진.

서진	석경이, 목감기가 더 심해졌네. 내일이 입학식인데, 그 상태로 독창은 도저히 무리야. 병원부터 가봐야겠어. (의미심장하게 석경을 보면)
석경	(표정 굳어져서 서진을 보는. 다시 심하게 기침하면)
석훈	(대신 나서고) 아무래도 석경인 포기해야 될 거 같아요.

488. 현재/청아예고 강당 안(아침)

서진, 야릇한 미소 지으며 석경을 보는데. 석경, 마스크 쓴 채 굳은 표정
이고.
합창 끝나면. 석훈과 은별이 무대 앞으로 나와서 함께 인사하면.
윤철, 제일 먼저 일어나서 환호하며 박수 치고. 단태도 일어나 박수치는.
학부모들, 단태 눈치 보며 모두 기립 박수 보내는데.

혜미	정말 아름다운 합창이었습니다. 다시 한번, 무대를 빛내준 신입생들에게 큰 박수 부탁드립니다.
마리	우유빛깔, 유제니! 사랑해요, 유제니! (휘파람에, 호들갑 떨면)
상아	우리 민혁인 누구 닮아 저렇게 훤칠해? 누구 아들인지 참 잘~~ 생겼다!
마리	비주얼은 우리 제니가 단연 탑이죠. 어디서도 막 빛이 나잖아요!
규진	(박수 치다가 이상한 듯, 윤철 보며) 근데, 은별이는 왜 저렇게 잘해요? 꼭 피 터지게 연습한 것처럼! 누가 보면 원래부터 자기 자리였는 줄 알겠다니까!
윤철	(박수 치다가 문득 표정 굳어지는데)
수련	(역시 뭔가 이상하단 듯, 서진을 보고)
석경	(참을 수 없는 듯, 화난 표정으로 마스크를 확 벗어버리는데)
윤희/로나	(절망적인 표정으로, 강당 뒤에 서서 은별과 서진을 번갈아 보고 있는)

489. 청아예고 외경(낮)

혜미(E)	마지막으로 본교 예술부장이신 천서진 선생님께서 학부모님들께 안내 말씀드리겠습니다.

490.   청아예고 강당 안 (낮)
         서진, 빨간 천에 싸인 뭔가를 들고 무대 중앙에 오르고.
         모두들 집중해서 서진을 보는데.

서진   안녕하십니까, 청아예고 예술부장 천서진입니다. 50년 전통의 청아예
         고는 서울대 진학의 요람이었고, 그 중심에는 청아예술제가 있었습니
         다. 청아예술제는, 음악, 미술, 무용, 전반을 아울러 세계적으로 명성을
         떨치는 수많은 예술인들을 배출시킨 원동력이었습니다. 그러나 안타
         깝게도 25년 전 과열 경쟁으로 인한 불미스런 사고로 인해, 부득이 폐
         지되었습니다. 전 오늘! 그 청아예술제를 부활시키려 합니다!

         서진, 빨간 천을 확 벗기면, 청아예술제 트로피가 그 모습을 드러내는데.
         윤희를 비롯한 모든 사람들, 놀라서 탄성 지르고.
         자리에 앉아있는 석훈, 석경, 은별, 제니, 민혁, 반짝반짝한 눈으로 트로
         피를 보는. 로나도 눈 반짝이며 보고 있고.

서진   지금껏 이 트로피를 받은 사람은 모두 서울대에 수석 입학하였고, 그들
         의 발자취 역시 찬란했습니다. (학생들과 학부모, 일제히 환호성 터트리
         면) 평등한 기회, 공정한 과정, 무한한 영광이 여러분을 기다릴 것입니
         다! (우레와 같은 박수 터지고)
마리   이렇게 되면, 예술부장 입김이 더 쎄지는 거 아니에요?
규진   천 쌤이 이제, 하늘에서 내려온 금줄이 되는 거죠!
마리   (은근 쫄아서) 내가 그동안 너무 막 나갔나? (불안한데)
상아   다른 건 몰라도, 제니 엄마가 천 쌤한테 확실히 찍힌 건 알겠네요!

         모두들 긴장해서, 의기양양하게 트로피를 들고 서있는 서진을 바라보
         는데.

491.   청아예고 로비(낮)
        학부모들과 학생들에 둘러싸인 채, 트로피를 들고 당당히 걸어오는 서진.
        로비 정중앙 단상에 트로피를 놓으면, 혜미, 그 위에 투명 유리곽을 덮
        는데.
        유난히도 빛나는 트로피 클로즈업되고.
        학생들, 핸드폰 카메라로 트로피를 사진 찍느라 정신없는데.
        은별, 제니, 민혁, 탐나는 듯 동경의 눈빛으로 트로피를 보고 있으면.
        석경, 그런 은별을 기분 나쁜 듯 보는 시선.

수련   (서진에게 다가서며, 뼈있는 말투로) 수고하셨어요. 입학식이 아주 훌륭
        했어요. 오랫동안 준비하신 만큼, 보람 있으시겠어요.
서진   (마주 보고) 학부모들이 한마음으로 도와주신 덕이죠. 감사드려요.
단태   오늘 은별이 독창은 완벽했어요! (석경, 뜨끔해서 단태를 보고) 초대하
        신 인사들한테 강한 인상을 남긴 거 같은데... 축하드려요. (의미심장하
        게 그런 서진을 보는데. 떠오르는 기억)

492.   회상/7화 14신 연결/서진 레슨실(낮)
        단태, 서진한테 한 방 먹은 표정으로 보며.

단태   당신이란 여자, 참 볼수록 매력적이야.
서진   심플하게 받아줘서 고마워요. 그럼 우리의 거래가 성립된 건가요?
단태   (일어서며) 석경이한테 통보하지! 입학식 독창은 포기하라고. (뒤돌아
        나가려다) 아! (싸늘하게 돌아보며) 우리 관계도 여기서 끝내도록 하지.
        그동안 즐거웠어. (휙 나가버리면)
서진   (순간 표정 구겨지고) 뭐야. (어이없는, 자존심 상한 얼굴로) 미친 자식!!
        (기막혀 부르르 떠는데. 단단히 열 받은 표정이고)

493.   현재/청아예고 로비(낮)
       단태와 서진, 서로를 날카롭게 보고 있는데.

서진   (애써 누르고) 오늘 석훈이 피아노 연주도 훌륭했어요. 앞으로 청아예
       고 운영위원장으로서, 많은 도움 부탁드립니다, 석훈이 아버님!
단태   최선을 다하죠! (보란 듯이 수련의 허리를 감싸 안으며) 그만 가지. (수련
       을 데리고 가면)
서진   (두 사람 뒷모습 불쾌하게 보다가, 로나에게 시선이 가고) 배로나! 나 좀 볼까?
윤희   (긴장해서 로나를 보면)
로나   (말없이 서진을 따라가고)

       학생들, 은별에게 몰려드는데.

민혁   하은별! 오늘 독창, 반응 쩌는데. VIP 인사들 기립 박수까지 받고.
은별   (기분 좋고, 석훈 보며) 석훈이 반주가 워낙 좋잖아. 그래서 믿고 불렀어.
       덕분에 많이 안 떨렸어. 고마워 석훈아. (부끄러운 듯 시선 흔들리면)
석경   (순간, 은별이 석훈을 보는 묘한 눈빛 캐치하고)
제니   은별이 넌, 알고 있었지? 청아예술제 부활하는 거.
은별   아니. 나도 오늘 첨 알았어.
민혁   (석경 의식하며) 이제 청아예중 퀸은 내려오고, 새로운 퀸 탄생인가?
석경   (무안한 듯, 얼굴 벌게지는데)
제니   애, 뭐래니? 삼파전이거든! 은별이, 석경이, 그리고 나! 그치, 석경아?
석경   (대답 대신, 기침하는 척하면)
석훈   가자. 찬바람 쐬면 안 좋아. (다정하게 석경 데리고 가는데)
제니   (은별에게) 배로나 때문에 입학식 망칠 뻔했는데, 천 쌤한테 혼쭐나겠
       지? 나 오랜만에 꿀잠 잘 거 같애. 스트레스가 좌악~~ 풀려.

494.   청아예고 복도(낮)
 서진 앞에 로나가 서있고.

로나   (놀라고) 봉사활동에, 벌점 10점이요? (억울한 듯) 사고가 났었다고요! 충분히 시간 맞춰 올 수 있었는데, 사고가 나는 바람에...

서진   (싸늘하게) 공연은, 관객과의 약속이야! 시간 엄수가 기본이라는 거 몰라? 공적인 일에 일일이 개인 사정을 봐줄 순 없어! 학칙대로 처분했을 뿐이야!

 그때, 윤희가 다가서고.

윤희   로나가 왜 늦었을까? 니가 제일 잘 알지 않아?

서진   (멈칫하다, 당당하게 윤희를 보고) 또, 무슨 억지를 쓰려는 거지?

윤희   (담담하면서도 분명하게) 집에서부터 차 한 대가 끈질기게 따라붙었어. 차선을 바꿀 때마다 바짝 따라왔고, 결국 교차로에서 내 차를 들이받았어. 그 사고로 로나는 지각했고, 그 대신 니 딸 은별이가 무대에 섰어! 이 모든 게 정말 우연일까. 니가 꾸민 짓 아니고?!

서진   니 상상력은 정말....

윤희   뭔가 이상했어. 니가 우리 로나한테 기회를 준 게! 아닐 거라 믿었는데, 역시 사람은 변하지 않아!

서진   화를 내야 할 사람은 나야! 니 딸 때문에 두 달을 준비한 입학 공연을 망칠 뻔했어!!

윤희   (말 막고, 강하게) 아니! 절대 안 망쳤을 거야. 처음부터 니 딸이 올라가기로 돼있었을 테니까! 천서진, 잘 들어! 입시에서 마두기 선생이 독일 가곡을 준비시킨 거! 로나가 예고에 떨어진 거! 비상학부모회의에서 로나를 입학 취소시키려 한 거! 다 니 짓인 거 알아! 몰라서 당한 게 아니라, 알면서도 당해준 거야. 난 지금... 아무 힘이 없으니까! (이를 악물면)

서진   억지를 부린다고, 내 결정 번복되지 않아! 자꾸 버티면, 교사 권위에 반

항한 잘못까지 물어서, 벌점 추가할 수 있어!

로나   (놀라) 그건 안돼요! 입학하자마자 벌써 10점인데... 엄마, 그만해!

윤희   그래! 그 알량한 권력, 맘껏 휘둘러봐! 대신, 잊지 마. 내 딸 함부로 건드리면, 니 딸 눈에선 피눈물 날 거니까!

서진   (조롱하듯) 뭔진 모르겠지만, 최선을 다 해봐.

윤희   (부들부들, 노려보다) 가자! (로나를 데리고 가면)

그때, 은별과 윤철이 다가서고.

은별   (잔뜩 꽃다발을 안고, 기분 좋아서) 엄마! 나 할아버지한테 칭찬받았어. 할아버지가 오늘 무대 진짜 근사했대.

윤철   (미소) 할아버지한테 효도했네, 우리 딸이. 잘했어!

서진   (냉담하게) 아직 칭찬은 일러. 그동안의 실수, 조금 만회한 거뿐이야. (은별 보며) 은별이 너, 설마 이 정도로 만족하진 않겠지? 다음 목표는 뭐야?

은별   (다부지게) 당연히, 청아 트로피지!

로나(E)   나 꼭, 저 트로피 가질 거야!

495.   청아예고 로비(저녁)
     로나, 유리곽 안에 들어있는 트로피를 보고 있는.

로나   목표가 생겼어. 저 트로피, 꼭 가지고 싶어, 엄마!

윤희   (역시 트로피를 보는데) 쉽진 않을 거야.

로나   아니! 이번엔 보기 좋게 뺏겼지만, 담부턴 절대 안 뺏겨. 엄마가 그랬잖아. 실력으로 승부하면 된다고. 바짝 정신 차릴게!

윤희   (걱정스레 보는) 당장 내일부터 어떡하니. 차도 수리 맡겨야 되고, 혼자서 버스타고 등교하려면 한 시간 넘게 걸릴 텐데.

로나   (일부러 더 센 척 큰소리치며) 못 할 게 뭐야? 강남 아니라 부산까지도 갈

수 있어! 이게 어떻게 들어온 학곤데. 벌점 10점 아무것도 아냐. 걱정 마. 나 잘할 수 있으니까. 대신, 엄마도 천 쌤하고 그만 싸워. 부탁이야, 제발.

윤희 로나야... 그건!

로나 (말 막고) 천 쌤, 우리 학교 예술부장이야. 천 쌤한테 찍히면 나 서울음 대 꿈도 못 꿔. 나 위해서 그 정도는 해줄 수 있지? (순간 서러움에 눈가 붉어지면. 눈물 안 보이려고 돌아서는데)

윤희 (울컥하고) 미안해, 로나야...... 미안하다는 말밖에 못해서, 엄마가 미안 해... (분하지만, 더는 아무 말 못하고 로나를 뒤에서 안아주는)

로나 (입술 꽉 깨물고 눈물 참는)

496. 펜트하우스 주방(낮)
      수련, 믹서기로 배즙을 갈아서 유리잔에 담고.

수련 (양씨에게) 석경이 기침 심하니까, 배즙이랑 도라지청 좀 자주 먹여줘요.

미옥 네, 사모님.

수련 (쟁반에 배즙을 들고 나가는데)

497. 펜트하우스 석경의 방(낮)
      석경, 마스크 벗어던지고.

석경 (목소리 제대로 잘 나오는) 짜증 나 진짜. 은별이 그 기집애 좋아하는 꼴 보니까 신경질 나 미치겠어! (하다가) 오빠도 눈치챘지? 하은별이 오빠 좋아하는 거. (열 받고) 지깟 게 뭔데 주제도 모르고. (씩씩대면)

석훈 쓸데없는 소리 마! (일축하고) 다른 징계 안 먹었으면, 그걸로 됐어.

석경 천서진 쌤, 아빠를 협박해 비겁하게 내 무대를 뺏은 거잖아!

석훈 앞으로가 걱정이야. 천서진 쌤이 알고 있으니, 더는 시험 조작하는 거 힘들 텐데...

498.   펜트하우스 거실(낮)
        쟁반을 들고 방 앞에 서있던 수련, 문 열려다 멈춰 서고.

수련(E)   시험 조작? 우리 애들이... (충격 받은. 쟁반을 든 손 떨리고)

499.   펜트하우스 석경의 방(낮)
석경   난 오히려 맘 편해. 아빠가 알까 봐 맘 졸이지 않아도 되고.
석훈   (심각한) 아버지가 그 정도로 넘기신 게 좀 걸려.
석경   아빠도 나 꼴통인 거 눈치채고 있었겠지 뭐. 근데 오빠, 이상하지 않아?
        천 쌤이 왜 테스트에서 로나를 뽑았을까. 그냥 은별일 올리면 될 텐데,
        굳이 배로나를?!
석훈   (보는) 설마... 일부러?

500.   펜트하우스 거실(낮)
        수련, 충격과 분노에 휩싸인 표정이고.

수련(E)   로나를 갖고 논 거였어! 처음부터! 천서진.. 대체 어디까지 바닥이야?!!

        그때, 단태가 방에서 나오고.

단태   (수련에게) 애들, 서재로 올려 보내. 할 얘기 있으니까. (2층으로 올라가는)

501.   펜트하우스 서재(낮)
        단태, 눈감은 채 음악을 듣고 있으면. 문 열리고 석훈과 석경이 들어서고.

석훈   부르셨어요. (단태 앞에 서는데)
단태   (들은 체도 하지 않고, 음악에 심취해서 짜릿함 느끼며) 이거지, 이거!
석훈   (더 큰소리로) 아버지!

단태	(그제야 눈을 뜨고, 두 사람을 보는) 아, 왔구나. (서랍 열어서 비행기 티켓 던지고) 석경이, 유학 보내달랬지. 그게 소원이라면 유학 가.
석경	(놀라) 정말이에요? 정말 보내주시는 거예요? (반색하고) 오빠, 잘됐다.
단태	(냉랭한) 대신, 너 혼자 가는 거야!
석경	(당황하고) 그게 무슨 말이에요? 나 혼자 가라고요?
단태	(애써 온화하게) 언제까지 오빠 그늘에만 있을 순 없잖아? 학교 성적도 석훈이에게 의지해서 받은 거라니... 더 이상 오빠까지 피해 봐서야 되겠니. 오늘 저녁 비행기야. 준비는 다 됐으니 떠나기만 하면 돼!
석훈	(기겁하고) 안 돼요! 석경이 혼자는 못 보내요!
석경	(변명하는) 좋은 성적 받고 싶어 그랬어요! 아빠한테 잘 보이고 싶어서. 공부엔 자신 없고. 그래서 그런 거예요!
단태	(눈 돌아가고) 그럼 들키지 말았어야죠!! 피곤하군요. 두 번 다시 이 일로 왈가왈부하고 싶지 않네요. 티켓 가지고 그만 꺼져줄래요? 아버지 자존심을 뭉개놨으니, 당연히 이 정도는 각오했겠죠.
석경	(무릎 꿇고, 울면서 싹싹 비는) 잘못했어요, 아빠! 제가 무조건 잘못했어요. 다신 안 그럴게요. 앞으로 아빠가 원하는 대로 살게요.. (눈물범벅 되면)
단태	그럴 거 없습니다. 우리 집안에 수치로 남을 바엔, 서로 안 보고 사는 게 좋을 거 같네요.
석경	(울고 불며 단태에게 매달리고) 안 돼요! 저 절대 오빠랑 못 헤어져요!!
석훈	(다급하게 애원하는) 석경이 보낼 거면 저도 같이 보내주세요. 제가 가서, 석경이 책임지고 공부시킬게요! 석경이 혼자 못 있어요. 밤에 천둥 번개만 쳐도 못 자는 앤데, 어떻게 혼자 보내요!
단태	(순간 석훈의 뺨을 후려치고) 이래서 갈라놓는 겁니다! 석경이 문제로 자꾸 날 실망시키니까! 이성을 찾으세요. 주석훈은 주석경의 오빠가 아니라, 이 주단태의 아들이란 사실을!! (그때, 밖에서 노크 소리 들리면) 들어와.
조비	(급히 서재로 들어서고) 준비 마쳤습니다, 회장님.
단태	조 비서가 공항까지 데려다줄 거다. (조 비서에게) 데리고 가! 완력을 써

도 좋아.

조비	(석경이를 강제로 끌고 가는데)
석경	(끌려가며 울부짖는) 오빠! 오빠! 안 돼!! (안 가려고 발버둥 치면)
조비	(그런 석경을 들쳐 업고, 달려드는 석훈을 한 손으로 제압해서 밀쳐버리는데)
석훈	(그대로 나가떨어지고)

그때, 문 열리고 다급하게 수련이 들어서고.

수련	(쓰러져있는 석훈을 보고 경악하고) 석훈아, 괜찮아? (조 비서 팔에 매달린 석경을 보며 소리치는) 당장 내려놔요! 당장!!
조비	(단태의 눈치를 보다, 석경을 내려놓고 나가면)
수련	(단태에게 큰소리로) 이게 무슨 짓이에요!!
단태	(여전히 흥분한 채) 시험 부정을 저질렀어. 잘못을 했으면, 벌을 받아야지!
수련	당연히 벌을 받아야겠죠! 하지만 이런 식은 아니에요!
단태	당신이 상관할 일 아냐. 이건 나와 애들의 문제야!!
수련	내 자식이기도 해요! 애들이 그런 삐뚤어진 선택을 할 만큼 압박한 건 결국 당신이잖아요. 애들 책임으로만 몰아가지 말아요!!
단태	(멈칫하는데)
수련	석경이, 유학 안 보내요. 내 옆에서 제대로 야단치고 가르칠 거예요. 그래도 기어이 보내겠다면 나도 같이 가겠어요!
석경	(멈칫, 그런 수련을 보면)
단태	(열 받고) 지금 날 협박하는 거야? 당신이 날!!
석경	(나서고) 이제부터 진짜 열심히 공부할게요. 약속할게요, 아빠!
단태	니 말을 어떻게 믿어?
석경	그 트로피면 되겠어요?
단태	뭐?
석경	청아예술제 트로피! 그거 내가 꼭 탈게요.
단태	(비웃듯) 니가 무슨 수로? 하은별은 손 놓고 놀고 있대?

석경	(강하게) 하은별 이길 수 있다고요! 실패하면, 그땐 혼자 떠날게요.
석훈	(놀라) 석경아!
석경	(결심한 듯) 걱정 마. 나 꼭 그 트로피, 내 손에 쥘 거니까. 절대 다른 사람한테 안 뺏겨. 나 할 수 있어, 오빠! 나 믿어. (이 악물며 석훈을 보면)
석훈	(눈빛 달라진 석경을 보는데)
수련	석경이한테 한 번만 더 기회를 줘요. 부탁해요, 여보!
단태	(못마땅한 듯 수련을 홱 돌아보며) 저런 꼴통 자식을 싸고돌다니!! 이건 아빠로서 내 결정이야!!
수련	당신 너무 흥분했어요. 애들한테 상처 줄 말할 거면, 혼자 있는 게 좋을 거 같네요. 나가자, 애들아. (석훈과 석경을 안아서 데리고 나가면)
석훈/석경	(멈칫하다, 반항 않고 따라 나가는데)
단태	뭐하는 거야, 지금!! 거기 서지 못해!! (아랑곳 않고, 문 닫고 나가버리면)

단태, 기막히고 열 받은. 책상 위 확 쓸어버리고.
거칠게 서랍 열어서 마구 뒤져 유리곽 꺼내고, 잘려진 손가락에 끼워진 반지를 보는데.

| 단태 | (이글거리는 눈빛) 내 뜻을 거역해?! 감히, 니가 날 또?!!! (눈빛에 핏발 서고. 불쾌해 미치겠는. 그러다 밖으로 뛰쳐나가면) |

502. 펜트하우스 2층 거실(낮)
단태, 서재 밖으로 나오면. 문 옆으로 기댄 채 서있는 석훈.

단태	(멈칫, 날카롭게 보면)
석훈	(천천히 고개 돌려 단태를 보며 묻는) 민설아... 아버지가 죽인 건가요?
단태	(화들짝 놀라고) 뭐? 지금 무슨 말을 지껄이는 거야?!!
석훈	민설아가 그날, 헤라팰리스 기계실에 있었다는 거, 저 알아요.
단태	(순간 당황) 주석훈!!!

석훈	제 동생, 그만 괴롭히세요. 저도 이제 안 참습니다. (단태에게 야릇한 표정 짓고, 아래층으로 내려가버리면)
단태	(아무 말 못하고, 기분 싸한데. 불안하게 흔들리는 눈빛)

503. 차량정비소(낮)

윤희의 차, 정비소 들어가고 있고. 윤희, 보험사 직원과 얘기하고 있는.

직원	일단 목격자 분들이 계셔서, 피해 차량인 거 확인됐습니다. 빨리 합의 진행하시죠.
윤희	합의 전에, 그 운전자부터 만나보고 싶은데요. 꼭 만나야 돼요.
직원	그쪽은 보험회사에 일임하고, 지금 출장 간 걸로 아는데요.
윤희	(놀라고) 그게 무슨 소리예요? 누구 맘대로 도망쳐요?!! 그 사람, 고의로 사고 낸 거 확실해요! 계속 내 차를 쫓아왔고...
직원	고의로 사고 낼 사람이 어딨어요. 그분도 다쳤다던데... 원하는 대로 보상해준다니까, 괜히 일 크게 만들 필요 없죠.
윤희	그게 아니라...! (그때, 로나에게 전화 걸려오고) 잠깐만요. (받으면)
로나(F)	(다급하게) 엄마! 누가 자꾸 문 두드려!! 무서워 죽겠어!!
윤희	(놀라는)

504. 윤희 집 빌라 앞(낮)

정신없이 달려오는 윤희. 기다리고 있던 사채업자들, 윤희에게 다가서고.

사채업자1	(협박하듯) 오윤희 씨! 이자가 아직도 안 들어왔던데. 원금에 이자까지 언제 갚을 거야, 어!! (으름장 놓으면)
윤희	곧.. 넣을 거라고 했잖아요. 아직 월급이 안 들어와서... 얼마나 연체했다고, 집까지 찾아오는 거예요? 당신들 이거 불법인 거 몰라요?!
사채업자2	불법? (윤희를 벽에 밀치고 목을 움켜쥔 채, 날카로운 흉기를 옆구리에 쓱 갖다 대고 위협하면)

윤희	(기겁하고, 목 졸린 채 소리도 못 내고 바들바들 떠는데)
사채업자1	(윤희 가방 뺏어서, 지갑을 뒤지고) 이래서 돈 빌려주면 안 된다니까. 빌려 갈 땐 사정사정하더니, 남의 돈 무서운 거 모르고 말야. 암튼, 대한민국 살기 좋은 나라라니까. (돈 죄다 꺼내서 주머니에 넣고, 지갑 던져버리면)
사채업자2	(버둥대는 윤희를 놔주고) 늦지 마쇼! 이번 주까지 원금 못 갚으면, 그땐 무슨 일이 일어날지 장담 못 해. (흉기를 돌려서 다시 넣고 가면)
윤희	(헉헉, 기진해서 숨 몰아쉬다가, 정신없이 집으로 뛰어 들어가는)

505. 윤희 집 거실 (낮)
윤희, 다급하게 거실로 들어서면. 로나가 거실 한쪽에 웅크리고 있는.

윤희	로나야, 놀랐지? 아무 일 없었어? (걱정스럽게 달려오는데)
로나	(무표정하게 아파트 계약서를 들이밀며) 엄마! 이게 뭐야? 우리, 이사 간다는 집이 보송마을이었어? 설마, 이것 때문에 사채까지 쓴 거야?
윤희	(놀라서 얼른 뺏고) 이걸 어디서 났어?
로나	왜 하필 보송마을이야? 나 싫어! 거기서 민설아 죽었잖아! (그러다 문득 불길한 예감 들고) 설마... 민설아 집은 아니지? 빨리 말해! 아니라고!! (윤희 말 못하면, 하얗게 질리고) 진짜 그 애 집이야? 그래서 말 안 한 거야?!
윤희	(뜨끔하고) 그게... 뭐 어때서?
로나	(기막힌) 뭐가 어떠냐니! 엄마 미쳤어? 왜 자꾸 걔랑 엮이려고 그래?! 난 얼굴 한번 본 적 없는 개 때문에, 애들한테 왕따당할 뻔했어. 입학까지 취소될 뻔했다구!! 근데, 나더러 그 아파트에 들어가 살라고?! 대체 무슨 생각으로 거길 산 거야? 나 이사 안 가!! 절대 안 가!!
윤희	사실은 거기가... 조금만 기다리면 재개발될지도 몰라. 그럼 집값도 엄청 오를 거고...
로나	(말 자르며) 그딴 거 돼도 싫어!! 죽어도 그 집엔 안 들어가!! 내가 지금 아무렇지도 않은 거 같아서 이래?! 나도 힘들어 죽겠어!! 억울하고 분하고 미칠 거 같은데, 죽을힘 다해 참고 있는 거라고!! 가려면 엄마 혼자

가!! (쏘아붙이고. 싸놓은 이삿짐들을 발로 차버리고, 방으로 가면)

윤희 로나야! 로나야!! (이래저래 괴로운데, 힘 빠져서 그 자리에 털썩 주저앉는 윤희고)

506. **헤라펠리스 서진 윤철 집 거실(낮)**
       은별, 잔뜩 받은 꽃다발들을 테이블 위 꽃병에 꽂으며 기분 좋은데.

은별 소프라노 정아진 쌤도 오신 거 있지? 나 보고 목소리가 너무 이쁘대. 나 그분 만나는 거 소원이었거든.

윤철 그렇게 좋아, 우리 딸?

은별 (마냥 신난) 너무너무! 독창 무대에 서는 게 얼마나 꿈이었는데... 중학교 때도 석경이 이긴 적 한 번도 없었잖아. (그러다 살짝 시무룩해져서) 내가 트로피 타면, 그땐 엄마한테도 칭찬받겠지?

윤철 (그런 은별이 짠하고) 우리 은별이, 공연 축하 기념으로 아빠가 소원 하나 들어줄까. 뭐 갖고 싶은 거 있어?

은별 음... 있어. (고민하다가 생각난 듯) 아빠, 엄마랑 좀 잘 지내면 안 돼?

윤철 (움찔) 아빠랑 엄마가 왜... 우리 사이좋은데?!

은별 거짓말하지 마. 나 다 알아. 맨날 둘이 싸우는 거. 내 소원은 엄마랑 아빠 안 싸우고 잘 지내는 거야. 예전처럼. 내 소원, 들어주는 거다, 아빠.

윤철 (어색한 미소)

507. **헤라펠리스 서진 윤철 방(낮)**
       서진, 옷 갈아입고 있는데. 윤철이 방으로 들어서고.

윤철 (어색하게, 눈 안 마주치고) 오늘, 고생했어.

서진 (옷 갈아입으며, 퉁명스럽게) 쓸데없는 말은. 심심해?

윤철 저기.. 오늘 밤에 뭐해. 같이 외식할까. 우리 둘만.

서진 (멈칫. 보면)

윤철	은별이는 피곤해서 쉬고 싶대. 당신 애썼으니까 내가 맛있는 거 사줄게.
서진	(새침하게) 저녁에 레슨 있어. 9시에 끝나.
윤철	그래? 그럼 그때 가지 뭐. 칵테일 한잔씩 어때? 괜찮지? 당신 좋아하는 데로 예약해놓을게. (쭈뼛하다 나가면)
서진	(싫지 않은)

508. 헤라팰리스 커뮤니티 (저녁)
커뮤니티에 모여있는 단태와 규진.

단태	(굳은 표정, 기분 안 좋고) 보송마을 매입 건 잘 진행되고 있습니까. 오윤희 쪽 동향은 어때요.
규진	부동산에 물건 내놓는 대로 연락하라고 해뒀는데, 아직 조용하네요. 사채업자들이 밤낮으로 쪼고 있으니, 결국 몰리면 내놓겠죠.
단태	생각보다 오래 버티네요. 본인한테도 딸한테도 위험부담이 큰 집인데.
규진	은근히 배포가 있는 여자예요, 오윤희! 하 박사가 못 잊을 만해요.
단태	사채업자들한테 더 압박하라고 하세요! 곧 재개발 발표가 떨어질 텐데, 여유 부릴 시간 없어요. (일어서고) 하 박사 불러요. 오랜만에 스트레스 좀 풀게!

509. 외제차 중고매장 (밤)
불 들어오면. 고급 외제차 수십 대가 서있고.
단태, 윤철, 규진이 다가오는.

규진	오늘 픽은...! (자동차 키 누르면. 노란색 람보르기니에 시동 걸리고)

각자, 픽한 차에 오르는데.

510.   스피디움(밤)

        스피디움 출발선에 3대의 날렵한 외제차가 서있고.

        부릉부릉 성난 엔진 소리 토해내는 외제차 3대.

        외제차 운전석에, 단태와 윤철, 규진이 각각 타있다.

        출발신호를 알리는 깃발이 떨어지고, 3대의 외제차 전속력을 다해 레
        이싱하는데.

        앞서고 뒤서고, 한 치의 양보 없이 커브길을 돌아서 전력 질주하는 차들.

        그러다 규진의 차가 제일 먼저 결승점에 도착하고. 회심의 미소.

규진   (기분 좋고) 주 회장님, 왜 이래요 오늘. 컨디션이 영…

윤철   (픽 웃고) 그런 날도 있죠. 주 회장님이라고 매번 일등하란 법 있나.

단태   (발끈하다가, 애써 태연하게) 차하고 제가 잘 안 맞았던 모양입니다! (규
        진 보고) 이 변. 1등을 했으니, 오늘 우리가 할 일을 브리핑하시죠!

규진   (의기양양하게) 그럴까요? 우리 로펌에 얼마 전에, 아주 재수 없는 변호
        사 새끼가 왔는데, 그놈 좀 같이 손봐줘야겠어요.

윤철   얼마나 재수 없으면, 이 변한테 재수 없단 말을 듣죠? 대체 어떤 인간이
        에요?

규진   요즘 그놈이 엄청 공들이는 여자가 있는데..

단태   이 변이랑 겹쳐요?

규진   (놀라) 네? 어떻게 아셨어요?

단태   죽일 놈이네, 그 자식! 제대로 보여줘야죠. 남의 것을 탐한 자의 말로를!

511.   건물 주차장(밤)

        차 한 대가 들어오면. 남자(변호사)와 여자, 나란히 타있고.

        조커 가면을 쓴 세 사람, 야구방망이 들고 차 앞을 가로막는데.

변호사   뭐야, 니들?!!

단태, 날아오르듯 보닛 위로 올라가 앞 유리창을 야구방망이로 미친 듯이 마구 깨부수면.
규진과 윤철, 그런 과격한 단태 모습에 놀란 듯 멈칫하고. 지켜보고만 있으면.
공포에 떨던 남자, 운전석에 얼굴 파묻은 채 벌벌 떨고 있다가 핸드폰으로 신고하려는데.

단태   (핸드폰 확 뺏고) 앞으로 이 여자 다시 만나면, 죽어!
변호사   (바들바들 떨며) 네? 네...
단태   이건, 차 수리비! (돈뭉치를 툭 던져주고, 보닛에서 내려와 가는데)

뒤따르는 윤철과 규진, 가면을 벗으면, 땀에 젖은 세 사람의 얼굴이 드러나고.

규진   주 회장님 진짜 오늘 무슨 일 있으세요? 기분이 영 아니신 거 같은데.
단태   (이래저래 기분 안 좋고) 시간 되면 다 같이 술 한잔하죠.
윤철   저는 선약이 있어서 가봐야 되는데요.
규진   이 시간에? 왜? 첫사랑 만나러 가시나.
윤철   (발끈하고) 뭔 소리예요? 와이프랑 약속 있어요. (단태, 멈칫 윤철을 보는)
규진   천 쌤이랑요? 요즘 두 사람, 분위기 좋으신가 봐요~
윤철   (픽 웃고) 우리 부부가 언제는 안 좋았나. 저 먼저 갑니다. (급히 가면)
단태   (그런 윤철의 모습에 뭔가 심사가 꼬이는데)

512. 헤라팰리스 서진 레슨실(밤)
레슨 마친 서진, 예쁘게 차려입은 모습이고. 거울을 보며 향수를 뿌리는데.
그때, 핸드폰 울리는.

서진	(얼른 받고) 응, 지금 출발해. (하다가 멈칫하는, 표정 굳어지면)
단태(F)	나야. 우리 좀 만날까?

513. 고급 라운지 바 앞/서진의 차 안(밤)

서진의 차, 멈춰 서고.

서진, 창밖 내다보면, 창가에 앉아있는 윤철이 보이고.

서진, 결심한 듯 내리려는데, 띠링~ 문자메시지 도착음 들리는. 열어 보면.

단태(E)	기다리고 있어. 사랑해.
서진	(내리려다 멈칫하는. 순간 눈빛 흔들리고)

514. 고급 라운지 바(밤)

윤철, 멀끔하게 차려입고는 기다리고 있는데. 서진 오지 않고, 시계를 보는.

그때, 서진에게서 문자 오는.

서진(E)	아버지 긴급 호출이라, 못 나갈 거 같아. 집에서 봐.
윤철	(순간 김새는 느낌인데. 그러다 문득 이상한 기분 들고. 핸드폰 하는) 아, 아버님. 하 서방입니다. 잘 들어가셨죠? 오늘 고생하셨습니다.
서진부(F)	서진이가 애썼지. 오늘 같은 날, 둘이 나가서 시간 좀 보내지 그래.
윤철	(멈칫, 싸늘하게 표정 굳어지고) 네 아버님. 그렇게 하겠습니다. 그럼 쉬십시오. (전화 끊는데. 파르르 떨리는 눈. 뭔가 있구나 강한 의심 드는데)

515. 해안도로 일각(밤)

서진의 차, 빠르게 내달리고.

516.   단태 별장 앞(밤)
　　　　와서 멎는 서진의 차. 단태의 차, 먼저 와서 세워져있는데.

517.   단태 별장 안(밤)
　　　　서진, 별장 안으로 들어서면. 단태, 수련과 전화 통화 중인.

단태　(굳은 표정) 좀 늦을 거야. 회사에 일이 생겨서. 먼저 자. (전화 끊고, 서진을 보면)

서진　(다가서며) 무례하네요, 주단태 씨. 마음대로 관계를 끊을 땐 언제고, 이런 식으로 사람을 불러내다니.

단태　당신도 마음이 있으니 여기 온 거 아냐?

서진　착각하지 마! 경고하러 온 거야.

단태　오늘 알았어. 내가 좋아하는 천서진이라는 여자가 어떤 여잔지. 갖고 싶은 거, 하고 싶은 건 뭐든지 해내는 매력적인 여자라는 걸. 당신 앞에서 난, 가장 나 같은 사람이 돼. 그게 좋아. 다른 사람이 될 필요 없으니까.

서진　난, 남자가 딱히 필요 없는 사람이에요. 나 혼자서도 얼마든지 자신 있으니까! 구색 맞춰, 남들 다 있는 남편 하나쯤 데리고 사는 걸로, 아무 불만 없어요.

단태　거짓말! 당신은 그 머저리 같은 하윤철한테 절대 만족 못할 여자야! 당신도 내가 필요하잖아. 그래서, 이제 놓치지 않으려고. (뜨거운 시선으로 보면)

서진　(도도하게) 우리 관계는 내가 결정해! 만나는 것도 헤어지는 것도, 다 내가! 그러니까 앞으로 까불지 마, 주단태. (하더니, 단태의 옷깃을 잡아당겨 키스하는데)

단태　(서진의 손에 이끌리는. 격하게 서진을 끌어안고)

518.   펜트하우스 단태 수련 방/단태 별장 안/교차편집(밤)
　　　　수련, 와인 넘기며, 침대 위 단태의 자리를 보는. 그러다 핸드폰 위치추

적 어플로, 단태의 위치를 확인하는. 별장 주소에 빨간 점이 뜨는데.

수련   결국 다시 천서진을 찾은 건가? (재밌다는 듯 웃는데)

　　　 침대에 누워있는 단태와 서진. 단태, 뒤에서 서진을 안고 있는 모습이고.

서진   (단태에게 등 돌린 채로 누워서) 나 고백할 게 있는데.
단태   뭐지?
서진   그 말, 태어나서 처음이었어. 사랑한다는 말.
단태   (멈칫, 살짝 놀라는 표정이고) 나도 고백할 게 있는데. 오늘로 우리 규칙
　　　 깨기로 했어. 서로 구속하지 않고, 질척대지 않고, 누구 한쪽이 끝나면
　　　 같이 끝내기로 한 규칙 말야.
서진   (표정)
단태   그 규칙을 깬 건, 당신이 처음이야. (확 서진을 돌려서 끌어안는)

　　　 침대 위에서 뜨겁게 서로를 다시 탐하는 단태와 서진.
　　　 여유 있게 와인을 마시는 수련과 교차편집으로 보여주고.
　　　 수련, 시계 보면 12시를 넘기고 있고. 문득 테이블 위에 놓아둔 가구회
　　　 사 팸플릿을 넘겨보다가, 결심한 듯 누군가에게 전화 걸고.

수련   한 실장님. 저예요. 내일 회사로 찾아뵐게요. (전화 끊고, 혼잣말) 설아
　　　 야. 엄마 이제 세상 밖으로 나갈게. 엄마한테 용기를 줘. (다짐하듯 심호
　　　 흡하는)

519.　헤라팰리스 서진 윤철의 침실 (새벽)
　　　 조심스레 들어서는 서진, 자는 윤철을 보고 드레스 룸으로 들어가는데.
　　　 가만히 눈을 뜨는 윤철, 움직이지 않은 채 서진의 동태를 살피는데.
　　　 옷 갈아입으면서 흥얼거리는 서진의 노랫소리가 나직이 들리고.

순간 무섭게 표정 일그러지는 윤철, 부들부들 하는.

520.　헤라팰리스 전경(아침)

521.　펜트하우스 주방(아침)
　　　주방에 배치되어있는 인덕션 더 플레이트와 전용팬 위에 왼쪽에는 식
　　　빵, 오른쪽에는 스크램블 에그를 올려 요리를 하고 있는 양씨와 수련.
　　　단태, 수련, 석훈, 석경, 아침 식사를 하는. 식탁에 휴대용 인덕션 더 플
　　　레이트와 전용팬이 세팅되어있고.

석경　아빠. 과외 쌤 바꿔주세요. 은별이랑 다른 쌤으로, 제일 잘하는 사람으
　　　로요.
수련　(먼저 나서고) 그런 건 엄마가 해주는 거야. 내가 알아볼게. 석경이가 맘
　　　잡고 공부한다는데, 당연히 엄마가 나서야지.
석경　(샐쭉해서 뭔가 말하려다, 어색한 듯 일어서고) 학교 갈게요.
석훈　다녀오겠습니다. (단태 시선 피해서 석경과 함께 나가면)
단태　(그런 석훈을 날카롭게 보는)
수련　(일어나서 석경과 석훈을 다정하게 다독여주고) 그래, 잘들 다녀와. (그러
　　　다 단태에게 다가서고, 부드럽게) 앞으로 애들 일은 나한테 맡겨줘요. 애
　　　들 예민한 시긴데 너무 몰아붙이면 어긋날 수도 있어요. 내가 잘 달래
　　　면서 신경 쓸게요. (대꾸 안 하면, 단태의 어깨를 감싸 안으며) 내가 어제
　　　당신한테 좀 심했죠. 미안해요. 화 풀어요.
단태　(여전히 화나 있는 듯, 대답 안 하면)
수련　(물 따라 주며 다정하게) 아 참, 나 당신한테 허락받을 일 있는데... 엄마
　　　가 경영하시던 가구 사업, 이제 내가 맡아서 해보려고요.
단태　(밥 먹다가 놀라서 보는) 이제 와서, 그걸 왜?!
수련　혜인이 떠나고 시간 보내는 게 좀 힘들어서 그래요.
단태　지금껏 전문 경영인이 맡아서 잘 굴러갔잖아. 갑자기 무슨 일을 해? 당

신이!

수련 엄마가 평생을 공들였던 사업이고, 더 이상 남의 손에 맡기고 싶지 않아요. 하게 해줘요 여보~ 당신한테 피해 안 가게 할게요. 네? (애교스럽게 말하면)

단태 (긴장해서 보는) 정말 왜 이래, 당신!!

수련 허락해줄 거죠? 어서 밥 먹어요. 옷 준비해놓을게요. 셔츠 새로 샀는데, 당신도 맘에 들 거예요. (미소 짓고 나가면)

단태 (기막힌 표정인데. 뭔가 의심쩍은 느낌 들고)

522. 윤희 집 거실(아침)

윤희, 이삿짐 싸고 있으면. 로나, 교복 입고 등교 차림으로 나오는.

윤희 (이삿짐 싸다가 보고) 로나야. 학교 가? 첫날인데 선생님들한테...

로나 (찬바람 쌩 불고, 눈도 안 마주치고 확 나가버리면)

윤희 엄마한테 인사도 안 해?! 로나야! 잘 다녀와! (그러다 한숨 쉬고, 다시 이삿짐 싸는데. 어지럽혀진 집안 보면 막막하기만 하고)

523. 청아예고 앞 도로/교문 앞(아침)

로나, 버스에서 내리자마자 미친 듯이 뛰기 시작하는. 시계 보면 늦었고. 교문까지 정신없이 뛰어가는데. 로나가 막 도착하자마자 교문 닫히고. 선도부와 권 교사가 지각생들 잡기 시작하는데.

로나 아씨, 어떡하지. 지각하면 또 벌점인데. (둘러보면 낮은 담벼락 보이고)

로나, 체육복 바지 입은 채로, 도움닫기하며 담벼락 넘으려는데 실패하고. 다시 도전하지만 역시 실패하는. 미치겠는데.

석훈(E) 너도 늦었어?

로나	아, 깜짝이야! (놀라 돌아보면, 석훈이 서있고. 멈칫) 주.. 석훈?
석훈	올라가. (자신의 어깨를 낮춰서 대주면)
로나	뭐?
석훈	밟고 올라가라고. 얼른! 첫날부터 지각할 거야?
로나	(잠시 머뭇하다) 그럼, 실례 좀 할게. (석훈의 어깨를 밟고, 순식간에 담을 넘는데)

524. **청아예고 운동장**(아침)
로나, 안정적으로 착지 성공하고.

로나	(교문에 서있는 선도부 안 보이게 나무 뒤에 숨으며) 야! 내 가방. (로나 머리 위로 가방 떨어지고) 고마워. 너도 얼른 넘어와. (기다리는데 대답 없고) 야! 주석훈! 늦었어. 빨리 넘어!

525. **청아예고 앞 도로/석훈네 차 안**(아침)
담벼락 앞에 아무도 없고.
석훈, 도로 한쪽에 서있던 자동차 뒷좌석에 올라타는데.

석경	(픽 웃고) 재밌는 애네.
석훈	(기사에게) 가세요! (자연스럽게 교직원 전용 주차장으로 차 들어가는)

526. **청아예고 교실**(아침)
로나, 정신없이 뛰어 들어오면. 석훈, 이미 자리에 앉아있고.
로나, 놀라서 멈춰 서는데. 석훈, 그런 로나에게 시선도 주지 않고.
석경과 은별, 민혁과 제니, 앞뒤로 나란히 앉아있는.
아이들, 은별 옆에 둘러서있고.

제니	(은별에게) 하은별! 니 영상 벌써 너튜브에 다 떴어. 실력 죽지 않았던데.

유정	나도 들어가서 좋아요 누르고, 댓글도 달았어.
지아	너 어제 진짜 이쁘더라. 그 드레스 베라왕 꺼 맞지?
은별	(자신감 넘치게) 웅. 엄마가 서울음대 졸업 공연에서 입은 건데, 리폼한 거야.
유정	어쩐지. 완전 고급지더라니!
석경	(은별한테 알랑대는 아이들이 꼴사나워 미칠 지경인데)
제니	(그때, 로나를 발견하고) 야! 예비 1번. 예비 주제에 왜 이렇게 늦게 다녀? (팔짱 끼고 앞을 턱 막아서며) 너 톡 까놓고 말해봐. 솔직히 어제 겁나서 안 온 거지? 큰 무대에 선다고 생각하니까 갑자기 쫄은 거지?
로나	비켜! (무시하고 지나가려면)
민혁	(발로 턱 막고) 진실 혹은 거짓? 진짜 교통사고 난 거 맞아? 근데 왜 이렇게 멀쩡해? 오늘 입원해서 못 올 줄 알았는데.
로나	니가 믿고 싶은 대로 믿어! (민혁 확 뿌리치면)
민혁	이게! (거칠게 로나의 팔을 붙잡으면)
로나	(확 뿌리치고) 솔직하게 말해봐! 예비 1번이 독창을 할까 봐 화난 거니. 아님! 예비 1번한테 실력으로 밀린 게 화난 거니?
석경/석훈/은별/제니/민혁	(순간 멈칫하고, 다 같이 같은 생각하는데)
설아(E)	솔직하게 말해봐! 고아인 나한테 배운 게 화난 거니? 아님! 나한테 져서 화난 거니?!
석경/석훈/은별/제니/민혁	(똑같이 설아 떠올리며 표정 굳어지면)
로나	그래서 어린애처럼 이러는 거야? 입학 첫날부터? (하다가) 불쌍해!
설아(E)	불쌍해!
석경/석훈/은별/제니/민혁	(설아 떠올리며 서로를 쳐다보는데)
은별	(참지 못하고 벌떡 일어서고) 말조심해! 니가 뭔데 우리더러 불쌍하대.
로나	말조심할 사람은 니네들이야! (그런 은별을 밀어내고, 자신을 압박하는 아이들의 시선 느끼면서 빈자리를 찾아 두리번거리다가, 유정 옆에 앉으려면)
유정	(막고) 여기 자리 있어!
로나	그래? (다시 은후 옆에 앉으려면)

은후	여기도 자리 있어! (다들 피하는데)
석훈(E)	여기 앉아!
로나	(돌아보면, 석훈이 옆자리 가리키고)
석훈	비었잖아. 내 옆자리.
아이들	(석훈의 말에 놀란 듯 시선 집중해서 보면)
은별	(신경 쓰이는 듯 석훈을 보는)
로나	(쭈뼛하다, 석훈 옆자리로 다가가 앉는) 고마워.
은별	(두 사람 나란히 앉은 거 질투스럽게 보다가) 니들 오늘 시간 되는 사람!
제니	무슨 일인데?
은별	우리 엄마가 작게 파티 해주신대. 학교 끝나고 우리 집 가자.
아이들	나도 갈래! 나두! (서로 가고 싶다고 난리 치는데)
제니	뭘 물어. 한 명 빼고 다 가는 거지~~~ (로나를 흘낏 보면)
은별	그럼, 한 명 빼고 다 오는 걸로 알게. 석훈이랑 석경이 니들도 올 거지?
석경	미안. 난 못 갈 거 같은데! (갑자기 벌떡 일어나 로나에게 다가서고) 로나야. 너 오늘 우리 집에 놀러올래?
아이들	(놀라서 석경을 보면)
로나	(뜻밖의 말에 놀라) 나?!
석경	그래, 너. (활짝 웃으며) 같이 가서 우리 공부하자. (다정하게 말 걸면)
민혁	(기막혀) 뭐야, 웬 절친 모드? 니네 언제부터 친구였어?
석훈	지금부터. (로나 보며, 무심하게 툭 던지듯) 올 거지? 그럼 나도 집에 있구.
은별	(순간 표정 굳어지는. 그런 석훈과 석경의 행동이 신경 쓰이고. 머리카락을 신경질적으로 올리는 은별이고)

그때, 담임 들어오고.

담임	모두 자리에 앉아!
로나	(얼른 가방에서 노트와 필통 꺼내는데)
담임	1년간 너희들 담임을 맡게 된 마두기 선생이다. 과목은 성악. 잘 부탁한다.

356

| 로나 | 마두기? (놀라서 칠판을 보는데. 틀림없는 마두기 쌤이다. 경악하면) !!! |
| 담임 | (그런 로나와 눈 마주치는. 당당하면서도 날카로운 눈빛이고) |

527. 청아예고 복도(아침)
      쉬는 시간 종소리와 함께 쏟아져 나오는 아이들.
      두기, 교실 밖으로 나가면. 로나가 급하게 따라 나가고.

로나	선생님!
두기	(돌아보고) 왜?
로나	저한테 하실 말씀 없으세요?
두기	무슨 말?
로나	최소한 사과라도 하셔야 되는 거 아니에요? 입시 때 저한테 고의로 독일 가곡 시키셨잖아요!
두기	(태연하게) 그랬어? 내가 착각했던 모양이네. 미안하게 됐다. 어쨌든 넌 이 학교에 왔잖아. 그럼 된 거 아냐? (아무렇지 않은 듯 돌아서면)
로나	(당차게 묻는) 누구한테 부탁받은 거예요? 천서진 쌤인가요?! 그래서, 그 보답으로 청아예고에 들어오신 건가요?
두기	(천천히 다시 돌아서서, 그런 로나를 보며) 맹랑하구나. 그런 위험한 발언은 삼가는 게 좋을 텐데. 앞으로 니 학교 생활을 위해서 말야... (비열하게 웃고, 돌아서서 복도 게시판에 공고문을 붙이고 가는데)
은별(E)	우리 엄마에 대해서 함부로 말하면 죽여버릴 거야!
로나	(휙 돌아보면, 은별이 듣고 있었고) 틀린 말, 한 적 없는데!
은별	증거 없이 입 놀리지 말라고! 또 경찰서 가고 싶어 그래?!
로나	뭐?! (주먹을 꽉 움켜쥐는. 억울하지만 어쩔 수 없이 참고 입 닫는데)
제니	야! 예비. 이것 봤어? 너 첫날부터 스타 됐다? (마두기가 복도 게시판에 붙여놓은 공고문을 보고 소리치는) 성악과 1학년 배로나, 벌점 10점, 봉사활동 10시간!
로나	(다가가 공고문을 보면. 애써 괜찮은 척하지만 얼굴 벌게지는데)

357

아이들	(로나를 흘낏대며 수군대고)
은별	바쁘겠다. 봉사활동 채우려면. 잡생각 안 생기고 잘됐네, 예비 1번. (조롱하고 돌아서는데)
로나	(더 이상 못 참겠고) 진짜 예비는 내가 아니라, 하은별 너 아냐?!
은별	(보는) 뭐라고? (아이들 시선 몰리면, 당황하고)
로나	왜? 내 말이 틀려? 입학식 독창도 니가 내 꺼 뺏은 거잖아! 아님 아니라고 말을 해봐! (하다가 말에 힘줘서) 도.둑.년. (확 내뱉고 돌아서서, 뚜벅뚜벅 복도 걸어가는데. 갑자기 뒤에서 로나의 머리채를 휘어잡는 은별. 뒤로 휘청하는 로나. 비명) 아아!

528. 청아예고 음악부 교실(아침)

석훈과 석경, 얘기하고 있는데. 갑자기 뛰어 들어오는 민혁.

민혁	빨리 나와봐! 은별이랑 예비랑 붙었어.
석경	뭐? (뛰어나가는데. 반 아이들도 우르르 뛰어나가고)

529. 청아예고 복도(아침)

은별과 로나, 죽기 살기로 제대로 붙은.
은별, 로나 머리채 잡고. 로나도 이번엔 지지 않고 덤비는데.
아이들 몰려들어서 구경하느라 북새통이고.
석경, 석훈을 끌고 나와 멀찌감치 떨어져서 치열하게 싸우는 두 사람을 보면.

석경	(석훈에게) 내 부탁 들어주는 거지? 생각보다 일이 쉽게 풀리겠는데? (의기양양한 모습이면)
석훈	(멈칫하고. 석경이와 나눴던 말 떠올리는)

530. 회상/석훈네 차 안(아침)
석훈과 석경, 차 뒷좌석에 나란히 타서 등교하는데.

석훈   아버지한테 그런 약속은 왜 했어? 트로피 못 타면 어쩌려고.

석경   불가능한 일도 아니지. 은별이는 유리멘탈이잖아. 오빠도 알지? (하다
       가 창밖 내다보는데, 담벼락을 넘으려고 발버둥 치는 로나의 모습이 창밖으
       로 보이고. 문득 갑자기) 아저씨, 차 좀 세워요! (차 멈춰 서면)

석훈   왜? (석경 시선 따라서 창밖을 보는)

석경   생각났어. 굿 아이디어!

석훈   뭐?

석경   오빠가 저 예비 1번 좀 꼬셔줘. 은별이 기집애, 속 좀 태워주게.

석훈   (화내듯) 무슨 말 같지도 않은 소리야?!

석경   (웃으며) 저런 애, 쫌만 잘해주면 순식간에 넘어오잖아. 쟤를 이용해서
       하은별 멘탈 좀 흔들어놔야겠어. 하은별이 오빠 좋아하는 거 알고 있지?

석훈   됐어! 나 저런 애랑 엮이기 싫어.

석경   (적극적으로 매달리는) 오빠가 도와줘야 된다니까! 안 그럼 나, 미국으
       로 쫓겨난다고. 저런 애 꼬시는 거 일도 아니잖아. 제발 부탁이야, 오빠.
       나 진짜 하은별 이기고 싶단 말야!!

석훈   싫어!! 다신 그런 얘기 꺼내지도 마!

석경   내가 죽어버려도 괜찮아? (순간 석훈, 멈칫하면) 나 절대 혼자는 못 떠
       나. 그럴 바엔 차라리 죽어버릴 거야!! (울어버리면)

석훈   (마음 약해지고. 영 내키지 않지만, 할 수 없이 창밖을 보는데. 담벼락을 넘
       으려고 기를 쓰고 도움닫기를 하는 로나가 보이고)

531. 현재/청아예고 복도(아침)
석훈, 로나와 은별이가 가열차게 싸우는 모습을 보고 있는.

석경   (피식 웃으며) 볼수록 재밌어, 배로나. 맘에 들어. (의미심장한 웃음을 짓

                                                                    359

는데)

그때, 아이들 사이를 홍해 가르듯 다가오는 사람, 서진이고.

서진	(버럭) 뭣들하는 짓이야!! 하은별! 배로나! 그만하지 못해!!
은별/로나	(씩씩대며 그제야 서로에게서 떨어지는데)
서진	입학하자마자 이게 뭐하는 짓들이야! 두 사람 각각 벌점 1점!
로나	부당해요! 하은별이 먼저 시비 걸었어요.
은별	아니에요! 배로나가 저한테 먼저 욕했어요. 도둑년이라고!
서진	(얼굴 일그러지고) 정말 그랬어? 품위 없이 그런 욕을 했단 말야? 교내에서?
은별	(갑자기 코피를 뚝뚝 흘리면) 아, 피!
서진	(놀라서) 괜찮아, 은별아? 제니야! 빨리 양호실로 데려가.
제니	네, 선생님. 은별아, 빨리! (은별을 데리고 급히 가면)
서진	(단단히 화난 얼굴로) 배로나. 지금 근신 기간인 거 잊었어? 니 주변에서 끊임없이 잡음이 생긴다면, 너한테 문제 있는 거 아닐까? 기를 쓰고 청아예고에 왔으면 청아에 어울리는 사람이 되도록 해! 그럴 자신 없으면 오늘이라도 그만두고!!
로나	제가 왜 그만둬요? 잘못한 것도 없는데!!
서진	잘못을 뉘우치지 않는구나? 벌점 3점에 봉사시간 5시간 추가!
로나	선생님!! (소리 지르면)
서진	벌점 5점에 봉사시간 10시간 추가! (더 강하게 대꾸하면)
로나	(기막혀서 더는 아무 말 못 하는데)
서진	(그때 수업 시작 종소리 나면. 구경하는 아이들 보며) 종소리 안 들려? 다들 교실로 돌아가! 어서!! (매섭게 명령하고 가면, 아이들 흩어지고)
석경	(덩그러니 혼자 남아 서있는 로나에게 다가서고. 뒤에서 다정하게 로나의 팔짱을 끼며) 너무 신경 쓰지 마. 벌점 그거 아무것도 아냐. 너 노래 잘하니까 성적으로 이겨주면 돼! 오늘 우리 집에 가서 맛있는 거 먹고, 재밌게 놀자. (위로하는 척하면)

로나	(진심으로 그런 석경이 고맙고) 고마워, 석경아....
석훈	(복도 한쪽에서 그런 로나와 석경을 보고 있는)

532. 윤철의 병원 수술실(낮)

"수술 중"에 불 켜져있고. 윤철, 수술하고 있는.

잠 못 잔 듯 피곤한 표정 역력한 윤철, 수술하면서도 생각이 복잡한데.

서진이 레슨실에 있었다고 거짓말하고, 아버지 만나러 간다고 둘러대고, 새벽에 들어와 콧노래 부르던 모습 등 자꾸 떠오르면 흥분 상태가 되는데.

갑자기 얼굴 일그러지더니 혈관을 잘못 건드리고. 환자의 피가 얼굴에 확 튀면.

환자의 바이털 요동치고. 수술실 의료진들 비상사태 되는!

간호사	(다급하게) 선생님! 블리딩이 심합니다. 혈압이 계속 떨어집니다!
윤철	(당황하고) 산소포화 풀로 올려!

윤철, 그제야 정신 차리고, 응급처치 하느라 분주한.

533. 윤철 병원 수술실 앞(낮)

윤철, 수술 끝내고 나오는데. 수술복에 묻어있는 핏자국 보이고.

신경질적으로 수술복을 벗고, 핸드폰 꺼내서 문자 확인하는데. 표정 굳어지는.

발신번호표시제한으로 문자 와있고. "당신의 아내는 어젯밤, 누군가의 별장에 있었습니다."라고 써있는.

순간, 얼굴이 하얗게 질리는 윤철.

534. 자코모 쇼룸 안(낮)

직원들이 소파 옮기고 있고. 수련, 그 모습을 뒤에서 지켜보고 있으면.

조 비서, 벽 뒤에 숨어서 그런 수련의 모습을 찍는데. 그러다 슬쩍 나가고.

535.   단태의 사무실(낮)
       조 비서, 단태에게 보고하고 있는.

조비   (출력한 사진 보여주며) 현재까지 쇼룸에 계십니다. 특별히 다른 활동은
        없으셨습니다.

단태(E)   (사진 보면서, 속마음으로) 심수련... 대체 무슨 생각을 하고 있는 거야.
        (대사로) 하나도 놓치지 말고, 의심 가는 건 뭐든 다 보고해.

조비   네, 회장님. 그리고 이건... (USB 건네며) 죽은 윤태주 실장의 노트북을
        포렌식한 파일입니다.

단태   (받고) 알았어. 나가봐. (조 비서 나가면. 컴퓨터에 USB를 꽂아서 보는데. 그
        중 "조상헌 의원" 파일이 보이고. 열어보면. 보육원 아이들과 찍은 사진들이 나
        오는데. 대충 훅 지나치다가 문득 멈칫, 스크롤해서 다시 보면. 낯익은 얼굴. 민
        설아다!) 민설아?! 민설아 사진이 왜?.... (뭔가 이상한 예감 드는) 기분 나
        쁜 아이야. 뭔가 있어. 그 아이! (그러다 민설아가 죽던 날 일 떠올리는데)

536.   회상/기계실/민설아 사망 당일(밤)
       입에 테이프 붙이고, 묶여있는 설아. 그때, 문 열리고 누군가 들어서면.
       설아, 들어서는 사람을 힘겹게 올려다보는데. 길게 뻗은 다리... 잘 다려
       진 고급 양복의 주름선... 그 위로 올라가면, 고급스러운 턱시도와, 비열
       한 표정의 단태 얼굴 드러나고.

단태   (설아에게 다가서는) 끈질기게 버티고 있구나. 이제 말하시지. 핸드폰
        어딨는지. (입에 붙인 청색 테이프를 확 잡아떼면)

설아   (받아치는) 아저씨 표정을 보니 더 주기 싫어지는데요.

단태   너 하나쯤, 이 기계실에서 죽어나간다 해도 아무도 몰라. 내일쯤, 이런
        기사가 한 줄 나가겠지. (표정 바뀌더니, 앵커 흉내 내며) 보송마을에 살

고 있는 열일곱 살짜리 고아가 신변을 비관해 스스로 목숨을 끊었습니다. 사망자의 집을 수색한 경찰은, 세상에 대한 원망 가득한 유서를 발견했다고 발표했습니다. 사망자는 평소, 자신의 신분을 대학생으로 위조해 사기행각을 벌였으며, 그 사실이 밝혀지면서 궁지에 몰려왔던 걸로 알려졌습니다. (그러다 갑자기 히죽히죽 괴이하게 웃어재끼며) 어때? 그럴듯하지 않아? 하하하하...

설아 (분한 듯 노려보다가) 내가 여기까지 왔을 때, 아무 안전장치도 없이 왔을 거 같아요? 나, 도와줄 사람 있어요! 내가 만일 잘못되면, 우리 오빠가 당신 찾아서 가만두지 않을 거예요!

단태 오빠? 고아원 오빠라도 있는 모양이지? 그깟 놈이 뭘 할 수 있는데? (비웃으면)

설아 (갑자기 있는 힘껏 몸 일으켜서, 머리로 단태 얼굴을 박아버리면)

단태 (기습에 당하고) 아악! (열 받아 설아를 후려치는) 개같은 년!

설아 (그대로 바닥에 쓰러지고)

단태 (턱시도 겉옷을 벗고 소매를 걷어 올리는. 잔인한 표정. 흥분해서 설아에게 천천히 다가서는 단태. 살의에 찬 눈빛인데!)

537. 현재/단태 사무실(낮)

단태 그러게 까불지 말았어야지. (그날 일 떠올리며, 컴퓨터 속의 설아 얼굴을 빤히 바라보는 단태고)

538. 자코모 쇼룸(낮)

수련, 쇼룸 내부 둘러보고 있는데. 구경하고 있는 마리, 상아와 마주치는.

수련 (반갑게) 어머, 안녕하세요, 언니. 여기서 뵙네요.

마리 어머나! 여긴 웬일이야. 가구 보러 온 거야? 미대 출신이라더니 하여튼 안목은 좋다니까. 요즘 여기 쇼룸이 재벌가사모님들 핫플레이스거든~

상아 그래서 우리도 정기적으로 들려요. 가구도 유행이 있어서 감 떨어지면

곤란하잖아요.

수련 (머뭇하다) 사실 여기가... 저희 엄마가 만든 회사예요.

마리 (놀라고) 뭐? 이게 자기 친정 꺼라고? 그럼 뭐야... 자기가, 심운건설 딸이었어? 재계 30위 안에 들던 그 심운?!

상아 어머나! 우린 전혀 몰랐지 뭐예요. 주 회장님이 성공한 재일교포 아들이란 건 알았지만, 수련 씨 집안이 그렇게 대단한 줄은 생각도 못 했어요.

수련 부모님 돌아가시고, 사업 다 정리했어요. 엄마가 경영하던 가구 하나만 남겼는데, 그동안 다른 사람 손에 맡겨서 전 아무것도 몰라요.

마리 (호들갑스럽게) 세상에! 자기 너무 멋지다. 왜 그동안 티도 안 냈어? 심운건설 딸이면, 재벌가에서 며느리로 눈독 들였을 텐데. 진짜 너무 놀라서 심장 벌렁대는 것 봐. 어쩐지 풍기는 기품이 남다르더라니.

수련 이제 일 좀 시작해볼까 하는데... 언니들이 많이 도와주세요.

마리 (덥석 손잡고) 잘 생각했어. 아직 딸 생각 문득문득 날 텐데, 이렇게라도 딴 데 신경 돌리면 좋지.

수련 (예전과 다르게 웃으면서 싹싹하게) 고마워요, 언니. 언니랑 가까워져서 요즘 얼마나 좋은지 몰라요. 전 앞으로 언니만 믿을게요.

마리 언니 소리가 어쩜 이렇게 귀에 착착 감기니. 이제 아무 걱정 마! 내가 이래 봬도 헤라팰리스에서 인맥 퀸이잖아!

상아 아 참. 오늘 석경이만 은별이 파티에 빠진다면서요? 무슨 일이래요?

539. 펜트하우스 거실(저녁)
펜트하우스로 들어서는 로나, 입이 떡 벌어지고. 거실의 한강 뷰를 보며 넋이 나간 표정인데.
석훈과 석경이 그 모습 지켜보고 있고.

로나 너네 집 진짜 부자구나? 니네 아빠 뭐하는 분이야?

석경 그냥 뭐 투자도 하고 이것저것? 나도 잘 몰라. (로나를 툭 치며) 담엔 너네 집도 초대해줘~ 나도 놀러가고 싶다.

로나   어? 그래... (기죽는데)

수련   (부엌에서 나오며 반갑게) 어서 와. 로나라고 했지. 환영해.

로나   (깍듯하게 인사하는) 안녕하세요.

수련   (상냥히) 저녁 먹고 가. 뭘 좋아하는지 몰라서 오늘은 아줌마 맘대로 했다?

석경   내 방 저쪽이야. 먼저 들어가 있어. (석훈 보며) 오빠가 좀 도와줘.

석훈   따라와. (로나를 방으로 데리고 가면)

석경   (표정 확 바뀌더니, 현관에 놓여있는 로나의 신발을 발로 뻥 차버리고) 아빠가 보면 질색하겠다. 남의 집에 왜 이런 더러운 운동화를 끌고 와?

수련   (순간 놀라서 석경을 보고, 문득 설아를 생각하는)

        (인서트) 2화 13신

단태   (화나서) 알잖아! 나 외부 사람이랑 부딪히는 거 싫어하는 거. 밖에서 뭘 밟은지 모르는 신발에, 뭘 만진지 모르는 손으로 이것저것 건드리고 다닌다고 생각하면... (그러다 방금 설아가 벗어놓은 실내화를 불결한 듯 발로 확 차버리고, 끔찍한 듯 양씨에게) 양 집사. 오염된 것들 싹 다 치워요! 마시던 컵도 당장 버리고! 화장실 청소 새로 하세요!

석경   (수련 보며) 뭐해? 우리 과일 좀! (방으로 쌩 들어가면)

수련   (그런 석경을 착잡한 표정으로 보는)

540.   김밥집(저녁)
        윤희, 김밥을 말고 있는. 주문 계속 들어오고, 정신없는데. 핸드폰 울리고.

윤희   여보세요. 누구세요? (정신없이 받으면) 네, 제가 로나 엄만데요. 어디요?

541.   펜트하우스 거실(저녁)
        대충 꾸미지 않은 일복 차림으로 거실로 들어서는 윤희. 펜트하우스의 웅장한 스케일에 압도되는데.

수련	(아름다운 모습으로 맞는) 반가워요, 로나 어머니. 어서 오세요.
윤희	안녕하세요. (수련에게 깍듯이 인사하고) 빈손으로 오기 그래서.. (어울리지 않는 검은 비닐봉지를 건네는데) 과일 좀 사왔어요.
수련	(받고) 그냥 오셔도 되는데. 고마워요. 잘 먹을게요. (양씨 보고) 양집사님. 과일 이걸로 준비해주세요. (윤희에게) 애들은 저녁 먹고 놀고 있어요.
윤희	(집 둘러보며) 집이 되게 좋네요. 초대해주셔서 감사합니다. (앉으면)
수련	(나란히 앉고) 몸은 좀 어떠세요. 다친 데 없으세요? 아, 로나한테 들었어요. 입학식 날 교통사고가 났다고...
윤희	아 네. 다행히...
수련	갑자기 뒤차가 들이박았다면서요?
윤희	네. 그래서 로나가 무대에도 못 서고, 벌점까지 받았어요. 다 저 때문에..
수련	그게 왜 로나 어머니 때문이에요? 사고 낸 가해자가 있는데! 사고 조사 철저히 하세요. 쉽게 합의해주지 마시고요!
윤희	네?
수련	(말에 힘줘서) 아이가 다칠 뻔 했잖아요. 엄마는... 무슨 짓을 해서든 자식을 지켜야죠. 엄마니까. (의미심장하게) 때론 자식을 위해서 악해지기도 하는 게 엄마 아닌가요?! (윤희를 빤히 보면)
윤희	(대답 못 하고, 수련을 홀린 듯 마주 보는데. 마침 양씨가 차를 준비해 오면)
수련	(다시 표정 바꿔서 미소로) 차 드세요. 식겠어요. (우아하게 차를 마시고)
윤희	아, 네... (수련에게 압도당한 표정이고. 조심스럽게 찻잔을 들면)
수련	(가만히 그런 윤희를 지켜보는)

542. 헤라팰리스 분수대(밤)

로나, 윤희와 눈도 안 마주치고 엘리베이터에서 내리는데. 순간 멈칫하는.

앞에 서있는 사람들, 서진과 은별, 반 친구들이고.

아이들, 왁자하게 웃고 떠들다가 로나를 보는 순간, 조용해지면.

로나	(어색하게 서진에게 인사하는) 안녕하세요, 선생님.
서진	(말 끊고, 큰소리로 경비를 부르는) 아저씨!!
경비	(급히 달려오고) 네, 사모님.
서진	(윤희와 로나에겐 시선도 주지 않고, 경비를 잡도리하는) 대체 보안을 어떻게 하는 거예요? 분명, 블랙리스트 출입 관리 신경 쓰시라고 했을 텐데요! 왜 아무나 여길 드나들고 있는 거죠? 우리 아파트가 그렇게 허술한 곳인가요?!
로나	(나서고) 우린 여기 초대받아서 온 건데요? 선생님!
서진	(철저히 윤희와 로나를 무시하고, 경비에게) 앞으로 입주자 전용과 메이드 전용 엘리베이터는 철저하게 구분하세요! 한 번만 더 이런 일이 있음, 그땐 제대로 책임져야 할 겁니다!
경비	(윤희와 로나를 마구 잡아끌며) 아줌마! 대체 또 언제 들어온 거예요?! 우리 밥줄 끊어놓으려고 작정했어요? 빨리 나가요! 아 빨리! 누가 이 사람들 여기 들였어? 어! (난리 치면)
로나	(끌려 나가고. 반 친구들 앞에서 제대로 망신당하는. 미칠 지경인데)
윤희	(로나 보호하며 큰소리로) 이거 놔요! 내 발로 걸어 나갈 테니까!! 우리 딸 건드리지 말라고요!!
은별/아이들	(끌려 나가는 로나와 윤희를 보는. 무시하는 눈빛 역력한데)

543. 헤라펠리스 앞(밤)
   윤희, 뛰어나가는데. 로나 보이지 않고.

윤희	(덜컥 겁나서) 로나야! 배로나! (그러다 헤라펠리스를 올려다보며 서있는 로나를 발견하고 달려가는) 로나야! 혼자 가면 어떡해. 엄마 놀랐잖아.
로나	나도 이런 데서 살고 싶어. 보송마을이 아니라, 헤라펠리스 같은 데서.
윤희	(로나의 시선을 따라, 헤라펠리스를 아득한 높이로 올려다보면. 집집마다 켜져있는 불빛들이 아름답게 빛나고 있는. 순간 로나에게 너무 미안하고 짠한. 로나를 와락 안고) 엄마가 그렇게 해줄게. 엄마 심장을 반쪽 팔아서

라도 꼭 너, 여기에 살게 해줄게. 누구도 무시하지 못하게, 만만하게 보지 않게!

로나 (윤희를 확 밀치고) 그럼, 보송마을로 이사 안 간다고 약속해!

윤희 (답답하고) 내일 이삿날이야. 이제 와서 어떻게 안 가. 그 집 내일까지 비워줘야돼.

로나 엄마 정말 너무하는 거 아냐? 애들이 알면 나 학교 어떻게 다니라고! 안 그래도 지금도 미치겠는데, 엄마까지 왜 이래, 진짜!

윤희 어디든 다 사람 사는 집이야. 우리라고 언제까지 전셋집만 살 거야? 다 쓰러져가도 내 집인데, 살다보면 집값도 오르고...

로나 부동산 일한 사람이 것두 몰라? 거기 죽어도 안 올라! 아니, 올라도 안 간다고! 엄마가 사고 친 걸 왜 내가 책임져야 돼?!

윤희 (울컥하고) 엄마도 잘해보려고, 잘 살아보려고 그런 거잖아! 너 힘들게 하려고 일부러 이랬겠어? 엄마 맘 진짜 몰라?!

로나 몰라! 엄마도 밉고, 천서진 쌤도 싫고, 다 싫어! 학교도 집도, 엄마 때문에 다 엉망이 됐다고!!! (마구 뛰어가면)

윤희 로나야! 로나야! (눈물 터지는데. 그러다 결심한 듯, 핸드폰으로 어딘가로 전화하는) 사장님. 보송마을 501호 산 사람인데요. 혹시, 그 집 팔 수 있을까요. 제가 좀 급해서... 되는 대로 빨리 팔아주세요!

544. **펜트하우스 거실(밤)**
　　　수련, 거실 베란다 창으로 아래를 내려다보고 있는. 생각이 많은 표정이고.

545. **헤라팰리스 마리 집 침실(밤)**
　　　마리, 제니를 숙련된 손놀림으로 마사지해주면서 상아와 전화 통화하고 있는. 그러다 깜짝 놀라고.

마리 누가 어디로 이사를 가? 오윤희, 그 재수탱이가 죽은 민설아 집에?! 왜 애?! 진짜야?

제니 (누워있다가 깜짝 놀라서 듣고)

상아(F) 민혁 아빠한테 똑똑히 들었다니까요. 암튼 이상해, 그 여자. 찝찝하지
도 않나?

마리 아우, 닭살 돋아. 완전 소오름이다.

마리의 전화 통화를 듣고 있던 제니, 하나 건진 눈빛인데.

546. 헤라팰리스 커뮤니티(밤)
단태와 규진, 마주 앉아있고.

단태 (기분 좋은) 그렇게 될 줄 알았어요. 오윤희 그 여자, 오래 버텼네요. 재
개발 발표는 내일 오후에 날 거예요!

규진 내일이요? 그 여자도 재수 드럽게 없네요. 몇 달을 버티다가 딱 시간 맞춰
팔아치우니. 없이 사는 것들의 숙명이랄까. 하하하... (요상하게 웃으면)

단태 내일 아침에 계약서 쓰면 끝나는 거예요. (의기양양한데)

547. 윤희 집 거실(다음 날 아침)
이삿짐센터 직원들, 들이닥쳐서 짐 싸고 정신없는데.
로나, 굳은 표정으로 가방 메고 나가는.

윤희 (다급하게 로나 손에 샌드위치 쥐어주며) 밥 굶으면 노래 안 나와. 학교 끝
나고 보송마을 501호로 와. 엄마가 짐 정리 다해놓고 기다릴게.

로나 (샌드위치 버리고, 쌩하니 나가버리면)

윤희 (속상한데, 그때 부동산 사장한테 전화 오고. 받는) 네, 사장님. (놀라고)
네? 벌써요?

548. 청아예고 운동장(낮)
　　　점심시간. 집게로 운동장 쓰레기를 줍고 있는 로나. 그런 로나를 지키
　　　고 섰는 마두기.

두기　배로나. 봉사시간 다 채우려면 내일부터 점심 식사 포기해. 한 시간 일
　　　찍 등교하고, 한 시간 늦게 하교하고. 두고 보겠다. (가면)
서진　(이어서 다가서고, 쓰레기를 줍고 있는 로나를 경멸하듯 보고 가는데)
로나　(이래저래 죽을 맛이고. 분하지만 꾹 참고, 열심히 쓰레기 줍는데)

549. 보송마을 아파트/부동산 사무실/전화 통화(낮)
　　　짐을 옮기는 이삿짐센터 직원들. 좁은 아파트 안, 짐들로 난장판인데.
　　　직원들, 가구 들여올 때마다 어디 두냐고 아우성이지만, 윤희 우왕좌
　　　왕 정신없는데. 그 와중에 핸드폰 벨 계속해서 울리고.

윤희　여보세요. (받으면, 부동산 사장이고)
사장　계약하러 안 오세요? 지금 여기, 계약금 들고 와 계시는데. 적자 있을 때
　　　빨리 하셔야죠. (소파 앞에 앉아있는 사람 보면, 규진이고)
윤희　지금 제가 이사하는 중이라서... (하다가) 알겠습니다. 지금 바로 갈게
　　　요. (핸드폰 끊고) 죄송한데요. 일단 대충 알아서 놔주세요. 급하게 부동
　　　산 좀 가야 돼서요. (이삿짐센터 직원들 아우성치는데, 가방 들고 달려 나
　　　가는 윤희)
규진　(도장에 인주까지 찍어서 만반의 준비 마치고) 오윤희 씨 오면, 사장님이
　　　대신 계약 좀 해주세요. 제가 마주치면 좀... 불편한 일이 있어서.. 흐흐.

550. 청아예고 음악부 교실(낮)
　　　양동이에 대걸레를 들고 교실로 들어서는 로나, 아이들 시선 느끼는데.
　　　로나, 대걸레로 교실 바닥을 쓱쓱 닦고 있으면.
　　　아이들, 로나를 보며 수군거리고 있는. 그러다 로나 주변을 둘러싸고

모이는.

로나, 애써 신경 안 쓰고 계속 청소하는데, 자기 책상에 "민설아"라고 빨간 글씨로 크게 적혀있고. 식겁해서 휴지로 빡빡 문질러 지우려는데 안 지워지고.

로나	누구 짓이야?! (소리치면)
지아	배로나! 너 보송마을 산다며?
로나	(순간 당황하고. 올 것이 왔구나 싶은데)
제니	그게 포인트가 아니라니까! (로나에게 다가서고) 그 집이 바로 민설아 집이라는 게 포인트지!
유정	개소름! 진짜야? 대단대단. (아이들 웅성대는데)
제니	저 봐!! 아니라고 말 못 하잖아. 맞다니까.
민혁	그럼 배로나가 민설아 자리도 뺏고 집도 뺏은 거야? 와, 멘탈 장난 아니네. 우리랑은 마인드부터 달라. 진짜 쟤네 엄마가 죽인 거 아냐? 민설아?!
제니	빙고! 배로나가 민설아 킬러지! 분명 쟤랑 민설아랑 관련돼있어!
은별	(벌레 보듯이 로나를 보다가 벌떡 일어서고) 꺼져! 너 같은 애랑 같은 반에서 공부하는 거 치욕이야!!
로나	(눈물 그렁해지는데)
석훈(E)	지금 그게 무슨 소리야?!
로나	(돌아보면, 교실 문 앞에 석훈과 석경이 서있고)
석경	(기막힌 표정) 정말, 민설아 집에 사는 거야, 너!
석훈	정말이야, 배로나?! (문득 차가운 눈빛으로 보며) 정말이냐고 묻잖아!!
로나	(도저히 참을 수 없는 듯, 교실 문 쪽으로 달려가는데)
민혁	(교실 문을 발로 가로막고) 도망치려고? 겁쟁이!
은별	너 같은 건 처음부터 청아예고에 어울리지 않은 애였어! 다신 우리 학교 얼씬도 하지 마! 거지 같은 게! (눈빛 흔들리며, 독하게 소리치면)
제니	(로나 가방 집어던지고) 자퇴할 거면, 니 가방이나 들고 꺼져!
아이들	(닥치는 대로 온갖 물건들 로나에게 마구 던지는데)

로나 (주먹 불끈 쥐고, 물건들에 얻어맞으면서 굴욕에 부르르 하다가, 갑자기 민혁을 확 밀치고) 비켜!! 거지 같은 건 니네들이야!!! (소리치더니, 양동이를 집어 들어 아이들에게 확 뿌리면)

아이들 (졸지에 구정물 뒤집어쓰고) 꺄악!!!

551. **보송마을 상가 앞(낮)**
       갑자기 지나가던 트럭 한 대가 물웅덩이를 지나면서 윤희에게 물벼락을 안기고.

윤희 (놀라서) 악! 뭐야, 이게! 바빠 죽겠는데. 미치겠네, 진짜. (울고 싶은 심정이고. 옷에 묻은 구정물을 닦는데)

       바로 앞에 부동산 사무실이 보이고.

552. **부동산 사무실/보송마을 아파트/교차편집(낮)**
       규진, 부동산 사무실에서 초조하게 시계 보며 기다리고 있는.

규진 (혼잣말로) 왜 이렇게 안 와? 오후에 발표라고 했는데! (그때, 문 열리는 소리 나면. 재빨리 후다닥 커튼 뒤로 숨고. 숨소리 죽이고 지켜보는데)

윤희 (구정물 털면서, 헐레벌떡 들어서는) 안녕하세요. 제가 좀 늦었죠. 망할 놈의 트럭이 지나가다... (가방에서 손수건 꺼내서 옷 닦는데)

규진(E) (커튼 뒤에서, 미쳐 죽겠고) 지금 그깟 옷이 문제야. 일단 도장부터 찍어, 아줌마야!

       컷 되면. 계약서를 앞에 두고 마주 앉아있는 사장과 윤희.

사장 계약하실 분이 갑자기 출장을 가시는 바람에.. 여기 계약금이랑 다 두고 가셨습니다. 계약서도 다 작성하셔서, 매도인 도장만 찍으심 됩니다.

윤희	네... (계약서를 보는. 안타까운 마음 들고. 도장을 들고) 여기다 찍으면 되
	는 거예요?
규진(E)	(커튼 뒤에서) 빨리 좀 찍으라고! 오줌 싸겠다, 진짜! (시계 보며 안절부
	절이고)
윤희	(도장 들어서 계약서에 찍으려는 순간!)

그때, 티브이에서 뉴스 앵커 목소리 들리고.

앵커(E)	정부는 오늘, 낙후된 보송마을을 대대적으로 재개발한다는 계획을 발
	표했습니다.
규진	(순간 얼어붙어버리는 규진)
윤희	(들고 있던 도장을 툭 떨어뜨리고. 순간 멍해지는) 로나야... 우리 살았어!!

553. 청아예고 음악부 교실(낮)

아이들, 로나에게 구정물 뒤집어쓰고 난리 나면.
로나, 대걸레를 집어 들어 아이들에게 마구 휘저으며.

로나	다들 덤벼!! 왜, 쫄려? 덤비라는 말 안 들려!! (대걸레를 휘저으며 미친 듯
	이 소리치다가, 갑자기 창문 쪽으로 달려가 교실 창틀에 뛰어올라서면)
제니	(놀라서 그런 로나를 보며) 쟤, 미친 거 아냐?!
로나	그래! 나 민설아 집에 살아! 그게 뭐 어때서?! 그게 니들한테 무슨 피해
	를 줬는데!!! 대체 민설아한테 니들은 무슨 짓을 한 건데!! 민설아도 나
	처럼 괴롭혀서 죽은 거야? 나도 민설아처럼 죽어주길 바래?! 하지만, 난
	민설아처럼 바보같이 안 죽어!! 니들이 나한테 무슨 짓을 했는지, 세상
	에 다 알리고 벌받게 할 거야! (하는데, 발이 휘청하더니 중심을 잃고, 그 바
	람에 들고 있던 대걸레로 유리창이 깨지면서, 허리가 창문에 아슬아슬하게 걸
	쳐지면)
아이들	아아악!!! (눈 가리고 비명 내지르는)

그때, 창밖으로 떨어지는 로나의 팔을 잡아채서 붙잡는 누군가.
로나를 힘껏 끌어올리는 구호동의 얼굴 클로즈업되면서 엔딩!!!

8화

적과 동지

554.   자코모 쇼룸 안(낮)
        수련, TV에서 재개발 뉴스가 흘러나오는 걸 듣고 있는.

앵커(E) 정부는 오늘, 낙후된 보송마을을 대대적으로 재개발한다는 계획을 발
        표했습니다.
수련   (뉴스에 시선 고정하고, 미소 띠며) 축하해요, 오윤희 씨!

555.   보송마을 상가 앞(낮)
        윤희, 도장을 떨어뜨리고, 멍해서 TV 뉴스를 듣고 있는데.

앵커(E) 이것으로 수차례 무산되었던 보송마을 재개발 사업이 박차를 가할 것
        으로 예상되면서, 주거, 교육, 문화, 생활 편의성을 전부 갖춘 강남의 랜
        드마크로 탈바꿈될 예정입니다.
윤희   (목소리 떨리는) 로나야! 어떡하니.... 우리 이제 살았어!! (그러다 환희에
        찬 얼굴로 번쩍 두 팔 들고) 우리 이제 부자야!! 부자라고!! 로나야...!!
규진   (커튼 뒤에서 뛰쳐나가려다 간신히 참고) 저 빙신. 티브이는 왜 틀어놔
        서.. (절망적이고)
윤희   만세다, 만세!!! 나, 대박 났다고!!! (마구 소리치면서 부동산 사무실을 미
        친 듯이 방방 뛰어다니는데. 밖에 지나가던 사람들, 그런 윤희를 이상한 듯
        쳐다보고. 아랑곳 않고 기쁨에 미칠 것 같은 윤희고)

556.   청아예고 음악부 교실(낮)
        로나, 교실 창틀에 올라서서, 대걸레를 휘저으며 아이들에게 미친 듯
        이 소리치고 있는.

로나   그래! 나 민설아 집에 살아! 그게 뭐 어때서?! 그게 니들한테 무슨 피해를
        줬는데!!! 민설아한테 니들, 무슨 짓을 한 거야?! 민설아도 나처럼 괴롭
        혀서 죽은 거야? 나도 민설아처럼 죽어주길 바래?! 하지만, 난 민설아처

럼 바보같이 안 죽어!! 니들이 나한테 무슨 짓을 했는지, 세상에 다 알리고 벌받게 할 거야! (하는데, 발이 휘청하더니 중심을 잃고, 그 바람에 들고 있던 대걸레로 유리창이 깨지면서, 허리가 창문에 아슬아슬하게 걸쳐지면)

아이들 아아악!!! (눈 가리고 비명 내지르는)

그때, 창밖으로 떨어지는 로나의 팔을 잡아채서 붙잡는 누군가. 로나를 힘껏 끌어올리면.
로나, 누군가의 손에 이끌려 교실 안으로 떨어지며 남자의 품에 안기는데.
꽁지머리를 한 낯선 남자의 등장에 웅성거리는 아이들.
아무렇게나 묶어놓은 지저분한 머리, 삼선 슬리퍼, 무릎 튀어나온 색바랜 추리닝에, 빈티 나고 남루한 행색을 한 남자.

제니 저 사람 뭐야?! 누구야?

로나 (그제야 눈 뜨고, 눈앞에 서있는 구호동을 보면)

호동 (깨진 유리에 베어 목에 상처 난 로나를 보고) 누가 얘 좀 양호실로 데려가지. (아이들 아무도 나서지 않으면) 안 들려? 내 말?

로나 (목을 감싸 쥐면, 목에 피 흐르고) 저 혼자 갈 수 있어요. (나가는데)

호동 야, 니들 대박 멋있다. 돈 많은 집 애들은 학교서 이러고 노냐?

석훈 누구세요? 누군데 남의 교실에 함부로 들어오냐고요?! (삼선 슬리퍼에, 추리닝에, 사과머리 한 호동의 모습에 따지듯 물으면)

호동 나? 니네 선생인데.

아이들 (놀라서 보면) 네에?? (이때, 수업 시작종 울리면)

호동 뭐해? 10분 내로 운동장으로 집합! 다들 체육복 안 갈아입어?! (소리치는)

557. **청아예고 운동장 (낮)**
체육복으로 갈아입은 아이들, 어리둥절해있으면. 인사를 하는 호동.

호동	내 이름은 구호동이다. 앞으로 니들 체육 수업을 맡을 거다. 근데 난 성격이 좀 지랄 맞아서, 수업 준비 안 하고 있는 꼴은 못 참는단 말이지. 교실은 난장판에.. 애 하나는 공중에 매달려있고... 도저히 그냥 넘어갈 수가 없어서, 다들 운동장 10바퀴! 시작! (호루라기 불면)
아이들	(웅성거리고, 아무도 뛰지 않는데)
석훈	(나서고) 합당한 벌이라고 생각되지 않습니다.
은별	우린 잘못한 게 없어요. 배로나가 갑자기 우릴 위협하고 폭력을 쓴 거예요!
호동	그래? 근데 어쩌지. 이게 선생 특권인데? 꼬우면 니들이 선생 하든지.
석경	쌤이야말로 복장이 그게 뭐예요? 꼬질꼬질한 추리닝에, 슬리퍼에...
호동	불쌍하면 니가 좀 사줘. (큰소리로) 지금부터 안 뛰는 놈들은 다 벌점 처리하겠다. (아이들 모두 석훈 눈치만 보고 있으면. 호동, 시계 보더니) 전부 벌점 1점 추가!

그때부터 아이들 달리기 앞다퉈 시작하고. 어쩔 수 없이 석훈과 석경도 뛰는데.

호동	(팔을 마구 휘저으며) 헛둘! 헛둘! 잘한다. 아직 10바퀴 남았어! (신났고)

558. 부동산 사무실 앞 (낮)
규진, 부동산 사무실 나오면서 단태와 통화 중이고.

규진	한발 늦었어요. 도장 찍기 직전에 재개발 발표가 나버렸어요. 오윤희 그 여자, 재수도 더럽게 좋네요!

559. 자코모 쇼룸 안 (낮)
단태, 한 손에 아칸서스 꽃다발 들고 전화 통화하며 쇼룸으로 들어서는.

단태	정말 신경 거슬리는 여자네요. 알았어요. 나중에 얘기하죠. (전화 끊으면)
수련	(미소 지으며 다가서고) 어머, 당신 왔어요? 바쁠 텐데 뭐 하러 왔어요?
단태	와이프가 일 시작하는데, 당연히 내가 와봐야지. (쇼룸 둘러보며) 이왕 시작한 거, 잘해봐. 언제든 그만둬도 상관없고. (꽃다발 주며) 당신이 갖고 싶다던 꽃이야.
수련	(꽃다발 받고) 아칸서스네요. 고마워요. (꽃향기 맡고) 아칸서스 꽃말이 뭔지 알아요?
단태	글쎄...
수련	(단태에게 속삭이듯) 숨겨진 사랑이요. (속마음으로, E) 그리고 또 하나. 복수! (미소 지으며 단태를 보는)

560. 청아예고 운동장 (낮)
음악부 아이들, 체육복 입고 달리고 있는데. 지친 듯 헉헉대고.

호동	(호루라기 불며 혼자 신났고) 어~ 잘 뛴다. 기념으로 한 바퀴 더!
아이들	아아아.... (아우성치면)
호동	친구랑 싸울 힘은 있어도 뛸 힘은 없냐? 다들 빨리 안 뛰어!
석경	(갑자기 얼굴 하얘지더니, 앞으로 고꾸라지며 쓰러지고)
석훈	(놀라서 달려가는) 석경아! 정신 차려! (석경이를 안으려 하는데)
호동	가만있어. (그런 석훈을 저지시키고, 다 안다는 듯) 쇼하지 말고, 셋 안에 일어나. 안 일어나면 벌점 10점이다! 하나, 둘, 세엣.. (하는데)
석훈	(순간 욱해서 덤벼드는) 무슨 선생님이 이따위예요? 얘 잘못되면 쌤이 책임질 거예요? 당장 양호실로 데려갈게요! (석경이를 들쳐 업고 뛰어가면)
호동	(팔짱 끼고, 그런 석훈을 재밌다는 듯 보는데)
은별	(호동에게 다가서고) 잠깐 드릴 말씀 있는데요.

561. 운동장 일각 (낮)
은별, 제니, 민혁, 단단히 골난 표정으로 호동과 마주하고 있는.

호동	체육 시간에 빼달라?
민혁	(당당히) 네. 우린 청아예중 다닐 때부터 체육 시간 열외였어요. 특히 이런 의미 없는 뜀박질은 더더욱! 저희는 목 관리가 생명이거든요.
제니	제 목에 가입된 보험금이 얼마짜린 줄 아세요?
호동	내가 알아야 돼? (하다가 놀란 듯) 잠깐! 허걱!! 설마. 그 말로만 듣던 헐리웃 신체보험 같은 거야? 테일러 스위프트 두 다리가 400억이 넘고, 제니퍼 로페즈 엉덩이가 300억이 넘다는 그런 보험? 니들 진짜 대박이다. 스케일이 다르네~ (신기해하면)
제니	거기다, 쌤이 처음이라 잘 모르시나 본데, (은별 가리키며) 얘가 청아재단 이사장님 손녀란 말이에요, 하은별이! 우린, 애 베프고!
호동	근데?
민혁	아직도 상황 파악 안 되세요? 하은별 말 한마디면 쌤은...
은별	(말 막고) 그만해. (호동 보며, 애써 예의 있게) 알아들으신 걸로 알고, 앞으로 저흰 체육 시간 빠지겠습니다.
호동	아아아. 오케이 오케이! 그러니까 니들은 체육은 땡땡이치겠다, 그 말이잖아. 뭘 그렇게 어렵게 말해. 접수했어! 아, 뭐하고 섰어? 다리 아프게. 어여 들어가, 어여. (등 떠밀면)
제니/은별/민혁	(대충 인사하고, 교실로 쌩하니 들어가는데)

호동, 교실로 들어가는 아이들 뒷모습을 의미심장하게 보며.

| 호동 | 하은별, 유제니, 이민혁! 입력 완료! |

562. **청아예고 양호실(낮)**
로나, 목에 밴드 붙인 채 누워있으면. 석경을 업은 석훈이 뛰어 들어오고.

| 석훈 | (다급하게) 운동장에서 쓰러졌어요. (그러다 양호 선생이 없는 거 확인하고, 로나에게) 양호 쌤은? |

로나   (놀라 벌떡 일어나 앉고) 잠깐 전화 받으러. 석경이 다쳤어? 어딜?

석훈, 뭔가 말하려는데, 마두기가 양호실로 들어서고.

두기   배로나! 뭘 잘했다고 양호실에서 노닥거리고 있어? 당장 상담실로 따라와!! (로나 끌고 나가버리면)

로나   잠깐만요. 아아... (하면서 끌려 나가고)

석경   (로나 나가자마자, 한쪽 눈 뜨고) 오빠...

석훈   정신 들어? 괜찮아?

석경   (벌떡 몸 일으켜 앉고) 계속 삥삥이 돌릴 삘이잖아. 나 참 재수 없어서.

석훈   놀랬잖아! 진짜 쓰러진 줄 알고...

석경   어쩌다 그런 폭탄이 체육이 된 거야? 청아예고에 어울리는 비주얼이야, 그게? (그러다 갑자기 표정 싹 변하면서) 오빠, 아까 하은별 표정 봤지? 민설아 얘기 나오니까 멘탈 나가는 거. 죽은 민설아까지 날 도와줄 거 같은데?

석훈   무슨 소릴 하는 거야, 너?!

석경   두고 봐. 하은별을 확실하게 이길 수 있는 방법! 앞으로 더 재밌어지겠는데? (의미심장하게 웃으며 침대에 눕는) 나 한숨 자고 갈게. 자는 동안 내 옆에 있어줄 거지?

563.   **고급 의상실(낮)**
    마리와 상아, 고급 의상실에서 옷 고르고 있는.

마리   (상아에게 옷 권해주며) 이거 어때? 엘레강스하면서도 러블리한 게 상아 씨한테 딱인데.

상아   그런 디자인은 너무 흔하잖아요. (점원 보며 잘난 척) 이번 오트 쿠튀르 컬렉션에서 켄달 제너가 클로징 무대 장식했던 드레스 들어왔죠? 주세요, 그거!

직원	네, 이쪽으로 오세요. 사모님. (피팅룸으로 안내하면)
마리	(쌓여있는 쇼핑백들 보며) 도대체 가방에 구두에 옷에, 몇 개를 산 거야? 아주 백화점을 하나 차리겠어. (소파에 앉아 주스 마시면서 TV를 트는데)
앵커(E)	역대 최대 규모로 꼽히는 서울 강남의 보송마을 재개발 사업이 본격화 됐습니다. 시공사 선정을 앞두고, 대형 건설사들이 벌써부터 치열한 홍보전에 나서면서 비방과 금품 제공 같은 진흙탕 싸움 조짐까지 보이고 있습니다.
마리	(놀라는) 뭐야? 저.. 저기가 진짜 개발이 된다고?! 그럼, 그 재수 꽃다발이 돈방석에 앉는단 말야? (호들갑 떨면)
상아	(피팅룸에서 옷 입다 말고 뛰쳐나오며) 재수 꽃다발이 누군데요?
마리	배로나 엄마지 누구야. 보송마을이 글쎄, 재개발된다잖아요.
상아	(역시 뉴스 보며 놀라고) 세상에! 설마... 알고 산 거래요, 그 여자?
마리	말도 안 돼! 내 정보력으로도 캐치 못한 걸, 저 재수탱이가 뭔 재주로! 우리 왕언니들이 놓칠 리가 없는데...!!
상아	(문득 이상한 듯 보며, 뭔가 캐려는 듯) 근데, 진짜 궁금해서 그런데, 그 왕언니라는 분이 대체 누구세요? 진짜 부동산 쪽에 아는 사람이 있는 거예요? 매번 손대는 것마다 터졌잖아요.
마리	(얼버무리며) 알긴 내가 뭘 알아요. 그냥 오다가다 주워들은 거지.

그때, 동시에 두 사람에게 문자 오고. 마리와 상아, 핸드폰 열어보면.

| 마리 | 유제니. 수업 불참. 벌점 5점?! (벌떡 일어서고) 입학하자마자 뭔 벌점이야? |
| 상아 | (따라 일어서며) 우리 민혁이도요! 체육 시간에 벌점 받을 일이 뭐 있다구?! |

564.   보송마을 윤희 아파트(낮)
윤희, 행복한 표정으로 집 안을 둘러보는.
좁은 실내에, 물건들 정리되지 않은 채, 아무렇게나 마구 쌓여있는데.

윤희	그래, 오윤희! 여기서 처음부터 다시 시작하는 거야. (창문 활짝 열어젖히면, 다리 건너에 우뚝 선 헤라팰리스가 보이고) 로나야. 좀만 기다려. 엄마가 꼭, 너 저기서 살게 해줄게. (희망에 부풀고)

그때, 핸드폰 문자음 들리고. 열어보고 놀라는 윤희.

565. **청아예고 복도(낮)**
놀라 정신없이 뛰어오는 윤희.

566. **청아예고 상담실(낮)**
목에 밴드를 붙인 채, 반성문을 쓰고 있는 로나. 그 옆으로 두기가 로나를 닦달하고 있고.

두기	사실대로 죄다 써. 교실 유리창은 왜 깼고, 창틀엔 왜 올라갔고, 애들한테 대걸레는 왜 휘둘렀는지!
로나	(펜 쥔 채로, 아무것도 못 쓰고 있으면)

그때, 문 확 열리고 들어서는 윤희.

윤희	(놀란 표정) 로나야, 괜찮아?! (달려와 로나의 목 상처를 보고) 대체, 무슨 일이야? 어쩌다 다친 거야? 응?! 왜 하필 목을!! 조심했어야지! (난리 치면)
로나	(고개 돌리고) 상관 마! 별거 아냐!
두기	자살 쇼를 했답니다.
윤희	(그제야 돌아보는데. 마두기 알아보고 기겁하는) 당신이.. 왜 여기 있어?!!
두기	(당당하게 보며) 안녕하세요, 로나 담임입니다.
윤희	뭐?! 담임?!! (눈 뒤집히는) 사기꾼 주제에 무슨 선생이야? 너 잘 만났다. 이 개자식아!!! (달려드는데)
두기	(옆으로 휙 피하면, 그대로 바닥에 고꾸라지는 윤희)

567. 청아예고 교무실(낮)
　　　서진, 호동에게 주의를 주고 있는.

서진　운동장 열 바퀴라뇨? 성악부 애들은 몸이 악기인 거 몰라서 그래요? 힘
　　　든 운동하다 다치기라도 하면 어쩌려고! 거기다, 헤라팰리스에 사는
　　　아이들만 벌점 5점을 줬다면서요? 그게 대체 무슨 경우죠?
호동　(천진하게) 아이들이 체육 수업은 안 한다길래, 심플하게 벌점을 준 건
　　　데요? 제가 뭐, 실수했습니까?
서진　당장 벌점 취소하세요. 벌써부터 학부모들 항의가 빗발치고 있어요!
　　　첫 수업에 이런 식으로 문제 일으키는 거 좋지 않을 텐데요.
호동　(넉살 좋게 웃으며) 아, 네. 주의하겠습니다, 부장님. 근데 말이죠. 벌점
　　　은 교사 고유 권한 아닌가요? (깐족대듯 보면)
서진　구 선생님!
호동　(금세 태도 바꿔서 굽신거리며) 뭐 그래도 예술부장님이 말씀하시면 당
　　　연히 지워야죠. 지우겠습니다. 그럼요. (씩 웃으면)

　　　그때, 문 쾅 열리고, 들어서는 윤희.

윤희　(흥분해서, 다짜고짜 서진에게 다가서고) 나랑 얘기 좀 하시죠, 천서진 예
　　　술부장님! (매섭게 노려보면)
두기　(그 뒤로 난처한 표정의 두기가 들어서고)
서진　(이미 예상했단 듯, 여유롭게) 무슨 일이죠?
윤희　마두기 선생, 아니 저 사기꾼이 왜 이 학교에 있는지 설명해보시죠!
서진　유능한 성악 선생이 청아예고에 있는 게 문제가 되나요?
윤희　(두기 가리키며) 저 사람 때문에 우리 로나가 이 학교에 못 들어올 뻔했
　　　다고! 우리한테 일부러 가짜 정보를 흘려서...
서진　(말 막고) 그런 개인적인 일까지 내가 알아야 되나요? 마 선생과의 문제
　　　는 둘이 해결하도록 하세요! 그보다, 오늘 로나가 또 사고를 친 모양인

데.. 도대체 애 교육을 어떻게 시켰길래, 자살 쇼에, 학업 분위기 망치는
건 다반사고, 학교 기물까지 파손하고! 그걸 알고도 지금 큰소리치는
건가요? 아마도 상벌위원회에서 중징계가 내려질 거예요! 각오하는
게 좋을 거 같네요.

윤희   우리 딸 다친 건 안중에도 없어?! 선생이란 작자가?! (흥분하면. 교무실
선생들 일제히 윤희를 쳐다보는데)

서진   (차분하게 호동을 돌아보며) 구호동 선생님.

호동   (얼른 앞으로 나서며) 네, 부장님!

서진   현장을 목격했던 체육 선생님이에요. 어머니께 자세하게 알려주시죠!
아까 교실에서 무슨 일이 있었는지, 배로나 학생이 왜 다친 건지...

호동   (앞으로 나오고) 자세하고 말 것도 없어요. 말 그대로, 배로나 학생이 애
들을 위협하고, 혼자 난동을 피우다가 다친 거라... 부모님께서 주의를
좀 주셔야 할 거 같은데요.

윤희   우리 아이가 아무 이유도 없이 난동을 피웠다고요? 그럴 리가 없어요!

호동   전, 본 대로 말씀드린 건데요. 대걸레를 들고 창틀에 올라가서 막 휘젓
고 난리 났잖아요. 스타워즈 광선검 보는 줄 알았다니까요. (흉내 내며)
휘용~ 휘용~

윤희   거짓말이야... 니들 다 짠 거지?!! (절망스러운데)

서진   (여유 있게 윤희를 보며, 귀에 대고 나직이) 여긴 교무실이야. 무식하게
떠들지 말고, 딸이 다친 게 그렇게 안쓰러우면, 징계는 엄마가 대신 받
는 게 어떨까. 벌점이 하도 쌓여서 하루 종일 청소만 해도 부족할 거 같
은데... (비웃듯 픽 웃으면)

윤희   (기막히고, 눈물 핑 도는)

568.   청아예고 음악부 교실(낮)
       교실로 들어서는 로나를 둘러싸는 아이들.

제니   야! 배로나! 너 때문에 괜히 우리만 체육한테 빵 뺑이 돌았잖아.

은별	우리가 벌점 먹은 것도 다 너 때문이야! 어떻게 책임질 거야?
로나	(애써 담담하게) 내가 왜 니 벌점까지 책임져야 되는데. 엄마 빽만 믿고, 넌 할 줄 아는 게 뭔데? (쌩해서 자기 자리로 가면)
은별	(순간 얼굴 벌게지고, 순간 욱해서) 어쩜 하는 짓이 니네 엄마랑 똑같아?
로나	(발끈하고) 우리 엄마 얘긴 왜 꺼내? 나 하나 잡는 걸로 부족해?
은별	몰랐어? 니네 엄마, 청아예고 다닐 때 자살 쇼한 거! 그것 때문에 청아 예술제도 없어졌잖아. (로나 머리카락을 치워, 목에 붙인 밴드를 보여주며) 대상을 질투한 한 여학생이 자기 목을 트로피로 확 그어버렸거든. 쫘악! (손으로 로나 목 긋는 시늉하면)
아이들	(놀라서 웅성거리고)
제니	진짜야? 트로피로 자기 목 그어버렸다는 사람이 그럼..? (로나 보며) 개소름!
로나	(충격 받은, 굳어지고) 거짓말하지 마....
은별	못 믿겠으면, 니네 엄마한테 직접 확인해봐. 하긴, 쪽팔려서 진실을 말할지는 모르겠지만. (비웃듯 보면)
로나	(얼굴 하얗게 질리는데)

569. 청아예고 일각(낮)
두기와 얘기하다 놀라는 호동.

호동	(능청스레) 눼에? 하은별이 천서진 부장님 딸이라고요?
두기	쉿... (두리번 하고) 그러니까 앞으로 학교생활 잘하려면 처신 잘해요. 라인을 어디 타냐에 따라서 구 선생 학교생활이 달라질 테니까. 우리 학교는 음악부가 메인인데, 음악부 부담임 맡은 것도 기회라면 기회고.
호동	아이고, 내가 큰 실수할 뻔했네요.
두기	이거, 특별 관리해야 될 학생들 명단이에요. (헤라팰리스 아이들 이름 적혀 있고) 딱 봐도 시골 출신 같은데, 우리 재단에서 정년퇴직까지 쭈욱 가려면 어떻게 해야 할지, 알겠죠?

| 호동 | 그럼요. 제가 눈치는 또 빨라서... 땡유, 땡유! 앞으로 많은 지도편달 부탁드립니다, 마 쌤. 하하하.. (호탕하게 웃는 호동이고) |

570.   단태 사무실(낮)
단태와 규진, 마주 앉아있고.

규진	그 여자, 도대체 무슨 재준지, 암튼 희한해요. 보송마을 조합원 중에 집을 제일 싸게 산 사람이 오윤희 그 여자라니까요. 아주 똥값에 거저 샀잖아요.
단태	(기분 찜찜하지만) 그냥 한번 운이 좋았던 거죠. 그래도 보송마을 투자 건은, 아주 성공적이었어요. 나머지 아홉 채를 우리가 싹쓸이했으니.
규진	(실실 쪼개며) 하 박사가 알면 배 좀 아프겠어요. 다음 건도 합류 안 시키는 건가요? 아예 이참에 확 정리해버리는 게...
단태	(싸늘하게) 헤라클럽을 깨겠다는 건가요? 선을 지키세요! (단호하면)
규진	흠... (눈치 보는데)

그때, 문 열리고 윤철이 들어서고.

단태	(애써 웃으며) 아, 하 박사. 어서 와요.
윤철	죄송합니다. 수술이 늦어져서... (다가와 앉으면)
단태	(문득 긴장한 표정으로) 투자 건 때문에 급히 보자고 했어요. 이번 건은 여태까지 했던 것과는 사이즈부터 달라요. 투자금이 최고가 될 겁니다!
규진	(역시 긴장해서) 얼만데요?
단태	700억! (규진과 윤철 놀라면) 6개월 안에 1,400억으로 뛸 노른자위 부지죠.
윤철	(흥분해서) 설마, 명동 그 땅이 나왔나요?
단태	(고개 끄덕이고. 지도를 펼쳐 두꺼운 펜으로 네모반듯하게 그리고) 여기, 국내 최대의 쇼핑타운이 들어설 겁니다. 각자 최대한 끌어모아보세요.

투자금의 다섯 배 보장하니까.

윤철   (욕심나고) 다섯 배라면... 10억이면 50억?

규진   100억이면 500억억억!!! 정말 억 소리 나네요. (눈 휘둥그레지면)

윤철   문제는, 부지 가운데에 알박기를 하고 있는 고집불통 할아버지잖아요.
그 할아버지가 집을 안 팔아서 재건축이 불가능했던 거 아니에요?

단태   거기도 경매로 나왔어요! 은행에 압력을 넣어 자금줄을 막아버렸더니,
어쩔 수 없이 넘어갔죠.

규진/윤철   (놀라고)

단태   그 집을 낙찰받으면, 게임은 끝나는 거예요. 이번 계획에 걸림돌은 하
나도 없어요. (자신만만해하면)

단태 옆으로 놓인 단태의 핸드폰 보여주고.

571.   **자코모 쇼룸 안 (낮)**
단태의 핸드폰에 깔아 둔 도청앱을 통해, 이어폰으로 대화를 듣고 있
던 수련.

규진(E)   우하하하. 역시 브라보!! (박수 치며) 우리 주 회장님이 누굽니까. 무에
서 유를 창조하는, 신이죠, 신!

단태(E)   난, 지금까지 얻은 수익을 전부 베팅할 생각이에요. (기분 좋은데)

수련   (도청앱 끄고, 옅은 미소) 주단태, 이제 곧 만나게 될 거야. 당신의 적이자
동지가 될 사람!

572.   **청아예고 화장실 (낮)**
청소 중인 윤희, 고무장갑 끼고 화장실 세면대 닦고 있으면.

마리(E)   아주 볼 만하네요.

윤희   (돌아보면. 서있는 사람, 마리와 상아고)

마리	사고 친 딸 수습하는 엄마 모습이 진짜 눈물겹다니까.
상아	근데 진짜예요? 민설아네 집으로 이사 갔다는 거.
윤희	(놀라지만, 애써 태연하게) 남 일에 참 관심도 많으시네요. (무시하고 청소하면)
마리	암튼 모녀가 운빨 하난 끝내주잖아. 이제 뺑튀기해서 돈 벌 일만 남았으니.
상아	아무리 그래도, 사람 죽어나간 집에 소름 끼치게 어떻게 살아요?! 돈이 아무리 좋아도 그렇지... 어유! (몸서리치면)
윤희	(당당하게) 그래. 나, 돈 좋아해. 우리 아파트 다섯 배로 뛰었다니까 그렇게 부럽냐? 부러우면, 솔직하게 부럽다고 해!
마리	(기막혀) 뭐, 뭐야? 내가 당신이 왜 부러워? 화장실 청소하는 게 부러워, 보송마을 열한 평짜리 사는 게 부러워? 아님, 애 벌점 쌓인 게 부럽냐?
윤희	그러니까! 제발 남의 집 일에 신경 좀 꺼주라고! 그렇게 할 일들이 없으면, 집에 들앉아 돈이나 세시던지! (그때, 수업 마치는 종소리 울리면) 종 치잖아. 애들 픽업 온 거 아냐? (고무장갑 벗어서, 마리 얼굴로 확 던지고 나가버리면)
마리	(기겁하고) 아악! 저 여편네가 진짜! 아가리를 확! (쫓아가려는데, 핸드폰 울리고. 얼른 받는. 표정 싹 바꿔서) 우리 공주, 끝났어?

573. 청아예고 음악부 교실 앞(낮)
　　　윤희, 다가와서 로나를 찾는데. 로나 안 보이고.

윤희	(은후 붙잡고 묻는) 혹시 로나 못 봤니?
은후	아까 나갔는데요. (획 가버리면)
윤희	벌써? (전화하면, 안 받고. 걱정스러운데)

574. 헤라팰리스 서진 드레스 룸(저녁)
　　　서진, 옷 갈아입고 있는데. 핸드폰 울려서 보면, 단태고.

서진	(표정 확 밝아져서 전화 받는) 나예요.
단태(F)	내일 좀 일찍 나갈 수 있을 거 같은데. 시간 괜찮지?
서진	좋아요. 레스토랑 예약해놨어요. 내일 봐요. (전화 끊고)

서진, 기분 좋은 듯 콧노래 흥얼거리면서 클렌징으로 화장 지우는데.
그 모습을 한쪽에서 지켜보고 있는 윤철. 조심히 다가서고.

윤철	누구 전화야?
서진	(놀라고) 아, 깜짝이야. 인기척 좀 내고 다녀. (애써 침착하게 화장 지우면서) 공연 관계자야. 독창회 한번 하자고.
윤철	(슬쩍 지나가는 말처럼) 기분 좋아 보이네. 아 참, 그때 아버님 만난 거 무슨 일이었어? 갑자기 밤에 호출하신 거 말야.
서진	(살짝 당황했다가) 재단 일 때문이지 뭐. 재단 맡기면서 걱정되셨나 봐. 근데, 갑자기 그게 왜 궁금한데?
윤철	궁금해하는 것도 탈! 무심한 것도 탈! 대체 원하는 게 뭐야?
서진	(짜증 난다는 듯, 목에서 진주목걸이를 빼서 바닥에 확 던져버리면. 목걸이 줄이 끊어지면서 진주알이 사방으로 흩어지고) 그렇게 생색내고 싶어 미치겠으면, 아무것도 하지 마! 묻지도 말고, 궁금해하지도 마! 그럼 되잖아! (욕실로 홱 들어가버리면)
윤철	(바닥에 떨어진 진주알들을 보는데. 기분 더럽고. 그때 서진의 핸드폰에 문자가 뜨고. 레스토랑에서 온 예약 확인 문잔데. 긴장하는 윤철)

575. 헤라펠리스 규진 상아 집 거실(밤)
    소파에 순서대로 앉아있는 왕미자, 첫째 누나, 둘째 누나.
    노래 흘러나오며 공연을 시작하는 규진.
    장기자랑처럼 미자가 좋아하는 트로트 쇼 컷 되면. 첫째 누나가 좋아하는 댄스 삼매경 컷 되고. 둘째 누나가 좋아하는 랩을 속사포로 내뱉는 규진.

옆에서 그런 규진에게 박자를 맞추고 있는 상아, 억지로 웃어 보이면서도 한심해하는 표정 역력하고.
상아와 반대로, 미자와 시누이들 반응은 폭발적인데. 대만족한 듯 박수갈채와 환호성 쏟아지고.

미자　최고다 최고! 간만에 우리 아드님 재롱잔치 보니까 엄마 기분 째진다.

규진　(애교 부리는) 그럼 엄마, 통장으로 용돈 시원하게 쏴줘. 아빠 몰래 꿍쳐 놓은 돈 있잖아. 아들 소원인데, 들어줄 거지? 응? 응?

미자　알았다니까. 얼마면 돼? 엄마가 우리 애기 원하는 거 안 들어주는 거 봤어?

규진　(신나서) 못 봤지~~ 어때, 한 곡 더 부를까?

576.　헤라펠리스 규진 상아 집 주방(밤)
　　　한바탕 쇼 끝내고, 시원하게 맥주를 들이키는 규진.

상아　(다가서며) 한동안 뜸하더니 뭔 일인데? 자기 돈 들어갈 데 있어?

규진　어떻게 알았어?

상아　척하면 빽이지. 또 뭔 일인데?

규진　무지막지하게 큰 건이야! 이번 건 제대로 터지면, 이규진 인생에 재롱잔치는 졸업이다.

상아　(좋아하며) 진짜야? 확실한 거야?

규진　그렇다니까! (자신만만해하다가) 아니다! 엄마한테 먼저 물어보고. (거실로 나가려면)

상아　(규진 목덜미 잡고) 뭔 소리야? 그러다 돈 벌어서 홀라당 뺏기지.

규진　그러겠지? 그럼, 누나들한테 물어봐야겠다. (또 나가려면)

상아　그쪽은 진짜 아니지! 못 살아, 정말! (다시 목덜미 잡고)

577.　펜트하우스 석경의 방(밤)
　　　노크와 함께 들어서는 수련, 아이패스 챙겨 들어오면. 석경, 공부 중인데.

수련	힘들지? 홍삼 마시면서 해. 새 과외 쌤은 어때? 마음에 들어?
석경	(쳐다보지 않고, 샐쭉해서) 나쁘진 않아.
수련	다행이네. 또 필요한 거 있음 엄마한테 언제든 얘기해. (돌아서서 나가려면)
석경	(책에 시선 둔 채, 툭 던지듯) 그땐... 고마웠어. 아빠 막아줘서.
수련	(멈칫하다가. 미소 띠고 나가는)

578. 펜트하우스 거실(밤)
수련에게 전화 걸려오고. 보면 윤희고.

수련	(얼른 받는) 여보세요. 로나 엄마?
윤희(F)	(다급한 목소리. 거의 울듯이) 혹시... 우리 로나, 거기 있나요?

579. 도로 일각/수련의 차 안(밤)
수련, 운전하며 주변을 둘러보는. 그 위로,

윤희(E)	로나가 아직 안 들어와서요. 오늘 학교에서 뭔 일이 있었던 것 같은데, 혹시라도 나쁜 맘 먹었나 싶은 게... 걱정돼 미치겠어요.

수련, 시계를 보면, 11시가 다 되어가는데. 초조하게 계속 두리번거리고.

580. 놀이터 일각(밤)
그네에 앉아있는 로나, 그 위로 떠오르는 은별의 말.

은별(E)	몰랐어? 니네 엄마, 청아예고 다닐 때 자살 쇼한 거! (8화 17신)
서진(E)	하긴... 부끄러운 과거니까. 딸이 모르는 게 낫겠다. 사람 욕심이 뭔지... 억지로 가지려다 벌을 받은 거지. (1화 59신)
로나	(절망적이고) 그래서 천 쌤이 날 죽도록 미워한 거였어...

로나, 자신의 목의 상처를 가만히 만져보는데. 그때! 강아지 짖는 소리
들리고.
보면, 유기견 설탕이가 로나 발밑에서 낑낑대고 있는.

로나　　(가여운 듯 다가서며) 불쌍해라. 너도 집 없니? 누가 버린 거야..?

설탕　　(로나가 다가가면 도망치는데)

로나　　어디 가는 거야. 위험해! (설탕이를 따라가는데)

581.　　도로 일각(밤)
설탕이를 잡으려는 로나. 그때, 설탕이가 도로를 내달리다가 차에 치
일 뻔하고.
끼익! 급브레이크 밟는 소리!
로나, 가까스로 설탕이를 품에 안고 뒹굴며 쓰러지는데.

로나　　(숨 헉헉하고, 설탕이 상태 살피며) 다행이다. 큰일 날 뻔했어. 놀랐지?

수련(E)　　로나야!

로나　　(돌아보면, 수련이 서있고) 아줌마?

수련　　(뛰어오는) 괜찮니? 안 다쳤어?

로나　　네, 전 괜찮아요. 근데 강아지가...

수련　　(설탕이를 본 순간 놀라고. 설아 아파트 화단에서 봤던 그 설탕이가 맞는데.
　　　　순간 울컥해서 설탕이를 뺏어 확 끌어안는데)

로나　　(놀라) 아줌마? 왜 그러세요?

수련　　(그제야 정신 차리고) 아, 아냐.. 일단 병원부터 가자.

582.　　동물병원(밤)
설탕이 상태를 체크 중인 수의사. 로나, 수의사의 설명을 듣고 있는.
수련, 그 모습을 보며 윤희와 통화 중인데.

수련	네, 제가 지금 데리고 갈 테니까, 너무 걱정 마세요. (전화 끊으면)
로나	(가여운 듯, 설탕이를 품에 꼭 안고 나오는데)
수련	(그런 로나를 따뜻한 미소로 보는)

583.   보송마을 앞/수련의 차 안(밤)
        아파트 앞에서 초조하게 서성이고 있는 윤희. 그때 다가와 멎는 수련
        의 차.
        로나, 설탕이를 안은 채 조수석에 타있고.

로나	오늘 감사했어요, 아줌마.
수련	엄마 걱정하시겠다. 얼른 들어가. 아 참, 이거... (뒷좌석에서 쇼핑백 건네며) 강아지 용품이랑 사료 좀 샀어. 당장 필요할 거야.
로나	잘 쓰겠습니다. (꾸벅 인사하고 내리려는데)
수련	로나야! (로나, 멈칫해서 보면) 힘든 시간, 금방 지나가. 아줌만 왠지 로나가 잘 이겨낼 거 같아.
로나	(그런 수련이 고맙고. 힘이 나는) 네. 저 괜찮아요.
수련	그리고, 아줌마한테 가끔 강아지 사진 보내줄 수 있니? 궁금할 거 같아서.
로나	(웃으며) 그럼요. 안녕히 가세요. (차에서 내리는데)

        수련의 차, 가면. 로나에게로 정신없이 달려오는 윤희.

윤희	대체 어떻게 된 거야. 엄마가 얼마나 걱정한 줄 알아? 어디 갔었어!! 핸드폰은 왜 꺼놓고!!! (소리치면)
로나	(품에 안은 설탕이만 보고 있는)
윤희	(그제야 설탕이가 보이고) 그 강아진 또 뭐야?
로나	집이 없나 봐. 오늘부터 얘 내가 키울 거야.
윤희	뭐어? 저 코딱지만 한 집에서 뭔 강아질...
로나	나 여기 사는 대신이야. 그니까 반대 같은 거 하지 마! (통보하듯 내뱉고,

안으로 들어가면. 윤희 기막히고)

584. 펜트하우스 주방(밤)
      석훈, 아이패스 마시고 있다가 돌아서면. 그 앞에 서있는 사람, 단태고.

석훈 (마저 마신 다음 테이블에 내려놓고, 지나쳐서 가려면)

단태 (그런 석훈을 가로막으며) 해명을 해야 되지 않을까. 왜 그런 이상한 소릴
        한 거지? 내가, 민설아를 죽였다는... 대체 무슨 근거로 그런 말을?!

석훈 민설아, 헤라팰리스에서 죽었잖아요. 아닌가요? 기계실에 가둬놓은
        거, 아버지죠?

단태 대체 누가 그래?!! 어디서 그런 헛소리를!!!

석훈 제 대답을 듣기 전에, 아버지부터 대답해보시죠. 정말, 아버지가 죽인
        건가요? 민설아?! (추궁하면)

단태 (매섭게) 내가 왜 그런 짓을 해?!! 그런 조무래기 하나 치우는데, 내 손
        에 피 묻힐 이유가 뭐 있어?!!

석훈 아님... 됐고요. 주무세요. (가면)

단태 주석훈!!! (석훈의 뒷모습을 보면 기분 싸해지고) 대체 뭘 본 거야?

585. 펜트하우스 2층 거실(밤)
      석훈, 거실 베란다 쪽에 서서 야경을 내려다보고 있는. 그날 일이 떠오
      르고.

586. 회상/4화 9신/헤라팰리스 파티장 일각/민설아 사망일(저녁)
      단태와 서진, 은밀하게 얘기 나누고 있는.

서진 (주위 눈 의식하며) 누가 기계실로 민설아를 찾아가진 않겠죠? 만약 그
        애가 우리 관계를 밝히기라도 하면?!

단태 누가 그 애 말을 믿겠어? 미친 아이가 발악하는 걸로 생각하겠지. 그 망

할 놈의 핸드폰만 찾으면 돼!

서진 (불안한) 핸드폰만 찾는다고 될 일이 아니에요. 보통 아이가 아니라구요! 만만히 봤다간 되레 우리가 당해요! (눈빛 반짝하고, 급히 자리 뜨면)

모퉁이 한쪽에서 그런 두 사람의 대화를 듣고 있는 석훈이고.

587. **현재/펜트하우스 2층 거실(밤)**
석훈, 창밖을 보며 골똘히 생각하고 있는.

석훈 (혼잣말로) 아버지도.. 천서진 쌤도... 다 더러워! (주먹 움켜쥐는)

588. **서진의 집 은별의 방(밤)**
은별, 수학 문제 풀고 있는데. 로나의 말의 떠오르고.

(인서트) 8화 3신

로나(E) 민설아한테 니들, 무슨 짓을 한 거야?! 민설아도 나처럼 괴롭혀서 죽은 거야?

은별 (도리질하며) 정신 차려, 하은별. 그딴 거 신경 쓰지 마.

다시 집중하려는데. 문제집에서 포스트잇이 툭 떨어지고.
뭔가 싶어 주워서 보면, 설아가 쓴 쪽진데.

설아(E) 은별아, 성적 올라서 너무 좋다. 수학, 별거 아니지? 석경이 너무 의식하지 말고, 넌 니 페이스대로 하면 돼. 열심히 하는 니가 난 참 좋다.
은별 (설아 쪽지 보면 눈빛 심하게 흔들리고. 쪽지를 마구 찢어서 쓰레기통에 버리는데. 갑자기 문 열리고 누군가 들어서는데. 설아고)
설아 (차가운 표정) 그걸 왜 찢어?

은별	(순간 기겁하는) 아악!!! (뒷걸음질 치다가, 의자에 걸려 나자빠지면)
설아	(다가서는) 은별아! 너 왜 그래?!!
은별	(머리 감싸 쥔 채, 미친 듯이 떨며) 저리 가!! 민설아... 다가오지 마!! 난 아무 죄 없어!! 당장 꺼져!!!! (몸부림치면서 소리 지르면)
서진(E)	정신 차리라구, 하은별!!!
은별	(바들바들 떨다가, 그제야 고개 들어보면. 서진이고) 엄마...
서진	무슨 일이야? 민설아라니? 헛거라도 본 거야?!!
은별	(멍해서) 민설아... 틀림없이 민설아였어!! 무서워... 무서워 미칠 거 같아. (두려움에 온몸 떨면)
서진	지금 무슨 소릴 하는 거야?!! 민설아는 죽었잖아!!!
은별	아냐, 내가 봤어!!! 내 방에 들어왔다고!! 배로나가 민설아 집에 들어갔다는 것부터 찜찜했어. 배로나랑 민설아, 무슨 관계있는 거 아냐? 배로나가 민설아 복수하려고 청아예고 들어온 거면 어떡해!! 만일... 만일 민설아가 살아있으면...!!!
서진	정신 차려, 제발!!!
은별	아아아... 무서워, 무서워, 무서워.... (구석으로 숨어서, 마구 떨면서 정신 못 차리면)
서진	(갑자기 은별을 잡아끌고 나가는) 일어나, 하은별!! 따라와!!! 어서!!!
은별	어디 가는데? (질질 끌려가면)
서진	잔말 말고 따라와!!! (강제로 은별을 끌고 나가고)

589. **기계실 앞(밤)**
50층에서 엘리베이터 멈춰 서고.
서진, 은별을 끌고 나오는. 기계실 앞에 은별을 세우면.

은별	(기겁하고) 기계실은 왜!!! 여기서 민설아 죽었잖아!!
서진	그래!! 여기서 죽었어. 니 말대로, 민설아는 죽었다고! 다신 돌아오지 못해!! (하더니, 기계실 문을 열고 은별을 잡아끄는) 들어와!!

398

은별	싫어!! 무서워!! 싫단 말야!!
서진	엄마가 하란 대로 해!! (무섭게 윽박지르며, 은별을 데리고 들어가는데)

590. 기계실 안(밤)

서진, 불을 켜고 기계실로 들어가고. 은별을 기계실 안에 밀쳐놓는.

서진	이제부터 엄마가 하는 말, 똑똑히 들어!! 니 인생에서 민설아를 지우지 못하면, 넌 평생 아무것도 못해!! 니 스스로 이겨내란 말야!! 안 그럼, 민설아한테도 배로나한테도 지는 거야!! 말했지? 배로나 엄마랑 나랑 무슨 악연인지!! 지 목을 찔러서 나한테 덮어씌우려고 했어. 이 바닥이 그런 데야. 이기기 위해서 무슨 짓이든 해!! 너처럼 나약한 정신으로 어떻게 배로나를 이기겠어!! 니 마음 하나도 어쩌지 못해서, 헛것이나 보고, 발버둥치고, 이래서 청아예술제에서 대상을 탈 수 있겠냐고?!! (은별의 양팔을 잡고) 니 힘으로 극복해!! 민설아한테서 빠져나와!! 그래야 배로나도 이길 수 있어!! 다른 건 몰라도... 배로나한테 지는 건 엄마가 용서 못해!!
은별	(울면서) 나도 이기고 싶어!! 이기고 싶어 미칠 거 같다고!!
서진	그럼 이겨. 이기면 돼. (표정 바꿔서, 냉정하게) 베르디 오페라. 〈셈프레 리베라(Sempre Libera)〉. 알고 있지?
은별	(울음 삼키고, 간신히 고개 끄덕이면)
서진	민설아가 예고 입시곡으로 불렀던 노래야. 지금부터 여기서 그 노래 연습해.
은별	(놀라) 여기서? 여기서 어떻게 노래를 불러!!
서진	해야 돼!! 해야지 이겨낼 수 있어!! 그 정도 유리멘탈로 서울대 음대는 꿈도 못 꿔!! 엄마가 청아재단 이사장이 되려면, 니가 최고가 되어야 해. 엄마 말 알아들어?!
은별	그래도...
서진	(밀어붙이는) 할 수 있겠지? 엄만 나가 있을게. 밖에 들릴 만큼 큰소리

로 불러야 해. 맘에 들지 않으면, 밤새 기계실에 가둬놓을 테니까 알아서 해!! (하더니, 불 꺼버리고 휙 나가버리면)

은별 엄마!! 엄마!! 나 혼자 두고 가면 어떡해!! 엄마아!!! (문 쾅쾅 두드리는데)

밖에서 문 걸어 잠그는 소리 들리고. 기계실 안, 칠흑 같은 어둠인데.
두려움에 뒷걸음치다 보면, 기계실에 청테이프로 입을 막고, 밧줄로 묶여있는 설아의 모습이 보이는 거 같고. 소스라치게 놀라 비명 지르는. 그러다 문에 매달려 미친 듯이 두드려보지만, 밖에선 아무 소리도 들리지 않고.
은별, 울면서 어쩔 수 없이 노래 부르기 시작하는. 처음엔 개미 소리처럼 목소리 나오지 않고, 그러다가 차츰 울음 삼키며 큰소리로 부르기 시작하는데.
나중엔 목이 터져라 악을 쓰듯 노래 부르는 은별. 독하게 마음 다잡는 모습이고.

591. **기계실 앞**(밤)
서진, 기계실 앞에서 은별이 노래 부르는 소리를 듣고 있는.
한 치의 흔들림도 없이 냉정한 표정이고. 그러다 점차 만족한 듯 미소 짓는.

592. **보송마을 윤희 집 거실**(밤)
깨끗하게 씻은 설탕이. 수련이 사준, 강아지 침대를 세팅하고 있는 로나.

로나 설탕아, 여기가 오늘부터 니 집이야.
윤희 (기막혀) 벌써 이름까지 지었어? 엄마 허락도 없이?
로나 원래 얘 이름인가봐. 목걸이에 써있더라고.
설탕 (로나 품에 안겨서 재롱 피우면)
윤희 (설탕이를 뺏어서, 침대에 떼어놓고) 엄마랑 얘기 좀 해! 오늘 학교에서 왜 그랬어? 자살 쇼라니! 그게 뭔 말이야?

로나 (그런 윤희를 빤히 보다가, 무표정하게) 왜? 엄마처럼 나도 그랬을까봐?
(윤희, 멈칫하면) 나 다 들었어. 엄마랑 천서진 쌤이랑 왜 사이가 안 좋은
지. 왜 성악 그만둔 건지. 엄마 목의 그 상처... 전부 다!

윤희 (놀라고) 로나야!

로나 청아예술제 때, 엄마가 트로피 가지려고 자해한 거라며?

윤희 (당황하고) 아냐! 절대 그런 거 아냐! 엄마는... (변명하려다 멈칫하면)

로나 왜 말을 하다 말아? 정말... 그런 거였어? 천 쌤을 질투해서 엄마 목을 스
스로 찌른 거야? 그런 거야? 아님, 아니라고 말을 해!

윤희 (욱하고) 너도 엄마 말 안 믿을 거잖아! 그때도 지금도... 아무도 안 믿었
어. 너까지 엄마 안 믿어주면, 엄만 진짜...!

로나 (그런 윤희를 꼭 끌어안고, 격하게) 아니! 나 엄마 믿어! 엄마가 절대 그랬
을 리 없다는 거 믿는다고!!!

윤희 (순간 감격해서 눈물 그렁하면)

로나 내가 그 트로피 찾아줄게! 원래 엄마 거였잖아!! 엄마가 도둑맞은 거잖
아!! 실력으로 엄마가 천 쌤 이긴 거잖아!! 아냐?!!

윤희 (울컥해서, 로나를 꽉 끌어안으면) 고마워... 엄마 믿어줘서....

로나 내가 엄마 딸인데, 엄마 안 믿으면 누굴 믿어? 오늘 일... 나도 그럴 수밖
에 없었어. 학교를 그만둘 순 없으니까. 어떻게라도 거기서 버텨야 하
니까!

윤희 그래, 엄마도 우리 딸 믿어! 힘들어도 조금만 참아. 엄마가 꼭, 좋은 데
로 이사 가서 우리 딸 고생 안 하고 노래하게 해줄게. 약속해!

로나 아니! 이제 여기 살아도 괜찮아. 애들 말이 맞아. 민설아가 죽은 바람에,
내가 청아예고에 입학한 거고, 나 민설아한테 빚진 거 맞잖아. 그래서,
나 더 열심히 살아볼래. 죽은 그 아이 몫까지.

윤희 우리 딸, 짱이다. (로나를 꼭 안아주면)

로나 (윤희의 품에서 오랜만에 편안한데. 눈물 주르륵 흐르고. 윤희를 깍지 껴서
꼭 끌어안는 로나고)

593. 펜트하우스 거실(밤)
    수련, 잠옷 차림으로 야경을 보고 있으면. 띠링~! 문자음 들리고.
    핸드폰 열어보면. 잠든 설탕이 사진인데.

로나(E) 금방 잠들었어요. 이름이 설탕이래요. 목걸이에 적혀있었어요.
수련 (베란다 창문 너머로, 보송마을을 바라보며 안심한 듯 미소 짓는) 로나야,
    잘 부탁할게. 우리 설탕이...

594. 보송마을 윤희 집 전경(늦은 밤)

595. 보송마을 윤희 집 거실(늦은 밤)
    좁은 거실에서 이불 깔고 자고 있는 윤희와 로나.
    윤희, 악몽을 꾸는 듯 찡그린 표정으로 계속 뒤척이는데.
    그런 윤희를 보고 있는 어떤 시선. 실루엣.

596. 청아예고 로비(아침)
    로나, 등교하다가, 유리곽 안에 들어있는 트로피를 보고 우뚝 멈춰 서는.
    그때, 다른 편에서 걸어오던 은별도 같은 트로피를 보고 있고.
    로나와 은별, 서로 시선 부딪치면. 쨍하고 눈빛 반짝이는데.

597. 청아예고 운동장(아침)
    로나, 봉사활동으로 쓰레기 줍고 있으면.
    그때, 툭 하고 우유곽이 떨어지고. 로나, 줍고 나서 돌아서면 또 툭 하고
    떨어지는 빵 봉지. 로나, 획 돌아보면.
    장대, 은후, 수홍, 로나에게 쓰레기를 투척하고 있는.

로나 야! 뭐하는 거야!
은후 깨끗이 청소해. 안 그럼 마두기 쌤한테 다 이른다. (계속 쓰레기 던지면)

로나	그만하라고! 이 머저리들아!
아이들	(대놓고 로나에게 쓰레기를 막 던지면)
로나	(고스란히 쓰레기를 온몸으로 맞는데)

그때, 아이들에게 쓰레기통을 통째로 뒤집어서 쓰레기를 부어버리는 석훈.

아이들	뭐야!! (난리 치고 보면, 석훈이고)
석훈	(시니컬하게) 여기 쓰레기 싹 다 치워. 니네까지 같이 버려지기 전에.
아이들	(석훈의 눈빛에 다들 쫄고. 눈치 보며 쓰레기 줍는 척하는데)
석훈	(쓰레기통 던져버리고, 로나에게 시선 안 주고 휙 가면)
로나	(그런 석훈을 보는데. 고맙고. 다시 말없이 쓰레기통 가져와 청소하는)

은별, 그런 석훈과 로나의 모습을 운동장 한쪽에서 보고 있다가, 가는 석훈을 확 붙잡아 세우는.

은별	(화난 듯) 석훈이 너! 왜 하필, 저런 애한테 잘해주는 거야?! 쟤, 보송마을 산다잖아!! 민설아가 죽었던 그 집에!!
석훈	(멈칫) 그게 뭐? (대수롭지 않은 듯 보면)
은별	(당황하고) 아무렇지 않단 말야? 설마 너, 배로나한테 관심 있어?
석훈	있으면?
은별	(기겁하고) 너 미쳤어?!!
석훈	니가 상관할 일 아니잖아. 나한테 신경 꺼. (그냥 휙 가버리면)
은별	(점점 질투심에 미칠 거 같고) 야, 주석훈!! 왜 저러는 거야, 진짜!! (얼굴 벌게지는데)

그때, 건물 위. 복도 창문에서 그런 로나를 흥미롭게 보는 사람, 석경이고. 피식 웃고 있는.

598.   청아예고 성악과 교실(낮)
       마두기 선생의 성악 수업 시간이고.

두기   중간고사 실기 곡이 정해졌으니, 파트 분배를 위해 다시 테스트하겠다.

       컷 되면. 은별 노래 끝나고.

두기   하은별, 그대로 소프라노 유지해.
은별   네, 선생님. (들어가고)
두기   다음, 배로나!
로나   (나와서 노래 부르는데, 노래 몇 소절 부르기도 전에)
두기   배로나, 메조로 내려!
로나   (놀라고) 네? 제가 왜 메조예요? 전 누가 들어도 소프라논데요.
두기   판단은 선생인 내가 해! 어디서 건방지게 우겨? 니 목소리는 메조가 맞아!
로나   아뇨! 인정 못 해요! 저는 고음역대에서 가장 아름다운 소리가 난다고 생
       각합니다. 제가 메조인 이유를 납득하지 못하겠어요! (물러서지 않으면)
두기   좋아. 그럼, 내가 제시하는 곡의 고음을 소프라노 음역대로 완벽히 소
       화하면, 소프라노로 인정해주겠다. 할 수 있겠어?
로나   (머뭇하다) 네! 해보겠습니다.
두기   오페라 리골렛또의 "카로 노메(Caro nome)" 후반부!
아이들   (곡의 난이도에 모두 놀라면)
제니   (비웃듯, 팔짱 낀 채) 쟤가 그 곡을 어떻게 해. 오페라 극단의 숙련된 프
       리마 돈나도 힘들 텐데.
은별   (제니와는 달리, 바짝 긴장해서 로나를 보는데)
두기   준비됐나? 시작해!
로나   (심호흡하고, 후반부 고음 부분부터 과감하게 시작하는데. 끊임없이 스케
       일 기교를 더해서 소름 끼치게 완벽히 소화하면)
두기/아이들   (놀라서 듣고 있고)

석경/은별/제니/민혁　　　(모두 로나의 실력에 긴장하는데. 로나를 다시 보는. 경
계하는 마음 들고. 표정 굳어지는)

599.　　청아예고 일각(낮)
　　　　서진과 마두기, 은밀하게 얘기 나누고 있는.

서진　　그래서, 결국 배로나 파트를 메조로 못 내렸다는 거예요?

두기　　(난감한) 어쩔 수가 없었습니다. 소프라노 음역대를 너무 잘 소화해서...
거기다 스케일 기교가 고등학생이라고는 믿어지지 않을 만큼 완벽했
어요.

서진　　(버럭) 그걸 지금 변명이라고 해요? 은별이와 겹치지 않게 해달라, 부
탁했잖아요!

두기　　아이들도 모두 보고 있는데 달리 방법이 없었습니다. 죄송합니다.

서진　　석경이도 잘 살피도록 해요. 은별이가 제일 신경 쓰는 게 석경이니까.

두기　　은별이 실력도 일취월장하고 있어서, 석경이는 너무 신경 쓰지 않으셔
도 될 거 같습니다. 그럼. (인사하고 가면)

서진　　배로나... 처음부터 싹을 잘라버려야 하는데!!

　　　　서진, 돌아서서 가다가, 순간 멈칫하는.
　　　　벤치에 누워있는 호동을 발견하고 소스라치게 놀라면. 혹시 들었나 싶
　　　　은데.
　　　　호동, 이어폰을 꽂은 채 노래를 흥얼거리고 있고. 서진을 보자, 목례만
　　　　까딱하고 다시 음악에 심취한 표정인데.
　　　　서진, 대충 인사 받고 찜찜한 기분으로 지나쳐가면. 호동, 이어폰을 빼
　　　　고 보는. 노래 틀어있지도 않고.

호동　　(혼잣말로, 야릇한 표정) 이러면 내가 너무 궁금하잖아. 배로나가 왜 천서
진 쌤한테 찍힌 건지... (호기심 가득한 표정으로, 서진의 뒷모습을 보는)

600. 자코모 쇼룸 안(낮)

수련, 윤희에게 커피를 추출해서 내려주면. 윤희, 어리둥절한 표정으로 쇼룸 둘러보는.

윤희   일하시는지 몰랐어요. 먹고살기 바쁘다 보니까 이런 고급스러운 덴 구경도 못해봤는데, 참 좋네요. 원래 하셨던 일이세요?

수련   엄마가 하셨던 일인데, 이제 제가 맡았어요. 얼마 전에 힘든 일을 겪어서, 맘잡을 게 필요하더라고요.

윤희   석경이 엄마 같은 분도 힘든 일이 있어요? 저 같으면 하루하루 시간 가는 게 아까워서 잠도 안 올 거 같은데. 참, 어제 로나 데려다주셔서 너무 감사해요.

수련   많이 놀라셨죠? 저도 딸 키우는 입장이라 그 마음 너무 잘 알죠. (커피 마시며) 요즘 로나, 적응하느라 많이 힘들 거예요. 다른 애들은 다, 같은 예중 출신이라 일반중 애들을 은근히 피하는 것도 있고...

윤희   우리 딸, 깡다구 있는 애예요. 잘 이겨낼 거예요. 저도 더 신경 쓸 거고요.

수련   아 참, 축하드려요. 보송마을 재개발 확정됐다면서요. 이사 간 지도 얼마 안 됐다던데..

윤희   운 좋게 그렇게 됐어요.

수련   그게 어디 운만으로 되겠어요. 혹시, 그쪽 일 하시는 거 아니에요?

윤희   전에 공인중개사 사무실에서 직원으로 일하긴 했는데...

수련   역시, 그럴 줄 알았어요. 보는 눈이 있으신 거네요. 부러워요.

윤희   (왠지 모르게 으쓱하고) 자랑할 정도 아니에요. 진짜 운이라니까요.

수련   저도 팁 좀 가르쳐주세요. 애들 아빠가 투자 쪽이긴 한데, 워낙 액수도 크고 바빠서... 저도 용돈 벌이 삼아 경매부터 시작해보고 싶은데, 혹시 저 좀 도와주실 수 있어요? 사례는 섭섭지 않게 할게요.

윤희   (솔깃하지만) 제가 뭘 안다고... 전문가도 아닌데.

수련   보송마을을 샀으면 전문가나 다름없죠. 다음은 어디로 이사 갈 계획이세요? 이주 발표 떨어지면 보송마을에선 오래 살 수 없잖아요.

윤희	그러잖아도 로나를 위해서 빨리 이사하려고요. 이미 집값도 많이 뛰었고...
수련	(대뜸) 헤라팰리스는 어떠세요?
윤희	네? (놀라고) 지금 당장은 제가 거기 갈 자격이 되겠어요?
수련	자격이 뭐가 필요해요. 사람 사는 곳이 다 똑같죠.
윤희	아니, 다르더라고요. 사는 집이 그 사람의 인격이고, 지위고, 권력인 세상이잖아요.
수련	그럼 더 헤라팰리스로 오셔야겠는데요. 로나를 위해서요. 엄마는 자식을 위해서 뭐든 해야 된다고 했잖아요. (의미심장하게 보면)
윤희	(그런 수련을 빤히 보는데)
수련	아! 혹시 오늘 밤에 시간 어떠세요? 영화표가 있는데, 남편이 약속이 생겼다고 해서... 같이 가실래요? (은근한 눈빛으로 보는데)

601. 김밥집 (저녁)
　　　 윤희, 정신없이 김밥을 말고 있으면. 사장, 윤희에게 다가서고.

사장	이번 달 월급 넣었으니 확인해봐요.
윤희	고맙습니다, 사장님. 잘 쓰겠습니다. (핸드폰으로 입금 내역 확인하면, 백만 원 정도 돈이고. 한숨 나오다가 문득 수련 말 떠오르는)
수련(E)	저도 용돈 벌이 삼아 경매부터 시작해보고 싶은데, 혹시 저 좀 도와주실 수 있어요? 사례는 섭섭지 않게 할게요.
윤희	(마음 흔들리고)

602. 병원 윤철 진료실 (저녁)
　　　 윤철, 생각에 잠겨있는데. 떠오르는 어젯밤 서진의 레스토랑 예약문자.
　　　 망설이다가 벌떡 일어나는 윤철.

603. 고급 레스토랑 룸 (저녁)
　　　 예쁘게 꾸민 서진, 룸으로 들어서고. 자리에 앉으며 단태에게 전화를 거는데.

서진   어디쯤이야? 나 도착했는데.

604.   고급 레스토랑 앞(저녁)
        와서 멎는 윤철의 차. 윤철, 비장한 표정으로 차에서 내리고.

605.   고급 레스토랑 일각(저녁)
        단태, 직원을 따라 걸어가는. 서진이 들어간 룸 안으로 들어가고.
        찰나의 순간, 같은 복도를 걸어오는 윤철. 서진의 룸 앞으로 다가서는데,
        윤철, 조금 열린 문틈 사이로, 테이블 앞에 앉아있는 서진을 보면.
        서진은 윤철 보지 못한 채, 한 번도 보지 못한 듯한 환한 미소를 짓고 있고.
        윤철, 그런 서진에게 깊은 배신감이 드는데.
        그때, 서진의 손에 포개지는 고급 시계를 찬 남자의 손.(등지고 앉아있는)
        윤철, 순간 덜컹... 심장이 굳어버리고. 문고리에 손을 갖다 대는 윤철.
        부르르 떨리는 손... 차마 문을 확 밀치고 안으로 들어가지 못하는 윤철.
        남자 얼굴을 확인할 자신도 없이 먹먹하기만 한데.

직원   (음식을 세팅해서 룸으로 다가서며, 윤철에게) 손님, 예약하셨습니까? 안
          내해드릴까요?

윤철   (굳어져서 아무 말도 못하는데)

        그때, 룸에 앉아있는 남자가 뒤를 돌아보는 순간! 윤철, 빠르게 고개를
        돌려버리고. 직원, 룸 안으로 음식을 들고 들어가면.
        천천히 닫히는 문틈 사이로, 단태와 서진, 밖을 내다보지만 윤철을 보
        지 못하고.

606.   고급 레스토랑 룸(저녁)
        서진, 의아한 듯 밖에 시선을 주고 있으면.

단태	왜? 누구 있어? (돌아보면, 문이 닫혔고)
서진	아무것도 아니에요.
직원	(음식 세팅하고) 맛있게 드십시오. (깍듯하게 인사하면)
단태	수고했어요. (지갑에서 수표 한 장 꺼내 팁으로 내밀고) 조용히 식사하고 싶으니, 따로 부를 때까지 안 와도 돼요.
직원	알겠습니다. (나가면)
단태	(직원 나가자마자 서진의 손을 당겨 입맞춤하고) 그리웠어. 이 냄새.
서진	(싫지 않고) 당신 점점 과감해지는 거 알아?
단태	날 잘 모르는 거 같은데. 아직 시작도 안 했어. (도발적인 미소로 보면)
서진	(감정이 끓어오르고) 저녁 먹고 뭐할 건데? 오늘 코스 기대할게!

607. 프라이빗 영화관 일각(밤)
윤희, 로나와 통화하면서 영화관으로 걸어오고 있는.

| 윤희 | 로나야. 엄마 조금 늦을 거 같으니까, 밥 차려놓은 거 잘 챙겨 먹고, 설탕이랑 놀고 있어~ (전화 끊고, 시계 보더니) 늦네. (입구 쪽을 보는데) |

윤희, 유리창에 자신의 모습을 비춰보는. 나름 꾸미고 온 모습이 맘에 드는데.
그때, 뒤로 지나가는 서진과 남자의 다정한 모습.
윤희, 유리창에 비친 두 사람의 모습에 놀라서 돌아보면. 이미 사라진 두 사람.

| 윤희 | 천서진? 설마... 잘못 봤나... (그때, 핸드폰에 문자 뜨고) |
| 수련(E) | 조금 늦을 거 같은데, 먼저 들어가 있을래요? |

608. 프라이빗 영화관 안(밤)
윤희, 처음 본 럭셔리한 영화관에 어색해하며 자리를 찾고 있는데.

중앙 계단을 내려서면. 계단 양쪽으로 널찍하게, 두 개의 커플 좌석만 있고.

윤희, 조심스럽게 자리에 앉아, 계단 너머의 커플 좌석에 앉아있는 여자를 보면. 틀림없는 천서진이고!

윤희   (기겁하는) 맞네, 천서진!! (얼른 몸 낮춰서, 두 사람의 모습을 예의주시하는데. 서진, 옆의 남자와 자연스럽게 스킨십하고 있고. 문득 남자의 얼굴을 확인한 순간 기겁하는. 틀림없이 수련의 남편, 단태고!! 충격 받은 윤희!!)

단태   (서진과 키스를 하다가, 그제야 건너편에 있는 여자의 존재를 의식하고 멈칫하면)

윤희   (얼른 의자 깊숙이 몸 숨기는데. 혼란스럽고 정신없는. 그때, 윤희의 핸드폰 울리고. 허둥대고 받으면)

수련(F)   영화관 안에 계시죠? 저 지금 들어가요.

윤희   (화들짝 놀라서, 나직이) 잠깐만요!! 제가 지금 나가요. 거기 딱 서계세요! (다급하게 두 발로 기듯 달려 나가는데)

609.   프라이빗 영화관 앞(밤)
        윤희, 얼른 뛰어나오면. 막 영화관으로 들어서려는 수련과 마주치고.

수련   (능숙하게) 저 마중 나오신 거예요? 어서 들어가요. (해맑게 웃고, 다정하게 윤희의 팔짱을 끼면)

윤희   (다급히 그런 수련을 막아 세우며) 안돼요! 들어가면!!

수련   (아무것도 모르는 듯) 왜요. 무슨 일 있어요?

윤희   (미치겠고) 그게... 그게.... 석경 엄마!

수련   말씀하세요.

윤희   (에라 모르겠다) 안에, 석경이 아빠 있어요.

수련   네? 그이가 왜... 오늘 늦게까지 회의한다고 했는데... 로나 엄마가 잘못 보신 거겠죠. (안으로 막무가내로 들어가려면)

윤희	(다급히 수련을 잡고) 여자랑 있다고요! 석경 아빠!!
수련	(놀라는) 지금, 무슨 소릴 하시는 거예요? (얼굴 하얘져서, 윤희의 팔을 뿌리치고 거침없이 안으로 뛰어 들어가면)
윤희	(미치겠고. 따라서 뛰어 들어가는)

610. **프라이빗 영화관 안**(밤)
수련의 눈앞에 보이는 단태와 서진. 두 사람, 키스하고 있고.
수련, 몸을 바들바들 떨며 두 사람한테로 다가서려면.
윤희, 다급히 그런 수련을 끌고 밖으로 데리고 나가는데.
수련, 눈물 그렁해져서 이끌려 나오고.

611. **프라이빗 영화관 일각**(밤)
수련, 절망적인 표정으로 넋 나간 얼굴인데.

수련	어떻게... 말도 안돼요... 서진 씨랑 그이가 왜.... !! (충격 받은 듯 비틀하면)
윤희	(다급히 붙들고) 진정해요. 정신 차려야 돼요. 석경 엄마!
수련	(멍해서) 가서 물어봐야겠어요. 그런 사이가 아닐 수도 있잖아요! 내가 오해한 걸 수도 있잖아요!! (다시 들어가려면)
윤희	(냉정하게 잡아 세우며) 그렇게 믿고 싶은 거 아니에요? 석경 엄마가?! 두 사람 이미 석경 엄마 속이고 있어요. 두 눈으로 직접 보고도 못 믿어요?!!
수련	(윤희를 보며 화내듯) 당신이 내 남편에 대해 뭘 안다고 그렇게 말해요?! 우리 그이, 절대 그런 사람 아니라고요!! (윤희 가슴을 마구 때리며 몸부림치면)
윤희	(수련의 양팔을 꽉 붙잡고, 거칠게) 당신 남편이 어떤 사람인지는 모르지만, 천서진에 대해선 누구보다 잘 알아요. 걔가 얼마나 악마 같은 앤지!! 알고 싶어요? 천서진에 대해서? (분노에 찬 수련을 보는데)

612.   포장마차(밤)
        수련과 윤희, 마주 앉은 테이블에 국수 한 그릇, 소주 한 병 놓여있고.
        수련, 탈진한 듯 초췌한 표정이면.
        윤희, 소주 연거푸 쭉 넘기고서, 수련에게도 한 잔 따라 주는.

윤희   이럴 땐 소주가 만병통치약이라니까요!! 맨 정신으로 있어봤자 울화
        통만 터지니까, 일단 한잔 쭉 들이켜요. 쭉!! 자, 얼른요!!

수련   (망설이다가 눈 질끈 감고 소주 원샷하고) 믿을 수가 없어요. 아니.. 정말
        그이가 서진 씨를 만나고 있는 거라면... 난 앞으로 어떻게 해야돼요. 어
        떻게 살아야 될지, 아무 생각도 안 나요.

윤희   (소주 또 들이켜고) 가슴 떨리고, 살 떨리는 그 맘, 나도 잘 알아요. 죽은
        로나 아빠도 그랬거든요.

수련   (놀란 듯, 그런 윤희를 보면)

윤희   로나 아빠, 술에 만취해서 난간에서 떨어져 죽었는데, 죽는 순간까지
        딴 여자 품고서 즐기고 있더라고요. 평생 생활비 한번 갖다 준 적 없
        으면서, 그 여자한텐 비싼 옷 사 입히고, 집까지 잡혀서 가게 얻어주고,
        나한테 남겨준 건 빚밖에 없었어요. 썩을 놈! 욕도 아까운 놈!

수련   어떻게 그런 짓을...!!!

윤희   이미 죽어버려서, 제대로 한번 분풀이도 못하고, 그렇게 땅에 묻고 나
        니까, 평생 그게 한이 되더라고요. (소주 확 들이키면)

수련   (윤희 팔 잡으며) 천천히 마셔요. 괜히 나 때문에...

윤희   (감정이입해서, 빤히 수련 보며) 어떻게 이런 착한 사람을 두고, 천서진
        같은 기지배랑 바람을 피우냐고요!! 내가 너무 속상해서 그래요. 친언
        니 같아서! (이미 취한 듯, 머리 마구 헝클어뜨리며) 에잇! 이렇게 된 거 나
        앞으로 그냥 언니라고 불러도 돼요? 언니도 그냥 윤희야~ 편하게 불러
        요. 내가 언니 도와줄게요!! 상대는 천서진이잖아요. 언니처럼 여린 여
        자가 혼자서 싸울 수 있는 평범한 애 아니라고요!

수련   두 사람, 동창이라고 했죠?

412

윤희	같이 고등학교 다녔어요. 만일 신이 있어서, 누구 한 사람 죽여도 죗값 묻지 않는다면, 내 손으로 꼭 죽이고 싶은, 그런 애예요! (눈에 힘 들어가며)
수련	(그런 윤희의 눈빛을 읽는데. 그 위로, 빠르게 회상되는)

613. 회상 1/펜트하우스 단태 수련 집 거실(며칠 전/낮)

노트북으로 예전 기사를 살펴보고 있는 수련. 서진의 인터뷰 기사.
"성악 천재로 살아온 삶" "학창시절부터 끊임없이 질투와 시기를 받으며 위기를 겪기도" "고등학교 때 경쟁자로부터 트로피에 찔릴 뻔한 사건으로 생긴 트라우마" "트라우마 극복하고 국내 정상 프리마 돈나로 우뚝 서기까지"
기사 제목들, 서진에게만 유리하게 나와있는.

614. 회상 2/펜트하우스 단태 수련 집 침실(전날 밤)

욕실에서 샤워 소리 들리고. 수련, 욕실 주시하면서 단태의 옷에서 핸드폰을 꺼내고 카드 내역 빠르게 확인하면. 영화 결제 내역 뜨는데.
수련, 뭔가 계획하는 듯한 표정.

615. 회상 3/8화 50신/자코모 쇼룸(낮)

수련, 은근한 눈빛으로 윤희에게 제안하는.

수련	아! 혹시 오늘 밤에 시간 어떠세요? 영화표가 있는데, 남편이 약속이 생겼다고 해서 어쩌나 했거든요. 같이... 가실래요?

616. 회상 4/프라이빗 영화관 일각(밤)

윤희에게 문자를 보내고, 먼저 영화관으로 들어가는 윤희의 모습을 숨어서 지켜보고 있는 수련.

617.   회상 5/프라이빗 영화관 안(밤)
        단태와 서진의 모습을 보고 놀라는 윤희. 그 모습을 입구 쪽에서 지켜
        보는 수련.
        윤희에게 도착했다 전화를 하고.

618.   현재/포장마차(밤)
        수련, 표정 관리하며 윤희를 보는데.

윤희   입학식 공연에 로나를 못 서게 한 것도 천서진이에요. 증거는 없지만
        확실해! 걘 늘 그랬으니까. 갖고 싶은 게 있음 무조건 가져야 하고, 수단
        과 방법 안 가리고 뺏었어요! 언니도 정신 똑바로 안 차리면, 남편도 뺏
        기고, 그 많은 재산도 다 뺏길지 몰라요. 정신 차려야 돼!
수련   흑... (눈물 흘리며) 사실, 얼마 전에 내 딸이 죽었어요.
윤희   (놀라고) 그게 무슨... 석경이 석훈이 말고 또 딸이 있었어요?
수련   (끄덕하고) 이제 겨우 마음 다잡고 살아보려고 했는데...
윤희   개새끼!! 시베리아 벌판에서 얼어 죽을 십장생 쌍화차 같은 놈. (자기가
        더 흥분해서 분노) 그게 사람이야? 자식 앞세워놓고, 어떻게 바람을 피
        워? 울지 마. 눈물이 아깝다! 똥물에 튀겨 죽일 인간 때문에 왜 언니만
        속앓이 하냐고! (수련의 손 꼭 잡고) 나도 다 해봤는데, 울어봤자 등신 취
        급이나 당해. 아 울지 말라니까! (그런 수련이 안쓰러워서 확 끌어안고, 속
        상해서 같이 눈물 흘려주면)
수련   (품에 안긴 채) 난 할 줄 아는 것도 없고, 뭘 어떻게 해야 할지도 모르겠
        어요.
윤희   혼자 설 수 있게 깡을 길러야 돼! 그런 잡놈은 그냥 확 팬티까지 벗겨서
        한 푼도 주지 말고 쫓아내버려야지!! 어휴, 열불 나 미치겠네. 내가 가
        서 그것들 반 죽여버릴까. (의지 불태우면)
수련   난 싸울 힘도 능력도 없어요. 차라리 다 포기하고, 이혼하고 싶어요.
윤희   (기겁해서) 아, 뭔 소리야! 누구 좋으라고! 절대 쉽게 이혼해주면 안 돼.

414

지금부터 차근차근 준비해서 제대로 한 방 먹여주자고!! 내가 뭐든 도울게!!

그때, 윤희에게 걸려오는 전화. 보면, 모르는 번호고.

윤희   (전화 받는) 여보세요. 네, 제가 오윤휜데. 누구...? (하다가 굳어지는)

수련   (그런 윤희의 표정을 놓치지 않고 보는)

619.   **고급 바**(밤)

바로 들어서는 윤희. 둘러보면, 바에 앉아있는 윤철의 모습 보이고.
윤희, 윤철 옆으로 다가가 앉으면.

윤희   무슨 일이야? 늦은 시간에.

윤철   와줘서 고마워.

윤희   (취한 윤철을 보며, 서진과 단태의 스킨십을 떠올리는데) 왜 이렇게 취했어? 서진이랑... 무슨 일 있어? (떠보듯 보면)

윤철   (멈칫, 하다가) 아니. 무슨 일은. 우리 너무 좋아.

윤희   (그런 윤철이 딱해 보이고) 근데, 난 왜 불렀어? 할 말 있음 빨리해. 괜히 오해받고 싶지 않아.

윤철   미안해... 난 그때도 지금도... 늘 너한테 미안하기만 해.

윤희   할 얘기가 그거야? 취했어. 그만 들어가. (일어나 나가려면)

윤철   (갑자기 윤희의 팔을 확 잡는)

윤희   (멈칫해서 보면)

윤철   나 너무 미워하지 마, 윤희야. (하더니, 쿵! 그대로 테이블로 쓰러지면)

윤희   (그런 윤철을 보는) 고작 이렇게 살려고 날 버린 거야? (원망스럽게 윤철을 보는데)

620.   헤라팰리스 주차장 (밤)
       규진, 차에서 내려 걸어가는데. 들어오는 윤철의 차 보이고.
       규진, 윤철의 차 알아보고 멈춰 서면. 대리기사 내려서 차 문 열어주고.
       윤희, 낑낑대며 윤철을 부축하며 나오는데.

규진   오호~ (흥미롭게 다가서며) 오윤희 씨? 이거 좀... 위험한 투샷인데요?
       12시도 넘은 야밤에, 첫사랑이랑 단둘이?
윤희   (규진을 보자, 멈칫하다가) 보지만 말고, 부축 좀 해주시죠! 너무 취해
       서... (규진에게 윤철을 넘기면)
규진   (윤철 팔을 어깨에 두르고) 우리 하 박사 고주망태 되셨네. 이렇게 취할
       사람이 아닌데... 둘이 마셨다기엔 그쪽은 너무 멀쩡하고, 아~ 술이 쎄
       신 건가?
윤희   그럼 부탁할게요. (차키 넘기고 돌아서는데)
규진   (웃으며) 두 사람 진짜 따로 만나는 거예요?
윤희   그런 거 아니거든요! (돌아서서 걸어가며) 미친놈! 쓸데없이 왜 실실 쪼개?
규진   (윤희 뒤에서) 하 박사가 은근히 순정이 있어요. 그죠? 합의금 일억을
       선뜻 내주고. 와이프 몰래 첫사랑한테 그 돈을 줬을 땐 아직도 찐사랑
       인데.
윤희   (돌아보는) 합의금이라뇨? 그때 천서진이 그냥 합의해준다고... 아니었
       어요?
규진   에이? 그 말을 믿었어요? 천 쌤 성질머리에 그럴 리가. 하 박사가 입도
       무겁구나. 남자네, 남자!
윤희   (놀란 얼굴로, 취한 윤철을 다시 보는데)
규진   담엔 저랑도 한잔 하시죠, 오윤희 씨! 먼저 갑니다. (윤철을 부축해서 걸
       어가며, 윤희 쪽 흘깃) 도대체 1억을 삼킨 마력이 뭐야. (그러다 윤철을 확
       밀치고) 아 쫌 똑바로 서봐요! 무거워 죽겠네, 진짜.
윤철   (취해서 휘청하며) 윤희야, 미안해. 내가 너 버려서 벌받나 봐, 지금.
규진   (순간 놀라서 보는) 이건 또 뭔 소리야?!

416

621.   헤라팰리스 서진 윤철 집 침실(밤)
       윤철을 침대에 내던지듯 눕히는 규진. 숨 헉헉대며 힘들어하면.

서진   왜 이렇게 많이 마신 거예요? 세상에... 꼴이 이게 뭐야.
규진   그러게요. 볼 때부터 만취던데요? 혹시, 두 사람 싸웠어요?
서진   네? 우리가 왜요? (윤철의 옷을 벗겨주면)
규진   아님 말고요. 아! 하 박사 단속 잘해요. 원래 꼬인 사람이 딴짓도 하는
       법이니까. 갑니다. (손 인사 빠이 하고 나가면)

       서진, 뭔가 싶은데. 그때, 윤철의 핸드폰 진동으로 올리고.
       서진, 윤철의 핸드폰을 꺼내 보는데 표정 굳어지는.

서진   오윤희? (메시지를 확인하면)
윤희(E) 사과는 다음에 제대로 받을게.
서진   (순간 굳은 표정으로, 널브러진 윤철을 보는데)

622.   헤라팰리스 앞(밤)
       윤희, 헤라팰리스를 올려다보고 있는.

윤희   천서진, 너 나한테 제대로 걸렸어. (의미심장한 미소 짓고 돌아서는)

623.   헤라팰리스 서진 윤철 집 주방(다음 날 아침)
       윤철, 쓰린 속을 비비며 주방으로 들어서면. 서진과 은별, 식사 중인.

서진   (아무렇지 않게) 아줌마. 해장국 내오세요. (윤철을 보는) 술 좀 깼어? 어
       젠 누구랑 그렇게 많이 마신 거야?
윤철   아, 어제? (기억을 떠올리면, 단상처럼 윤희와 함께 있었던 게 떠오르고. 얼
       른 둘러대는) 누구긴. 주 회장이랑 이 변이랑 마셨지.

서진 그래? 적당히 마셔. 속 버리잖아. (일어서고) 해장하고 가. 나 먼저 출근할게. (일어서서 나가는데. 표정 싸늘해지고)

윤철 (한숨 돌리고, 핸드폰 열어보면. 윤희에게서 문자 와있고. 열어보는)

624. **자코모 쇼룸 앞 (아침)**
       걸어가는 윤희, 띠링 문자 오고. 보면 윤철이다.

윤철(E) 어제 실수한 거 갚을게. 시간 내줘.

윤희 (피식 웃고, 쇼룸 안으로 걸어가는)

625. **쇼룸 일각 (아침)**
       힘없이 앉아있는 수련을 걱정스레 보는 윤희.

윤희 (바리바리 싸온 도시락을 착착 꺼내놓으며) 내가 언니 이렇게 코 빼놓고 있을 줄 알았다니까. 싸움도 밥심이야. 뭐라도 꾸역꾸역 먹어야 힘이 나지.

수련 (고개 내젓고, 많이 편해진 말투로) 생각 없어. 언제까지 버틸 수 있을지 모르겠어. 그 사람이랑 눈 마주치는 것도 너무 힘들어.

윤희 이럴 때일수록 약해지면 안 돼. 마음 단단히 먹으라니까. (하다가) 어제 말한 그거, 내가 밤새 생각해봤는데.

수련 (보는) 뭘?

윤희 경매 쪽 일 해보고 싶다며. 내가 도와줄게. 언니는 그걸로 남편 모르는 돈 만들고, 나도 돈 벌고, 같이 상부상조하자고. 어때?

수련 (윤희의 손을 덥석 잡으며) 정말 나 도와주는 거야, 윤희 씨?

윤희 할 수 있는 데까지 해볼게. 그러니까 언니도 천서진 같은 애한테 절대 두 눈 뜨고 당하지 마!

수련 (고개 끄덕이고) 안 그래도 남편 서재에서 경매 자료 하나를 봐둔 게 있어. 남편이 거길 사려고 하는 거 같은데... (말을 슬쩍 흘리면)

윤희　(눈 반짝이며) 거기가 어딘데?

626.　**몽타주(낮)**
　　　윤희, 건물 부지를 둘러보는 컷 되면.
　　　인근 부동산 몇 군데를 돌며 정보를 체크하는 윤희. 의욕적인 모습인데.

윤희　(차에 올라타며, 흥분해서) 언니! 이 물건, 대박이야 대박! 주변에 쇼핑센
　　　터가 들어선다는 소문이 있어. 무조건 우리가 낙찰받아야 돼!!

627.　**자코모 쇼룸(낮)**
　　　수련, 윤희와 전화하고 있는.

수련　그래. 난 윤희 씨만 믿을게. (전화 끊고) 오윤희 씨.. 내가 당신을 좀 이용
　　　할게요.

628.　**단태 사무실(낮)**
　　　단태, 규진, 윤철, 마주 앉아있고.

윤철　(부동산 계약서 내밀며) 인근 건물들은 전부 계약 완료했어요. 세 사람
　　　이 무려 700억을 쏟아부은 대프로젝트가 완성됐습니다.
규진　경매 날짜는 내일로 잡혔어요. 다들 같이 가실 거죠?
단태　아뇨. 이 변 혼자 가세요. 많은 사람이 몰리면, 쓸데없는 피라미들이 꼬
　　　일 수 있으니까.
규진　그게 좋겠네요. 얼마 쓸까요?
단태　집주인 파산신청으로 헐값에 나온 집이니 비싸게 입찰할 필요 없어요. 딱
　　　천 올리세요. 그래도 우리 손에 넘어올 겁니다! (자신만만해하면)

　　　단태, 정중앙 테이블 위에 버튼을 누르면, 쇼핑센터가 홀로그램으로

나타나고.

단태   이젠 우린, 대한민국에서 제일가는 현금 부자가 될 거예요.

윤철/규진 (뭔가 비장해지는데)

단태/윤철/규진   (약속이나 한 듯이 동시에 일어나서 하이파이브하는)

629.   경매법원(다음 날, 낮)

규진, 긴장된 표정으로 앉아있으면. 입찰 시작되고.

그때, 또각또각 걸어오는 높은 하이힐의 여자 구두.

선글라스 끼고, 몸에 쫙 달라붙은 슈트에, 웨이브 머리한 여자의 뒷모습.

지나가는 남자들, 모두 그 여자에게 시선이 사로잡히는데.

규진도 넋 나간 듯 보고 있고.

그때, 경매하러 온 사람들 사이를 지나, 경매가가 적힌 입찰봉투를 함에 넣는 여자. 모자를 눌러쓴 윤희고.

규진, 시선이 딴 데 팔려 윤희를 보지 못하는데.

윤희   (모자 쓴 채 걸어가며, 나직이 수련과 통화하는) 입찰자 이름은 내 이름으로 했어. 언니 남편이 몰라야 하니까. 3천 올려 썼으니, 안전할 거야.

630.   단태 사무실(낮)

쾅!! 하고 책상 내리치는 단태.

단태   (얼굴 하얗게 질렸고) 누구라고? 오윤희...?

윤철   (더 놀라고) 설마...!!! 그 사람이 어떻게 그 물건을 알아보고..

규진   (흥분해서 큰소리로) 틀림없이 오윤희였어요!! 우리가 완전히 당했어요, 오윤희한테!! 보송마을 때부터 우연이 아니라 진짜 능력자였던 거라고요!!

윤철   그 집이 없으면 부지 전체를 재건축할 수도 없는데, 이제 어떡할 거예요!! 공사 지연되면 자금 묶이는 건 당연지사고, 불어날 이자는 어떻게

감당할 건데!! 죄다 고금리로 끌어온, 친구들 돈인데!! (벌떡 일어나 소리치면)

규진 우리 돈 넣은 게 자그마치 7백억이에요, 7백억!! (삿대질하고)

단태 그중에 내 돈이 5백억이에요. 그러니 다들 닥치고 있으세요!! (큰소리치면)

규진 (흥분해서 단태의 멱살을 잡고 따지는) 애초에 이 판을 짠 게 누군데! 나도 무려 백억을 넣었다고! 우리 엄마 돈까지 싹싹 쓸어서!! 그 돈 날리면, 울 엄마한테 디진다고, 나!! 알아?! (거의 울 거 같은데)

단태 (그런 규진을 확 뿌리치고) 이 손 못 놔!! 감히 누구한테!!!

규진 (힘없이 테이블로 고꾸라지면)

윤철 (테이블 쓸어버리며) 너만 믿고 투자했으니, 어떻게라도 책임져야 될 거 아냐!!

단태 너? 지금 너라고 했어?

윤철 그래, 너! 나 지금 눈에 뵈는 거 없어!!

단태 이 개자식이! (멱살 잡으면)

윤철 (확 뿌리치고) 뭐? 개자식?!! 내 전 재산에, 친구들 돈까지 날려먹게 생겼는데, 어디서 욕지거리야?!! 이러고 있을 새가 어딨어?!! 빨리 대책을 세우라고!! 나 쇠고랑 차면 어쩔 거야?! (난리 치면)

단태 (갑자기 꽃병을 집어들어, 벽에 내던지고) 닥치라고 했지!! (꽃병이 깨지는 소리에, 윤철과 규진 놀라서 보면) 아직 끝난 일도 아닌데, 이렇게 바닥을 보일 거야?!!! 해결하면 될 거 아냐!!! (이글이글 분노하는 눈빛) 오윤희... 내가 그 여자 좀 만나봐야겠어!!! (분한 듯 이를 악무는데)

631. **전망 좋은 레스토랑**(저녁)
     샴페인 잔을 부딪치는 수련과 윤희.

수련/윤희 (기분 좋게) 브라보!

수련 너무 떨려. 진짜 낙찰받게 될지 몰랐는데... 근데, 그 건물이 정말 돈이 될까?

윤희　구조상 거기 재건축을 위해선 그 건물이 무조건 필요하게 돼있어. 언니 남편도 그걸 아니까, 사려고 뛰어든 거겠지. 정중앙에 알박기로 들어가 있는 집이거든, 그게!

수련　고마워. 나 진짜 친동생이 생긴 거 같아. 윤희 씨가 옆에 있어서 얼마나 든든한지 몰라. (윤희에게 봉투 건네며) 경매 물건을 처리하면 수익은 또 나누겠지만, 당장 내 마음을 표현하고 싶어서 준비한 거니까 받아 줘, 윤희 씨.

윤희　(봉투 받고) 폼나게 거절하고 싶은데, 내가 쫌 쪼들리거든. 잘 쓸게 언니. 나도 이렇게 술 한잔 같이할 수 있는 언니가 생겨서 너~~ 무 좋아. 우리, 찐하게 건배할까?

수련　그럴까? (확 친해진 느낌이고)

수련과 윤희, 기분 좋게 짠 부딪치고. 환하게 큰소리로 웃는데.

632.　보송마을 윤희 아파트 거실(밤)

채 이삿짐이 정리되지 않은 거실. 여기저기 풀지 않은 짐 더미들이 아무렇게나 쌓여있으면.
윤희, 기분 좋게 취해서 들어오는데. 양손에 쇼핑백이 잔뜩 들려있고.

로나　엄마, 왜 이렇게 늦었어? 술 마셨어?

윤희　(신나서) 로나야. 이게 뭔 줄 알아? 우리 로나 선물이야. 볼래? (쇼핑백에 들어있는 물건들 쏟아내면, 새 가방에 신발에 옷들 나오고)

로나　(놀라서) 이게 다 뭐야? 뭔 옷을 이렇게 많이 샀어?

윤희　우리 로나, 엄마가 그동안 못 해줬던 거, 앞으로 다 해줄 거야. 우리 딸, 이제 꽃길만 펼쳐질 테니까, 이 엄마만 믿어. 우리 딸 엄마가 쫌 안아보자. 로나야.... (로나를 와락 끌어안고 뽀뽀하려면)

로나　아, 왜 이래, 진짜. 저리 가... 아, 술 냄새. 못살아, 내가. (도망 다니는데)

그러면서도 모처럼 행복한 윤희와 로나고.

633. 꿈/헤라펠리스 일각/민설아 죽던 날(밤)
      술에 취해 비틀거리며 엘리베이터에서 내리던 윤희, 누군가와 부딪히
      는데. 설아고.

설아 (다급하고 간절하게) 제발 도와주세요. 저 좀 살려주세요, 아줌마!!

634. 보송마을아파트 윤희 집 거실(밤)
      아악!! 벌떡 일어나는 윤희, 온몸이 땀에 젖어있는데.
      윤희, 머리가 깨질 듯이 아파오고. 블랙아웃 됐던 그날 일이 조금씩 떠
      오르는데. 그 안에 설아가 있고!!

윤희 맞아... 생각났어! 그날, 헤라펠리스에서 민설아를 만났어!

      그때, 설탕이가 갑자기 윤희를 향해 미친 듯이 짖기 시작하고.

윤희 왜 그래, 설탕아. 밤늦게 짖으면 사람들 깨잖아. 조용히 하라니까.

      윤희, 설탕이를 안아서 달래려는데, 갑자기 설탕이가 윤희의 손을 확
      물어버리는. 윤희, 아악! 비명 지르면.
      설탕이가 후다닥 뛰어가 로나의 방으로 가버리는데.

윤희 설탕아! 어디 가? 설탕아!! (설탕이를 잡으려고 쫓아가면)

635. 보송마을아파트 로나의 방(밤)
      설탕, 열린 문틈 사이로 로나의 방으로 들어가고.
      윤희, 문을 확 열어젖히고 따라 들어가면. 책상에 앉아있는 로나의 뒷

모습 보이고.

윤희	로나야, 아직 안 잤어? 공부하는 거야? (로나에게 다가서는데. 뒤를 돌아보는 사람, 로나가 아닌 설아고)
설아	(원망스럽게 윤희를 보며) 아줌마... 도와달라고 했잖아요.
윤희	(순간 기겁해서 비명 내지르는) 아아악!! 뭐야.. 니가 왜!!! (뒷걸음질 치는데. 눈 비비고 다시 보면 로나고)
로나	(설탕이를 품에 안고 있는) 엄마... 설탕이가 이상해.
윤희	설탕이가 왜...?
로나	설탕이가.. 설탕이가 숨을 안 쉬어.
윤희	그럴 리가... 방금까지 계속 짖었는데... (떨리는 손으로 설탕이를 만져보는데. 이미 죽었고. 기겁하는 윤희)
로나	(두려운 듯 울면서) 왜 이런 거야, 설탕아... 죽으면 안 돼.... 설탕아!!!

윤희, 자는 듯 곱게 누워있는 설탕이를 보며 이상한 기분에 빠져드는데.
그때, 설탕이 목걸이에서 뭔가를 발견하는 윤희.
목걸이를 뒤집어보면, "민설아"라는 이름과 전화번호가 각인되어있고.

| 윤희 | (얼굴 하얗게 질린) 설탕이가... 민설아 강아지였어?!! |
| 로나 | 설탕아... 설탕아... (큰소리로 울고 있고) |

윤희, 충격으로 굳어진 얼굴로 민설아가 살던 집안을 둘러보는 데서
엔딩!!

9화

의심의 단서

636. 보송마을아파트 로나의 방(밤)
로나, 설탕이를 품에 안고 있는.

로나   (두려운 듯 울면서) 왜 이런 거야, 설탕아... 죽으면 안 돼.... 설탕아!!!

윤희, 자는 듯 곱게 누워있는 설탕이를 보며 이상한 기분에 빠져드는데.
그때, 설탕이 목걸이에서 뭔가를 발견하는 윤희.
목걸이를 뒤집어보면, "민설아"라는 이름과 전화번호가 각인되어있고.

윤희   (얼굴 하얗게 질린) 설탕이가... 민설아 강아지였어?!!
로나   설탕아... 설탕아... (큰소리로 울고 있고)

윤희, 충격으로 굳어진 얼굴로 민설아가 살던 집안을 둘러보는데.
로나의 방 창문의 커튼이 나부끼고 있고. 바람에 창문이 덜컹거리는.

윤희   (순간 소름 끼치는) 로나야. 설탕이.. 어디서 데려왔다고 했지?
로나   (울면서) 공원 옆 놀이터. 차에 치일 뻔해서 내가 구해줬는데... 동물병
        원에서도 아무 이상 없댔는데 갑자기 왜 이런지 모르겠어. (설탕이를 끌
        어안고 우는데)
윤희   (왠지 모를 섬뜩함을 느끼며, 속마음으로) (E) 민설아도, 설탕이도, 모두
        이 집에서 죽었어. (대사로, 혼잣말처럼) 우리... 이사 가자, 로나야. 엄마
        여기서 못 살 거 같아.

637. 헤라펠리스피트니스센터(다음 날 아침)
단태, 신경질적으로 운동기구 움직이면서 생각하고 있는.

단태   (주먹을 불끈 쥐고, 무서울 정도로 운동에 집중하며 빠르게 페달 돌리며) 오
        윤희! 감히 니깟 게 내 일을 방해해?!

427

규진(E) 지금 태평하게 운동이나 할 때예요?!

단태 (고개 들어보면, 규진과 윤철이 앞에 서있고)

규진 (자연스럽게 운동기구에 올라타서 스텝 밟으며) 오윤희 그 여자는 만나봤
      어요? 뭐래요? 설마 아직도 못 만난 거예요?! 당장 만나겠다고 큰소리
      뻥뻥 치더니, 대체 뭐하고 있는 거예요?!

단태 계획을 짜서 신중하게 움직여야지. 무턱대고 만나서 뭘 어쩔 건데요?!
      그러는 이 변이랑 하 박사는 오윤희에 대해서 뭐라도 알아봤어요? (더
      빠르게 페달 돌리면)

윤철 (역시 신경질적으로 운동기구를 끌어내리며, 시비조로) 그 말투 엄청 거
      슬리네요. 지금 누구 때문에 이 사달이 났는데요!

단태 그래서 말꼬리나 물고 늘어지면, 뭐가 해결되는데?! (더 빠르게 움직이면)

규진 (스텝 미치도록 밟으며) 지금 제일 예민한 사람은 나예요, 나! 아빠 몰래,
      울 로펌 건물까지 저당 잡혔다구요! 울 엄마가 지금 내 전화를 안 받아
      요. 이게, 얼마나 충격적인 일인 줄 알아요?! (울음 터질 거 같고)

윤철 아무리 생각해도 오윤희가 계획한 일 같진 않아요. 그 사람, 남편 죽고
      겨우겨우 하루 벌어먹고 사는 여자예요. 자격증도 없이 부동산 일 하면
      서요.

단태 (미치도록 페달 밟으며) 그런 여자가 사채까지 끌어들여 보송마을을 샀
      다? 거기다 명동 집까지? 이건 정보 없인 절대 불가능해요. 설마 하 박
      사가 정보를 흘린 건 아니겠죠?!

윤철 그걸 지금 말이라고 해요? (역시 운동기구를 끊어져라 잡아당기는데)

규진 (뭔가 생각난 듯, 러닝에서 뛰어내리며) 어! 그날 밤! 하 박사랑 오윤희랑
      술 마셨잖아요. 오윤희랑 몰래 연애하면서 정보 흘린 거 맞죠? (윤철 옷
      자락 잡아서 마구 흔들며) 야! 하윤철! 첫사랑이 그렇게 중요해? 내 돈
      토해내!!

윤철 (규진 손 거세게 뿌리치며) 무슨 말 같지도 않은 소리야? 내가 스파이 짓
      이라도 했단 거야?! 빌린 돈 백억까지 꼴아박은 판에, 내가 왜 그런 짓
      을 해?!

단태	(숨 헉헉대며) 그 말이 꼭 사실이길 바래요. 안 그럼 당신, 내 손에 죽어!!
규진	그럼 대체 오윤희가 무슨 수로 우리 먹잇감마다 날름날름 뺏어 먹냐고요?! 대체 어떻게?!! (주먹으로 운동기구를 꽝꽝 내리치면)
단태	(갑자기 페달 멈추고) 그 여자에게 부동산 정보를 주며 뒤를 봐주는 사람이 있다는 건데... (순간 퍼뜩한 생각. 자신의 핸드폰을 꺼내 마구 뒤지는데)
규진	왜 그래요?
단태	쉿! (핸드폰 설정에 들어가 애플리케이션 관리 목록을 보면, 도청앱이 깔려있는 게 확인되고. 표정 굳어지는. 빠르게 핸드폰에 뭔가를 적어 윤철과 규진에게 보이고)
단태(E)	지금 나, 도청당하고 있는 거 같아요!
규진	(놀라며) 네? 도...
윤철	(재빨리 규진의 입을 틀어막으면)
단태	(다급하게 벌떡 일어서고, 재빨리 피트니스센터를 뛰쳐나가는데)
규진	(다리에 힘 풀린 듯 털썩 주저앉고) 나 방금 너무 놀라서 지릴 뻔했어요. 오윤희 그 여자, 정말 대단한 여자예요. (하다가, 화들짝) 설마 우리 것도? (핸드폰 꺼내서 마구 뒤지는데)
윤철	(믿어지지 않는다는 표정) 그럴 리가....

638. 보송마을 윤희의 집 거실(아침)
   윤희와 로나, 힘없이 들어오고.

윤희	설탕이 장례 잘 치러줬으니까 좋은 곳에 갔을 거야. 학교엔 좀 늦는다고 연락해놨어.
로나	(한쪽에 있는 설탕이 침대며 물건들 보면 마음 찢어질 거 같은데) 아직도 안 믿겨. 이유도 없이 갑자기 왜 죽은 거야? 설탕이 죽은 거 이상하지 않아?
윤희	(갑자기 예민하게) 뭐가 이상해! 그냥 어디가 아팠나보지. 죽은 강아지 얘기 이제 그만해!
로나	엄마가 더 이상해. 엄만 설탕이가 불쌍하지도 않아?

윤희	엄마도 맘 아파. 그래서 납골당까지 가서 잘 보내줬잖아. 얼른 학교가. 늦었어.
로나	(가방 챙겨들고. 울컥해서 나가면)
윤희	(뭔가 계속 찜찜한 기분 들고)

(인서트) 8화 84신
블랙아웃 됐던 날, 민설아를 만난 기억. "제발 도와주세요. 저 좀 살려주세요, 아줌마!!" 간절하게 손을 내밀던 설아 모습.
설탕이가 갑자기 윤희를 향해 미친 듯이 짖고.
설탕이가 윤희의 손을 확 물고 도망치던 일 떠오르면.

| 윤희 | 내가 그날, 민설아를 어떻게 만난 거지? 보송마을에서 죽은 애가 왜 헤라팰리스에 있냐고. (온몸에 소름 돋는 듯 몸을 감싸며 집을 둘러보다가, 급히 핸드폰 하는) 부동산이죠. 3동 601혼데요. 집 내놓을게요. 하루라도 빨리 나가게 해주세요! |

639.   전자상가(아침)
       컴퓨터 프로그램 돌리는 업자, 단태의 핸드폰에 깔린 도청앱을 확인하고 있는.
       헤드폰 낀 채로 뭔가 듣더니, 메모지에 "도청 중"이라고 쓰는.
       메모지를 받아드는 사람, 조 비서고.

640.   헤라팰리스 일각(아침)
       조 비서, 단태에게 핸드폰 건네주고.

| 조비 | 깔려있던 도청 어플은 삭제했습니다. |
| 단태 | (부들거리는) 감히 누가 내 핸드폰에 그런 짓을... (하다가, 뭔가 떠오르는 듯 멈칫하고) |

(인서트) 8화 19신

단태 여기, 국내 최대의 쇼핑 타운이 들어설 겁니다. 각자 최대한 끌어모아 보세요. 투자금의 다섯 배 보장하니까.

(인서트) 6화 22신

단태 세 달 뒤에, 보송마을 재개발 발표가 있을 거예요! 제2의 헤라팰리스가 세워질 예정입니다.

단태, 순간 표정 굳어지고.

단태 설마, 심수련 당신이...?!!! (부리나케 뛰쳐나가는데)

641. **구치소 안 감방**(아침)
    죄수들, TV 보면서 히히덕거리고 있으면.
    감방 한쪽 귀퉁이에 쭈그리고 앉은 채, 잡지책을 뒤적이고 있는 누군가. 잡지책 한군데에 시선이 고정되고.
    "화가에서 경영인으로, 자코모 심수련 대표"에 대한 인터뷰 기사가 실려있는.
    수련이 웃고 있는 모습을 뚫어지게 바라보는 죄수의 시선.

죄수(E) 심수련....JKing 홀딩스 주단태 회장의 부인? (순간 비뚤어지는 입술)

642. **펜트하우스 안방**(아침)
    수련, 핸드폰 도청 어플을 켜는데, 아무 소리도 들리지 않는.
    뭔가 이상함을 느끼고.

643. **펜트하우스 서재**(아침)
    서재로 몰래 들어오는 수련. 급히 테이블 아래 설치해 둔 도청기를 떼어내는데.

양씨(E)   오셨습니까, 회장님.
수련   (순간 화들짝 놀라고)

644.   펜트하우스 거실(아침)
    단태, 뛰어오르듯 2층 계단으로 올라서는데. 서재에서 나오는 수련과
    마주치고.

단태   (의심스럽게 보는) 왜 거기서 나와? 내 서재엔 무슨 일로?!
수련   (손에 들고 있던 책을 하나 들어 보이며) 당신 책 좀 빌리느라고요. 운동
    많이 했어요? 출근해야죠. 얼른 준비할게요. (내려가면)
단태   (그런 수련을 의심스럽게 내려다보는 단태의 시선. 그러다 옆에 있는 조 비
    서에게 눈으로 뭔가를 지시하는)

645.   펜트하우스 서재(아침)
    조 비서, 탐지기로 서재 안의 도청 장치를 확인하고 있는.

조비   (탐지기 끄고) 탐지기에 아무것도 나오지 않습니다.
단태   (신경질적으로) 없어? 그럴 리가 없는데...

    그때, 노크와 함께 들어서는 양씨.

양씨   부르셨습니까, 회장님.
단태   요즘 와이프한테 별다른 점 없었나요?
양씨   특이할 만한 건 없었습니다. 아이들과도 잘 지내시고, 학부모들과도 잘
    어울리시는 거 같았습니다.
단태   학부모? 누구?

양씨	배로나.. 라고 석경이 친구 엄마가 며칠 전에 집에 놀러오셨습니다.
단태	(놀라고) 배로나 엄마라면 오윤희?! (굳어지면)
조비	(나서고) 사모님께서 오윤희 씨와 몇 차례 만나신 적이 있습니다. (핸드폰에 찍힌 사진을 보여주면)
단태	(순간 버럭) 그걸 왜 이제야 보고해?!! (뺏듯이 핸드폰 받아서 보면. 쇼룸에서 찍힌 윤희와 수련의 모습 보이고, 두 사람 매우 친해 보이는데) 설마 당신이 오윤희 그 여자랑?! (표정 싸늘해지는데)

646. 헤라펠리스 거실(아침)

수련, 2층 서재 쪽을 불안하게 올려다보고 있으면. 단태가 2층에서 내려서고.

수련	(자연스럽게 다가서며) 아침 먹어야죠. 준비 다 됐어요. (돌아서면)
단태	당신, 예비로 들어온 애 엄마랑 친해? 배로나... 라고 했던가?
수련	(멈칫, 돌아보고) 윤희 씨요? 뭐 특별히 친한 건 아니고... 석경이가 로나랑 친한 거 같아서 집에 초대도 하고 쇼룸에서도 만났어요. 근데 왜요?
단태	그 여잔 우리랑 근본부터가 다른 여자야! 가까이 두지 않는 게 좋아. 당신을 이용할지도 모르고.
수련	그 정도는 내가 알아서 할게요. 얼른 씻고 와요. 나도 나가봐야 돼요. (미소 띤 채, 주방으로 가면)
단태(E)	(그런 수련이 더 의심스럽고) 만일, 윤 실장이 죽기 전 입을 놀린 거면?!! (불안한 기운이 느껴지는데. 경계하는 듯 수련 뒷모습을 보는 단태고)

647. 헤라펠리스 마사지 숍(아침)

서진, 마리, 상아, 나란히 누워서 마사지 받고 있는.
마리, 직원의 도움으로 핸드폰을 얼굴에 대고 수련과 통화 중인.

마리	오늘도 출근이야? 오늘 애들 현장학습 가서 천 쌤도 쉰다 하고, 같이 점

심이나 할까 했지. 모처럼 헤라클럽 여자들끼리 뭉치면 얼마나 좋아.
알았어. 얼른 움직여 동생.

상아   바쁘대요? 뭔 대표가 하루도 못 쉬어요?

서진   한창 애들 중요한 시기에, 엄마가 밖으로 돌면 애들은 티가 나는 법인
데... 갑자기 일은 왜 시작했대요?

마리   심운건설 딸이잖아요. 우리나라 다섯 손가락 안에 들던 건설회산데, 아
빠 닮았으면 사업 수완이 좀 있겠어요?

서진   (비웃듯) 이미 흔적도 없이 사라진 회사 아닌가요?

마리   사라진 회사는 아니죠. 아직 가구는 있잖아요. 그것도 우리나라 최고
브랜든데... (그때, 핸드폰 울리면. 번호 확인하고 놀라서 얼굴에 붙인 팩 뜯
어내고 얼른 받는, 애교 부리며 통화하는) 아~ 네~~ 저예요~~ 왜 이제
야 전화해요~~ 얼마나 기다렸는데. 약속은 무슨. 그런 게 어딨어요. 누
가 부르는 건데. 지금 바로 쏠게요~ 네~~ (전화 끊더니) 어쩌죠. 나 급
한 일이 있어서 지금 가봐야겠는데...

서진   같이 점심하자면서요? 나도 어렵게 시간 뺐는데.

마리   워낙 중요한 일이라서 어쩔 수가 없네요. 그럼, 마저 하고들 오세요. (후
다닥 뛰쳐나가면)

상아   (의심스럽게 보고) 또! 또! 제니 엄마 진짜 수상하지 않아요, 천 쌤?

서진   왜요?

상아   콜 받고 저렇게 뛰쳐나가는 게 한두 번이 아니라니까요. 어디서 누굴
만나는지, 올 때마다 양손에 쇼핑백 가득 명품을 들고 오는 건 기본이
고, (슬쩍 귓속말로) 꼭 그렇게 씻고 와요.

서진   네?

상아   메이크업부터 머리까지 싹 다 다시 하고 온다니까요. 글쎄, 며칠 전에
는요.... (눈빛 반짝이며 말 시작하는)

648.   회상/헤라팰리스 주차장(낮)
마리, 룰루랄라 콧노래 부르며 차에서 내리는데. 고급스러운 가죽잠바

에 신상 핸드백을 메고, 양손에 가득 쇼핑백을 든 차림이고.
그때, 상아가 차에서 내리다가 다가서는.

상아 (의심스럽게) 제니 엄마, 어디 다녀오세요?

마리 (흠칫 놀라고) 아, 깜짝이야. 어, 백화점. 모처럼 쇼핑 좀 했어. 난 쇼핑 다
이어트가 체질에 맞나 봐. 백화점 한 바퀴 돌면 2kg은 금방 빠지더라고.

상아 (핸드백이 눈에 띄고) 그 빽, 오늘 사신 거예요?

마리 (한껏 자랑하며) 응. 이쁘지? 완전 핫한 신상. 패션잡지에서 애슐린 피어
스가 들고 나와서 엄청 이슈 됐잖아. 상아 씨도 봤지?

상아 (의심쩍게) 근데 그거, 우리나라엔 안 들어왔는데.. 어떻게 사신 거예요?

마리 (순간 당황) 어? 어 그게... 사실은 친한 언니가 유럽 갔다가 사왔는데, 맘
에 안 든다고 줬지 뭐야.

상아 (더 의심스럽고) 누가 그런 고가의 선물을 줘요? 그거 리미티트 에디션
이라 세계적인 셀럽들도 못 구한다던데.

마리 귀하니까 선물했겠지. 나, 잘나가는 언니들 많이 알아. 그럼 먼저 갈게.
(둘러대고, 서둘러 걸어가면)

상아 (귀신같이 냄새 킁킁거리며) 아침이랑 향수향도 달라졌고, 화장도 다시
했네요. 대체 어디 다녀오시는 거예요? 혹시...

마리 (갑자기 욱해서) 혹시 뭐?! 상아 씨 그렇게 할 일 없어? 남의 향수 냄새나
외우고 다니고. 그러니 민혁이가 맡아놓고 꼴등이지. 그렇게 할 일 없
으면 애 단속이나 잘해. (휙 돌아서서 성큼성큼 뛰어가다가, 유리문에 꽝
부딪치는)

649. 현재/헤라펠리스 마사지 숍(아침)
상아, 신나서 뒷담화하는.

상아 확실히 남자예요. 스폰서라니까요! 당황해서 도망가는 폼이, 틀림없어
요! 어떻게 딸 키우는 사람이 불결하게 바람을 피워요? 제니한테 부끄

럽지도 않나.

서진   직접 본 것도 아니잖아요. 그런 추측, 명예훼손인 건 알고 계시죠?

상아   제 말 못 믿어요? 직감이 확 왔다니까요. 뭐 사실 유 대표님이 두바이 간 지도 꽤 됐고, 독수공방 얼마나 외롭겠어요. 헤라클럽 부부 모임 때마다 술 먹고 꽐라 되면 외롭다 노래를 부르잖아요. 수상해요, 수상해.

서진   전, 못 들은 걸로 할게요. 제니 엄마도 안 계시고, 오늘 점심 식사는 나중에 하죠. (몸 일으키면)

상아   (기분 나쁘고) 아 참, 하 박사님 요즘 무슨 일 있으세요? 얼마 전에 만취해서 들어오셨다면서요. 우리 그이가 하 박사님 부축하다 허리 삐끗해서 오늘 한의원 가봐야겠다고.. 대체 누구랑 그렇게 마신 거래요?

서진   (순간 표정 굳어지고) 그게 왜 궁금하세요? 어제 보니, 민혁이만 과제 안 냈던데, 그 정돈 집에서 체크하셔야 되는 거 아니에요? 지인이라고 대충 넘어가지 않는다는 거, 알고 계시죠? 그럼. (휙 나가버리면)

상아   뭐야, 우리 민혁이가 동네북이야 뭐야. 왜 다들 할 말 없으면 우리 민혁일 씹어. (하다가) 이놈의 자식이 진짜!

650.   **자코모 쇼룸 안(낮)**
       수련, 이젤 앞에서 그림 그리고 있는.
       설아 모습을 그리고 있는 듯, 목에 애플 목걸이를 걸고 있고.
       그러다 화병에 꽂힌 아칸서스가 눈에 띄면. 빼서 쓰레기통에 처박아버리는.

윤희(E)   아직 싱싱한데 왜 버려?

수련   (돌아보면, 윤희가 서있고. 화사하게 웃으며) 어서 와, 윤희 씨.

       (시간 경과) 수련, 윤희 앞에 차 놓다가 놀란 듯 떨리는 손.

수련   설탕이가 죽어?

436

윤희	그새 정들어서 로나가 어찌나 슬퍼하던지.. 아침에 납골당까지 갔다가, 울면서 학교 갔어. 로나가 혼자 커서 그런지 쉽게 맘을 주거든.
수련	(마음 아픈) 그랬구나... 로나가 잘 키워주길 바랐는데.
윤희	유기견이었다니 아마도 병이 있었지 싶어. 우리랑은 인연이 아니었나 봐. (하다가) 참, 남편은 어때. 경매를 놓쳤으니, 지금쯤 애가 닳았을 텐데.
수련	(멍해있으면)
윤희	언니!
수련	어? 어... 집에선 별다른 내색 안 해. 다음은 어떻게 할 생각이야?
윤희	최대한 많이 받고 넘겨야지. 아마, 부르는 게 값일 걸? 대충 얼마 부를까?
수련	난 그쪽 일은 전혀 몰라서. 윤희 씨가 원하는 대로 해.
윤희	정말 그래도 돼? (그때, 윤희 핸드폰 울리면) 잠깐만. (받는) 여보세요?
단태(F)	저는 주단태라고 합니다. 몇 번 본 적 있죠. 석훈이 석경이 아빠요.
윤희	(멈칫, 올 것이 왔다는 표정으로) 석훈이 아버님이요? (수련을 보면)
수련	(긴장해서 그런 윤희를 보는)

651. 외곽 동네목욕탕 앞(성북구 길음동 정도/낮)
미끄러지듯 들어와 멎는 외제차. 내리는 건 화려한 차림의 마리고.
화려한 가죽 트렌치코트에, 아찔한 스틸레토 킬힐, 손에 든 고급 악어
백, 얼굴을 덮는 선글라스, 값비싼 골드 액세서리를 몸에 칭칭 감은 마
리, 주변을 이리저리 둘러보는데 걸려오는 전화.

마리	(전화 받는. 첩보 작전을 방불케 하는 느낌으로) 네. 도착했어요. 지금 들어가요. (목욕탕으로 재빨리 들어가는 마리고)

652. 단태 사무실(낮)
단태, 초조하게 사무실 왔다 갔다 하고 있으면. 조 비서가 들어서고.

조비	오윤희 씨 오셨습니다.

단태	들여보내. (돌아서는데)
윤희	(조 비서 안내받고 들어오는데)
단태	(표정 확 바꿔서, 부드럽게) 와주셔서 감사합니다. 앉으시죠.
윤희	(여유 있게) 그럴까요?

653. 회상/쇼룸 안(낮)
　　　수련, 윤희에게 조언해주는.

수련	절대 주눅 들거나 당황한 표정 보이면 안 돼. 그 사람, 약한 사람에게 더 강한 사람이니까.

654. 현재/단태 사무실(낮)
　　　윤희, 당당하게 단태 앞에 앉고.

윤희	무슨 일로 만나자고 하신 거죠?
단태	차는 뭘로 드릴까요?
윤희	됐어요. 일이 있어서 금방 가봐야 해서요.
단태	그럼, 단도직입적으로 말씀드리죠. 명동에 경매로 낙찰받은 집이 있으시죠.
윤희	그걸 어떻게 아세요?
단태	운이 참 좋으신 거 같아요. 재개발 발표가 나기 전에 보송마을도 사고. 명동 집까지.
윤희	제 뒷조사라도 하셨어요?
단태	관심이 생겼다 해두죠. 어떻게 그 정보를 얻은 건지 궁금한데요.
윤희	제게 관심이 생겼다니 잘 아시겠네요. 부동산 일로 10년을 굴렀어요. 자연스럽게 좋은 물건을 알아보는 안목이 조금은 생겼고요.
단태	오윤희 씨에겐 그 집이 그닥 쓸모 있진 않을 거예요. 허물어지기 직전의 낡은 집인 데다, 부지가 좁아 건물을 올릴 수도 없을 테니까.

윤희	잘 알죠. 제가 그 집을 산 건 투자 목적이었어요. 소문을 듣자 하니, 근방에 쇼핑센터가 들어선다던데... 물론 알고 계시겠죠?
단태	저한테 파세요! 30%로 더 올려드리죠. 가치도 없는 집, 괜히 가지고 있다 세금밖에 더 나요.
윤희	방금 그 말씀, 엄청 가치가 있다는 말로 들리네요.
단태	(얼굴 일그러지려는 거 간신히 참고) 하하하하.. (호탕하게 웃으며) 오윤희 씨 배포, 마음에 드네요. 아름다운 외모만큼이나.
수련(E)	매너에 속아서도 안 돼. 화려한 언변으로, 윤희 씨의 마음을 사로잡으려 들 거야.
윤희	(수련 말 떠올리며, 마음 다잡는데)
단태	남편과 사별하고 힘들게 따님을 키웠다 들었어요. 하지만, 세상 운에는 총량의 법칙이라는 게 있죠. 이미 대운은 다 써버린 거 같은데... 좋아요! 100%로 드리죠. 이만한 제안, 어디에도 없을 겁니다.
윤희	(잠시 생각하고) 썩 괜찮은 제안이네요.
단태	마음에 드셨다니 다행이네요. 바로 서류 준비하죠. (서류를 꺼내면)
윤희	잠깐만요.
단태	(보면)
윤희	괜찮은 제안이라고 했지, 받아들인다곤 안 했는데요.
단태	(차츰 인내심을 잃은 듯) 지금 뭐하자는 거예요?!
수련(E)	불안할 땐, 오른손을 튕기는 버릇이 있어. 그때, 승부수를 던져!
윤희	(단태의 오른손을 주시하며) 거절한다는 뜻이에요! 약속이 있어 그만 가볼게요. 오늘 대화 즐거웠어요. (일어나는데)
단태	오윤희 씨! 우리 와이프랑 친하다면서요? (싸늘하게 표정 변하며) 그래서 알게 된 건가? (천천히 다가서며) 우리 와이프가 이 정보, 당신한테 넘긴 거예요? 말해 봐요. 그런 거예요?! (매섭게 다그치면)
윤희	(단태가 눈앞까지 다가서면, 순간 두려움에 흔들리는 눈빛. 그러다 애써 쫄지 않고 당당하게) 무슨 뜻인지 이해가 안 되네요. 수련 씨가 남편 일에 그럴 이유라도 있나요? 수련 씨는 남편을 아주 존경하던데.... 방금 하

신 얘긴, 안 전하는 걸로 할게요. (돌아서면)

단태 (다급해진) 원하는 게 뭐죠? 최대한 거기에 맞춰보죠.

윤희 원하는 거요? 당신한테 안 파는 거요! (홱 가버리면)

단태 (잠시 멍해있다가, 신경질적으로 책상을 쓸어버리는데) 저런 미친 여자를 봤나! 주제도 모르고 어디서 흥정질이야?! (분한 듯 부르르 하는데)

655. **JKing 홀딩스 건물 앞/자코모 쇼룸/전화 통화 (낮)**
윤희, 애써 진정하려는 듯 숨 가다듬으며 수련과 통화 중인.

윤희 가슴 터지는 줄 알았어. 손이 벌벌 떨리는데, 쎈 척 하느라고 숨도 못 쉬었다니까. 언니 남편도 다급했는지, 원하는 게 뭐냐고 묻더라고.

수련 (윤희와 통화 중인) 그래서 뭐랬어?

윤희 당신한텐 안 판다고 큰소리쳤지. 욕이라도 한사발 해줄 걸 그랬나.

수련 (웃고) 잘했어! 어차피 칼자루는 우리가 쥔 거야. 또 연락하자. (전화 끊고) 주단태, 운은 당신이 다 써버린 거 같은데?

그때, 수련의 핸드폰 울리고. 보면 발신번호표시제한으로 뜨고. 멈칫하다 받는.

수련 여보세요? 여보세요?

656. **구치소 일각/쇼룸 안/전화통화 (낮)**
죄수복을 입은 누군가, 핸드폰을 하고 있는.

민 원장 (입 모양만 보여주며) 그동안 안녕하셨습니까, 심수련 사모님.

수련 누구시죠?

민 원장 (입 모양만 보여주며) 이거 섭섭한데요. 내 목소리를 잊어버리시다니. 그럼, 이렇게 말하면 알까요? 민설아, 어머님?

440

수련	(순간 화들짝 놀라는) 당신 누구야? 설마... 민 원장...?
민 원장	(씨익 웃는데. 그제야 드러나는 얼굴. 야비한 미소) 아이고, 잊지 않으셨군요. 나, 소망보육원 민 원장입니다. 당신 딸을 거둬서 키워준 은인이요.
수련	감방에 있을 놈이 어떻게 전활 해?
민 원장	여기도 뭐, 사람 사는 곳이니까요. 날 이 꼴로 만들어놓고, 아주 자알 지내시나 봐요. 조상헌 의원을 죽인 사람도 당신이죠? 왜, 버린 자식한테 쫌 미안했나 보지?
수련	개자식! 악마 같은 인간!
민 원장	남편은 아직 모르죠? 민설아가 사모님 친딸이라는 거. 그럼 너무 불공평한 거 아닌가. 감방에 있다 보니 나도 정의롭게 살고 싶어지더라고요. (이죽대면)
수련	입양을 미끼로 어린애들을 팔아먹은 주제에, 아직도 정신 못 차렸어? 너 같은 놈은 감방도 아까워! 당장 죽어버려야돼!
민 원장	근데 어쩌죠. 내가 죽는 걸 사모님이 보긴 어려울 거 같은데. 설아 어머니께서 주 회장님 손에 먼저 죽지 않을까요? 내가 방금 알려드렸거든요. 사모님이 민설아 친모라는 거.
수련	뭐야? (얼굴 하얘지고)
민 원장	지금 한가롭게 욕할 시간 없어요. 30분 안에 내가 보낸 선물이 남편 회사에 도착할 테니까. 흐흐흐... (이죽대고 웃으며 전화 끊어버리면)
수련	(화들짝 놀라고. 그대로 핸드백만 들고 달려 나가는데)
민 원장	(핸드폰을 교도관에게 건네주고) 잘 썼수다, 교관님. 전화비는 넉넉히 쳐드릴게. (휘파람을 부르며 가고)

657. **자코모 앞 주차장**(낮)
　　　수련, 미친 듯이 뛰어가서 회사 앞에 세워진 차에 올라타고.
　　　정신없이 차 몰아서 달리는데.

658. JKing 홀딩스 건물 앞 (낮)

오토바이를 탄 퀵맨이 빌딩 앞에 멈춰 서고. 서류봉투를 든 채 오토바이에서 내려서 건물 안으로 들어서면.

이어서 수련의 차가 들어서고. 차를 버리다시피 하고 뛰어내리는 수련.

659. JKing 홀딩스 로비/비상계단 (낮)

퀵맨, 서류봉투를 들고 엘리베이터에 올라타면.

수련, 달려오는데 이미 엘리베이터 문 닫히고 올라가버리고.

수련, 두리번거리다가 정신없이 비상구로 뛰어가고. 미친 듯이 계단을 성큼성큼 뛰어오르는 수련.

660. 단태 사무실 앞 (낮)

수련, 숨 헉헉대며 비상구 문 열어젖히고 복도로 나가면. 엘리베이터에서 내린 퀵맨이 사무실 쪽으로 걸어가는 게 보이고.

수련	(다급하게) 잠깐만요!
퀵맨	(돌아보면)
수련	(서류봉투 주시하며) 주단태 회장님한테 온 퀵인가요?
퀵맨	네.
수련	저 주세요. 가지고 오라고 연락 받았거든요. (퀵맨, 별 의심 없이 서류봉투 건네면) 감사합니다. 가보셔도 돼요.
퀵맨	(돌아서서 가면)
수련	(다급하게 서류봉투를 뜯으려는데, 뒤에서 단태의 목소리 들리고)
단태(E)	(수련 보고 놀라는) 어쩐 일이야? 연락도 없이.
수련	(화들짝 놀라서 돌아보면. 사무실에서 조 비서와 함께 나오는 단태 보이고. 얼른 봉투 감추며) 근처에 왔다가 당신 얼굴이나 보고 가려고요.
단태	(이상하게 보는) 안색이 안 좋은데. 땀은 왜 이렇게 흘리고...
수련	오랜만에 일하니까 그런가 봐요. 신경 쓸 일들이 좀 있거든요.

442

단태	(못마땅한 듯) 그러게 왜 일은 시작해서! 힘들면 지금이라도 당장 그만둬!
수련	그 정돈 아니에요. 곧 적응할 거예요. 차 한잔 줄 수 있어요?
조비	(그때, 조 비서가 다가오고) 회장님. 회의 시작할 시간입니다.
수련	(자연스럽게 미소) 아, 회의 가는 길이에요? 얼른 가봐요. 난 괜찮으니까.
단태	그래, 집에서 봐. (뭔가 찜찜한 기분으로 복도 걸어가면)
수련	(단태가 사라진 거 확인하고, 얼른 봉투 찢어서 뜯어보면. 설아의 사진이 확대돼서 들어있는. 심장이 쿵! 하고. 같이 들어있는 메모지 펼쳐서 보면)
민 원장(E)	심수련 사모님. 날 감방에서 꺼내줘야겠어. 안 그럼, 당신 비밀 모두 폭로할 거야. (협박 문자 적혀있는)
수련	(봉투를 꽉 쥔 채, 손이 바들바들 떨리는데)

661. 펜트하우스 단태 수련의 방(저녁)
      수련, 방으로 들어와 화장대 앞에 앉아 거울을 보는데. 문득 보이는 설아의 유골 목걸이.
      순간 뭔가 결심한 듯, 캔들 라이터로 협박 메모지를 태워버리고.
      급하게 핸드폰을 집어 드는 수련.

662. 윤철의 병원 진료실(저녁)
      윤철, 수술복 차림으로 진료실로 들어서는. 피곤한 듯 털썩 주저앉는데.
      부재중 전화 들어와있고. 보면 서진의 전화 7통인데. 그냥 툭, 전화 던져버리고 수술복 갈아입고 있으면.
      그때, 노크 소리 나고 들어오는 사람, 서진이고.

윤철	(놀라서 보는) 무슨 일이야, 여긴?! (얼른 옷 입는데)
서진	전화를 해도 콜백이 없으니, 궁금해서 왔지. 방금 수술 끝났나 봐.
윤철	(무표정한) 무슨 일이냐고 묻잖아.
서진	(애써 밝게) 와이프가 남편 병원 와보는 게 그렇게 이상해? 약속 없으면, 같이 저녁 먹어. 지난번에 약속 펑크 낸 것도 미안하고...

윤철	(갑자기 옷걸이에서 겉옷을 신경질적으로 확 집어 들고) 약속 있어! (문 쪽으로 뚜벅뚜벅 걸어가면)
서진	(그런 윤철이 이해 안 되고) 왜 그래, 진짜? 누가 쫌생이 아니랄까 봐!
윤철	(휙 돌아보는. 매서운 눈빛으로 노려보는데)
서진	(기막히고) 그래! 먹지 마! 누가 사정해서 밥 먹재? 사춘기도 아니고, 대체 뭐가 불만이어서 이래? 기분 나쁜 게 있으면 속 시원히 말을 하면 될 거 아냐? 당신 이러는 거, 사람 얼마나 질리게 하는지 몰라?! 사람이 노력을 하면 받아주는 맛도 있어야지.
윤철	노력하지 마. 아무것도 하지 마. 대신, 생색도 내지 마.
서진	뭐? (기막혀 씩씩대는데. 그때 핸드폰으로 문자 오고. 신경질적으로 핸드폰 열어서 확인하면. "당신이 주단태와 무슨 짓을 한지 다 알고 있다. (눈 모양 그림)" 순간 헉! 해서 핸드폰을 닫으면)
윤철	할 얘기 다했어? 그럼 나가도 되지? (무표정하게 서진을 보다가, 휙 나가면)
서진	(윤철 나간 거 확인하고, 다시 문자를 확인하는데. 얼굴 하얗게 질리고) 그때, 그 눈이야!! (사색 되는데)
규진(E)	완전 미친 여자 아니에요?

663. 술집 룸(밤)

단태와 규진, 윤철, 술 마시고 있고.

규진	안 판다고요? 따블이라는데? (윤철 보며) 오윤희, 옛날에도 그렇게 또라이였어요? 하긴 그 정도 또라이니까, 천 쌤 앞에서 자기 목을 확 그었겠죠. 하 박사님 여자 취향 참 한결같아요, 네? 어떻게 그렇게 쎈 여자들만 좋아해요?
윤철	(그런 규진 무시하고, 단태에게) 어떻게 할 생각이에요?
단태	우리 제안을 받아들일 수 있게 설득해야죠.
규진	모양 빠지게 뭘 설득을... (하다가, 그제야 알아들은 듯) 콜! 뭔 소린지 알았어요. 오랜만에 몸 좀 풀어도 된다는 거죠.

단태	*(끄덕하고)* 이번 일은, 이 변한테 맡길게요.
규진	맡겨만 줘요. 도장 안 찍곤 못 배기게 만들어줄 테니까! *(이 악물면)*
윤철	*(걱정되고)* 어떡할 생각이에요?
규진	왜요. 내가 첫사랑 죽이기라도 할까 봐? 살짝 겁만 주려는 거예요. 살짝. 이번엔 나설 생각 하지도 마요! 하 박사 돈도 자그마치 백억이 들었어요. 그 돈 날리고 싶지 않으면, 내가 떠먹여주는 밥이나 먹을 준비하면 돼요.
윤철	*(불안한 듯 보는. 걱정되고)*

그때, 단태의 핸드폰이 울리고. 보면 서진인데.

단태	*(슬쩍 윤철 보다가, 얼른 일어나서 받는)* 네, 주단탭니다.
서진(E)	지금 만나요. 급한 일이에요! 별장으로 먼저 가있을게요.
단태	*(멈칫하는)*

664.   단태의 별장 (밤)
단태, 별장 안으로 달려오자마자, 서진의 핸드폰 뺏어서 문자 확인하고.

단태	어떤 미친 새끼가!! *(분해 미치겠는데)*
서진	민설아가 죽기 전에 누구한테 얘기한 게 분명해. 이 눈 그림... 그때랑 똑같아. 헤라팰리스 분수대! 회중시계 협박 편지! 다 같은 사람이야. 설마 이 사람이 민설아의 핸드폰을 가지고 있는 건 아니겠지? 그럼 거기 우리 동영상도 있을 거 아냐? *(겁에 질린 표정이면)*
단태	잘됐네. 이참에 그놈을 잡아서 핸드폰까지 싹 치우면 돼. 핸드폰을 못 찾아 내내 찝찝했는데.
서진	누가 갖고 있는지도 모르는데, 핸드폰을 어떻게 찾아? *(하다가)* 혹시.. 짚이는 사람 있어?
단태	있어.

서진	누구?
단태	민설아 오빠!
서진	오빠?

(인서트) 7화 64신

설아	(단태를 분한 듯 노려보다가) 내가 여기까지 왔을 때, 아무 안전장치도 없이 왔을 거 같아요? 나, 도와줄 사람 있어요! 내가 만일 잘못되면, 우리 오빠가 당신 찾아서 가만두지 않을 거예요!

단태	알아보니, 민설아가 입양됐다가 파양된 적이 있는데, 그 집에 양오빠가 있는 모양이야.
서진	(안 믿고) 그 양오빠라는 작자가, 지금 우릴 협박한다는 거야? 그럴 이유가 없잖아! 피도 안 섞인 남남인데! 그쪽은 아냐.
단태	어떻게 확신해?
서진	거긴 이미 내가 알아봤어.
단태	(놀란 듯 보면)
서진	민설아를 입양한 집안은 이름조차 알아낼 수 없을 만큼 철저히 베일에 싸여있어. 도둑질을 해서 파양됐다는 것밖엔 알려진 것도 없고. 누군진 몰라도, 민설아 따위한테 관심 둘 만큼 한가한 집안이 아니란 얘기야!
단태	(분해서 주먹 꽉 쥐고) 그 계집애가 날 또 속였단 말야?! 맹랑한 것!
서진	난, 예전에도 지금도, 한 사람이 의심스러워.
단태	누군데, 그게!
서진	(똑바로 보는) 당신 와이프!
단태	그 사람이 우리 관계를 알고 있단 말야? 근데, 지금껏 아무 말 안 하고 있다고?! 그 고상한 성격에, 불결해서 하루도 못 참을 걸?
서진	남편이 바람피웠다고 홧김에 이혼하는 여자가 우리나라에 얼마나 될까. 거기다 당신은 엄청난 재력가야. 그 많은 재산을 유리하게 쪼개려면, 당신의 약점이 필요할지도 몰라. 그 약점이.. 민설아일 수도 있고!

단태	무슨, 말도 안 되는 추측이야?!
서진	민설아가 헤라펠리스에서 떨어져 죽는 걸 당신 와이프가 봤을지도 몰라. 난 자꾸 그런 생각이 들어. 심수련 그 여자... 연극을 하고 있단 생각!
단태	(순간 싸한 느낌 드는데) 안달하지 말고 기다려. 내가 해결해. (눈빛 반짝하는 단태고)

665. 헤라펠리스 분수대(밤)

모자를 쓴 수상한 차림의 남자, 서성거리고 있는.
물줄기 뿜어져 나오는 분수대를 올려다보는 사람, 호동이고.
경비들 순찰 돌다가 호동 발견하는.

경비	여기서 뭐하는 겁니까? 어떻게 들어왔어요?
호동	(모자 푹 눌러쓰고, 얼굴 가리며 능청스럽게) 아, 길을 잘못 들어서. 죄송합니다. 고생 많으세요.. (급히 돌아서서 나가는데. 표정 싸늘하게 굳어지는)

666. 단태의 차 안/도로(밤)

조 비서, 운전하고 있고. 단태, 뒷좌석에 굳은 표정으로 앉아있는.

단태	아까 낮에 애들 엄마, 바로 집으로 갔나?
조비	네. (그러다 눈치 보며) 한 가지 이상한 건....
단태	(날카롭게) 뭐야?
조비	낮에 회장실로 퀵 하나가 올라왔는데, 서류가 감쪽같이 사라졌습니다.
단태	그게 무슨 소리야? 내 앞으로 온 퀵이 어디로 사라져?
조비	(잠시 머뭇하다) 근데 그때가, 사모님이 다녀가신 시각입니다.
단태	(순간 불길한 예감 들고) 집으로 가. 빨리!

667. 펜트하우스 수련 단태의 방/구치소 일각/전화통화(밤)

수련의 핸드폰 요란하게 울리고. 수련, 움찔해서 보면. 발신번호표시제한 뜨고.
수련, 심호흡하고 핸드폰 받으면.

수련   여보세요.

민 원장   (능구렁이 말투로) 접니다, 사모님. 제가 보낸 선물은 잘 받아보셨는지요.

수련   당신, 원하는 게 뭐야?!

민 원장   말씀드렸을 텐데요. 절 여기에서 빼달라고. 보석금 내고, 여기저기 빽 좀 쓰면 그만한 능력은 되시지 않습니까. 시간은 오래 드리지 못합니다. 사모님이 힘드시면, 주 회장님께 부탁드려야 될까요?

수련   당신은 그 사람 손에 죽어! 죽기 싫으면 입 닫고 나랑 얘기해.

민 원장   그럼, 내일 저 좀 만나러 오시죠. 기다리겠습니다. (전화 확 끊으면)

수련   여보세요! 여보세요! (미치겠는데)

668.   펜트하우스 거실(밤)
       단태, 방 앞에서 수련의 전화를 엿듣고 있는. 강한 의심 드는 눈빛이고.

단태(E)   협박을 받고 있다... 누구한테?

669.   청아예고 외경(아침)

670.   청아예고 음악부 교실(아침)
       등교하는 로나, 초코우유 두 개를 들고 와서 하나를 석훈 책상에 놓는데.
       뒤따라오던 제니, 그 모습을 보고.

제니   배로나. 너 뭐야. 초코우유를 왜 석훈이 줘?

로나   (흠칫 놀라서 돌아보고) 고마운 일이 있어서 주는 거야.

제니   고마운 일? 어이 상실이네. 너 주석훈 좋아하냐? (하면, 반 아이들 일제히 우우~~ 로나에게 야유 퍼부으며 놀리면)

은별	(심사 꼬이고. 그런 로나를 매섭게 노려보는데)
로나	관심들 꺼!
은후	너 석훈이 함부로 좋아하면 안 되는데. 석경이한테 허락은 받은 거야?
로나	뭘 허락받아?
은후	주석훈은 완전 주석경 꺼잖아. 우리 학교 여학생들이 석훈이 죄다 좋아하는데, 걔가 왜 커플이 아니겠어. 다 주석경 때문이지.
장대	야, 안은후! 그만해. 석훈이가 들으면 어쩌려고.
은후	배로나가 지 주제도 모르고 깝치니까, 내가 안쓰러워서 설명해주는 거야. (하더니 나직이) 석훈이랑 석경이, 남매 이상이야. 쌍둥이 커플. 알 사람은 다 알아. (선을 넘는 멘트 하는데)
민혁	(순간 굳어지고. 교실로 들어서는 석훈 석경과 눈 마주치고) 석훈아! 언제 왔냐?
아이들	(일제히 놀라서 돌아보면)
석훈/석경	(뒷문으로 들어와 서있고)
은후	(순간 당황하는데)
석훈	(그런 은후에게 성큼성큼 걸어오는. 은후, 잔뜩 쫄아서 시선 피하면. 석훈, 아무렇지 않게 초코우유를 집어 들고) 고맙다, 배로나. 잘 먹을게.
로나	어? 어... (보는 은별 표정)
은후	휴... (안도하며, 자리로 가려는데)
석훈	(갑자기 은후 어깨 위로 손을 턱 올리며) 야, 안은후! 수업 끝나고 오랜만에 한 게임할까. 체육관에서.
은후	(쫄아서) 어? 그, 그러지 뭐.
석훈/석경/민혁/제니/은별	(서로 눈빛 주고받으면)

그때, 들어오는 두기.

| 두기 | 다들 자리에 앉아! (반 아이들, 서둘러 자리에 앉으면) 배로나! |
| 로나 | 네? (일어서면) |

두기	중간 과제로 내준 공연 감상문, 왜 아직까지 안 내?
로나	그게.. 공연 티켓이 없어서 못 갔는데요. 다 매진이어서 표를 살 수가 없어요. (하면, 아이들 무시하듯 킥킥대고)
제니	솔직하게 말해. 돈 없어서 못 산 거 아냐?
두기	지금 그걸 핑계라고 대는 거야? 과제, 너만 안 냈어. 점수 각오해!
은별	(그런 로나를 비웃듯 보고 있는)

671. 청아예고 복도(아침)
종소리 들리고. 아이들 쏟아져 나오는데.
로나, 두기 쫓아서 달려가고.

로나	선생님. 과제, 다른 걸로 대체할 수 없어요? 티켓이 전부 매진이라...
두기	(말 끊고) 티켓을 구해서 공연을 보는 것도 니 능력이야! 그런 기본적인 것까지 내가 봐줘야 해? 자신 없으면, 지금이라도 학교 관두던지! (가버리면)
로나	(미치겠고. 한숨 푹 쉬는데)

한쪽에서 그런 로나를 보고 있는 은별과 제니, 석경, 석훈, 민혁.

제니	야! 하은별. 공연 티켓, 니가 죄다 사버린 거지? 우리 표까지 니가 다 샀잖아.
은별	그 성악가랑 울 엄마랑 친하거든. 미국에서 같이 유학했대.
석경	배로나 못 보게 하려던 건 아니고?
은별	(순간 뜨끔해서) 무슨!! 내가 저딴 앨 왜 신경 써! 아냐! (가면)
민혁	(은별 뒷모습 보며) 하은별 쟤, 배로나 되게 신경 쓰이나 봐.
제니	(민혁 팔짱 끼며) 그치? 민혁아. 하은별 은근 자존감 개낮다니까. 난 그런 거 진짜 없는데. 아침 먹었어? 우리 매점 갈래? 뭐 먹고 싶어? (끌고 가면)

민혁	아, 쫌 귀찮게 하지 말라니까. (밀쳐내고 앞질러 걸어가는데)
석경	(석훈에게 쓰윽) 봤지?
석훈	뭘?
석경	하은별이 배로나 과제 못 내게 하려고, 공연 티켓을 싹쓸이한 거잖아. 그 정도면, 하은별 제정신 아닌 거지?
석훈	(문득, 복도 한쪽에 풀 죽어있는 로나가 눈에 들어오고)
석경	쫌만 더 흔들어주면, 하은별 추락하는 건 일도 아니겠어. 오빠가 더 분발해야겠는데? (재밌어 죽겠단 표정이고. 문득 석훈 손에 들려있는 초코우유가 보이면) 이런 건 왜 갖고 있어? (뺏어서 쓰레기통에 확 버려버리고) 배로나, 오빠가 쫌 잘해주니까 정신 못 차리는 것 봐. 멍청한 기지배. (깔깔대며 웃고) 우리도 매점 가자, 오빠. (팔짱 끼고 가는데)
석훈	(가다가 문득 돌아보는. 쓰레기통에 처박힌 초코우유를 한번 보고 가는)

672. 자코모 사무실(낮)

수련, 노트북에 SD 카드 꽂으면. 설아의 일기장 나오고.
2018년 5월을 클릭하면.

설아(E)	한국으로 돌아왔다. 동생들이 있는 소망보육원으로.

673. 설아의 일기장 재연/소망보육원 마당(낮)

설아, 초췌하게 마당으로 들어서면.
거지꼴인 보육원 아이들, 고사리 같은 손으로 빨래하고, 빨래 널고 있고.
더 어린아이들은 개 밥그릇에 든 밥을 손으로 우적우적 먹고 있으면.

설아	(놀라서 아이들에게 달려가고) 니들 뭐하는 거야? 개밥을 니들이 왜 먹어?
원생1	(힘없는 눈으로) 설아 언니, 언제 왔어?
원생2	언니, 맛있는 거 사왔어? 언니.. 나 배고파. 먹을 거 줘.. (원생들, 배고프다며 설아에게 우르르 몰려들면)

설아   (땟국물 잔뜩 끼어있는 아이들을 보면 마음 미어지는데) 원장 아빠는? 아
          빠 어디 계셔?!

민 원장   (불룩 나온 배를 들이밀며, 이쑤시개로 이 쑤시면서 거만하게 걸어 나오며)
          빨래 다 했어? 청소까지 싹 다 안 해 놓으면 오늘도 밥 없어! (으름장 놓
          다가, 설아 보고 놀라서 멈춰 서면) 너 왔냐?

설아   (화난. 그런 민 원장에게 다가서고, 버럭) 내 동생들 왜 또 밥 굶겨요? 안 그
          런다고 약속했잖아요!! 매달 보조비 받으면서 왜 끼니도 안 주는데요?

민 원장   (딴청하며) 미국에서 연락은 받았다. 도둑질하다 쫓겨났다며? 무슨 낯
          짝으로 여긴 또 기어들어와? 동생들한테 창피하지도 않아?

설아   첨부터 그쪽과 약속한 거죠? 도둑년으로 몰아서 쫓아내기로? 그 집에
          서 필요한 건 애초에 딸이 아니었으니까! 아닌가요?!

민 원장   (설아의 뺨을 후려치는) 입 안 닫아! 이게 큰일 날 소리하네. 도둑년한테
          아파트까지 해줬으면 감사한 줄 알아야지.

설아   그깟 집 필요 없어!

민 원장   (탐욕스러운 눈빛으로 다가서며) 그래? 그럼 그 집 명의, 나한테 돌려! 평
          생 키워줬으니, 니 밥값 정돈 내놓는 게 당연한 거 아냐?

설아   당신은 악마야!! (원생 아이들을 양팔로 감싸 안고) 내 동생들도 나같이
          팔아먹으려고? 그럼, 당신이 한 짓, 다 찌를 거야 내가 못할 거 같아?!
          내 동생들 건드리기만 해봐!!

민 원장   (빗자루 집어 들고 설아를 마구 때리기 시작하는) 건방진 년!! 어디서 아
          빠한테 악다구니야?! 이러니까 양부모한테도 쫓겨난 거 아냐? 배은망
          덕한 년! 당장 아파트부터 내놔! 안 그럼, 이것들도 다 내쫓고 말테니
          까!! 에잇! (빨래 빤 물을 설아에게 확 뿌려버리는데)

설아(E)   아파트 따윈, 아무래도 상관없다. 내 동생들을 지켰으니, 그걸로 됐다.

674.   현재/자코모 사무실(낮)
         수련, 설아의 일기를 읽으며 새삼 분노로 온몸 떠는데.

452

서진(E)   마침 계셨네요. 헛걸음하면 어쩌나 했는데.

수련   (고개 들어보면, 그 앞에 서진이 서있고) 서진 씨, 웬일이에요. 여긴.

서진   일 시작했다는 얘기 들었는데, 제가 너무 늦었죠. 축하해요, 가구회사
       대표라니.. 멋지네요. (쇼핑백 건네며) 맛있는 에그타르트 좀 사왔어요.

수련   고마워요. 잘 오셨어요. (에그타르트 보며) 아주 맛있어 보이는데요. 커
       피랑 같이 마셔요. (커피 준비하러 나가면)

       서진, 사무실을 둘러보는데.
       문득 한쪽에 세워진 이젤 위에, 그리다 만 유화가 눈에 띄고. 다가가서,
       그림들 하나씩 들춰서 보면, 수련이 그린 그림들인데.
       맨 마지막 장에 소녀의 초상화가 그려져있고. 소녀의 목에 걸린 애플
       모양의 목걸이가 눈에 띄면.

서진   애플 목걸이... 낯이 익는데... 어디서 봤지? (곰곰이 생각하는 표정이고.
       그림 안의 목걸이를 더 자세히 보려고, 가까이 다가서는데)

수련(E)   뭐하세요?

서진   (멈칫, 돌아보는) 그림 좀 보고 있었어요. 수련 씨 그림이에요?

수련   (얼른 쟁반 내려놓고, 다가와) 아직 완성도 안 한 거예요. 부끄러워서 남
       보여주기 그런데... (정색하고 그림들을 덮으려는데. 소녀의 초상화가 바
       닥에 떨어지면)

서진   (손 뻗어서 그림을 줍는) 왜요, 색채를 독특하게 잘 쓰셨는데요. (집어든
       그림을 보려는 순간!)

수련   (그림을 뺏고) 차 식겠어요. 앉으세요. (그림을 뒤집어 손에 움켜쥐는데)

서진   (그런 수련을 의심스럽게 보는) 그러죠.

675.   보송마을 아파트 단지 앞(낮)
       윤희, 아파트에서 나와서 길 걸어가고 있으면.
       그 뒤를 쫓는 검은 선팅 차량. 윤희를 계속 따라가고.

그러다 윤희의 옆을 미끄러지듯 지나가고 나면. 윤희 모습 보이지 않는!

676.   자코모 앞/서진의 차 안(낮)
       수련, 외출 차림으로 나와서, 주위 두리번거리더니 자신의 차에 빠르
       게 올라타고 어딘가로 출발하는데.
       한쪽에서 지켜보고 있던 서진과 서진 비서(도 비서).

서진   (뒷자리에 탄 채, 도 비서에게) 따라가! 놓치면 안 돼!
도비   네, 선생님. (수련의 차를 뒤쫓아서 달리고)

677.   도로(낮)
       수련의 차, 어딘가로 빠르게 달려가고 있고.
       그 뒤를 열심히 쫓는 도 비서, 악착같이 따라붙는데.

678.   구치소 앞(낮)
       수련, 한적한 곳에 차를 주차하고 구치소 안으로 들어가면.
       도 비서, 한쪽에 차를 세우고. 서진, 차에서 내리는.

서진   (의아한 표정) 구치소엔 왜.... (더 강한 의심이 들고. 수련이 들어간 구치소
       담장을 올려다보며, 도 비서에게) 알아와. 누굴 만나는지...
도비   네! (고개 끄덕하고, 조심스럽게 수련을 쫓아가는데)
서진   (표정)

679.   구치소 면회소(낮)
       수련, 면회소(민원봉사실) 안으로 들어와, 면회신청서 작성하고 있으면.
       도 비서, 몰래 수련 옆자리에 와서 신청서 작성하는 척하면서, 수련의
       작성서를 주시하는데. 수련이 알아보지 못하게 옷으로 얼굴을 최대한
       가린 채고.

수련, 수감자명에 "민형식"이라고 적는. 그 모습을 지켜보는 도 비서.

680.　구치소 앞 / 서진의 차 안 (낮)
　　　　도 비서, 운전석에 올라타, 서진에게 보고하는.

서진　　민형식? 그자가 누군데?

도비　　알아보니, 소망보육원 원장이라는 자였습니다. 해외 입양을 미끼로, 원
　　　　생들의 골수를 팔아넘긴 죄로 구속됐다고 합니다.

서진　　골수 입양? 죽은 조상헌 의원과 공범이란 말야?

도비　　맞습니다! 근데, 특이한 건....

서진　　말해!

도비　　그 소망보육원 출신에... 민설아도 있다고 합니다.

서진　　(놀라고) 민설아?!! 그럼 심수련이 지금, 민설아의 보육원 원장을 면회
　　　　하고 있단 얘기야? 그자를 왜?!!

도비　　그건 저도 잘....

서진　　민설아... 심수련... 민설아... (하다가 갑자기, 뭔가 떠오른 듯 화들짝 놀라
　　　　고) 생각났어. 그 목걸이!!

　　　　(인서트) 1화 46신

설아　　당연히 카라멜 애플로 드셨겠죠? 아침 10시만 돼도 벌써 줄이 길어서
　　　　먹기 힘들잖아요. (목에 걸린 목걸이 보여주며) 그 가게에서 파는 애플
　　　　목걸인데, 기억나세요?

　　　　(인서트) 9화 39신
　　　　수련이 그린 초상화에, 소녀의 목에 걸린 목걸이.
　　　　설아가 했던 것과 똑같은 애플 모양의 목걸이고!

서진　　(순간 눈 커지고) 민설아!! 틀림없이 민설아 목걸이였어!! (놀라고) 심수

련... 민설아랑 뭔 관계가 있는 거야!! 확실해!! 내 예감이 틀리지 않았어... (확신에 찬 표정인데)

681.   창고 전경 (낮)
윤희(E)   이거 풀어!! 풀라고!!!

682.   창고 안 (낮)
윤희, 창고 안의 의자에 묶여있고, 정장남들 윤희를 매섭게 둘러싸고 있는데.

윤희   (그러다 다시 사정 조로, 정장남들에게) 도와주세요! 제발 풀어달라고요! 대체 누가 시킨 거예요? 어떤 놈이 이런 짓을...

그때, 다가오는 발걸음 소리. 정장남들 길을 터주면. 모습을 드러내는 사람, 규진이고.

규진   (귀 파면서) 아우, 시끄러. 성악했다더니 목소리가 아주 우렁차시네!
윤희   (규진 보자 감 오고) 이 변호사님?! 당신 짓이에요? 이게 뭐하는 짓이야?
규진   명동 집, 우리한테 넘겨요. 우리 주단태 회장님이 지금 화가 아주 많이 나셨거든. 자존심이 너무 상하셔서 프리미엄도 이제 못 주시겠다네.
윤희   일을 항상 이런 식으로 해요? 이건 범죄예요! 당장 풀어요!
규진   (손가락 나오는 가죽 장갑 끼며) 주제 넘는 충고는 사양해도 되죠?
윤희   (가죽 장갑 끼는 모습이 섬뜩해 보이면)
규진   (씩 웃고) 놀랄 거 없어요. 난 아주 신사적인 사람이니까.
윤희   이런다고 내가 그 집을 팔 거 같아?
규진   우리 쉽게쉽게 가요. 이러다가 딸 영영 못 보면 어쩌려고. 집에서 기다리는 따님 생각도 하셔야지.
윤희   우리 로나 건드렸다간, 당신 나한테 죽어!

456

규진　　아흐, 무서…. (갑자기 날카로워진 눈빛) 이럴 줄 알았어요? 내가 이래봬
　　　　도 작정하면 아주 무서운 사람이거든. (천천히 윤희에게 다가서면)

윤희　　오지 마! 오지 말라고! (발악하다가 의자와 함께 쓰러지면)

규진　　(인상 꽉 쓰며) 좀 조용히 있어요. 그러게 왜 자꾸 우리 일에 끼어서 이
　　　　난리예요? 당신 때문에 곤란해진 사람이 한두 명이 아니라니까… (가죽
　　　　장갑으로 쓰러진 윤희 얼굴을 툭툭 치며) 이 예쁜 얼굴 다기치기라도 하
　　　　면 어쩌려고. 그러니까 빨리 도장 찍어요. (계약서 내밀고. 휘파람 불며,
　　　　억지로 윤희 엄지손가락에 인주를 묻히면)

윤희　　싫어요! 싫다구!! 이거 놔!! (발버둥 치는데)

규진　　(강제로 윤희 손을 끌어다가, 계약서에 지장을 찍으려는 순간!)

　　　　밖에서 들리는 요란한 자동차 경보음!

규진　　아씨, 이 중요한 순간에 누구야? (정장남들에게 눈짓하면)

정장남들　(밖으로 급히 나가는데)

　　　　그때, 뒷문으로 뛰어 들어온 윤철, 곧바로 규진의 뒤통수를 돌려차기
　　　　로 날리면.

규진　　아악!! (그대로 앞으로 고꾸라졌다가, 윤철 얼굴 확인하고) 하 박사! 지금
　　　　뭐하는 거야?!! (버럭 하면)

윤철　　(서둘러 윤희의 결박을 풀어주고) 윤희야, 얼른 가!! 도망쳐!!

윤희　　(금방이라도 울 거 같은) 어떻게 왔어…

윤철　　시간 없어! 뒷문으로 뛰어!! 밖에 차 세워뒀어! (소리치면)

규진　　(비틀대며 일어나, 윤철에게 다가서고) 가긴 어딜 가? 우리 돈 백억이 걸
　　　　렸다고, 이 등신아!! (보기 좋게 윤철을 한판으로 뒤집기하고) 이래봬도
　　　　내가 유단자거든. 울 엄마가 나, 유치원 때부터 태권도 유도 다 시켰어.
　　　　알아? (의기양양하게 손 탈탈 터는데)

윤희	(결박 풀리자마자 바로 이마로 규진을 박아버리면)
규진	(쌍코피 터지고) 뭐야. 피! 피! (난리 치면)
윤철	(그사이 윤희의 손을 잡고 도망치는데) 뛰어!!
규진	야! 거기 서!! 하윤철!!!! (하는데, 정장남들이 급히 뛰어 들어오고) 저것들 잡아!!! 빨리!!! 놓치면 니들 다 죽어!!!
윤철/윤희	(손잡고 도망치는)

683. 창고 앞(낮)

윤철, 윤희를 데리고 미친 듯이 뛰어가, 미리 세워둔 차에 태우고, 자신도 운전석에 올라타고, 차 출발시키는데.
각목 들고 쫓아와 차를 막아서는 정장남들.

규진	(뒤늦게 코에 휴지 뭉치 꽂고 쫓아와) 잡아!! 빨리 잡아!! (난리 치면)
윤철	(막아서는 정장남들을 과감히 뚫고 운전해 달리는)
규진	(숨 헉헉거리며 쫓아가다가 놓치고. 정장남들에게 버럭 하는) 놓치면 어떡해! 이런 머저리 같은 놈들! 빨리 차 갖고 와!! 악! (분해서 소리치다가, 얼른 핸드폰 하는) 주 회장! 망했어요. 하 박사가 다 망쳤다고요!!

684. 시골길/윤철의 차 안(낮)

윤철, 윤희를 태우고 정신없이 시골길을 달리는데.

윤철	(걱정스럽게 보며) 괜찮아? 무슨 일 있었던 건 아니지?
윤희	(순간 울컥하고. 고개 끄덕이는데)
윤철	(사이드미러로 보면, 뒤에서 따라오는 사람 없고. 그제야 안도하며) 다행이다... 따돌린 거 같아.
윤희	(그때 갑자기) 조심해!!!! (소리 지르고)
윤철	(놀라서 정면 쳐다보다가, 기겁해서 급브레이크 밟는데) 윤철의 차, 외통수 시골길에서 멈춰 서면.

윤철의 차 앞에, 차 한 대가 가로막고 서있고.
그 차에서 내리는 사람, 단태다.
단태 옆으로 조 비서가 차에서 내려 버티고 서면.

윤철   (그런 단태 마주 보다가) 윤희 넌, 여기 있어. (차에서 내리는데)

685. 시골길(낮)
        윤철, 단태 앞으로 걸어가면.

단태   (애써 예의 갖춰서) 어떻게 된 겁니까, 하 박사?
윤철   이번 건은 회장님이 너무 심했습니다. 내가 동의한 방식이 아니에요!
단태   (순간 폭발해서 윤철에게 주먹 날리면. 윤철, 입술 찢어져 피 나면서 바닥에
        쓰러지는데) 자꾸 이런 식으로 엇나가는 거, 더는 못 봐줘! 니 돈 포기할
        자신 있어? 그럴 주제도 못 되면서, 첫사랑 여자한테 폼 잡는 이유가 뭐
        야? 돈 욕심은 많으면서 착한 척 위선 떠는 너 같은 놈! 세상에서 제일
        밥맛없어! (하더니, 윤철의 멱살을 움켜잡아서 한 대 더 날리려는 순간!)
규진(E) 명동 집, 우리한테 넘겨요. 우리 주단태 회장님이 지금 화가 아주 많이
        나셨거든. 자존심이 너무 상하셔서 프리미엄도 이제 못 주시겠다네.
단태   (놀라서 소리 나는 쪽을 보면)

        윤희가 차에서 내려, 손목시계를 들어 보이는. 창고 안에서 규진의 협
        박 멘트가 손목시계에서 흘러나오고.

윤희   당신 같은 사람이랑 경쟁하면서, 이런 것도 하나 준비 안 했을까 봐? 납
        치와 감금, 협박. 3종 세트가 다 들어있네.
단태   (순간 한 방 먹었다 싶은데)
윤철   (놀란 듯 보고 있으면)
윤희   (당당하게) 이 녹음 파일, 경찰서와 언론에 뿌리면 주단태 당신 인생에

흠집 하나로는 안 끝날 텐데.. 괜찮겠어?

단태   (분해서 부들부들 하는데) 원하는 게 뭐야.

윤희   앞으로 난, 하윤철하고만 딜 하겠어! 협상을 하고 싶으면, 하윤철이랑 얘기해. (윤철 보고) 뭐해? 타! (먼저 조수석에 올라타면)

조비   (그런 윤희에게 달려들려는데)

단태   (손으로 그런 조 비서를 제지시키고)

윤철   (차에 올라타, 차 출발시키면)

단태   아악! (차 보닛 내리치며, 열 받아 미칠 거 같은데)

규진, 뒤늦게 쫓아와서 그 모습을 다 본.

규진   (분해 죽는 단태를 보며) 쪽팔렸네, 주단태! 아, 오윤희 저 여자 은근 사이다라니까. (하다가, 아쉽단 듯 콧구멍의 휴지를 훙 해서 빼내며) 내 돈만 안 물렸음, 딱 내 스타일인데!

686.   **청아예고 복도(낮)**
    수업 끝나고, 아이들 복도로 쏟아져 나오면.
    은후, 서둘러 가는데. 그 앞을 가로막는 석훈과 민혁.

석훈   어디 가? 같이 운동하기로 했잖아.

은후   그게... 오늘 레슨 있어서 안 될 거 같아. 미안. (그냥 가려면)

석훈   언제부터 내 말에 토 달았어? (무섭게 노려보면)

호동   (갑자기 두 사람 사이로 쓰윽 끼어들며) 뭐가 이리 심각해?

석훈   (호동 등장이 반갑지 않은 듯 얼굴 일그러지면)

호동   모르는 사이도 아닌데, 인사 좀 하지. 주석훈. (석훈을 툭 치면)

석훈   (어쩔 수 없이 고개만 까닥, 인사하고) 그만 가봐도 되죠?

호동   (호탕하게) 그러엄. 바쁜 거 같은데 가봐야지. 얼른들 가. 짜식들, 사이 참 좋다니까.

석훈/민혁 (은후 어깨에 손 올리고, 양쪽에서 데리고 가면)

그 뒤를 석경과 은별, 제니도 따라가고.
반대 방향으로 휘파람 불며 걸어가던 호동, 갑자기 멈춰 서서 뒤돌아
보는. 묘한 눈빛.

민혁(E)   여기를 보세요~

687.   청아예고 체육관 (낮)
양손에 글러브를 낀 채로, 가면을 쓰고 허우적거리는 은후. 그 모습을
재밌다는 듯 찍고 있는 민혁.

제니/은별/석경   (여기저기서 박수를 치며) 이쪽이라니까! 야! 여기라고! 아니,
이쪽이라니까! (은후를 갖고 놀고 있는)

은후   (얼굴에 가면 쓴 채로, 허공으로 손을 허우적대면)

석훈   (은후에게 펀치를 날리는) 청각이 이렇게 안 좋아서 무슨 음악을 해. 은
후야. 자, 여기! 제대로 날려봐! (다시 펀치를 날리면, 은후 휘청하고)

은후   (아이들의 박수 소리에 집중해서 다시 펀치를 날리지만, 헛방이고)

석훈   (빠르게 치고 빠지는) 니깟 게 뭐라고 떠들어. 입조심을 하셨어야지.

은후   잘못했어. 다신 안 그럴게. 한 번만 용서해줘... 내가 잘 모르고... (빌면)

석훈   한두 번 받아주니까 친하다 착각한 모양인데, 난 내 꺼 건드리는 건 못
참아. 알겠어?! (쐐기 박듯 주먹 날리고)

은후   아아... (그대로 무릎 꿇고 쓰러지면)

민혁   나이스! 주석훈! 너 주먹 더 세졌다.

제니   우리 탓하지 마라. 자업자득이니까.

석경   (쓰러진 은후에게 다가가, 걱정스럽게) 괜찮아?

은후   (거의 울듯이) 어... 괜찮아.

석경   (갑자기 은후의 머리를 후려치고) 괜찮으면 안 되지. 니가 나한테 무슨

모욕을 줬는데. 울 오빠가 오늘 많이 참아준 거야. (피식 웃고)

은후	(그대로 쓰러져 못 일어나는데)

그때, 체육관 문 열리며 들어서는 호동.

호동	뭐하는 거야, 니들?! 체육관 쓰려면 허락받아야 되는 거 몰라?
민혁	(얼른 은후의 가면 벗겨서 가방에 넣으면)
은후	(눈치껏 일어나는데 비틀하고)
호동	(그 모습 보며) 안은후? 왜 그래? 어디 다쳤어?
은후	(석훈 눈치 보며) 아뇨...
석훈	복싱을 너무 심하게 했나 봐요. 그러게 적당히 좀 하지.
민혁	넌 쓸데없는 승부욕 좀 버려야 해.
석훈	(애들 보며) 그만 가자. 과외 시간 늦겠다.
석경/은별/제니/민혁	(그런 석훈을 따라 나가는데)
은후	(얼굴 엉망 돼서 비틀대며 따라 나가려면)
호동	(그런 은후를 잡아 세우고) 누구야? 누구한테 맞은 거야? 주석훈이야? 쟤들이 너 괴롭힌 거지?
은후	(움찔하지만) 아니에요.
호동	아니긴 뭘 아냐? (체육관 구석에 미리 설치해 놓은 CCTV를 가리키며) 이래도 아냐?! 넌 일단 양호실부터 가고, 이건 내가 해결할 테니까.
은후	(짜증스럽게) 내가 아니라는데 쌤이 왜 그래요? 쟤들 내 친구고, 이거 다 장난이라니까요. 제발 나서지 마세요!! (쩔뚝거리며 가면)
호동	(걸어가는 은후 뒷모습을 보며, 혼잣말로) 그럴 수야 없지. 내가 이래 봬도 청아예고 선생인데... (의미심장한 표정)

688. 단태 사무실 (저녁)

단태, 단단히 열 받아서 사무실로 들어오면.

서진	(기다리고 있다가, 일어서며) 왜 이제야 와? 전화는 왜 안 받고!
단태	(서진 보자 놀라서, 바깥 눈치 보며) 무슨 일이야? 보는 눈도 있는데 여긴 왜...
서진	(급하게 다가서고) 기다릴 시간이 없었어. 내 예감이 맞았어. 당신 와이프, 민설아와 관계있어!
단태	무슨 소리야, 그게?
서진	당신 와이프가 오늘 누굴 만났는지 알아? 민설아를 키운 보육원 원장을 만났어. 그것도 구치소에서!
단태	구치소?
서진	민형식 원장, 알아보니 조상헌 의원의 심복이었대. 보육원 아이들 골수 팔이까지 한 흉악범을 당신 와이프가 왜 면회를 하겠어? 틀림없이... 민설아와 관련이 있는 거야! 민설아가 죽는 걸 목격했든, 아님...
단태	아님...?
서진	민설아를 원래 아는 사람이든...
단태	(순간 표정 싸해지는데) 그럴 리가 없어!! 그 사람이 어떻게 민설아를 알아?
서진	민설아, 고아잖아. 혹시, 당신 와이프가 민설아 친부모를 알고 있는 거 아냐?
단태	비약이 너무 심한 거 아냐?
서진	1퍼센트 의심점이라도 있으면 확인해봐야 될 거 아냐!! 당신 와이프, 뭔가 있어! 내 말 명심해! 절대 그냥 넘어갈 일 아냐.
단태	(문득, 누군가에게 협박받던 수련 모습 떠오르고) 누군가한테 협박받는 거 같았어.
서진	협박? 맞아. 그 사람일 거야! 민형식 원장!
단태	그 인간한테 왜?
서진	당신 와이프의 비밀을, 그자가 알고 있을지도 모르지. 구치소에 있는 그 인간이...
단태	(순간 쎄한 기분 드는데. 수련에 대한 의심이 점점 확신으로 짙어지고)

689.   펜트하우스 거실(밤)
　　　　단태, 조심스럽게 거실로 들어서는데. 수련, 불안한 표정으로 전화를
　　　　받고 있는.
　　　　단태, 수련의 행동을 주시하며 천천히 수련에게로 다가서면.

수련　　(떨리는 목소리로) 여보세요. 왜 자꾸 이래요!! 그만하라고 했잖아요!

단태(E)　누구 전화지?

수련　　(놀라서 고개 돌려보면. 뒤에 단태가 서있고) 여보.... (하얗게 질린)

단태　　(다가와 수련의 전화를 확 낚아채고, 버럭) 당신 누구야!! 누구냐고, 이 자
　　　　식아!!! (하는데, 툭 전화 끊기면. 발신번호표시제한으로 떠있고. 단태, 수
　　　　련의 양어깨를 붙잡고 거칠게 흔들며, 의심에 찬) 대체 나 모르게 무슨 짓
　　　　을 하고 다니는 거야? 이 사람 누구야? 민형식 원장이야?!

수련　　당신이 어떻게...

단태　　그놈이 왜 당신을 협박해? 뭣 때문에 협박받고 있냐고 묻잖아!!

수련　　내가 아니라, 당신이에요. 협박받는 사람!!

단태　　뭐?

수련　　(서랍에서 위조한 협박 편지를 꺼내 보여주고) 나한테 이런 편지가 왔어요.

단태　　(낚아채서 펴보면. "당신의 남편이 민설아를 죽였다!" "민설아는 헤라팰리스
　　　　에서 살해됐다!" "날 여기서 꺼내주지 않으면, 당신 남편의 비밀, 전부 폭로할
　　　　거야!" 써있고. 눈동자 모양의 그림이 그려져있으면. 기겁하는)

수련　　솔직하게 말해줘요. 정말 당신이 민설아 학생 죽인 거예요? 결정적인
　　　　증거도 있다는데, 대체 무슨 근거로 우릴 협박하는 거예요?!

단태　　말도 안 돼!! 다 헛소리야!! 내가 왜 민설아를 죽여?!!

수련　　오늘 구치소에서 민형식 원장 만났어요. 민설아가 보송마을이 아니라
　　　　헤라팰리스에서 죽었다는데, 그게 무슨 말이에요? 그리고 보니, 분수대
　　　　점등식이 있던 날부터, 당신 이상했어요. 말해줘요. 내가 알아야 당신을
　　　　도울 수 있어요. 설마, 아이들 일을 덮으려고 민설아를 죽인 거예요?!

단태　　아냐! 절대 아냐!!!

464

수련	(단태 목을 와락 끌어안고) 정말이죠. 당신, 민설아 죽음에 아무 관련 없는 거죠? 그렇죠?! 나 무서워요... 무서워 죽는 줄 알았어요...
단태	범죄자 새끼 말을 믿고 날 의심해? 돈을 뜯어내려고 미친 수작을 부리는 거야.
수련	당신 믿어요.
단태	먼저 자. 나 잠깐 나가봐야겠어. (급히 나가면)
수련	(싸늘하게 표정 바뀌고, 전화 걸려온 것부터가 이미 계획된 Fake)

690. 골프연습장 앞(밤)
단태와 조 비서, 다가오고.

조비	민 원장이 소유하고 있는 골프연습장입니다. 현재는 영업 중지된 상탭니다.
단태	뜯어!
조비	네, 회장님! (연장으로 문을 부수고 들어가면)

691. 골프연습장 사무실(밤)
단태와 조 비서, 사무실로 들어서면.

단태	샅샅이 뒤져! 먼지 하나 남기지 말고, 싹 다 찾아내!
조비	(단태의 지시에 따라, 책상과 사물함, 책장 등 전부 뒤지는데)
단태	(순간, 비뚤어지게 걸려있는 그림액자가 눈에 띄면) 저 액자, 치워!
조비	(액자를 떼어내면. 단태와 규진, 윤철의 사진이 붙어있고. 규진의 회중시계와, 도청기, 핸드폰이 놓여있는. 급히 회중시계와 핸드폰을 단태에게 내밀며) 찾았습니다, 회장님.
단태	(핸드폰 열어보는데, 문자 발신함에 협박 문자와 눈 모양 그림이 그려져있는. 부르르 떨며) 감히 전과자 놈이 날 협박해?!!! (무서워지는 눈빛)
조비	어떡할까요.

단태   조용히 처리해. 심부름한 놈도 전부 다!

692.   펜트하우스 거실(밤)
        클래식 음악이 비장하게 흘러나오는 펜트하우스 거실.
        수련, 창가에 서서 차분히 차를 마시고 있는데.

693.   회상 1/교도소 면회실(낮)
        수련과 민 원장, 유리막을 사이에 두고 마주 앉아있으면.

민 원장 생각은 좀 해보셨습니까.
수련   유능한 변호사 알아보고 있으니, 조금만 시간을 주세요.
민 원장 역시, 말이 통할 줄 알았습니다. 뭐 이제 와서 하는 말이지만, 내가 설아
         걔를 엄청 예뻐해줬거든요. 당신도 그걸 알아야 해요. (야비한 눈빛)
수련   알고 있습니다. 잊지 않고 보답하겠습니다. (이를 악무는 수련이고)

694.   회상 2/골프연습장 사무실(저녁)
        얼굴을 최대한 가리고, 장갑을 낀 수련, 그림액자를 떼어내고.
        그 자리에 도청기와 핸드폰, 규진의 회중시계, 협박 편지(눈 모양 그림
        이 그려진)를 놓아두는.

695.   현재/펜트하우스 거실(밤)
        수련, 창밖의 야경을 바라보며, 설아의 일기장을 떠올리는데.

설아(E) 밤마다 수없이 원장 아빠를 죽였다. 그 사람을 만나지 않았다면, 내 인
         생은 조금은 행복했을까.

696.   교도소 안 화장실(새벽)
        카메라 천천히 바닥을 스쳐 지나가면. 민 원장이 화장실 문에 목을 맨

채 죽어있고.

697.   몽타주(이른아침)
       띠링, 띠링, 띠링, 문자 도착음 연달아 울리고.
       서진과 윤철, 규진, 마리, 일어나서 각각의 핸드폰 열어보면. 단태의 메
       시지가 와있는.

단태(E) 그동안 우리를 협박하던 민설아의 망령이 완전히 사라졌어요. 가슴 졸
        일 일은 더는 없을 겁니다. (자신에 찬 목소리고)

       서진, 단태의 문자를 보면서도 어딘가 계속 찜찜한.

698.   자코모 사무실(아침)
       서진, 수련이 아직 출근하지 않은 시간에, 조심스럽게 쇼룸 한쪽의 사
       무실로 들어서고.
       수련의 유화가 놓인 이젤 앞으로 다가서는데.
       손 떨면서 그림을 하나씩 들쳐서 보면. 맨 마지막 장에 소녀의 초상화
       가 나오고.
       그림을 들어서 자세히 보면. 소녀의 목에 걸린 목걸이, 애플 모양이 아
       니고, 하트 모양이고! 소녀의 얼굴도 민설아가 아니라 다른 사람으로
       바뀌어있는!

서진   (순간 멍해지는) 애플 목걸이가 아니었어? 내가.. 잘못 본 건가? (그제야
       의심이 풀리고, 내심 안도하는데)

699.   보송마을 윤희 아파트 거실(아침)
       윤희, 로나에게 토스트와 우유로 아침 먹이고 있으면.
       로나, 핸드폰으로 석경이 보낸 문자 확인하다 놀라고.

헤라클럽 아이들이 좌석에 앉아 공연을 보고 있는 사진인데. 주변 자리 텅텅 비어있는.

석경(E) 하은별이 공연장을 왜 전세 냈을까? 양심에 찔려서 말해주는 거야. 석경.

로나 (어이없어 눈가 빨개지고) 일부러 그랬던 거야! 하은별이!!

윤희 (로나 표정 살피고) 왜 그래? 무슨 일 있어?

로나 그 기집애가 나 과제 못하게 하려고, 일부러 티켓을 다 사버린 거라구! (석경의 문자 보여주고) 걔 때문에 나 과제 빵점 처리됐어. 중간고사 실기에서 1등 못하면 내신 엉망 된다고. (속상해서 울면)

윤희 (도저히 못 참겠고) 일어나. 당장 가자. 엄마랑 가서 제대로 따져!

로나 안돼! 그럼 석경이가 곤란해지잖아. 내 유일한 친군데...

윤희 (속상해 미치겠는데)

700.   **서진의 집 파우더 룸**(아침)
       윤철, 거울 앞에 서서, 찢어진 입술을 확인하고 있으면. 문득 윤희가 떠오르고.

701.   **회상/보송마을아파트 앞/윤철의 차 안**(밤)
       윤희, 차 안에서, 찢어진 윤철의 입술에 약을 발라주고 있으면.

윤철 아아... (아파하는데)

윤희 엄살떨지 마. 암튼, 싸움은 예나 지금이나 더럽게 못 해.

윤철 너, 주단태한테 그만 까불어. 그 사람이 어떤 사람인지 몰라서 그러나본데...

윤희 그깟 놈, 하나도 겁 안 나. 완전 밥맛 재수탱이야. 너야말로 주단태랑 어디까지 연결돼있는 거야? 그 미친 자식이랑 뭘 하고 다니는 거냐고?! 더는 어울리지 마! 후회하고 싶지 않으면. 어? 내 말 알아들어?

윤철 (갑자기 픽 웃고) 그러니까 꼭, 고딩 때 같다. 하나도 안 변했어.

윤희   (멈칫. 얼굴 빨개져서 시선 피하며) 지금 그 꼴로 웃음이 나오니? 가만있
      어봐. 약 더 발라야돼.

윤철   아아... (아파하면서, 문득 윤희 목의 상처가 눈에 들어오면. 천천히 상처에
      손을 갖다 대고 만져보는데) 아직 그대로네.

윤희   (멈칫) 뭐하는 거야. (윤철의 손을 쳐내고, 목의 상처를 가리며) 넌, 이 상
      처 아는 척할 자격 없어. 오바하지 마! (휙 차에서 내리면)

윤철   (가는 윤희를 보는)

702.   현재/서진의 집 파우더 룸(아침)
       윤철, 윤희 떠올리며 픽 웃는데. 그때, 서진이 외출 차림으로 다가서고.

서진   (얼굴 엉망인 윤철 보고) 꼴이 왜 그래? 싸웠어?

윤철   (시선 피하고) 별거 아냐. 좀 부딪쳤어.

서진   대체 요즘 뭘 하고 다니는 거야? 안 하던 쌈까지 하고! 대답 안 해?!

윤철   언제부터 나한테 그렇게 관심이 많았어? 그냥 하던 대로 해. (가려면)

서진   내가 몰라서 가만있는 거 같아? 당신이 오윤희 만나는 거, 나 다 알고 있어!

윤철   (윤철도 터져 나오는) 말 나온 김에 나도 한번 물어보자! 넌 날, 남편으로
      생각하긴 해?! 대체 나랑 왜 사는 거야?

서진   뭐?

윤철   넌 날 사랑한 적 없어. 그냥 니가 한 번도 이겨보지 못한 경쟁자의 남자
      니까, 뺏고 싶었던 거야. 아니야?! (봇물 터지듯 폭발하고)

서진   (기막혀, 역시 폭발해 내지르는) 왜? 오윤희가 다시 만나재? 이혼하고 돌
      아오래? 1억 주고 나니까, 다시 만날 자격이라도 생긴 거 같아?!

윤철   (순간 버럭) 1억 얘기 그만해!!! (하다가, 싸늘하게 굳어져) 당신이 오윤
      희 목 그어버린 거에 비하면, 그래서 잘나가던 개 인생 하루아침에 곤
      두박질치게 만든 거에 비하면, 그깟 1억, 작은 돈 아닌가?

서진   (윤철 말에 충격 받은) 당신!! 내가 그랬다고 생각하는 거야?! 오윤
      희 목을 내가 그었다고?!! (파르르 분노하는데)

윤철	그건 니가 젤 잘 알겠지. (나가버리면)
서진	하윤철!! 비겁하게 어딜 도망가?!!! (분함에 미쳐버릴 거 같고)

703.   도로/수련의 차 안(낮)
       수련과 윤희, 음악 틀어놓고 기분 좋게 드라이브하고 있는.
       차 창문 다 열어젖히고, 머리카락 날리며 빠르게 달리는데.

윤희	언니가 준 이 시계 아니면, 꼼짝없이 당할 뻔했다니까. 설마 그런 짓까지 할 거라곤 생각도 못 했는데.. 언니 남편 진짜 무서운 사람이야. 그런 사람하고 어떻게 한 침대에서 살아?
수련	그러게. 그러고 보면 나도 참 독하지? 경매 물건은 최대한 이익을 많이 보는 선에서 빨리 넘기는 게 좋을 거 같아. 오래 끌면, 또 윤희 씨가 위험해질 수도 있고.
윤희	협상은 하윤철하고만 한다고 했으니, 곧 연락이 올 거야. 막상 큰소리는 쳤는데, 협상 조건은 뭘로 할지 모르겠어.
수련	(의미심장하게) 내가 생각해둔 게 있어. 윤희 씨한테도 나한테도, 꼭 필요한 조건!
윤희	(의아하게 쳐다보면. 수련의 눈빛)

704.   청아예고 교무실(낮)
       호동, 핸드폰으로 아이들의 린치 동영상 보여주면.
       서진과 두기도 보고 있는. 옆에 눈치 보며 서있는 은후.

서진	(두기에게 눈짓하면)
두기	솔직하게 말해봐. 애들이 괴롭힌 거야?
은후	(겁에 질려, 눈에 초점 없이) 아니라고 했는데... 진짜 그냥 복싱한 거예요.
서진	그만 가봐.
은후	(눈물 쓱쓱 닦고 가면)

호동	저놈이 쫄아서 거짓말하는 거예요. 학폭위 열고 제대로 조사해야겠어요.
서진	피해자가 없는데, 무슨 조사를 해요?
두기	구 선생 지금 오바하는 거 아냐? 왜 자꾸 일을 만들어? (호동에게 눈치 주면)
호동	직접 보고도 그런 말씀이 나오세요?! 집단으로 다섯 명이 한 아이를 공격했어요. 일단, 관련 학생들 학부모님들을 직접 만나볼 생각입니다.
서진	구 선생! 경고하겠어요. 일 처리를 왜 이딴 식으로 무리하게 하죠?
호동	(받아치며) 그럼, 바로 교육청에 신고를 했어야 했나요?
서진	(발끈하지만, 아무 말 못하면)!
호동	(금세 능청스럽게 씩 웃으며) 그래도 제 딴에는 조용히 넘어가보려고 노력하는 건데요. 천 부장님도 지금부터는 하은별 학생 보호자 자격으로 면담해주셔야겠습니다. 그럼 전 이만! (지지 않고 말하고, 나가버리면)
서진	(기가 막히고)
두기	(호동 나간 쪽 보며) 설치고 다니는 폼이 딱 봐도 시한폭탄인데, 조만간 사고 하나 크게 치겠는데요? 이 참에 건수 하나 잡아서 짤라버리는 게...
서진	(말 자르며) 아버지 지인의 추천을 받아서 채용한 거예요. 두고 보죠. 어차피 계약직이니까. (그러면서도 찜찜한)

705. 헤라팰리스 전경 (낮)

706. 펜트하우스 거실 (낮)
      벨 소리 들리고(E).
      수련, 현관으로 달려 나가는.

수련	누구세요?

707. 펜트하우스 앞 (낮)
      수련, 현관문 열고 나오면. 그 앞에 호동이 서있고.

호동	안녕하세요. 저는 청아예고 음악부 부담임, 구호동입니다. (인사하면)
수련	아... 네. 안녕하세요. 처음 뵙겠습니다. 근데 무슨 일로...
호동	석훈이 석경이 문제로 의논드릴 게 있어서 찾아왔습니다. 잠깐 들어가
	도 될까요?
수련	(잠시 머뭇하다) 네. 그러시죠. 들어오세요. (문 열어주면)

708. 펜트하우스 거실(낮)
호동, 여기저기 집 구경하고 있으면. 수련이 차를 내와서 놓는데.

호동	(집 둘러보며) 집이 예술이네요, 예술. 여기가 펜트하우스 맞죠? 전, 이
	런 데 처음 와봐서... 헤라팰리스가 우리나라에서 제일 부촌이라는데,
	그럼 여긴 얼마쯤 하나요?
수련	네? (억지웃음 짓고) 석훈이 아빠, 금방 내려올 거예요. 차 드세요, 선생님.
호동	아 네, 잘 마시겠습니다. 커피 향도 펜트하우스답게 엄청 고급지네요. (테
	이블 쪽으로 뒷걸음질 치다가, 찻잔을 쳐서 떨어뜨리면) 아이고! 이걸 어쩌
	나. 비싼 카펫이 젖어버렸네. 이것도 디따 비싼 거죠? 죄송해서 어쩌요.
수련	괜찮아요. 제가 할게요. (양씨를 부르는) 양 집사님! 여기요.
양씨	(달려와 얼른 찻잔을 치워 가져가는데)
호동	(갑자기 수련 뒤에 대고, 진지한 눈빛) 눈이 많이 닮았네요, 따님이랑!
수련	(멈칫. 천천히 돌아보면)
호동(E)	(마음속으로) 나 여기, 당신 보러 왔어요. 심수련 씨.

수련과 호동, 서로를 바라보는 눈빛에서.

709. 헤라팰리스 분수대(낮)
서진, 퇴근해서 들어오면. 마리와 상아, 요가 클래스 마치고 걸어오고.

마리	천 쌤, 지금 퇴근하세요? 우린 방금 요가 끝났어요. 어찌나 몸이 개운한지.

서진	(다급하게) 그러잖아도 찾아갈 참이었어요. 학교에서 아직 연락 못 받았죠?
상아	무슨 연락이요? 또 무슨 일 터졌어요?
서진	우리 아이들이... (하는데, 가구 직원들이 들이닥치고)
직원	죄송합니다, 좀 비켜주세요. (가구들을 옮기고 있으면)
마리	어머나! 우리 옆집에 이사 들어오나 보네. 그 집이 호주로 이민 갔잖아요. (직원 보며) 45층 맞죠?
직원	네.
마리	(으리번쩍한 새 가구들 보며) 어?! 이거 수련 씨네 회사 가구네. 같은 브랜드 맞죠?
상아	맞네요. 죄다 못 보던 디자인인데... 신상인가? (눈 휘둥그레지면)
서진	안목이 꽤 좋은 분이 이사 오는 모양이네요. 다행이에요. 헤라팰리스 격에 맞는 사람이라서.
마리	근데, 누가 추천해서 입주한 거지? 들은 거 있어요? (서진 보면)
서진	아뇨! 아직...

그때, 또각또각 하이힐 소리 들려오는. 세련된 차림으로 선글라스를 낀 채 다가오는 한 여자!

마리	어머~ 새로 이사 오시는 분 맞죠? 반가워요~~~
상아	어서 오세요. 환영해요.
서진	(역시 궁금해서 보는데)
윤희	(선글라스를 벗는데, 윤희고!) 안녕하세요. 45층에 입주하게 됐어요.
서진	(기겁하고) 오윤희?!!!
윤희	(서진 똑바로 보며, 당당하게) 앞으로 잘 부탁해, 천서진!

윤희의 등장에, 서진과 마리, 상아, 기겁해서 놀라고.
서진과 윤희, 눈이 번쩍 부딪히는 데서 엔딩!!

10화

선전포고

710.　9화 72신 연결/펜트하우스 거실(낮)
　　　호동, 갑자기 수련 뒤에 대고, 진지한 눈빛.

호동　눈이 많이 닮았네요, 따님이랑!

수련　(멈칫. 천천히 돌아보고. 어색한 분위기 깨며) 네.. 석경이랑 많이 닮았죠?
　　　그런 얘기 많이 들어요. 근데, 애들에 대해 하실 말씀이라는 게...

호동　우리 석훈이 석경이가 좀 안 좋은 일에 휘말려서요.

수련　안 좋은 일이라뇨? 학교에서 무슨 일 있었어요? (걱정스럽게 물으면)

호동　(비꼬는 말투) 있었죠. 집은 삐까뻔쩍 잘해놓고 사시는데, 자식농사는
　　　영 엉망진창이네요. (핸드폰으로 동영상 틀면)

석훈(E)　니깟 게 뭐라고 떠들어. 입조심을 하셨어야지.

은후(E)　잘못했어. 다신 안 그럴게. 한 번만 용서해줘... 내가 잘 모르고...

석훈(E)　한두 번 받아주니까 친하다 착각한 모양인데, 난 내 꺼 건드리는 건 못
　　　참아. 알겠어?! (글러브로 세차게 때리는)

은후(E)　(맞고, 고통스러운) 아아...

민혁(E)　나이스! 주석훈! 너 주먹 더 세졌다.

　　　호동, 동영상 파일을 끄면. 하얗게 질린 표정의 수련.

호동　자식은 부모의 거울이라는데... 좋은 엄마는 아니신가 봐요. 이제 열일
　　　곱 살밖에 안 처먹은 애들이, 같은 반 친구를 집단 폭행하고, 위협하고,
　　　죄질이 참... 드럽죠?

수련　죄송합니다. 부모로서 면목이 없습니다. (고개 숙이면)

호동　얘길 들어보니, 입학 전에도 이런 일이 또 있었다면서요? 민... 설아라던
　　　가? 여학생 하나를 괴롭혀서 SNS에도 올라가고 난리가 났었다던데...

수련　(표정 굳어지고) 피해 학생은 괜찮은가요? 많이 다치진 않았어요?

호동　몸의 상처가 마음의 상처만 하겠습니까? 앞으로 애들과 같이 학교 생

활하는 것도 두려울 테고... 그래서 말인데, 이번엔 처벌을 제대로 내릴 생각입니다. 못된 버르장머리를 아주 확! 뿌리째 뽑아버리게!

단태(E) 그 얘긴 저랑 하시죠!

호동 (돌아보면, 단태가 서있고. 일어서며) 아, 석훈이 아버님 되십니까? 저는 석훈 석경이 부담임 구호동이라고 합니다. (능글맞게 인사하면)

단태/호동 (서로를 바라보는 눈빛 쨍한데. 서로 물러서지 않고 팽팽한)

711. **펜트하우스 서재(낮)**
호동, 책상에 놓여있는 단태의 가족사진 액자를 찬찬히 보고 있으면.
환하게 웃고 있는 네 사람의 행복한 모습.

단태(E) 앉으시죠.

호동 아! 네. (마주 앉고) 아주 격조 있는 서재네요. 감각이 보통 아니신데요.

단태 이제 본격적으로 얘기해볼까요. 녹음 내용은 이미 다 들었고... 이렇게 집으로 찾아오셨다는 건, 좀 더 깊은 얘기가 가능한 걸로 생각되는데.

호동 그거야 워낙 이번 사건이 중대하고도 충격적이라 직접 찾아뵌 거죠.

단태 확실한 증거를 쥐고 계시니, 얘기하는 게 훨 편하겠네요. 잠시만요. (서 재 한쪽의 금고를 열고, 고급 목각 상자를 꺼내서 테이블 위에 올려놓는. 호 동 쪽으로 밀며) 보세요.

호동 (목각 상자 열어보면, 번쩍번쩍한 황금 거북이가 들어있고. 눈빛 날카로워 지며) 뇌물인가요?

단태 (다리 꼬고 거만하게) 구 선생님의 마음가짐에 따라 다르겠죠. 뇌물이 될지, 우정의 증표가 될지는.

호동 (어이없단 듯 픽 웃고) 이거 처먹고, 아이들 폭행사건을 덮어라? 그렇게 못 하겠다면요.

단태 (단호하게) 아뇨. 그렇게 할 겁니다. 정의 실현을 원했다면, 바로 교육청 으로 갔겠죠. 펜트하우스가 아니라. 아닌가요, 구호동 선생님? (노련하 게 보면)

호동   (굳어진 표정. 날카롭게 마주 보는데)

712.   9화 엔딩 연결/헤라팰리스 분수대(낮)

        또각또각 하이힐 소리. 세련된 차림으로 선글라스를 낀 채 다가오는

        한 여자!

마리   어머~ 새로 이사 오시는 분 맞죠? 반가워요~~~

상아   어서 오세요. 환영해요.

서진   (역시 궁금해서 보는데)

윤희   (선글라스를 벗는데, 윤희고!) 안녕하세요. 45층에 입주하게 됐어요.

서진   (기겁하고) 오윤희?!!!

윤희   (서진 똑바로 보며, 당당하게) 앞으로 잘 부탁해, 천서진!

        윤희의 등장에, 서진과 마리, 상아, 기겁해서 놀라고.

마리   이 여자가 실성했나? 말 같은 소릴 해야 듣는 시늉이라도 하지. 경비원!

        경비원! 어서 이 여자 끌어내요! (난리 치면)

상아   잘 몰라서 이러나 본데, 우리 헤라팰리스가 아무나 들어올 수 있는 곳

        이 아니거든요. 가령 입주자 추천이라든가.

윤희   (기다렸단 듯, 가방에서 추천서 꺼내 보여주며) 이거면 되나요? 추천서라

        는 게?!

서진   (낚아채 보면, 추천인에 주단태 이름 적혀있고. 놀란 눈으로 윤희를 보면)

마리   어디 봐요! (상아와 함께 추천서 확인하고) 뭐야, 추천인 주단태?!

윤희   이제 상황 파악이 됐니. (서진 보며 피식 웃으면)

마리   주 회장님 치매 온 거 아니에요? 저 여자가 어떤 여잔데, 우리 헤라팰리

        스에 살게 해요? 날더러 저런 상스런 여자랑 옆집에서 24시간 얼굴 맞

        대고 살라니. 내 목에 칼이 들어와도 싫어요! 절대 싫어~~~!!!

서진   주 회장 호출해요. 내가 직접 확인하기 전에는 아무것도 못 믿어요! (윤희

보고) 그전까지 넌, 여기서 한 발짝도 움직이지 마! (으름장 놓는데)

713.   펜트하우스 서재 (낮)
        팽팽한 긴장감으로 서로를 보고 있는 단태와 호동. 정적이 흐르고.

호동   (목각 상자의 황금 거북이를 다시 확인하더니, 상자 뚜껑을 소리 나게 확 닫는)
단태   (순간 움찔. 뭔가 잘못됐다 싶은데)
호동   (갑자기 박수 치며) 와우! 브라보! 역시 통찰력이 대단하시네요. 선수끼
        리 긴 말 할 거 없겠죠? (목각 상자를 소중히 안으면)
단태   (그럼 그렇지 표정) 구 선생님하고 말이 잘 통할 거라 생각했습니다. 그
        영상은 제가 직접 지우죠. (손 내밀면)
호동   당연히 그러셔야죠. 일처리 확실하시네. (핸드폰 건네주고)
단태   내 돈 먹고 모른 척할 만큼 간 큰 사람, 흔치 않죠. (지우고 돌려주면)
호동   아, 근데 제가 뭐 딱히 이런 금덩이를 받아서 말씀드리는 건 아니고, (나
        지막이) 우리 학교가 완전히 파벌이 장난 아니더라고요.
단태   무슨 말씀이신지...
호동   천서진 예술부장님의 파워가 하나님 급이에요. 그러니, 천 부장님의 딸
        인 은별이 위주로 모든 게 돌아가고, 그 은별이가 가장 견제하는 석경
        이는 자연스럽게 희생양이 되는 거죠. 아마, 용을 써도 서울음대 가기
        는 쉽지 않을 듯?
단태   (표정 굳어지면)
호동   하은별 대 주석경. 주석경 대 하은별. 자고로 라이벌전만큼 재밌는 게
        임이 없죠. 흐흐흐... (괴상하게 웃으면)
단태   (신중하게) 난 투자자예요. 가치 있는 데에만 투자하는 게 내 직업이죠.
        구 선생이 내 손목을 잡을 사람인지, 발목을 잡을 사람인지, 두고 보면
        알겠죠. (경계하는 눈빛이고)
호동   오케이 콜! 접수했어요. 언제 술 한잔 사주실래요? 오늘이면 더 좋고.
        선생들하고 술자리 자주 하셨을 거 같은데... 애들을 보니, 딱 사이즈가

나와요.

단태 　(이상한 놈이다, 하는 싸늘한 시선으로 보는데. 핸드폰 걸려오고. 보면 규진이고. 받는) 여보세요.

규진(F) 　빨리 좀 와보세요. 여기 지금 난리 났어요!

단태 　(표정)

714. 헤라팰리스 분수대(낮)
　　이삿짐들 계속해서 들어오는데. 윤희와 헤라클럽 사람들 싸우느라 북새통이고.

마리 　(흥분해서, 규진에게 설명하고 있는) 이건 말이 안 되지!! 어떻게 저 따위 수준 낮은 여자가 대 헤라팰리스를 들어오냐고요. 안 그래요, 이 변호사님?!

규진 　(난장판에 정신없고) 나도 지금 뭔 영문인지... 진짜예요? 헤라팰리스 샀다는 게? 이 추천서, 확실한 거예요?

윤희 　그럼 내가 추천서를 위조라도 했다는 거예요?

상아 　(목소리 높이며) 사문서 위조면 당연히 경찰 불러야죠!

윤희 　(말에 힘줘서) 나도 당신들이랑 똑같은 사람이에요. 합법적으로 돈 주고 이 아파트 샀고요. 뭐 다른 게 있다고 수준을 나누고 지랄이세요, 천박하게!

마리 　뭐, 지랄? 천박? 이게 그냥 확! (덤벼들려면)

규진 　(뜯어말리며) 폭력은 불리합니다. 참으세요, 제니 어머니!

서진 　(윤희에게) 너 같으면 믿겠어? 주 회장님이 너한테 추천서를 써줄 리가...

단태(E) 　맞아요! 내가 써준 거.

　　모두들 돌아보면. 단태가 등장하고. 그 뒤로 수련도 모습 드러내는.
　　다들 경악하고.

481

서진   (기막힌) 사실이라고요? 대체 왜...!

수련/윤희 (서로 눈빛 마주치는데)

715.   회상 1/9화 67신 연결/도로/수련의 차 안 (낮)
        수련과 윤희, 드라이브하면서 시원하게 도로 달리고 있는.

윤희   막상 큰소리는 쳤는데, 협상 조건은 뭘로 할지 모르겠어.

수련   내가 생각해둔 게 있어. 윤희 씨한테도 나한테도, 꼭 필요한 조건!

윤희   (의아하게 쳐다보며) 그게 뭔데?

수련   (이미 계획한 듯) 헤라팰리스에 들어가겠다고 해!

윤희   (놀라) 어? 언니 그게 무슨...

수련   (윤희를 보는) 지금 내가 믿을 사람은 윤희 씨밖에 없어. 의지할 사람도... 윤희 씨가 가까이에 살면, 정말 든든할 거 같아. 그렇게 해줄 거지?

윤희   내가... 그럴 자격이 될까? (생각하는)

단태(E)   지금 뭐라고 했습니까!

716.   회상 2/단태의 사무실 (저녁)
        단태와 윤희, 긴장된 표정으로 마주 앉아있고.

단태   (어이가 없는) 헤라팰리스요? 내가... 잘못 들은 건 아니겠죠?

윤희   거절하셔도 상관없어요. 맘이 바뀌시면 연락 주세요. 언제든. (일어서려면)

단태   (이 악물고) 우리 헤라팰리스는 아무나 들어올 수 있는 데가 아닙니다, 오윤희 씨!

윤희   저도 들었어요. 입주민 추천과 동의가 필요하다면서요? 단! 주 회장님 추천은 무조건 입주 가능이구요.

단태   (기막힌 듯, 윤희를 보면)

윤희   (단호한) 헤라팰리스에 등기 이전되는 즉시, 명동 물건 바로 넘기겠습니다.

단태   (열 받지만, 어쩔 방법이 없는데)

717.   **현재/헤라펠리스 분수대(낮)**
    단태와 윤희, 서로 마주 보며 의미심장한 눈빛 주고받으면.

단태   (못마땅하지만 어쩔 수 없이) 입주 규정에 딱히 문제가 없어서 추천서를 써드린 건데, 더 설명을 해야 됩니까. 아이들끼리도 같은 학교고 좋은 인연이니, 앞으로 다들 잘 지내보도록 하죠.

마리   좋은 인연이요? 아니 그게 뭔 개뼈다귀 같은! 주 회장님 우리 헤라를 망치려고 작정을 하셨어요? (규진 보며) 이 변호사님도 미리 아셨어요?

규진   (도리질) 전혀요. 억울해요! 주 회장님의 독단적인 결정! (그러다 단태에게 원망조로) 정말 너무 하시네. 나한텐 귀띔이라도 해주셨어야지.

윤희   그럼 전, 이사 계속해도 되는 거죠? 아직 들어올 가구랑 전자제품들이 많아서.. 앞으로 잘 좀 부탁드릴게요. 이웃 주민분들! (서진 보며) 좀 비켜줄래? (서진을 확 밀치고, 엘리베이터에 올라타면)

수련   (그런 윤희에게 승리의 눈빛 보내는데)

서진   (기막히고. 열 받고. 단태를 매섭게 노려보는)

    한쪽에서 그런 헤펠 사람들을 주시하고 있는 호동이고.

718.   **헤라펠리스 정원(낮)**
    서진, 단태에게 따지는.

서진   어떻게 나랑 한마디 상의도 없이 오윤희를 들일 수가 있어!! 내가 그 여자를 얼마나 싫어하는지 아는 사람이 내 뒤통수를 쳐!! 어떻게!! (흥분하면)

단태   진정해!

서진	지금 진정하게 생겼어!! 무슨 수를 써서라도 막았어야지!!
단태	(순간 욱하고) 누군 뭐 좋아서 그런 줄 알아? 사업적으로 얽혀있어서 어쩔 수 없었다고!! 따질 거면, 당신 남편한테 가서 따져!! 오윤희를 여기 들어오게 한 일등공신이 하윤철이니까!
서진	뭐?!
단태	당신 남편, 오윤희를 아주 끔찍이 아끼는 거 같던데... 보통 사이 아닌 거 맞지? (비꼬듯 보면)
서진	어떻게 된 건지 제대로 설명해. 알아듣게 말하라고!! (부르르 한데)

719. 헤라팰리스 엘리베이터 앞(저녁)
　　　제니와 민혁, 엘리베이터 앞에 와서 서는데, 다가오는 로나, 와서 서고.

제니	뭐냐, 너?! 설마 또, 석경이 집에 놀러 가냐? 석훈이랑 석경이는 왜 자꾸 이런 애랑 어울리는 거야. 수준 안 맞게!
민혁	여긴 입주민 전용 엘리베이터거든. 메이드 전용은 뒤쪽이니까 꺼져 줄래.
로나	나, 우리 집 가는 거야.
제니	뭐래... 니네 집?!

720. 헤라팰리스 윤희 집 앞 복도(저녁)
　　　제니와 로나, 45층 엘리베이터에서 나란히 내리면.
　　　로나, 4502호 문 열고 들어가면, 그 모습 기막혀 보고 있는 제니.

제니	어.... 엄.... 마..... (기막혀 말도 안 나오는)

721. 헤라팰리스 마리 집 거실(저녁)
　　　흥분해 뛰어 들어오는 제니.

제니	엄마.. 엄마 엄마!! 로나가 우리 집 앞집으로 들어갔어. 뭐야, 이거 몰카야? (눈 비비며) 꿈이야?! 나 귀신한테 홀린 거야, 엄마?! (난리법석인데)
마리	(제니 말 들어오지 않고. 거실 왔다 갔다 하며 서성이다) 아우!! 시끄러! 가만있어 봐, 쫌!! 엄마가 지금 간만에 생각이라는 걸 하고 있으니까!!
제니	저 기지배 저기 사는 거 팩트냐고오!!!
마리	(순간 멈춰 서고, 손뼉 딱) 그래! 굿 아이디어!! (뛰쳐나가는데)
제니	(빽 소리치는) 엄마!!! 어딜 가? 대답도 안 해주고!!!

722. 헤라펠리스 윤희 집 거실(저녁)
     윤희 집 거실. 40평대 아파트. 이삿짐 다 들어와서 정리된 상태고. 가구
     와 전자제품이 싹 다 바뀐 유럽풍 분위기고.
     윤희, 로나를 데리고 거실 둘러보고 있으면. 한쪽에서 수련이 지켜보
     고 있는.

로나	(어리둥절해서 구경하고 있는) 엄마... 진짜 여기가 우리 집이야? 우리 진짜로 오늘부터 헤라펠리스에 사는 거야? 이 가구들... 정말 우리 꺼야?
윤희	대체 몇 번을 물어? 우리 집 맞아. 니 방 볼래? (데리고 가는) 짜잔!

723. 헤라펠리스 윤희 집 로나의 방(저녁)
     책상과 예쁜 옷장과 침대. 하늘하늘한 공주 커튼. 깔끔하게 정리된 로
     나의 방.

로나	(울 거 같고) 이게 내 침대야? 책상이랑 옷장이랑 다 너무 예뻐. 엄마 이거 꿈 아니지. 내 볼 좀 꼬집어봐.
윤희	꿈 아니라니까. (살짝 볼 꼬집으면)
로나/윤희	(동시에 쳐다보며) 꺄악!!! (비명 지르며 좋아하는데)
수련	(두 사람을 보는 흐뭇한 시선)
로나	근데, 이건 뭐야. (방 한쪽에 천으로 뒤집어씌워놓은 거 가리키면)

윤희	석경이 아줌마 선물이야. 니가 직접 열어봐.
로나	(다가가, 천을 확 열어보면. 하얀색 피아노고. 눈 휘둥그레지며) 피.. 피아노?!!! (감격해서 눈물 그렁하면)
수련	맘에 들어? 입주 선물로 뭐가 좋을까 고민하다가... 피아노가 좋을 거 같아서. 꼭 훌륭한 성악가 되라고.
로나	고맙습니다, 아줌마. 너무너무 맘에 들어요. 내 꺼 피아노 갖는 게 평생 소원이었는데. 정말 저 미친 듯이 열심히 할게요. 너무 좋아요....
윤희	그렇게 좋아? 하긴 엄마도... (만세 부르듯 손 번쩍) 좋아 미치겠어.

윤희와 로나, 서로 끌어안고 방방 뛰며 좋아하면.
그 모습을 지켜보는 수련, 미소 띤 채 흐뭇한데.
방 여기저기를 뛰어다니며 좋아하는 로나 모습이 순간 설아로 보이고.
설아, 활짝 웃으며 책상에도 앉아보고, 침대에도 누워서 쿵쿵거렸다가, 옷장 문도 열어보고, 인형들도 안아보고, 마냥 행복해 보이는데...
그러다가 피아노 앞에 앉아서 웃으며 피아노를 치는 설아. 건반으로 날아다니는 예쁜 손... 환한 웃음... 아름다운 노랫소리... 모든 게 행복의 절정이고.

수련(E)	설아야..... 니가 웃으니까 엄마도 좋다... 이쁜 내 딸.... (행복하면서도, 아련하고 슬픈데)

724. 헤라팰리스 윤희 집 거실(저녁)
윤희, 네스프레소 커피를 추출해서 두 잔 내오고, 한 잔 마시며 수련에게 건네면.
수련, 준비해온 찬합을 내놓는데. 맛있는 음식들 가득하고.

수련	이사 온 날이라 정신없을 거 같아서 음식 몇 개 만들어 왔어.
윤희	자장면 시켜먹으면 되는데, 뭐 하러 이런 것까지 싸와. (찬합 열어서 젓가

486

락으로 하나 집어먹고) 헐. 대박 맛있어. 요리까지 잘하는 거야. 진짜 못

하는 게 뭐야. 언닌 진짜 내 인생 로또고, 복덩이고, 은인이고... 또 뭐지.

수련   그만 띄워. 정신없다. (거실 둘러보며) 깔끔하게 정리 잘했네.

윤희   (수련을 얼싸안으며) 고마워, 언니. 여기 들어온 거, 다 언니 덕분이야.

이 은혜... 평생 안 잊을게. 언니한테 신세 다 갚고 죽을 거야.

수련   (다독여주고) 신세진 거 없어. 그동안 윤희 씨가 고생 많았지. 지금은 45

층에서 시작하지만, 돈 더 많이 벌어서, 60층, 70층, 천서진이 사는 85

층까지 계속 올라가 봐. 그러다 우리 집까지 욕심내는 거 아냐?

윤희   언니도 참.. 말도 안 돼! 내 주제에 어떻게 펜트하우스를 욕심내?

수련   당분간은 몸 사려야 해. 천서진이나 헤라클럽 사람들이 가만있진 않을

거니까.

윤희   그 정도는 각오하고 있어. 걱정 마.

수련   내가 나서서 도와주지 못할 수도 있어.

윤희   걱정 말라니까! 나 오윤희야! 부동산 일 하면서, 별 양아치들 다 상대해

봤고, 인생 바닥까지 쳐봤는데 겁날 게 뭐야! (집안 둘러보며 황홀한 듯)

와... 집 진짜 너무 좋다.... 뷰도 끝내주고. 이런 집에선 무슨 옷을 입고

있어야 돼. 아무래도 나, 미쳤나 봐. 가만있어도 막 웃음 나 죽겠어. (뱅

글뱅글 돌면서 춤추며 신나 하고) 만세다 만세!!

수련   (웃음 터지고) 뭐하는 거야... 못 말려, 진짜. (흐뭇하게 그 모습 보며 웃다

가, 커피 음미하며 마시고. 속마음으로 (E)) 윤희 씨를 좀 더 이용할게요.

집과 돈을 주는 대신.

725.   **헤라펠리스 규진 상아 집 거실 (저녁)**

        마리, 상아와 규진 앞에 앉아있고.

마리   어때요? (기대하듯 보면)

상아   (생각하다 맞장구치며) 맞네요! 내가 왜 그 생각을 못했죠? 우리가 괜히

헤라펠리스 운영위원이겠어요. 각 집들 표만 모으면 그 집 쫓아내는 거

시간문제죠.

마리 펜트하우스 표는 버리더라도, 하 박사님 두 표, 이 집 두 표, 나 한 표. 벌써 과반수 넘잖아요. 그럼 당장 내쫓을 수 있어요!

규진 (뭔가 떨떠름한 표정이면)

상아 자긴 왜 대답 안 해? 무조건 찬성이지, 그치, 여보?

규진 하 박사도 찬성한대요? 그 집 의견 들어보셨어요? (슬쩍 넘기면)

마리 그 집이야 물어보나 마나죠. 천 쌤이랑 오윤희는 원수지간인데. 어떻게 같은 데서 살아요. 칼부림 나지.

규진 칼부림은, 저 위층에서 먼저 날 거 같은데. (위층 올려다보면)

726. 헤라팰리스 서진 윤철 거실(저녁)

서진, 생각에 잠긴 듯 꼿꼿이 앉아있고. 윤철이 퇴근해서 거실로 들어서는.

윤철 (쌩하니 서진을 스쳐 지나가려면)

서진 알고 있었지? 오윤희가 헤라팰리스 들어오는 거.

윤철 (멈칫하면)

서진 (똑바로 보는) 알고 있었나 보네. 당신이 부추긴 거야?

윤철 (찔리지만 모른 척) 내가 뭘. 추천서 써준 사람은 주 회장인데.

서진 거짓말! 그렇게 좋니? 가슴 떨린 첫사랑이 옆에 있으니까?! 분명히 말하는데, 나 오윤희랑 아침저녁으로 얼굴 부딪치며 못 살아!

윤철 못 살면? 이미 주 회장 컨펌까지 끝내서 입주한 건데!

서진 당연히 내보내야지! 나 지금 지옥이야. 과거의 악몽이 되살아나는 거 같아서 미칠 거 같다고!

윤철 이미 20년도 지난 일이야. 그걸 이유 삼아 나가랄 순 없어.

서진 재밌네. 지금 이 상황이 나만 불편한가 봐? 당신은 오윤희가 잘사는 거 보니, 이제야 빚 갚은 거 같고 맘이 편한 거야? 그렇게 마음 아팠어? 오윤희 버린 게 평생 죄책감 들 만큼 절절한 사랑이었냐고?!!

윤철	그만해!! 너 지금 선 넘고 있어.
서진	내가 모를 줄 알았어? 나랑 결혼하면서도 그 가슴 한쪽엔 오윤희를 품고 있었다는 거?!!
윤철	(순간 눈빛 흔들리는데)

727. 회상 1/대학교 도서관 앞/20년 전(낮)
도시락 들고 기다리고 있는 20대 윤희. 도서관 건물에서 나오는 의대생 윤철.

윤희	(윤철을 향해 환하게 웃으며 손 흔들고) 여기~~~!
윤철	(뛰어오면)
윤희	(도시락 들어 보이며) 도시락 싸왔어. 어제도 시험공부 한다고 밤샜잖아. 갈아입을 옷도 챙겨왔고. 시험은 잘 봤어?
윤철	그럭저럭. 이런 거 싸오지 말라니까. 너 힘들잖아.
윤희	(마냥 밝게) 나 하나도 안 힘들어. 이렇게라도 얼굴 보니까 얼마나 좋아. 아참. (흰 봉투를 건네며) 월급 받은 건데, 방값이라도 내.
윤철	매번 뭐하는 거야. 싫어! (밀어내면)
윤희	내 맘 편하자고 주는 거니까 미안해할 거 없어. 쬐금밖에 안 돼. (쥐어주고)
윤철	(미안하고 고마운) 빨리 의사 돼서 너 평생 먹여 살릴게. (목에 상처 만져주며) 이 흉터도 깨끗하게 없애주고. (안아주는)
윤희	(윤철 품 안에서 행복한데)

그런 두 사람을 한쪽에서 보고 있는 음대생 서진. 굳은 표정이고.

서진	(어딘가로 전화하는) 아빠, 저예요. 이번 청아재단 장학금 말인데요. 의대생 한 명 추천하고 싶어서요.

728.　회상 2/골목길/20년 전(밤)
　　　윤희, 굳은 표정으로 골목길에서 기다리고 서있으면. 지친 표정의 윤
　　　철이 자취집으로 걸어오고.

윤희　　(윤철에게 달려가 다짜고짜 따지는) 뭐야. 청아재단 장학금 받았어? 재
　　　단 파티까지 불려가서 이사장이랑 사진 찍고 놀았어? 근데 왜 나한텐
　　　말 안 했어?

윤철　　장학금 받으면서 모른 척하기 그래서 간 거야. 아무 의미 없어.

윤희　　그걸 변명이라고 하는 거야. 누가 그딴 더러운 돈 받아서 의사 되랬어.
　　　왜 날 실망시켜?

윤철　　더러운 돈이 어딨어. 나 며칠 밤새서 너무 피곤해. (들어가려면)

윤희　　(붙잡고) 장학금 당장 반납해! 천서진 얼굴에 그 돈 던져버리고 와!!

윤철　　(욱해서 터지는) 나더러 어쩌라고 이래! 우리 집은 죽었다 깨나도 형편
　　　이 안 되는데! 사촌에 팔촌까지 죄다 가난해 터져서 돈 빌릴 구멍 하나
　　　없는데!! 그냥 눈 한번 딱 감고 받아쓰면 되는 돈에 왜 이렇게 민감하게
　　　굴어? 그거 너, 자격지심이야!

윤희　　(충격 받은) 어떻게.. 그런 말을 해. 내 인생 이 꼴로 만든 기집애한테 구
　　　걸해서 학교를 다녀야돼? 천서진이랑 니가 엮이는 거 싫다고, 난!!

윤철　　그놈의 천서진! 천서진! 천서진!!! 제발 그만 좀 해!!! 나도 이제 지쳐.

윤희　　뭐?

윤철　　(확 대문 열고 들어가버리면)

윤희　　(갑자기 목의 통증이 시작되고. 목을 감싸 쥐고 울며 주저앉는데)

729.　회상 3/술집/20년 전(밤)
　　　윤철, 속상한 마음에 술을 마구 들이켜고 있는데, 만취한.
　　　그때, 옆에 앉는 누군가. 보면 서진이고.

서진　　(술잔 잡으며) 그만 마셔.

490

윤철	(서진과 손 부딪치면. 뿌리치고 술 들이켜고) 나보고 어쩌라고... 나도 힘들어 미치겠는데... (괴로워하면)
서진	힘든 사람이, 왜 무거운 짐까지 떠안으려고 그래. (윤철을 가만히 안아주는)
윤철	(취한 채 서진에게 툭 안기고)
서진	(만취한 윤철에게 키스하는데)

730. 현재/헤라팰리스 서진 윤철 거실(저녁)
윤철과 서진, 과거 일 떠올리고 있으면.

서진	두고 봐. 결국 누가 여기서 살게 될지! 내가 무슨 수를 써서라도 오윤희 그 기집애 쫓아내고 말 거니까!
윤철	(시니컬하게) 오윤희! 오윤희! 오윤희! 지겹지도 않아? 그거 너 죄책감이냐?
서진	(갑자기 손에 잡히는 대로 물건 집어던지고. 요란하게 소리 나서 깨지면. 주먹 꽉 쥔 채 부들부들) 처신 잘해. 오윤희랑 나, 둘 중 하나 죽어나가는 꼴 보기 싫으면!! (서슬 퍼런데)
윤철	(멈칫. 보는. 불안하고)

731. 펜트하우스 거실(저녁)
석경과 석훈, 소파에 앉아있으면. 수련, 아이들에게 녹음 파일 들려주는.

수련	니들한테 엄마 정말 실망이야. 어떻게 민설아 일을 겪고도 하나도 달라지지 않은 거야. 왜 그런 건지 제대로 설명을 해봐! (엄하게 야단치면)
석경	안은후 걔가 잘못한 거야. 먼저 말도 안 되는 소릴 했다고. 오빠랑 내가 남매 이상이니 뭐니... 그걸 우리가 참아야 돼?
수련	그렇다고 친구를 때려? 그건 폭행이잖아!
석훈	저흰 잘못한 거 없어요. 다시 돌아가도 똑같이 했을 거예요! (떳떳하게 대들면)

수련	전혀 반성하지 않는구나, 니들! 그렇다면, 학칙대로... (하는데)

그때, 단태가 다가서며.

단태(E)	아주 잘했어! 그런 것들은 제대로 밟아줘야지.
수련	(놀라 돌아보고) 여보!
단태	힘 있는 자들은 늘 시기를 받게 돼있어. 참아주고 봐주고, 착해빠져서는 이 세상을 어떻게 살아. 자기 자리를 지키기 위해선 때론 피할 수 없는 일도 있기 마련이다. 아빠가 잘 해결했으니, 걱정 말고 들어가봐.
석훈/석경	네. (방으로 들어가면)
수련	(기막혀) 당신 매번 이런 식이면, 결국 애들을 망치는 거예요. 잘못했으면, 당연히 바로 잡아줘야죠! 이러니 애들이 자꾸...
단태	(말 막고) 내 교육법을 지적하는 거야, 당신이? 아님, 우리 아이들이 당신 친자식이 아니라서? 혜인이래도 당신이 이랬을까.
수련	(충격 받은) 어떻게 그런 말을...
단태	미안. 내가 실언을 했어. 사과할게.
수련	아뇨. 당신은 늘 그렇게 생각하고 있었던 거죠? 난 애들 엄마로서 자격이 없다고. 하지만, 애들이 잘못 크는 거 난 못 봐요. 어떻게든 우리 애들 바로잡을 거예요!!
단태	(매섭게) 내가 다 해결했다잖아!! 더 이상 문제 만들지 말고 나한테 맡겨!
양씨	(거실 한쪽에서 그런 두 사람을 지켜보고 있는. 그러다 수련과 눈 마주치면. 얼른 모습을 숨기는 양미옥)

732. 헤라팰리스 윤희의 방(밤)

윤희, 걸레로 바닥 열심히 닦고 있으면. 문 열고, 베개 들고 들어오는 로나.

로나	제발 그만하고 자자. 벌써 몇 번째 닦는 거야. 그러다 무릎 다 나가겠다.
윤희	(해사하게 웃으며) 무릎 좀 나가면 어때. 먼지 앉는 것도 아까워서 못 보

겠는데. (보는) 왜, 엄마랑 자려고?

로나　(고개 끄덕이고)

컷 되면. 윤희와 로나, 나란히 누워있는.

로나　엄마, 헤라팰리스에서 살게 해준다는 약속, 진짜 지켰네.

윤희　살다보니 이런 날도 있나 봐. 엄만 한 번도 돈 걱정 안 한 적이 없었는데, 지금은 빚도 없고, 전셋값 걱정도 안 해도 되고... 말도 안 된다, 그치?

로나　(희망에 부풀어) 나, 서울음대도 꼭 갈 거고, 이태리로 유학도 갈 거고, 최고 오페라 극장에서 프리마 돈나로 노래도 부를 거야.

윤희　그래, 우리 딸 하고 싶은 거 이제 다 해. 얼른 자. 새집에서 좋은 꿈 꿔.
（로나를 꼭 안아주는 윤희고）

733.　**수련의 꿈**(새벽)

파티복 차림의 수련, 통유리창의 엘리베이터를 타고, 미끄러지듯 아래로 내려가고 있는. 90층... 80층... 70층...

그때, 47층을 지나는 순간! 엘리베이터 바깥쪽 난간에서 누군가의 손에 의해 밀쳐지고 있는 설아! 떨어지지 않으려고 안간힘 쓰는데. 사투를 벌이고 있는.

수련, 절규하며 엘리베이터 벽으로 몸을 바짝 붙이면. 누군가의 손이 확대돼서 보이는데. 손에 선명하게 끼어진 루비 반지! 불빛에 쨍하니 반짝이는.

그리고, 설아를 무서운 눈빛으로 마구 밀치고 있는 서진의 얼굴이 똑똑히 보이는데. 비현실적으로 크게 확대되어 보이는 루비 반지와, 설아를 죽일 듯이 난간 아래로 밀치는 서진의 얼굴... 그 뒤로 보이는 단태의 비열한 웃음.

그러다 결국, 서진의 손에 밀쳐져서 난간 아래로 떨어지는 설아.

수련(E)   안 돼... 안 돼...

734.   펜트하우스 단태 수련의 침실 (새벽)
        수련, 식은땀 흘리며 헛소리하고 있는.

수련   안 돼! 도망쳐!!!

        하다가 소리 지르며 벌떡 일어나 앉으면. 누군가의 눈과 마주치고.

수련   아악! (놀라서 비명 지르면. 자기를 내려다보고 있는 사람 단태고) 여보...
단태   무슨 나쁜 꿈을 꾼 모양이지?
수련   (땀 닦으며, 가쁜 숨 몰아쉬고) 나 때문에 깼어요?
단태   아니. 잠이 안 와서 뒤척이던 중이었어. (스탠드를 켜면)
수련   (보는)
단태   (분한 표정) 헤라팰리스, 내가 얼마나 공들여 세운 아파튼데... 그곳에
        스크래치가 났어. 대한민국 노블레스만 모여서 최고의 교육을 함께하
        고, 최고의 커뮤니티를 공유하려던 내 계획이 더럽혀졌다고. 오윤희 그
        여자 때문에!
수련   배로나 엄마 말인가요?
단태   그 여자랑, 가까이 지내지 마! 그건 내가 용납 못 해! (매서운 표정인데)

735.   헤라팰리스 전경 (다음 날 아침)

736.   헤라팰리스 분수대 (아침)
        로나, 교복 차림으로 학교 가다가, 풀린 신발끈 묶는데.
        그 뒤로 다가오는 석훈, 석경, 은별, 제니, 민혁.

제니   (일부러 발로, 로나 등을 확 밀면)

로나	(앞으로 고꾸라지는) 뭐야! (휙 돌아보면)
제니	(모르는 척) 어머! 너 거기있었니? 내가 못 봤지 뭐야. 쏴리~
로나	씨! (벌떡 일어서면)
제니	왜? 불만 있냐? 그러게 왜 주제 파악 못하고 우리 헤라엔 기어들어와?
은별	얘기 들었어. 이사 왔다며?
민혁	보송마을 집값이 미친 듯이 올랐다더니 사실이었나 보네. 넌 평생 민설아한테 감사해야겠다. 걔 덕분에 학교 들어와, 걔 덕분에 헤펠까지 입성!
은별	그렇다고 너랑 내가 같은 레벨은 아니지. 헤라펠리스 안에도 엄연히 상하가 존재하거든. 석훈이랑 석경이는 100층 펜트하우스. 난 85층. 민혁이는 55층. 제니랑 넌, 가장 작은 평수인 45층! 고층부랑 저층부는 엘리베이터부터 달라. 알고 있니?
제니	(얼굴 벌게지고) 그럼 얘랑 나랑 같은 레벨이란 말야? (열 받고 로나 향해) 넌 어떻게 하는 짓마다 민폐냐. 왜 나랑 같은 층엔 이사 와서 사람 쪽팔리게.
석경	다들 그만해! 그깟 층수가 뭐 그리 중요하다고. (로나에게 가증스럽게) 난 니가 헤라펠리스 들어와서 너무 좋아. 환영해, 로나야. (은별 의식하면)
석훈	같이 학교 가. 태워줄게. (갑자기 로나 어깨에 손 올리고 데리고 가면)
로나	(화끈. 얼굴이 달아오르는데. 석훈과 함께 나란히 걸어가고)
은별	(그 모습 보며, 초조한 듯 손가락으로 머리카락 꼬는데)
제니	우리도 갈까? (민혁 팔짱 끼려면)
민혁	나한테서 항상 50센치씩 떨어지라고 했지. (먼저 가고)
제니	(좋아하며) 와~ 1미터에서 줄었네! 같이 가, 민혁아~~ (신나서 쫓아가는)
은별	(혼자 남겨진. 무섭게 로나와 석훈이 뒷모습을 노려보고 섰는데)

737.   헤라펠리스 피트니스 (아침)
규진, 운동은 안 하고 한곳만 응시 중인.
규진의 시선을 따라가면 열심히 운동 중인 윤희가 보이고, 나머지 주민들도 윤희를 힐끗거리는데.

윤희, 세련된 운동복과는 거리가 먼, 무릎 나온 추리닝 차림이고. 눈에
확 띄는.
운동기구 사용법을 몰라 이리저리 만져보다, 규진과 눈 딱 마주치면.

윤희   (규진에게 다가서고) 안녕하세요.

규진   (쫄아서 숨듯이 고개 푹 숙이고. 윤희가 다가서면. 당황해서 얼른 시선 피하
고 운동하는 척하는데)

윤희   저 좀 도와주실래요? 제가 기구 사용법을 잘 몰라서요.

규진   (놀란 듯) 네에? (뒤 한번 돌아보면 아무도 없고) 저요?

컷 되면. 규진, 윤희 눈치 보며 기구 사용법을 알려주는.

윤희   어머나. 이 변호사님은 모르는 게 없으시다. 변호사라 그러신가. 설명
도 정말 쉽고 귀에 쏙쏙 들어오게 하시고. 엄청 스마트하신 거 같아요.

규진   (움) 스마트요?

윤희   앞으로도 모르는 거 있으면, 주저 말고 물어봐도 되죠? 오.빠.처럼?

규진   오... 빠? (미치겠고)

윤희   (말에 힘줘서) 우리가 좀. 특별한 인연이 있잖아요. 그래도 생판 모르는
사람보다는 친근하고 좋네요.

규진   그야 뭐. 그렇죠.

윤희   제가 이런 고급 피트니스는 첨이라서 난감하던 차였는데... 그럼 잘 좀
부탁드려요. (공손히 인사하고) 어머, 안경 벗으니까 치명적으로 쎅시하
시다. 그런 말, 많이 들어보셨죠? (씩 웃고, 기구에 올라가서 열심히 운동
하면)

규진   (이미 혼 빠졌다) 뭐, 가끔.. 아니 자주.. (하다가, 속마음으로 (E)) 뭔 여자
가 저리 쿨해. 내가 자길 감금까지 했는데, 원망하는 눈빛도 없고... 섹
시? 섹시 섹시 섹시... (배시시 웃음 나오고. 주체 못 하겠는 규진. 한껏 섹시
한 척 폼 잡으며 운동하는데, 이글이글 불타는 눈빛)

윤희	(그런 규진 흘낏 보며, 혼잣말로) 빙~신! 미친 거야. 허파에 바람 든 거야. 왜 저래 진짜.

738.   헤라펠리스 분수대(아침)
운동 마친 윤희, 땀 닦으며 걸어가다, 출근하는 서진과 마주치는데.

서진	(그런 윤희가 우습고) 벌써 피트니스까지 다니는 거야? 언제까지 있을지 모르니 열심히 즐겨. 좋은 경험 될 거야. (가려면)
윤희	그렇게 말하면, 니 맘이 좀 편하니. 그래도 너한테 이번에 참 고마워.
서진	(돌아보면)
윤희	니가 사는 집, 궁금했거든. 욕심났고. 덕분에 여기까지 오게 된 거 감사하게 생각해. 앞으로 더 많은 걸 욕심내볼 생각이야. 85층 너네 집, 니가 가진 것들, 그리고 내가 뺏긴 것들까지 전부 다. 잘 지켜내야 될 거야, 천서진!
서진	(열 받아 윤희 뺨을 후려칠 듯 손 번쩍 들면)
윤희	(서진의 손을 한 팔로 잡고) 환영인사가 너무 격한 거 아냐? 헤라펠리스에선 이웃을 이렇게 대하나.
서진	(이 악물고) 그만 까불어, 오윤희! 죽이고 싶은 거 미친 듯이 참고 있으니까!!
윤희	참지 마. 언제든지 받아줄 준비 돼있으니까. (당당히 엘리베이터 타고 올라가면)
서진	(뭔가 진 느낌 나고. 그때 옆으로 도 비서가 다가서면. 가방에서 뭔가를 꺼내 내밀고) 이 사람, 지금 어딨는지 찾아봐. 최대한 빨리.
도비	(받아들면, 나이 먹은 여자 사진이고) 다른 정보는...
서진	없어. 10년 전에 동대문에서 포목점을 했다는 정도만 알아.
도비	수소문해서 어떻게든 찾아내겠습니다.
서진	반드시 쫓아내고 말 거야, 오윤희. 반드시!! (결심하는 표정이고)

739.　청아예고 음악부 교실(아침)

　　　장대와 은후, 석경과 제니, 남녀로 나눠서 〈축배의 노래〉 정도 부르고
　　　있으면.
　　　옆에서 지도하고 있는 두기. 심오한 표정으로 들으며 가르치는데.
　　　그러다 수업 끝나는 종 울리면.

두기　　　자, 오늘 실기수업은 여기까지다. 그리고, 이번 주에 청아예고 홍보 모
　　　델 오디션이 있다. 남녀 각각 한 명씩 뽑을 예정이다.

아이들　　오오~~~ 두두두두~~~ (책상 두드리며 뜨겁게 호응하면)

로나/석경/석훈/은별/제니/민혁　　(눈 반짝이며 듣는데)

두기　　　홍보모델로 뽑히면, 학교 모든 행사의 사회를 맡게 되고, 생기부에도
　　　활동이 기록된다. 미리 지원자를 받을 건데, 희망하는 사람?

석경/은별/제니　　(제일 먼저 손을 들고)

석훈/민혁　(이어서 손 드는데)

은후　　　(손 들다가, 석훈이 든 거 보고 놀라서 얼른 손 내리면)

장대/유정/예리/지아　　(이어서 손을 들고)

로나　　　(마지막으로 손 드는데, 아이들의 따가운 눈총 쏟아지면)

두기　　　(로나를 보는 시선) 배로나. 너도?

로나　　　네! 저도 청아예고 홍보모델, 해보고 싶습니다.

두기　　　(코웃음) 그래, 용기가 대단하네. 그럼 지원자들은 준비 잘하도록. 이상!

740.　청아예고 복도(낮)

　　　아이들, 교실 밖으로 나가면. 제니, 로나를 잡고.

제니　　　누가 널 뽑아준다고 설쳐? 심사위원들이 총 맞았니? 지금이라도 사퇴해.

로나　　　내가 왜 사퇴를 해? 최소한 너보단 표 많이 받을 자신 있는데?

제니　　　(어이없고) 뭐야?! 어쩌다 로또 맞아서 헤라팰리스에 굴러들어오니 눈
　　　에 뵈는 게 없지?!

로나	(당당하게) 그래. 나도 이제 헤펠 사니까 꿀릴 거 없잖아?
제니	야아!!! 배로나 너, 까불다 죽는다!!! (분해 죽는데)
석경	(가는 로나에게 다가서며, 다정하게) 로나야. 넌 내 친구니까, 이번 건은 나 도와주면 어때. 될 사람한테 표를 몰아주면 좋잖아. 굳이 나와서 창피당하지 말고... (하다가 실수인 척) 아! 너 위해서 하는 말이야. 기분 나빴니.
로나	아냐. 니 말 이해해. 근데 나, 되든 안 되든, 한번 해보고 싶어. 너한테 고마운 건, 다른 걸로 갚을게. 우리, 페어플레이 하자. (가면)
석경	(순간 얼굴 벌게지고, 당황한) 저게.. 뭐래는 거야... (썩은 표정)
석훈	(걸어가는 로나를 보는데)
은별	(그런 석훈을 보는)

741. 청아예고 이사장실(낮)
서진, 호동과 마주하고 있는.

서진	주 회장님께 연락 받았어요. 애들 일, 문제 삼지 않겠다고 하셨다면서요.
호동	아, 네. 생각해보니 한창 장난칠 시기에 얼마든지 일어날 수 있는 일인 거 같아서요.
서진	(비웃듯 보며) 원하는 게 그쪽이었음 더 솔직하게 말씀을 하시죠, 구 선생. 3개월 계약 끝나면 바로 정규직 채용 약속하죠!
호동	(벌떡 일어서더니) 감사합니다, 부장님. 기대에 부응하게 열심히 뛰겠습니다. (깍듯이 90도로 절하면)

그때, 노크 소리 나고, 두기가 들어서는.

두기	(서진에게 인사하고, 다가가 나직이) 좀 전에 홍보모델 지원자를 받았는데... 배로나도 지원했습니다.
서진	(일그러지고) 배로나가요? (표정 관리하며) 뭐, 구색 맞추기 딱 좋네요.

두기 저희가 더 신경 쓰겠습니다. (호동 보며) 무슨 얘긴지 알죠?

호동 (호탕하게) 그럼요. 백 프로 이해했습니다! (달라진 표정)

742. **청아예고 운동장(낮)**

석훈, 운동장에 앉아서, 봉사활동하고 있는 로나를 보고 있는.

로나, 치마 밑에 체육복 바지 입은 채로, 열심히 청소하고 있는. 그러다

더운 듯 머리를 대충 쓸어 올려서 볼펜으로 쓱 고정시키면.

석훈, 그 모습 보며 픽 웃다가 일어나 돌아서는데.

그 앞을 가로막는 사람, 은별이고.

은별 너한테 할 말 있어.

석훈 말해.

은별 (선뜻 입 떨어지지 않으면)

석훈 할 말 없으면 가볼게. (걸어가면)

은별 (용기 내서) 좋아해! 나, 너 좋아해!

석훈 (우뚝 멈춰 서는데)

은별 오랫동안 좋아했어. 알아. 부담스러워할 거라는 거. 그래서 말 못 했어. 하지만, 니가 다른 사람 챙기는 건 못 보겠어. (울컥한데)

석훈 (갑작스러운 고백에 당황한) 하은별, 왜 이래? 니가 무슨 말을 하는지 모르겠다.

은별 넌... 나 어떻게 생각해? (긴장한 채 석훈을 보다가, 석훈이 뭔가 대답하려면) 아냐. 지금 대답하지 마! 우리가 같이 홍보모델 되고, 그때 대답해줘. 나, 진짜 열심히 할게. 절대 다른 사람한테 안 뺏겨! 특히 배로나한테는! (얼굴 빨개진 채, 막 뛰어가면)

석훈 (그 모습을 보는. 그러다 청소하고 있는 로나를 다시 돌아보는데)

743. **명동 부지(낮)**

단태, 윤철, 규진, 매입한 명동 땅을 돌아보고 있는.

규진   (낡은 집 한 채 가리키며) 오윤희한테 저 알박기 땅까지 매입했으니, 이제 본격적으로 밑 작업을 시작해야 되지 않겠습니까.

단태   당연하죠. 명동 노른자위에 네모반듯한 땅이 됐으니, 최고 가격으로 팔수 있을 겁니다. (의기양양한데)

윤철   이 땅을 사겠다는 사람이 누굽니까. 명동에 이만한 쇼핑 타운을 세울 계획이라면... 엄청난 재산가겠네요.

단태   미국에서 가장 성공한 재미교포라고 들었어요. 이름은 로건 리.

규진   로건 리?

단태   이번 계약 건 때문에 한국에 들어왔다는데, 내가 곧 만나볼 생각입니다.

규진   (관심 보이며) 어디서 묵는데요. 저도 같이 만나면 안 될까요.

단태   호텔에 있다서 찾아갔는데, 아직 만나진 못했습니다. 뉴욕 맨하탄 최고 중심부에 100층 건물을 가지고 있는 사람인데, 쉽게 접근할 수야 없겠죠.

윤철   (놀라고) 100층 건물이라면... 메디슨 타워요? (단태, 끄덕이면) 대체 뭘 해서 그만한 돈을 벌었대요?

단태   아버지가 빌딩 사업으로 크게 성공했고, 지금은 유명한 극장주예요. 내가 인생에서 가장 롤 모델로 삼고 있는 인물이죠. 전망대 수입만 해도, 3대가 먹고살 만큼 엄청난 부호예요.

규진   그럼, 우리나라 부동산 시세는 깜깜이겠네요. 제대로 눈탱이 때려서 우리도 이참에 한몫 크게 잡아보죠뭐. 한 열 배 뻥튀기 할까요. (흥분하면)

윤철   부자가 왜 부자가 됐겠습니까. 의심이 많고, 아무도 믿지 않기 때문에 돈을 모은 겁니다.

단태   (미소) 작업만 잘하면, 엄청난 시세차익을 얻어낼 수 있어요. 그래야, 오윤희한테 그 굴욕을 참으면서까지 경매 물건을 매입한 보람이 있지 않겠어요?!

규진   (슬쩍 떠보듯) 근데, 오윤희 .. 헤라펠리스에 계속 살게 하실 거예요?!

744.   헤라펠리스 분수대(낮)

마리(E)   그건 절대 안 되는 일이지! 우리 헤라가 어떤 헤란데!

잔뜩 꾸민 차림의 마리와 상아, 엘리베이터에서 내려서 걸어가고 있는.

마리   (제니와 통화 중인) 엄마가 다 알아서 조치할 테니까, 우리 공주는 걱정 말고 수업이나 잘 들어. 서울음대 가려면 무조건 5등 안엔 들어야 된다고! 끊어! (전화 끊는데)

상아   (마리를 툭 치고) 저기 좀 봐요. (턱으로 어딘가를 가리키면)

마리   (보는)

윤희, 경비 아저씨들에게 상냥하게 떡 돌리고 있고.

윤희   안녕하세요, 4502호예요. 어제 이사 왔는데, 이거 좀 드시면서 하세요.

경비1   감사합니다, 사모님. (넙죽 받으면)

경비2   죄송해요. 저는 떡 안 먹습니다. 그냥 가져가세요. (경비1 데리고 냉랭하게 돌아서면)

윤희   아니, 저... (따라가려다 멈춰 서고)

경비2   천서진 사모님 알면 벼락 떨어져. 그깟 떡 하나 먹고 짤릴래?

경비1   맞네. 얘기하지 마. (들고 있던 떡을 쓰레기통에 휙 버려버리면)

윤희   (한숨. 혼잣말) 천서진 힘, 막강하네.

윤희, 돌아서다가, 마리, 상아와 눈 마주치고.

마리   (한껏 차려입은 옷을 뽐내듯 걸어오며) 요즘도 이사 왔다고 떡 하는 사람도 있네. 우리 헤펠은 그런 거 안 해요. 보리굴비 세트 정도면 모를까.

윤희   (애써 표정 관리) 그래요? 제가 아직 잘 몰라서...

마리   (윤희 행색을 위아래로 훑어보며) 옷 입은 센스가 참 뭐랄까, 난해하네요. 우리 헤펠에선 보기 드문 옷차림이에요. 헬퍼도 아니고.. (무시하듯 깔아보면)

윤희	이삿짐 정리하느라 편한 옷이 좋아서요. (떡 내밀며) 떡 좀 드시겠어요?
상아	저희 집엔 먹을 사람이 없어서요. 남편이랑 애가 입맛이 워낙 까다롭거든요. 저희 시어머님이 왕미자 요리연구가세요. 아시죠?
윤희	(쌩하니) 모르겠는데요. 티브이를 잘 안 봐서. 외출하시나 본데, 잘 다녀오세요. (휙 돌아서서 가면)
상아	(기막히고, 흥분해서) 몰라? 어떻게 왕미자 요리연구가를 몰라? 최고다요리사에 고정 출연인데, 모른다는 게 말이 돼요?
마리	당장 천 쌤한테 연락해서 운영위원회 소집하라고 해요! 개꼴로 쫓겨나봐야, 니 밥 내 밥은 가려먹고 살지!
상아	제니 엄마는 같은 층이라 더 짜증 나겠어요. 같은 레벨인 거잖아요.
마리	(욱하고) 같은 레벨이라뇨! 두바이에서 우리 남편만 돌아오면 나도 60층으로 올라갈 거예요! 이사 간다고요, 당장! (하는데, 핸드폰 울리고. 표정 확 바뀌어서 애교 있게 받는) 아 네, 지금 나가는 길이에요~ (고개 돌리고 나직이) 뜨거운 물에 몸 푹 담그고, 쫌만 기다리세요. 제가 노글노글하게, 싹 다 풀어드릴게요~ 호호호~ (전화 끊고) 나 먼저 가요. (후다닥 뛰어가면)
상아	(얼굴 화끈하고) 미쳤어... 바람이 나도 단단히 났다니까! 불결해 진짜!

745. 동네목욕탕(낮)

겉보기엔 평범하고 구식인 옛날 목욕탕. 낡아빠진 탕 하나와 수도꼭지들과 지저분한 대야들 보이고.
3마마들, 수건으로 몸을 가린 채, 일렬종대로 탕에 들어앉아서 명품 찻잔에 커피를 마시고 있는데. 도저히 후져빠진 목욕탕과 어울리지 않는 비주얼들이다.

마마1	변 회장. 새로 나온 핸드폰 진짜 좋더라. 대박 나겠어. 주식도 많이 올랐지?
마마2	몇 개 보내드렸는데, 벌써 써보셨어요? 송 회장님이 좋다면 진짜 좋은 거맞죠? 빈말 안 하시잖아요. 이번에 제약 쪽이 코스닥 상장한다면서요?

503

마마3	정말이에요, 송 회장님? 제약은 큰아드님이 맡을 거죠? 치매약 개발됐
	다는 소문이 벌써 돌아서 상장되면 큰일 한번 내시겠어요.
마마2	특별히 우리 3마마한텐 비상장주식 좀 나눠주세요.
마마3	아님, 저희 딸이랑 혼사 한번 추진해볼까요. 우리 딸이 MBA 마치고 얼
	마 전에 귀국했거든요. 화장품 쪽은 딸애한테 주려고요.
마마1	다들 헛꿈 꾸지 마. 우리 회사 주식은 딱 한 사람만 받을 자격 있어.
마마2	그게 누군데요?
마마1	누군 누구야. 진천댁이지.

그때, 간드러지게 "송 사모님~~~"하는, 애교 넘치는 목소리 들리고.
다들, 세신실 쪽을 돌아보는데.

746.   목욕탕 세신실(낮)

마마1, 엎드려있으면. 머리에는 수영모를 질끈! 양손에 딱! 딱! 때수건
을 끼고, 양손을 돌려 어깨를 푸는 세신사의 뒷모습 슬로우로 잡혀 보
이는데.
세신사, 절도 있는 동작으로 몸에 물 한 바가지를 한 번 쫙 끼얹은 다음,
아우라 뿜으며 세신대로 다가서고. 한쪽에 놓인 스톱워치가 정확히
13분에 맞춰 울리면.

세신사(E)	13분 불린 거 맞죠? 그럼, 시작하겠습니다.

세신사, 날렵하고 예사롭지 않은 손놀림으로 때를 밀기 시작하는.
엎드린 사모님의 입가에 미소가 번지는데. 그때, 탁탁!! 때수건 끼손
으로 박수를 치는 세신사. 마마1, 익숙하게 돌아눕는데.

세신사	해초팩 하실 거죠, 사모님?! (하며 씨익 웃는 사람, 마리다!)
마마1	뭘 그런 걸 물어. 자기가 다 알아서 해줘.

마리	근데, 어디서 몸 담그고 오셨어요? 살결이 거칠어진 게 딱 외국물인데?
마마1	어머나, 그게 티 나? 유럽 몇 나라 돌았는데, 스파가 영 별로더라고~ 자기, 여기 정리하고 강남으로 넘어오면 안 돼? 내가 호텔 사우나 자리 내줄게.
마리	말씀은 고마운데, 저, 밑바닥에서부터 이 때타올 한 장으로 여기까지 왔어요. 여기가 제2의 고향이고, 이 진천댁의 심장이에요. (손뼉 딱딱 치며, 때밀이에 집중하면)
마마1	난 자기가 그래서 좋아. 세신사로서 그 열정과 프라이드!
마리	아참. 저번에 묻어두라는 주식, 상한가 쳐서 재미 좀 봤어요. 사모님 정보력은 진짜, 아무도 못 따라간다니까요. 저한텐 3마마 사모님들이 은인이에요, 은인!
마마1	뭔 소리야. 은혜는 우리들이 입었지. (마리 무릎의 작은 흉터 보며) 그 흉터, 내가 수술시켜줄까?
마리	수술 그딴 걸 왜 해요? 저한텐 영광의 훈장인데요, 이 흉터가! (무릎의 흉터를 자랑스럽게 내려다보는데, 예전의 일 떠오르는)

747. 회상/10년 전/목욕탕 앞 골목길(낮)

마리	비켜요!!! 비켜!!

좁디좁은 골목길에 울려 퍼지는 마리의 다급한 외침.
속옷 차림에 맨발로, 마마1 사모님을 등에 들쳐 업은 채로 미친 듯이 뛰는 마리.
숨 헐떡이며 뛰다가 힘에 부쳐서 걸음 엉키고, 그대로 철퍼덕 넘어지면 무릎이 보도블록에 갈리면서 피 흐르는.
마리, 이 악물고서 다시 일어나, 마마1을 업고 정신없이 뛰면.
지나가던 사람들, 속옷 입은 채로 질주하는 마리를 경악의 시선으로 바라보는.

748.　현재/동네목욕탕 안(낮)
　　　숙련된 손놀림으로 오이를 강판에 갈고, 해초팩을 얼굴에 올리고 있는
　　　마리.

마마1　그때 골든타임을 안 넘겨서 내가 지금 살아있는 거야. 자기가 구급차보
　　　다 빨랐다니까. 어떻게 속옷 차림으로 병원까지 뛰었어?
마리　아휴, 대단한 일 한 것도 아닌데, 부끄러워 죽겠어요, 사모님~~

　　　그때, 마마2, 마마3, 세신실로 들어서고.

마마2　그러고 보면 자기가 사람 여럿 살렸지. 나 심정지 왔을 때, 응급처치로
　　　심장 뛰게 해준 사람도 자기잖아.
마마3　내 유방암도 잡아내고, 명의가 따로 없다니까. 대학병원 의사도 못 잡
　　　아낸 멍울을 자기가 젤 먼저 알아냈잖아.
마마1　자기야. 나 죽을 때까지 자기한테 내 몸 맡길 거니까, 절대 이 일 그만두
　　　면 안 돼. 알지?
마리　아 그럼요. 제가 우리 3마마 사모님들 두고 어딜 가요.
마마1　진천댁은 우리 생명의 은인이야. 꼭 한번은 우리가 크게 도와줄 거야.
　　　우린 원수도 갚지만, 은혜도 꼭 갚아!
마리　에이, 몰라 몰라~~ 창피하니까 그런 얘기 그만들 하시고, 제가 만든 시
　　　원한 식혜 한 잔씩 때릴까요? 콜?! 하하하... (하더니, 소탈하면서도 호탕
　　　하게 웃는데. 그전의 마리와 완전히 다른 사람이고)

749.　파크원 호텔(저녁)
　　　바이크를 탄 누군가. 호텔 앞으로 바이크 몰고 와 멈춰 서면.
　　　호텔 직원, 달려와 공손하게 맞는데.
　　　가죽잠바를 입은 남자, 헬멧을 벗고, 키를 직원에게 던지고 호텔로 들
　　　어가는.

750. 호텔 로비(저녁)

로비를 걸어가는 남자의 바이크 부츠 보여주고. 고급스럽고 남성미 넘
치는 부츠. 성큼성큼 걸어서 엘리베이터 앞에 서면.

비서, 기다리고 있다가 깍듯하게 인사하고, 가방 건네주는.

바이크맨, 홍 비서에게 가방을 받아들고 엘리베이터에 올라타는.

751. 파크원 호텔 스위트룸(저녁)

문을 열고 들어서는 바이크맨(로건 리), 가방을 소파에 휙 던지고.

진열대에 나열해있는 영자신문들과 영문잡지들을 손으로 쭉 훑다가,

하나를 선택해 펼쳐서 보는데.

그때, 호텔 전화 울리고. 멈칫하다 받는.

왁스로 잘 빗어서 넘긴 짧은 염색 머리, 귀걸이, 세련된 선글라스, 가죽
잠바 안에 명품 스카프로 멋을 낸 차림, 하나씩 나눠서 보여주고. (얼굴
을 보여주지 말고)

로건리   (간결하고 차가운 말투) Hello.

단태(F) (영어로) 안녕하세요. JKing홀딩스, 주단태 회장입니다. 혹시, 로건 리
씨 맞습니까.

로건리   (유창하게) 네, 제가 로건 린데요. 무슨 일이시죠?

752. 호텔 로비/호텔 객실/전화 통화(저녁)

단태, 호텔 전화로 통화하고 있는. 그 옆으로 규진이 호기심 가득 찬 얼
굴로 보고 있고.

단태   (영어로) 명동에 쇼핑센터를 세울 계획이라고 들었습니다. 제가 명동
땅의 소유줍니다.

로건리   (영어로) 비서를 통해 전달받았습니다. 아직 검토 작업 중입니다.

단태   (영어로) 장담하건데, 그만한 부지, 찾으시기 힘들 겁니다. 지금 만나 뵐

수 있을까요? 제가 로비에 와있습니다.

로건리	(영어로) 오늘은 좀 피곤해서요. 조만간 연락드리죠. 그럼! (전화 끊으면)
단태	그러지 마시고 잠깐만... (하는데, 이미 전화 끊겼고) 헬로우. 헬로우? (기분 나빠서 수화기 탁 내려놓으면)
규진	뭐래요? 약속 잡았어요?
단태	(순간 욱해서) 왜 이리 거만해?! 얼굴 한번 보여주는 게 뭐가 어려워서!!
규진	또 짤렸어요? 모양 빠지게, 몇 번을 거절당하는 거예요? 호텔까지 와서! 진짜 살 맘은 있는 거래요?
단태	(애써 진정하고) 살 마음이 있으니, 한국에 들어오지 않았겠어요? 은밀히 알아보니, 5천억 정도 투자할 수 있는 물건을 찾고 있는 모양이에요!
규진	(순간 눈 휘둥그레지고) 오.. 오천억이요?!!!
단태	부동산은 서두르는 순간 망치는 거예요. 급할 게 없어 보여야 저쪽에서 몸이 달아 협상에 들어가겠죠. 기다려야 돈이 됩니다!

초인종 소리 들리고(E).

753.   헤라펠리스 윤희 집 현관 앞(저녁)
       로나, 현관문 열면. 그 앞에 서있는 사람, 석훈과 석경, 은별, 제니, 민혁이고.

로나	(놀라서 보는) 니네들이... 웬일이야?
제니	(썩은 미소) 반 친구가 옆집으로 이사 왔다는데, 놀러오는 게 이상해?
석경	(음식 내밀고) 갈비찜이야, 엄마가 갖다 주래서 겸사겸사 왔는데. 놀랐어?
로나	(잠시 어리둥절해있다가) 아, 아냐. 들어와. (문 활짝 열어주는)

754.   윤희의 집 거실(저녁)
       윤희, 테이블에 간식들 잔뜩 올려놓고.

윤희	급하게 만드느라 맛이 있을지 모르겠다. 미리 알았으면 제대로 준비했을 텐데. 담엔 더 맛있는 거 해줄게. 얼른들 먹어봐.
석경	(예의 바르게) 아줌마, 죄송하지만 오늘은 저희끼리 편하게 놀고 싶은데, 자리 좀 비켜주실 수 있으세요?
윤희	어머! 아줌마가 이렇게 눈치가 없다. 늦게까지 있어도 되니까, 재밌게들 놀아. 와줘서 고마워.
은별	(똑바로 윤희 보며) 폐가 안 되는지 모르겠어요. 잘 먹겠습니다.
윤희	(은별을 어색하게 보고) 그래. (돌아서서 나가면)
제니	(윤희 나가자마자 바로 타박하는) 넌 성악하는 애가 평소에 이런 거 먹니. 니네 엄마 너무 생각 없는 거 아냐? 고춧가루 떡칠한 떡볶이에, 기름 범벅 밀가루 튀김에, 메뉴 선택이 너무 노 배려다.
민혁	우리 엄마가 이것들 봤으면 기절각이겠는데? 죄다 불량식품 비주얼!
석경	니들 왜 그래? 말이 심하잖아. 다들 친해지려고 모인 건데. 로나야. 맘 상해 하지 마. 애들이 생각 없이 말하는 거 알잖아.
로나	(기분 나쁘지만) 응, 괜찮아.
석훈	(말없이 튀김 하나 집어먹으면)
민혁	(놀라) 대박 사건! 주석훈이 다른 집 음식도 먹어? 그럼.. 나도? (따라서 먹고) 음... 나쁘지 않은 듯?
은별	(유심히 석훈과 로나를 보다가) 화장실 어디야? 나 손 좀 닦게. (일어서는)

755. 윤희 집 로나의 방(저녁)
　　　은별, 조심스레 로나의 방으로 들어오고.
　　　책상 위에 펼쳐져있는 노트를 들어서 보면. 로나의 일기장인데.

로나(E)	석훈인 내가 준 초코우유를 먹었을까. 나... 아무래도 석훈이를 좋아하는 거 같다.

　　　은별, 로나의 일기를 보다가 부들부들 하는데.

그때, 문 열고 들어서는 석경. 은별, 놀라서 얼른 일기장 덮으면.

석경	뭐해?
은별	아냐. 아무것도. (나가려다, 돌아보고) 안 나가?
석경	먼저 나가. 난 방 구경 좀 하고. (방 둘러보며) 꽤 예쁘게 잘 꾸며놨는데? 로나 은근히 센스 있어. 그치? (은별을 보며 웃는)
은별	글쎄... (어색하게 보다가 나가면)
석경	(표정 굳어지고, 재빨리 방을 스캔하는)

756.   헤라팰리스 커뮤니티 일각(저녁)
서진, 마리, 상아, 우아하게 커피 마시며 얘기하고 있는.

마리	다들 홍보모델 지원했죠? 남자야 어차피 석훈이가 될 건데, 민혁인 왜 나갔대요? 들러리가. 큭. (웃음 참지 못하면)
상아	제니야말로 예중 출신도 아니라서 인지도도 확 떨어질 텐데... 그러다 한 표도 못 받으면 어쩌려고요. (놀리면)
마리	(표정 싹 바뀌고) 민혁이야말로 백 퍼 빵 표예요, 빵 표! 우리 내기할까요? 뭔 애가 허구한 날 석훈이 똥구녕만 쫓아다니고...
상아	(발끈하고) 아니, 우리 민혁이가 그렇게 만만해요. 왜 걸핏하면 우리 민혁이만 걸고 넘어져요?! 그럴 시간에, 제니나 단속하세요! 우리 아들 좋다고 정신 못 차리던데, 벌써 몇 년째 짝사랑이야.
마리	짝사랑은 된장! 그 집 아들이 관심을 보이니까 손바닥이 마주쳐서 소리가 나는 거지. 우리 제니가 미치지 않곤... (하는데)
서진	(갑자기 버럭) 지금 그런 일로 싸울 때가 아니에요!
마리	싸울 때가 아니면? 우리 애들도 지금 대학이 걸렸다고요. 홍보모델 전교 회장보다도 더 좋은 스펙이라는데, 우리도 죽기 살기죠!
상아	은별이는 벌써 스피치 선생까지 붙였다면서요? 애들 사이에 소문 쫙 났던데.

서진   (정색하고) 배로나 모녀, 우리 헤라에 그냥 두실 건가요?!

마리/상아   (순간 멈칫하면)

마리   그거야 당연히, 운영위원회 열어서 퇴거 명령 때려야죠! 우린 벌써 그렇게 결정했어요!

서진   추천을 받고 입주한 이상, 아무런 이유 없이 내보내는 건 불가능해요.

상아   그럼 어째야 돼요?

그때, 수련과 윤희가 다정하게 걸어가는 모습이 서진 눈에 보이고.
수련, 윤희를 데리고 다니며, 여기저기 로커와 샤워실을 안내해주고 있으면.

서진   (수련과 윤희를 유심히 보며) 품위손상이든, 부도덕적인 행실이든, 이유를 잡아서 정식으로 투표에 붙여야죠! 세팅은 내가 할 테니, 제니 엄마와 민혁 엄마는 분위기만 잘 잡아주면 돼요. 하실 수 있죠?

마리/상아   (생각하다, 비장하게 고개 끄덕이는)

757.   **청아예고 음악부 교실**(다음 날 아침)
        로나, 가방 메고 교실로 들어와 앉으면.

석경   (로나에게 다정하게 다가서는) 로나야, 오디션 연습 많이 했어?

로나   아니. 졸려서 그냥 자버렸어. 뭘 연습해야 될지도 모르겠고.

석경   벌써 포기한 건 아니지? 스피치가 제일 중요하니까, 같이 연습하자. 내가 예상 문제 몇 개 뽑아놨어.

로나   고마워. 난 니가 화났을까 봐 걱정했는데...

석경   화를 왜 내. 선의의 경쟁자가 있음 좋지. (로나 귀에 대고, 속삭이듯) 난 니가 은별이보다 훨씬 가능성 있을 거 같은데? 절대 포기하지 마. (묘한 웃음 지으면)

로나   (그런 석경이 고마운데)

511

제니	(갑자기 호들갑스럽게 책상 뒤지며) 야! 니들 내 머리끈 안 봤어?
석경	(돌아보는) 머리끈이라니.
제니	우리 아빠가 두바이에서 보내준 머리끈 있잖아.
석경	어머, 그거 다이아 박힌 거 아냐? 그렇게 비싼 걸 어디 뒀는데?

컷 되면. 마두기가 교탁 앞에 서있고.

두기	우리 신성한 청아예고에서 절대 있어서는 안 될, 도난 사고가 발생했다. 도난 물품은 다이아가 박힌 머리끈이다. 고가의 물건이라 부득이하게 소지품 검사를 진행할 수밖에 없다. 다들 가방 올리고! 손 머리로!

아이들, 두기 지시에 따라, 가방을 책상 위로 올리고, 손은 머리로 올리는데.
두기, 아이들 가방을 일일이 뒤져서 소지품을 확인하는.
그러다 로나의 앞에 서고.

두기	(로나의 가방 살피다가, 문득) 거기, 필통 한번 열어봐?
로나	(아무 생각 없이 필통 여는데, 놀라는 로나의 표정. 담배가 필통 안에 가득 들어있고)
두기	(로나의 필통을 뺏으며) 뭐야. 너 담배 펴?
로나	(당황해) 제 꺼 아니에요!
두기	니 께 아니면? 이거 니 가방 아냐?
로나	제 가방은 맞는데... 전 진짜 아니에요! 억울해요, 선생님!
두기	끝까지 거짓말할 거야? 니가 제니 머리끈도 훔친 거 아냐?! (가방을 뒤집어서 털어보는데. 가방 안쪽 포켓에서 성인잡지가 툭 떨어지고. 기막힌 표정으로 보며) 배로나, 이래도 발뺌할 거야? 너 대체 뭐하는 애야!! 누가 이런 성인잡지를 학교에 들고 오래?!
은별	(순간 석경을 보는데)

512

석경	(태연하게 지켜보고 있고. 조소하는 표정으로 로나를 보면)
아이들	(술렁이는)
석훈	(표정 굳어지고)
로나	전 진짜 아니라고요!! 누가 제 가방에 일부러 넣어둔 거예요! (하다가, 제니에게 달려가) 유제니, 너지? 니가 한 짓 맞지?! 또 니 자작극이야? 말해!! 니가 한 짓이라고!! (제니 붙들고 소리치면)
제니	뭔 소리야? 머리끈 잃어버려서 나도 미치겠는데. 그거 우리 아빠가 내 생일에 보내준 거라고!! 우리 아빠가!! (울컥해서 로나를 확 밀치고)
로나	아! (바닥에 나가떨어지면)
석훈	(멈칫, 다가가려다 멈춰 서고)
두기	너, 예전부터 시건방진 말투며 태도며 맘에 안 들었어. 교무실로 따라 와!!
로나	(하얗게 질려) 제발 믿어주세요! 저것들 다 제 꺼 아니에요! 맹세할 수 있 어요!! 뭔가 잘못됐다고요!! 정말이에요!! (절박하게 사정하는데)

그때 호동, 휘파람 불며 복도 지나가다가 소란한 교실을 창문 너머로 찬찬히 지켜보는.

758. 청아예고 일각(낮)
석훈, 심각한 얼굴로 걷고 있으면. 그 뒤를 석경이가 따라오고.

석경	(재밌다는 듯, 픽 웃으며) 배로나 그 기지배 쌤통이지 않아? 내가 신경 쓸 것도 없었어. 그런 앤 줄 알았으면, 가까이하지도 않는 건데.
석훈	(멈춰 서고. 다그치듯) 니 짓이지? 배로나 가방에 담배 넣은 거!
석경	(펄쩍) 뭔 소리야? 나 아냐!
석훈	어제 로나 방에 들어간 거 너잖아!
석경	(순간 당황) 들어가긴 했는데.... 아무튼 난 아냐! 진짜야! 나 못 믿어?
석훈	(버럭) 나한테까지 거짓말할 거야!!! (석경, 놀라서 보면) 너한테, 실망

이다. (휙 가버리면)

석경   오빠! 주석훈!!

759.   청아예고 소각장 앞(낮)
        은별, 주위 두리번거리며 소각장 앞으로 몰래 가는.
        브래지어 안에서 뭔가 뒤져 꺼내는데. 제니의 다이아 박힌 머리끈이고.
        머리끈을 손에 꽉 쥐는 은별.

760.   회상 1/10화 46신 연결/윤희의 집 로나의 방(저녁)
은별   (나가려다, 돌아보고) 안 나가?
석경   먼저 나가. 난 방 구경 좀 하고. (방 둘러보며) 꽤 예쁘게 잘 꾸며났는데?
            로나 은근히 센스 있어. 그치? (은별을 보며 웃는)
은별   글쎄... (어색하게 보다가 나가면)
석경   (표정 굳어지고. 몰래 로나의 책상을 뒤져서 홍보모델용 사진을 찾아내는)
            앙큼하게 벌써 사진까지 찍었어? (핸드폰으로 사진 찍으면)
석훈(E)   석경아, 뭐해?
석경   (놀라) 어, 나 여깄어! (재빨리 사진을 제자리에 두고, 밖으로 나가는데)
은별   (문 뒤쪽에 숨어있다가 다시 방으로 들어오고. 로나의 필통에다, 옷에 숨겨
            온 담배를 넣어두고. 가방 깊숙이 성인잡지를 숨기는데)

761.   회상 2/청아예고 음악부 교실(아침)
        제니, 장난치다가 머리끈이 풀려서 바닥에 떨어지면.
        은별, 몰래 제니의 머리끈을 주워서 몸 안에 숨기는.

762.   현재/청아예고 소각장 앞(낮)
        은별의 매서운 눈빛.
        은별, 머리끈을 소각장에 던져버리고, 주위 두리번거리다가 급히 돌아
        서서 가는.

763.   청아예고 이사장실(낮)
       두기, 서진에게 보고하고 있는.

서진   담배랑 성인잡지가 나왔다고요?
두기   네. 이번 건은 벌점 정도로 끝날 사항이 아닙니다. 정학 이상도 충분합
       니다.
서진   정학 처분이 떨어지면, 자연히 홍보모델 지원도 불가능하겠네요.
두기   어차피 배로나는 가능성도 없었습니다. 석경이와 은별이의 싸움이 될
       거 같습니다.
서진   성악한다는 애가 담배라니... 배로나는 학칙대로 처리해주세요.

       그때, 도 비서가 들어오고.

도비   말씀하신 분 찾았습니다!
서진   (눈 반짝하고) 그래?
도비   세 번째 남편하고도 이혼하고, 월셋방을 전전하며 살고 있었습니다.
서진   (회심의 미소) 재밌네. 오윤희 소식 들으면 엄청 반가워하겠는데?

764.   단태 사무실(저녁)
       단태, 로건 리 비서(홍비서)와 통화하고 있는.

단태   안녕하세요, 주단탭니다. 로건 리 씨랑 통화 좀 하고 싶은데.. (표정 일그
       러지고) 알겠습니다. 빠른 시일 안에 미팅 시간 좀 잡아주십시오. 기다
       리겠습니다. (열 받아 핸드폰 던져버리면. 노크 소리 나고, 조 비서가 들어
       오는)
조비   손님이 오셨습니다, 회장님.
단태   (화난 목소리로) 아무도 들여보내지 마! (하는데, 낯익은 목소리 들리고)
호동(E) 죄송한데 어쩌죠. 벌써 들어와버렸는데.

단태	(보면, 호동이 씩 웃으며 서있고. 기막힌. 조 비서에게) 나가 봐.
조비	(인사하고 나가면)
호동	(사무실을 둘러보며) 사무실이 생각보다 아담하네요. 이게 몇 평 정도 돼요? 어떻게, 사업은 잘되십니까. 회장님 사업은 경기도 안 타죠?
단태	(짜증 참아내며) 본론으로 가죠. 또 무슨 일이신지...
호동	(앉고) 다름이 아니라, 이번에 청아예고에서 홍보모델을 뽑지 않습니까. 근데 아무리 생각해도 우리 석경이가 딱일 거 같아서요. 근데 천 부장님은 은근 은별이를 밀고 있는 거 같고. 제가 학교 분위기 좀 말씀드리려고 왔어요.
단태	(표정 일그러지고) 고작 그 얘기를 하려고... 내 회사까지 찾아왔다는 겁니까. 내가 준 선물이 부족했습니까.
호동	아유, 무슨 말씀을! 오해하지 마세요. 어딜 가도 돈값은 하자는 게 제 인생모토라서 특별히 찾아뵌 건데... 앞으로 사석에선 형님으로 모시고 싶습니다. 괜찮으시면, 지난번에 못 사주신 술 좀 사주세요 형님!
단태	(멈칫) 형님?
호동	아, 제가 너무 브레이크 없이 들어왔나요?
단태	(보는. 애써 미소) 정겹고 좋네요. 근데 어쩌죠. 전 와이프랑 선약이 있어서요. 같이 저녁 먹기로 했거든요.
호동	아 네... 그러시군요. 아름다운 와이프와 선약이라... 참 가정적이시네요. 그럼, 이만 가보겠습니다. (일어나서 나가면)
단태	(재빨리 전화기 집어 드는) 조 비서!!

765. 단태 사무실 앞/엘리베이터 안 (저녁)
　　　호동, 엘리베이터에 올라타고, 닫힘 버튼 누르려면.
　　　누군가 엘리베이터 문을 잡고. 보면 조 비서고.
　　　조 비서, 말없이 올라타고, 엘리베이터 문을 닫으면.

| 호동 | 배웅까지 해주시는 겁니까. 안 그래도 되는... |

조비	(갑자기 호동에게 매섭게 주먹 날리고)
호동	으윽. (복부를 얻어맞고, 바닥으로 주저앉으면)
조비	난 그쪽 같은 동생 둘 생각, 없습니다. 라고 회장님이 전하시랍니다. (꾸벅 인사하고 내리려면)
호동	(고통스러운 표정으로 보다가, 이 악물고) 형님도 성격이 참 지랄 맞으시네요. 라고 전해주십시오! 꼭이요.
조비	(내리다가, 발로 호동을 걷어차고. 옷매무새 다듬고 엘리베이터에서 내리면)
호동	(바닥에 고꾸라져있는. 입술에 피나고. 헛웃음 나오는)

766. 헤라펠리스 분수대 앞(저녁)

윤희, 장 봐서 걸어오고 있으면. 사람들 웅성거리고 있고. 다가가는데 멈칫, 충격 받은 얼굴로 보면. 맞은편에 서있는 사람, 시어머니고! 분수대 앞에 입간판 세워져있고. 목에 패널까지 걸고 있는 시어머니. "헤라펠리스 4502호에 사는 오윤희를 고발합니다. 오윤희는, 늙고 병든 시어머니를 고려장시킨 패륜 며느립니다!" 써있는.

시모	헤라펠리스 4502호에 살고 있는 오윤희를 고발합니다! 오윤희는 남편이 죽자마자 늙고 병든 시어머니를 내다버렸습니다. 자기는 대한민국에서 제일 비싼 아파트에서 떵떵거리며 살면서, 시어머니는 월셋값도 못 내고 끼니 걱정하며 죽지 못해 살고 있습니다. 이게 말이 됩니까. 배은망덕도 유분수지! 자식이 죽었다고, 시댁과 연까지 끊어버리고, 내 자식이 벌어온 돈 지가 다 차지하고 도망친 파렴치한입니다!
윤희	(싸늘하게 굳어서, 다가서고) 지금... 이게 뭐하는 짓이에요?!

주민들 나와서 구경하고 있고. 마리, 상아, 제니, 민혁도 재밌게 보고 있는.
민혁, 핸드폰으로 열심히 찍어서 여기저기 보내느라 바쁜데.
퇴근하고 온 윤철과 규진도, 그 모습을 보게 되고.

규진   대체 뭔 일이래요?

마리   (신났고) 꿀잼이니까 일단 조용히 지켜보세요!

시모   (소리치는) 오! 잘난 며느리님. 이제야 나타났니. 너 혼자 잘 먹고 잘살
        면 다냐. 그래도 내가 로나 할민데, 어떻게 모른 척할 수가 있어! 내 아
        들 잡아먹은 것도 모자라서, 손녀딸까지 못 보게 하고, 내가 억울해서
        눈을 감을 수가 없어! 분통이 터져서!!

서진   (그 모습을 뒤에서 지켜보고 있으면)

윤철   (그런 서진을 의심스럽게 보는. 설마, 서진이 꾸민 짓인가 싶은데)

윤희   (한마디도 안 하고, 시어머니가 퍼붓는 욕설과 비난을 그대로 듣고 있으면)

마리   입이 있으면 말 좀 해봐요. 정말 시어머니를 고려장시킨 거예요? 이거
        정말 너무한 거 아니에요? 격 떨어져서 같이 못 살겠네 진짜! 이런 패륜
        은 뉴스에서나 봤지. 안 그래요? (큰소리로 떠들어대면)

주민들 (마리 말에 호응하고. 윤희를 이상하게 보는데)

윤희   저랑 얘기하세요. (시모를 끌고 가려면)

시모   (윤희 손 뿌리치고, 주저앉으며) 아이고... 내 새끼만 불쌍하지. 그놈은 얼
        마나 효자였는데... 나 이런 꼴 보면 얼마나 애통할까. 이래서 집안에 사
        람이 잘 들어와야 되는 건데...

윤희   (더는 못 참겠고. 순간 버럭) 그만 좀 하시라구요!!! (소리치면)

다들   (놀라서 보는데)

윤희   (울컥해서 소리치는) 어머니 아들, 왜 죽었는데요?! 딴 여자랑 바람피우다
        가 술 처먹고 계단에서 떨어져 죽은 거잖아요. 그것까지 제 책임인가요?!

시모   (순간 당황) 이게... 어디서 말대꾸야?

윤희   (거침없고) 어머님 단 한 번이라도 우리 로나 안아준 적 있으셨어요? 사
        시사철 옷 맞춰 입고, 금가루 든 화장품 찍어 바르면서도, 우리 로나한
        텐 장난감 한번 사준 적 없으셨잖아요!! 그저 돈! 돈! 저 결혼하고, 어머
        님 생활비 한번 빼먹은 적 없고요, 그이가 바람난 년한테 가게까지 얻
        어주고 죽었어도, 그 빚, 제가 다 떠안았어요. 장례식장에서 조의금함
        때려 부수고 돈 들고 도망친 사람이 누군데요!! 꼴랑 남은 어머니 집 나

누랄까 봐 인연 끊자고 하신 분이 누구냐고요!! 평생 남남으로 살자고 해놓고, 이제 와서 저 욕하시는 거예요? 이제 와서?!! 저는, 잘살면 안 돼요? 태어나서 처음으로 좋은 아파트에서 사람답게 살아보겠다는데, 그게 그렇게 꼴사나우세요? 그래서, 이 난장을 치시는 거냐고요!!! 바람피우다 죽은 아들 가지고 유세 부리는 거예요, 지금!!! (미친 듯이 절절히 소리치면)

다들	(일순간 조용해지고)
상아	(감정이입 돼서 울컥한데)
윤철	(역시 짠해서 보면)
규진	다이나믹하다, 인생 진짜.
서진	(묘하게 돌아가는 분위기에 심기가 불편한데)
경비들	(다가와 시모를 끌어내며) 여기서 이러시면 안 됩니다. 나가세요!
윤희	그 손 놓으세요!!
경비들	(당황해서 윤희 보면)
윤희	그래도 애 할머니예요. 제가 알아서 해요! (주민들에게 꾸벅 인사하고) 죄송합니다. 소란 일으켜서. 본의 아니게 제 가정사까지 듣게 해서 민망하네요. (시모 보며) 일어나세요. 한 푼이라도 저한테 뜯어가고 싶으면.
시모	(벌떡 일어서고, 못 이기는 척 따라가는데)
규진	(윤희를 존경하듯 보며) 카리스마 있다니까, 확실히! (그러다 옆에 보면, 상아가 울고 있고) 뭐야. 당신이 왜 울어?
상아	내가 왜 우는지 몰라? 이 등신아! (획 가버리면)
규진	왜? 뭔데? (상아를 따라가고) 여보!
마리	저 여자, 좀 짠한 구석이 있네. 그죠, 천 쌤? (그러다 서진이 홱 쩌려보면. 아차 싶어서) 아니, 내쫓는 건 내쫓는 거고... 어휴, 나도 시어머니 생각하니까 왜 이렇게 골치가 찌근거려. 제사가 닥쳐서 그러나. (머리 짚고 가면)
서진	(일이 안 풀린 게 짜증 나 미치겠는데)
윤철	당신이 졌어!

서진	뭐?
윤철	당신이 졌다고. 인정해. 오윤희 여기서 못 내쫓아! (가면)
서진	(혼자 남겨진. 미치겠고)

767. 헤라펠리스카페(저녁)
시어머니, 윤희와 마주 앉아있는. 냉커피를 벌컥벌컥 들이켜고.

시모	기어이 시어미를 집엔 못 들이겠다, 이거지?
윤희	네. 싫어요. 어머님이 우리 로나 만나서 넋두리하는 것도 싫고, 자기 집처럼 휘젓고 돌아다니는 것도 싫어요.
시모	와... 너 아주 말 잘한다. 여태 어떻게 참고 살았니.
윤희	여긴 어떻게 알고 오셨어요?
시모	(순간 당황) 알라면 알지. 뭘 물어?
윤희	어머님이랑 연락 끊고 산 지 5년이에요. 누구에요? 저 여기 산다고 알려준 사람.
시모	아 없다니까 그러네. (우물쭈물하는데)
윤희	(가방 열어서 통장 꺼내서 테이블 위에 탁 내려놓고) 제대로 말하시면, 전셋집 정도 얻어드릴게요.
시모	(놀라고) 너 안 본 사이에 통 커졌다?! (눈빛 반짝하는)

768. 청아예고 교무실(저녁)
로나, 마두기와 마주 앉아있고.

두기	어서 쓰라니까. 담배는 어디서 샀는지, 언제부터 누구랑 폈는지, 하나도 빼지 말고 자세히 적어. 다 쓰기 전엔, 오늘 집에 못 가!
로나	제 꺼 아니에요! 저 진짜 담배 안 펴요... (억울해서 울먹이다가, 문득) 아, 어제 애들이 우리 집에 놀러왔는데, 어쩜 그때...
두기	안 되겠네, 이거. 어머니 호출할까?

520

로나	안 돼요! 엄마한텐 아무 말 마세요! 부탁이에요. (그러면서도 미치겠고)

그때, 누군가 뚜벅뚜벅 교무실로 들어서고. 보면 석훈인데.

두기	(놀라서 보며) 주석훈! 아직 집에 안 갔어?
석훈	(뭔가 결심한 표정) 드릴 말씀이 있습니다.
두기	그래, 뭔데?
석훈	배로나 가방에 담배를 넣은 사람... 접니다!

순간 두기와 로나, 놀라서 석훈을 보는데.

769. 포장마차 안/밖 (밤)

윤희, 술을 마시고 있는데. 술병을 잡는 사람, 윤철이고.

윤철	(맞은편에 앉는) 괜찮아?
윤희	(술 따라 마시고) 아니.. 안 괜찮아. 내 인생 참... 그지 같지. 온 동네에 다 까발리고 나니까 오히려 속은 시원하다.
윤철	니 잘못 아니야. 넌 열심히 살았어. 그 상황에서도 로나 저렇게 잘 키웠잖아. 대단한 거야. (윤희를 짠하게 보면)
윤희	(눈물 그렁해서) 어째 니가 더 속상한 거 같다?
윤철	내가.. 그때 널 안 버렸다면, 우린 좀 달라졌을까 싶어서.
윤희	서진이랑 결혼한 거 후회해?
윤철	후회는... 늘 있는 거니까. 어차피 산다는 게, 자기가 선택하지 않은 걸 감당하는 거라며.
윤희	(윤철의 손을 꼭 잡으면)
윤철	(그런 윤희를 보는데)
윤희	니 탓 아냐. 나한테 미안하지 마. 그땐, 너도 나도 너무 어렸어. 그리고 나도 늘 불행했던 건 아냐. 우리 로나도 얻었고.

윤철	그렇게 말해줘서 고맙다... (울컥하는데)
윤희	그만 가자. 너 부르면 안 되는 거였는데... (일어서다, 취한 듯 휘청하면)
윤철	(얼른 윤희를 잡는데)
윤희	(그런 윤철 품에 쓰러지듯 안기고)
윤철	(순간 마음이 요동치기 시작하는)

그때, 포장마차 밖에서, 두 사람이 안고 있는 걸 보는 서진. 기막히고.
윤희, 서진과 눈 마주치는데. 묘한 눈빛.

770. 회상/10화 20신 연결/술집 앞/20년 전(밤)
   윤철을 찾아 헤매던 윤희, 얼어붙은 듯 그대로 굳어지는데.
   술집 창문 안으로 키스하고 있는 서진과 윤철의 모습이 보이고.
   서진, 키스하면서 윤희와 눈 마주치면, 더 과감해지고. 승자의 미소를
   띠는.
   윤희, 배신감과 분함에 치를 떨다 비틀하는데.

771. 현재/포장마차 밖/안(밤)
   부들거리는 서진.

서진	오윤희.... 니가 어떻게!!! (그러다 홱 돌아서는데)
윤희	(서진이 간 걸 확인하고, 윤철에게서 팔을 풀고) 미안. 실수야. (하다가) 따라가 봐. 서진이가 봤어. 방금 우리.
윤철	(놀라 돌아보면, 서진 안 보이고) 그 사람이 어떻게 여길 와.
윤희	내가 불렀어. 우리 시어머니한테 악다구니 시킨 사람, 니 와이프거든.
윤철	(할 말 없는데)
윤희	뭐해. 가보라니까. 그 성격에 무슨 짓을 할지 몰라.
윤철	(어쩔 수 없이 뛰어나가는데)
윤희	(순간 표정 싹 바뀌고. 전혀 취하지 않은 얼굴로 수련 말 떠올리는)

수련(E)   우리 남편, 오늘도 별장으로 갔어. 천서진한테 선물할 옷들 잔뜩 사가
지고.

윤희   (의미심장한 표정)

772. 포장마차 앞 주차장/서진의 차 안(밤)
서진, 포장마차 앞 주차장으로 걸어가면서 단태에게 전화를 거는.

서진   (흥분해서 소리치는) 나, 더 이상 못 참아! 오윤희, 다시 바닥으로 끌어내
리고 말 거야!!! 반드시 쫓아내고 말 거라고!! (차문 열고) 지금 어디야?
나 출발해!! (차에 올라타서 빠른 속도로 달려가는데)

뒤따라오던 윤철, 서진의 차가 출발한 거 보고, 얼른 자신의 차에 올라
타고 뒤쫓는데.

773. 도로 일각(밤)
비 내리는 도로. 달리는 서진의 차, 그 뒤를 쫓는 윤철의 차 보이고.

774. 헤라팰리스 윤희의 집 욕실(밤)
윤희, 샤워 부스에서 샤워를 하고 있는. 뜨거운 물줄기가 얼굴로 쏟아
지면.

윤희   (얼굴을 손으로 쓸어내리며, 뭔가 결심한 듯한 냉정한 표정) 천서진... 너 실
수했어. 거긴 건드리지 말았어야지...

775. 단태의 별장(밤)
서진의 차, 별장 앞에 멈춰 서고.
서진, 주차를 하고, 급하게 별장 안으로 들어가면.
이어서 윤철의 차가 들어오고. 윤철, 심호흡하고 차에서 내려 주위를

둘러보는.

환하게 불 켜져있는 별장이 보이고!

천천히 별장 앞으로 다가서는 윤철. 거실 창 쪽으로 접근하는데.

환한 별장 안에 서진의 모습이 또렷이 보이는.

서진, 누군가를 안고 있는 모습. 그리고 목을 끌어안고 뜨겁게 키스하
는데...

윤철, 분노로 떨리는 마음 겨우 참아내며 지켜보면. 천천히 고개를 돌
리며 보이는 남자의 얼굴, 틀림없는 단태고!!

윤철   (기겁하는) 주단태?!!!! (순간 충격으로 비틀하고. 눈 뒤집히는데)

776.   단태의 별장 안(밤)

서진과 단태, 서로를 탐하면서 방으로 들어가고.

곧바로 거실에 모습을 드러내는 윤철, 이미 이성 잃은 표정인데.

순간, 거실 한쪽에 걸려있는 사냥총이 보이면. 무섭게 부들부들 떨리
는 손. 무슨 짓을 저지를 것 같은 핏발 선 눈빛!

777.   헤라팰리스 윤희의 집 앞(밤)

윤희, 슬립 차림으로 거실에 앉아서 술을 마시고 있는데.

딩동, 현관 초인종 소리 들리고(E).

윤희, 올 것이 왔다는 듯이 몸을 일으켜서 문을 여는데.

윤희 앞에 서있는 사람, 쫄딱 비에 젖은 윤철이고.

절망적인 표정의 윤철, 윤희를 보는데. 손에서 피가 뚝뚝 떨어지고!

그러다 윤희 어깨로 고꾸라지는 윤철에서 엔딩!!

출연

이지아, 김소연, 유진, 엄기준, 신은경, 봉태규, 윤종훈, 박은석, 윤주희, 하도권, 정성모, 서혜린
하민, 김로사, 김동규, 김도현, 김재홍, 신서현, 최서연, 김현수, 진지희, 김영대, 조수민, 한지현
최예빈, 이태빈, 손보승, 안은호, 양정민, 장하경, 박수아, 나소예

만든 사람들

기획	스튜디오S
제작	[초록뱀미디어] 김상헌, 최진욱
책임프로듀서	최영훈
총괄프로듀서	조성훈
프로듀서	이광순
제작총괄	유호성
극본	김순옥
연출	주동민, 박보람

촬영A팀

촬영감독	여정훈, 정철민
포커스풀러	심상영, 하승우
촬영팀	송송이, 서준용, 이민규, 염태석, 오유석, 장명운
조명감독	김근수
조명1st	박동현
조명팀	남기봉, 우효주, 방현동, 이현우
발전차	김중탁
동시녹음	전명규
붐오퍼	김상문
붐어시	이서희
키그립	정성영
그립팀	온대균, 최형우

촬영B팀

촬영감독	최제락, 이재성
포커스풀러	김희승, 윤익준

촬영팀	김민수, 조창준, 서원범, 문지호, 서의진, 송나래, 임호현
조명감독	황영식
조명1st	박선호
조명팀	이주원, 김지나, 이준수, 박윤민, 김대현
발전차	김병호
동시녹음	김수근
붐오퍼	육근식
붐어시	김건
키그립	김학균
그립팀	이규환
미술감독	이하정, 신현지
세트디자인	염지연, 유하경
스튜디오세트	김형관, 이영택, 진종성, 김경대, 박일홍, 김정원
스튜디오작화	손상운, 김형남
야외세트	이상목, 장한별
야외작화	김기연, 문귀현, 이태동
야외세트진행	김종성
스튜디오세트진행	이상린
미술개발	이요섭
세트협력	아트원 신세계기획
전기효과	정기석, 김용선, 성명영, 당성윤
미술행정	최연현, 김경욱
푸드디렉터	제이킴
푸드팀	[제이킴푸드스타일] 연재
	노현정, 정현우, 민휘윤, 민재인, 김민지, 이민경, 이형로
소품총괄	박성진
소품감독	우명식, 윤창묵
소품진행	이창하, 최보아, 조현기, 이종효, 안세영
소품디스플레이	이상진, 윤준식, 장명환
인테리어디자인	이선희, 김상욱
소품그래픽	양미현
푸드스타일리스트	조용미, 박수연
의상	박세훈, 정희선
의상디자이너	이성훈

팀코디	윤민
분장	김은정, 박세연, 손다혜
미용	심정화, 박민아, 최영진
특수분장	손희승
편집	조인형, 박지현, 임호철
서브편집	정다영, 이초롱
편집보조	최혜령
VFX슈퍼바이저	소은석
2D VFX	이한준, 김병재, 하민구, 최두리, 강희규, 오정화, 김승기
3D VFX	유민근, 이정은, 제성경, 조수현, 이진우
	[스튜디오 G] [COBB 스튜디오]
C.G	김종훈
타이틀	김승아
모션그래픽	김승아
음악	김준석
더빙	김흥배, 이승호
효과	이종성, 임준용
음악감독	[무비클로저] 김준석, 정세린
음악팀	구본춘, 이윤지, 노유림, 주인로, 김현도, 신유진, 강미미, 홍은지, 정혜빈
	장유례, 유소현, 김도은
음악믹싱	박승천
음악효과	이광희, 홍가희
색보정	한종우, 김현민
색보정보조	이혜진, 서지원
종합편집	안철환, 황돈희
종편자막	최호진
무술감독	백경찬
무술지도	유시정
특수효과	도광섭, 도광일
캐스팅	이상길, 이영섭
보조출연	[(주)마리오기획] 김주영, 이영태, 김장군
SBS홍보	손영균, 이두리, 정다솔
SNS	박민경, 김현제, 박조아
외주홍보	[3HW] 이현, 이현주, 김의정

[SBS I&M]

웹기획	강유진
웹운영	박지현
웹디자인	김비치
웹콘텐츠	박여주

[스튜디오S]

홍보영상총괄	이미우
홍보영상촬영	문예림
홍보영상편집	김윤미

마케팅총괄	[테이크투]
마케팅PD	임정민, 김은지, 이다은
대본	[슈퍼북] 김주형
포스터	[길티플레져]
스태프버스	이선우, 김희동
연출봉고	이한열, 박대성
카메라봉고	이준헌, 성영길, 김균, 권희갑, 이정호
분장차	김대섭
의상차	이봉제, 정일권
스틸	[자메이카엑스] 강형섭
데이터매니저	신나라, 김규봉
섭외	[바오밥] 양우성, 윤예솔, 김민정, 임정훈
보조작가	민지현, 박영란, 김화영
제작관리	백선아, 홍민지
제작프로듀서	이승원, 최지은, 박성준
SCR	김지희, 조민하
FD	조규하, 이유리, 진민국, 박도창, 강순영, 최승환
야외조연출	김현동
내부조연출	김나현
조연출	오준혁, 오송희, 이소은